国家科学技术学术著作出版基金资助出版

黄淮海平原耕地资源休养生息战略及其保障机制

孔祥斌 靳乐山 饶静 等 著

本书得到下列项目资助

国家社会科学基金重点项目：
我国耕地资源休养生息战略及其保障机制研究（14AZD031）

国家自然科学基金面上项目：
华北集约化农区耕地多功能质量演化过程机理与调控——以河北曲周为例（41771561）

教育部人文社会科学研究规划基金项目：
地下水超采区耕地资源休养生息政策绩效评估及改进策略（17YJA630040）

其他人文类纵向项目：
科技创新支撑乡村振兴战略研究（018-ZD-15-02）

科 学 出 版 社

北 京

内 容 简 介

党的十八大以来，我国全面部署和实施了耕地资源休养生息政策，但是实施这一国家战略，面临着如何平衡我国耕地的"粮食安全、生态安全和权益安全"的关系、如何基于区域耕地资源退化机理，制定符合区域特点的耕地资源休养生息战略及其保障策略等一系列重大问题。本书以耕地资源休养生息的重点靶区和试点区——黄淮海平原为研究区域，提出我国耕地资源"生态、粮食、权益"三个安全的重要策略；适时地提出国家需要的一套能够充分考虑各个方面、融合多学科研究方法，国家可控、部门可践、制度可容、经济可行、农户支撑、区域协调的耕地资源休养生息战略及其保障机制的政策。

本书可以为我国东北黑土区、重金属污染区以及其他区域耕地资源休养生息研究提供参考，也可以为土地资源管理等相关管理和研究人员提供理论与方法借鉴。

审图号：GS(2019)4640号

图书在版编目(CIP)数据

黄淮海平原耕地资源休养生息战略及其保障机制/孔祥斌等著. —北京：科学出版社，2020.1
ISBN 978-7-03-062315-7

Ⅰ.①黄⋯ Ⅱ.①孔⋯ Ⅲ.①黄淮海平原–耕地保护–研究 Ⅳ.①F323.211

中国版本图书馆 CIP 数据核字（2019）第 205926 号

责任编辑：林　剑／责任校对：樊雅琼
责任印制：吴兆东／封面设计：无极书装

科学出版社 出版
北京东黄城根北街16号
邮政编码：100717
http://www.sciencep.com

北京虎彩文化传播有限公司 印刷
科学出版社发行　各地新华书店经销

*

2020年1月第 一 版　开本：787×1092　1/16
2020年1月第一次印刷　印张：19
字数：450 000

定价：228.00 元
（如有印装质量问题，我社负责调换）

序

耕地是我国最为宝贵的资源，关系十几亿人吃饭大事，必须保护好，绝不能有闪失。改革开放四十多年来，我国实施了最严格的耕地保护制度，采取了耕地占补平衡、耕地总量动态平衡、基本农田保护、耕地转用审批等组合政策手段，耕地资源保护和利用，不仅有效保障了快速城市化、工业化过程（英国和美国至少用了上百年的时间），而且坚定维护了粮食安全，中国粮食总产已经稳定在 6 亿 t 以上。

由于我国耕地自然资源禀赋条件差，长期持续高强度开发利用，我国耕地资源退化严重，东北黑土层变薄、华北地下水漏斗、南方土壤酸化、西南石漠化、西北荒漠化等耕地健康问题日益凸显。耕地资源可持续利用问题已经成为我国粮食安全、生态安全的关键制约。降低耕地利用强度、实施耕地资源休养生息战略已经上升为国家战略。

我国耕地资源的高强度利用与粗放利用并存、休耕与撂荒同在。在如此不平衡的地区发展格局下，如何制定区域耕地资源休养生息计划，采取何种模式进行耕地轮作休耕，怎样监测评价休耕效果，等等，都需要给出科学的回答。

中国农业大学土地科学与技术学院孔祥斌教授团队基于对黄淮海地区土地资源的长期观察，对比国内其他地区和经济发达国家的研究，针对上述问题给出了一个比较深入系统的回答，提出了比较中肯的政策建议。这些研究工作在该书中得到了很好的呈现。

首先，该书以耕地资源休养生息的重点靶区和试点区——黄淮海平原为研究样区，提出了我国耕地资源"生态、粮食、权益"三个安全的重要策略。第一个维度是生态维，即中国的耕地生态安全必须依靠自己，结合新时代生态文明的要求，牢固树立"山水林田湖草"综合协同利用与保护的理念，全方位降低耕地利用强度，促进耕地生态功能的发挥；第二个维度是粮食维，即中国的耕地资源安全要从粮食安全到食物安全的转变，充分利用"一带一路"倡议以及外汇储备第一大国的有利的时机，利用好国内与国外两个市场，保障国家的食物安全；第三个维度是权益维，即中国的耕地资源休养生息必须保障好农民权益，农民是耕地的利用者，农民的权益得到保障才能保障耕地资源休养生息的策略的落实。

其次，该书构建了黄淮海平原区耕地资源休养生息的策略和保障机制。基于"超采区降强度、平衡区调结构、潜力区提产能"的耕地利用调整对策，形成保障该战略"有序、可控、安全实施"的补偿和管理机制,以实现该区域耕地资源的"生态、粮食、权益"三个安全。

最后,该书做出了一个重要判断,即我国耕地资源利用与保护进入了以维护耕地健康为核心的新阶段,迈入了耕地保护转型的关键时刻,当前应该适时提出国家需要的一套能够充分考虑各个社会方面,融合多学科研究方法,国家可控、部门可践、制度可容、经济可行、农户支撑、区域协调的耕地资源休养生息战略及其保障机制的政策建议,为落实党和国家提出耕地资源休养生息战略部署提供支撑。

作为一个严格的耕地保护观察员,我以为该书的推出,能够为从事中国耕地资源管护的政策制定者、决策者,为关心耕地资源休养生息的专家学者和研究员提供很好的借鉴和指导作用,也能够作为土地资源领域的学生了解我国最严格的耕地保护制度变迁的重要参考。

2019 年 6 月

前　言

本书是在国家社会科学基金重点项目"我国耕地资源休养生息战略及其保障机制研究"（项目号14AZD031）研究的基础上，对研究成果进行总结提炼后形成的。

我国自实施最严格的耕地保护制度以来，在保护国家耕地资源安全、支撑国家粮食安全，特别是保障粮食产量十二连增方面取得了显著的成效。但是，耕地资源不合理利用带来的生态问题也随之凸显，为此，2014年起，政府相继在重要会议和重大文件中提出了"开展华北地下水超采漏斗区综合治理、湿地生态效应补偿和退耕还湿试点""适度有序开展农业资源休养生息""实施藏粮于地、藏粮于技战略"等一系列战略需求。

本书以耕地资源休养生息的重点靶区和试点区——黄淮海平原为研究区域，针对我国这一重要粮食产区耕地集约利用带来的地下水超采等生态环境问题，在耕地保护进入转型阶段的关键时刻，适时地提出一套能够充分考虑各个方面、融合多学科研究方法，国家可控、部门可践、制度可容、经济可行、农户支撑、区域协调的耕地资源休养生息战略及其保障机制的政策建议，落实党和国家提出耕地资源休养生息战略部署，最终成果具有以下意义。

1）本研究可为黄淮海平原实施耕地资源休养生息战略提供理论支撑。本书通过收集详细的多源、多尺度的基础数据，利用空间分析模型和水均衡模型，对黄淮海平原耕地资源利用与地下水下降的时空变化进行研究，揭示了其相互作用的机理，并通过实地调研加以验证和修正，以保证不同区域耕地资源休养生息方案具有坚实的理论基础。

2）本研究可为黄淮海平原耕地资源休养生息战略实施后实现粮食安全稳定提供科学路径。通过"以水定地、以水定产"目标下整个区域的耕地生产能力潜力差的测算，获得了区域内部休养生息战略可能的产能损失量以及可能的产能补充量。同时，通过分析全球小麦贸易市场，分析战略实施对中国小麦进出口数量和国际粮食市场的影响，为实施耕地资源休养生息粮食安全的稳定提供科学支撑。

3）本研究可为制定黄淮海平原耕地休养生息战略相关补偿和保障政策提供建议。在制订耕地资源休养生息方案的同时，本研究进行了方案实施对相关利益主体影响的定量化研究，构建了农业生态补偿的分析框架，提出了确保农民收益的生态补偿制度标准和方案，并针对黄淮海平原的耕地利用现状和转型需求，提出了基于生态系统安全的优质耕地保护和恢复的政策建议。

本书共包括五大部分、14 个章节，基于对黄淮海平原耕地资源休养生息战略及其保障机制的系统分析，五大部分研究内容分别对应着"问题导向—机理分析—战略研究—效应评估—机制保障"逻辑思路中的五个环节，前后衔接、层层递进，构成研究的逻辑主线和中心内容。第一部分是引言，包括研究背景和研究内容介绍，也包括美国、欧盟和日本等国家和地区实施耕地资源休养生息的经验与借鉴；第二部分是黄淮海平原耕地资源休养生息机理研究，从黄淮海平原耕地资源和利用特征及浅层、深层地下水时空变化分析出发，厘清耕地利用类型和强度对地下水的影响机理；第三部分是黄淮海平原耕地资源休养生息战略分区与战略方案，在宏观层面识别耕地不合理利用导致地下水超采问题的空间范围及程度级别，对耕地资源休养生息的宏观分区进行调整，形成在宏观上可控制、在中观上可协调、在微观上可实现的耕地休养生息时序、力度与空间布局；第四部分是黄淮海平原耕地资源休养生息战略效应研究，立足于保障耕地资源休养生息战略实施后"生态、粮食、权益"三个安全，对耕地资源休养生息战略分区与战略方案在生态恢复与效益、粮食产量影响、农户受偿意愿这三个方面的效应进行定量化评估；第五部分是黄淮海平原耕地资源休养生息相关保障机制，基于资源安全和公平角度，从耕地利用强度控制保障机制、农业生态补偿机制、小麦市场国际贸易保障、农业政策保障机制等层面建立可保障战略实施的政策系统。

本书由中国农业大学孔祥斌主笔，中国农业大学靳乐山教授、饶静教授、林海副教授、吕之望副教授等参与了撰写，中国农业大学李华、张雪靓、雷鸣、王佳宁、吴芳芳、张蚌蚌、孔德帅、吕郢康、胡振通、柳荻、刘晋宏、李娜、吴乐、李颖等研究生参与了课题的研究，孙晓兵、温良友、党昱譞、廖宇波、程静怡、张璐、王轩、陈文广、黄海潮等研究生参与了内容修改和整理工作。

相信黄淮海平原区耕地资源休养生息战略及其对策的研究，一定能够为国家正在实施耕地资源休养生息战略提供科技支撑，对我国东北黑土区、重金属污染区等地耕地资源休养生息的研究提供借鉴，也可以为我国耕地资源可持续利用提供理论依据。

限于时间与作者水平，本书难免存在不足之处，欢迎广大读者批评指正。

孔祥斌
2019 年 9 月于北京

目 录

序
前言

第一部分 引 言

第1章 研究背景、内容与意义 ··· 3
    1.1 研究背景 ··· 3
    1.2 研究内容 ··· 6
    1.3 研究目标与研究意义 ·· 9
    1.4 创新点 ·· 10
    参考文献 ·· 10

第2章 国内外相关政策的总结与借鉴 ······································· 13
    2.1 国外休耕政策梳理 ·· 13
    2.2 我国休耕政策梳理 ·· 29
    2.3 本章小结 ·· 39
    参考文献 ·· 40

第二部分 黄淮海平原耕地资源休养生息机理研究

第3章 黄淮海平原耕地资源及利用特征分析 ································· 47
    3.1 黄淮海平原概况 ·· 47
    3.2 耕地资源数量变化 ·· 52
    3.3 耕地资源空间变化 ·· 57
    3.4 本章小结 ·· 60
    参考文献 ·· 60

第4章 黄淮海平原水资源变化分析 ··· 62
    4.1 黄淮海平原水资源量的变化状况 ·································· 62
    4.2 黄淮海平原广义农业可用水量 ···································· 64
    4.3 黄淮海平原农业对水资源的利用变化分析 ·························· 65
    4.4 黄淮海平原地下水时空变化分析 ·································· 69

4.5　本章小结 ··· 86
　　参考文献 ··· 86
第 5 章　黄淮海平原土地利用变化对地下水资源量变化效应分析 ····························· 88
　　5.1　单元网格水量平衡法 ··· 88
　　5.2　建设用地水平衡 ··· 90
　　5.3　耕地水平衡 ··· 93
　　5.4　生态用地水平衡 ··· 96
　　5.5　流域地下水蓄变量 ·· 99
　　5.6　本章小结 ··· 103
　　参考文献 ··· 103

第三部分　黄淮海平原耕地资源休养生息战略分区与战略方案

第 6 章　基于农户调研的耕地休养生息区划形成 ·· 107
　　6.1　黄淮海平原耕地资源休养生息理论区划 ··· 107
　　6.2　农户土地利用特征分析 ··· 108
　　6.3　基于农户调研的耕地资源休养生息区划形成 ··· 119
　　6.4　本章小结 ··· 123
　　参考文献 ··· 124
第 7 章　黄淮海平原不同区域的耕地资源休养生息方案确定 ···································· 125
　　7.1　黄淮海平原耕地资源休养生息区划确定 ··· 125
　　7.2　黄淮海平原各省市耕地资源休养生息情况 ·· 129
　　7.3　本章小结 ··· 138
　　参考文献 ··· 139

第四部分　黄淮海平原耕地资源休养生息战略效应研究

第 8 章　黄淮海平原耕地资源休养生息战略的生态效益评估 ···································· 143
　　8.1　地下水严重超采区虚拟耕地资源休养生息效果 ··· 143
　　8.2　生态效益评估概述 ··· 147
　　8.3　黄淮海平原耕地资源休养生息战略的水文调节生态效益 ···························· 150
　　8.4　黄淮海平原耕地资源休养生息战略的空气净化生态效益 ···························· 152
　　8.5　黄淮海平原耕地资源休养生息战略的气体调节生态效益 ···························· 154
　　8.6　黄淮海平原耕地资源休养生息战略的生态效益 ··· 155
　　8.7　生态效益评估与生态补偿标准的关系 ··· 156
　　8.8　本章小结 ··· 157

参考文献 · 158
第9章　黄淮海平原农户关于耕地资源休养生息意愿的调查与评估 · · · · · · · · · · · · · · · · · · · 160
　9.1　农户对休养生息政策的认知与响应 · 160
　9.2　典型区农户满意度及影响因素分析 · 164
　9.3　本章小结 · 170
　　参考文献 · 171
第10章　黄淮海平原耕地资源休养生息战略对粮食产量影响的评估 · · · · · · · · · · · · · · · 172
　10.1　耕地可持续生产能力计算 · 172
　10.2　耕地可持续产量差计算 · 180
　10.3　本章小结 · 183
　　参考文献 · 184

第五部分　黄淮海平原耕地资源休养生息相关保障机制

第11章　黄淮海平原耕地利用强度控制保障机制 · 187
　11.1　"超采区休耕，潜力区提产"的耕地利用调整对策 · 187
　11.2　调整耕地占补平衡策略 · 189
　11.3　实施黄淮海平原山水林田湖综合整治 · 191
　11.4　本章小结 · 195
　　参考文献 · 196
第12章　耕地资源休养生息战略实施的农业生态补偿机制 · 197
　12.1　耕地资源休养生息战略实施的农业生态补偿机制设计 · 197
　12.2　研究方法与案例区域概况 · 199
　12.3　农业生态补偿标准：基于机会成本法 · 203
　12.4　农业生态补偿标准：基于意愿调查评估法 · 208
　12.5　农业生态补偿的条件性：监督管理 · 216
　12.6　农业生态补偿的效率：节水效果分析 · 223
　12.7　政策建议 · 230
　12.8　本章小结 · 230
　　参考文献 · 233
第13章　黄淮海平原耕地资源休养生息政策与国际小麦市场保障程度 · · · · · · · · · · · 236
　13.1　黄淮海平原的小麦生产情况 · 236
　13.2　中国小麦的贸易情况 · 238
　13.3　黄淮海平原不同休养生息情景下的小麦国际市场变化模拟 · · · · · · · · · · · · · · · · · · 243
　13.4　本章小结 · 250

  13.5 政策建议 ·· 251
  参考文献 ·· 252
第14章 耕地资源休养生息战略实施的农业政策保障机制 ························· 254
  14.1 基于经济学理论的耕地休养生息战略分析 ······························ 254
  14.2 耕地资源休养生息战略相关利益主体的责、权、利分析 ············ 259
  14.3 耕地资源休养生息战略对相关利益主体的影响机理和传导机制 ······ 265
  14.4 本章小结 ··· 270
  14.5 政策建议 ··· 270
  参考文献 ·· 271

附录 ·· 273

第一部分

引 言

第 1 章 研究背景、内容与意义

1.1 研究背景

1.1.1 我国耕地资源不合理利用引发生态问题

在过去的几十年中,我国坚持实施最严格的耕地保护制度,以保障我们这个"人口大国"的粮食安全稳定[1]。虽然第二次全国土地调查结果显示我国的耕地资源数量有所上升,但许多地区耕地资源质量却有不同程度的下降,粮食产量连年增长的背后却是耕地资源的严重透支、生态环境的不断恶化[2]。研究表明,我国耕地资源数量的增加大部分是侵占了本该属于湿地、林地、草地和滩涂的空间;而工业化、城市化与农业面源污染的叠加,导致大量的耕地资源出现了污染的问题;同时为了持续提升粮食产量,我国已经成为世界上耕地资源利用强度最大、投入强度最高、压力最大的国家[3-20]。据 2017 年《中国统计年鉴》,我国化肥年使用量为 5859.4 万 t,农药年使用量为 165.5 万 t,农业年用水量为 3766.4 亿 m^3,均远远高于世界平均水平。这种不间断的超负荷"连轴转"的耕种方式加重了水土流失,造成地下水超采,甚至出现土层变薄、有机质含量降低、肥力减退、地力下降等问题,长期来讲必然影响国家粮食安全的持续性,引发人类的生存问题。因此,我国透支的耕地资源迫切需要休养生息。

黄淮海平原是由海河、淮河和黄河及其支流冲积而成平原区域,总面积约为 35 万 km^2[21]。该平原的耕地面积不足我国耕地面积的 1/6,却生产了全国 60%~80%的小麦和 35%~40%的玉米,是"北粮南调"的重要生产基地和国家粮仓[21]。然而,由于降水量的时空分布与区域耕地资源布局不相适应,在黄淮海平原,灌溉成为保障农业生产的重要基础[22-25]。在该平原,尤其是淮河以北的区域,有限的地表水资源远远不能满足粮食生产需要,因此开采地下水的井灌方式成为支撑该区域耕地资源产能的有力保障[26]。1980 年以来,大量开采地下水用于农田灌溉已经导致黄淮海平原地下水资源的持续超采,部分区域的浅层地下水位以每年下降 1m 以上的速度变化,造成 2 万 km^2 的浅层地下水漏斗和 7 万 km^2 的深层地下水漏斗,黄淮海平原区成为世界上最大的地下水漏斗群[27-30]。地下水超采不仅带来地面沉降、海水入侵等严重的生态问题,而且影响正常的耕种,从而威胁国家粮食安全[31,32]。针对黄淮海平原的耕地资源利用和地下水快速下降问题,郝晋珉[12]指出黄淮海平原是中国农业生产投入集约度最大的区域,如今水土资源过快消耗成为限制粮食增产的关键因素。张光辉等[26]指出在华北地区地下水开采过程中,农业用地下水开采已成为水位不断下降的主导因素。费宇红[33]提出目前华北平原面临着严重的地下水超采问题,关系到该区域可持续发展问题,所以必须调整当前的耕地利用方式,严格控制农业用地下水开采。因此,耕地资源不合理利用引发的黄淮海平原的地下水超采问题已经成为影响该区域可持续发展的重要问题之一,迫切需要研究耕地资源利用方式的转型方式,而耕地资源休养生息无疑是其中最为关键的一个环节。本研究以黄淮海平原这个典型的"水-粮"关系存在矛盾的农区为研究区,针对耕地资源不合理利用引发的地下水持续超采的问题,对耕地资源休养生息战略及其保障机制进行研究,可为我国目前解决耕地资源可持续利用的调控提供一定的科学参考。

1.1.2 黄淮海平原耕地资源休养生息的国家战略需求

针对黄淮海平原地下水超采问题,自 2014 年起,相关部门提出了一系列以"在地下水严重超采区进行耕地资源休养生息"为核心的政策文件,并启动了规划编制和相关试点的研究。其中,2014 年中央一号文件指出:继续在陡坡耕地、严重沙化耕地、重要水源地实施退耕还林还草。开展华北地下水超采漏斗区综合治理、湿地生态效应补偿和退耕还湿试点。通过财政奖补、结构调整等综合措施,保证修复区农民总体收入水平不降低[34]。2015 年 2 月,《中共中央国务院关于加大改革创新力度加快农业现代化建设的若干意见》中明确提出"实施新一轮退耕还林还草工程,扩大重金属污染耕地修复、地下水超采区综合治理、退耕还湿试点范围。"[35]。2015 年 4 月,《中共中央国务院关于加快推进生态文明建设的意见》中提出"实施地下水保护和超采漏斗区综合治理,逐步实现地下水采补平衡。"[36]同年,《全国农业可持续发展规划(2015—2030 年)》明确提出"适度有序开展农业资源休养生息"[37]。2016 年 1 月,《中共中央国务院关于落实发展新理念加快农业现代化实现全面小康目标的若干意见》中提出"加快农业环境突出问题治理",要求"探索实行耕地轮作休耕制度试点,通过轮作、休耕、退耕、替代种植等多种方式,对地下水漏斗区、重金属污染区、生态严重退化地区开展综合治理。"同时提到"加强农业生态保护和修复",指出"编制实施耕地、草原、河湖休养生息规划"[38]。同年,《中共中央关于制定国民经济和社会发展第十三个五年规划的建议》提出了"坚持最严格的耕地保护制度""实施藏粮于地、藏粮于技的战略"[39]。

然而,2014~2016 年,农业部、水利部、国土资源部等都依照中央决定,分别提出了各自的耕地资源休养生息规划,研究部署了黄淮海平原地下水超采区的耕地资源休养生息试点,但是不同管理部门分别出台的政策具有重复性和片面性,尚缺乏一套统领性的科学战略方案。因此,黄淮海平原迫切需要一套充分考虑国家和社会各个方面的、融合多学科方法的、理论上可信的、技术上可行的、方案上可推进的耕地资源休养生息战略的总体纲领;并面向国家相应的管理部门,针对不同部门管理诉求形成不同政策改进建议,建立保障区域耕地资源休养生息战略实施的共同责任机制。

1.1.3 耕地资源休养生息战略及其保障机制问题的复杂性

(1) 生态安全是战略目标

黄淮海平原包括北京、天津、河北、河南、山东等省市的平原部分,以及江苏、安徽淮北地区。其北起燕山山脉、长城沿线,南至淮河,西起太行山山脉与豫西山地,东至渤海、黄海海滨,内部的气候、土壤、水文地质、水资源、土地利用、社会经济因素不尽相同。因此,研究如此复杂区域内的土地利用和地下水变化的机理,是具有挑战性的工作,必须广泛收集多源、多尺度、多学科的基础资料,对区域的基本情况做到尽可能详细的分析。遵循发现问题—探索机理—提出调控方案的研究路径,通过耕地资源利用方式的控制缓解地下水持续超采的生态问题。

(2) 粮食安全是战略前提

黄淮海平原耕地资源进行休养生息,势必将影响该地区的粮食产量,尤其是耗水作物小麦的产量可能会有一定程度的减少。然而,根据陈锡康和郭菊娥[40]预测,到2020年中国粮食需求量为6.75亿~7.00亿t,供给量为6.25亿~6.75亿t,粮食净缺口达0.65亿t,而黄淮海平原作为中国最重要的粮食生产基地,将担负更多的粮食生产任务[40]。因此,耕地资源休养生息战略所保障的生态安全与国家粮食需求的矛盾,将是黄淮海平原耕地资源利用方式调整方案研究中必须考虑的重大问题和必要前提。

(3) 权益安全是战略保障

黄淮海平原耕地资源休养生息问题还将涉及另一重要群体——农户。农户是耕地资源利用的主体,耕地资源休养生息必然牵一发而动全身[41],会对农户的生计产生影响,因此该战略的实施必须建立在了解农户耕地资源休养生息意愿的基础上,制定合理的生态补偿方案,保障农户总体收入水平不降低是耕地资源休养生息的基本原则。此外,国家某项战略的实施,最终是靠管理手段来实现的,因此必须对该战略实施中各个环节的相关利益主体的行为进行研究,进而提出相关保障机制,确保各项措施的有效实施。

综上所述,黄淮海平原耕地资源休养生息战略及其保障机制的确定是一项系统工程,不仅涉及土地资源、生态环境评价和粮食供需平衡等自然科学问题,还涉及相关利益主体的影响机理和传导机制分析等社会经济问题,而且涉及中央政府、职能部门和各级地方政府等行政管理与公共管理目标的实现(图1-1)。

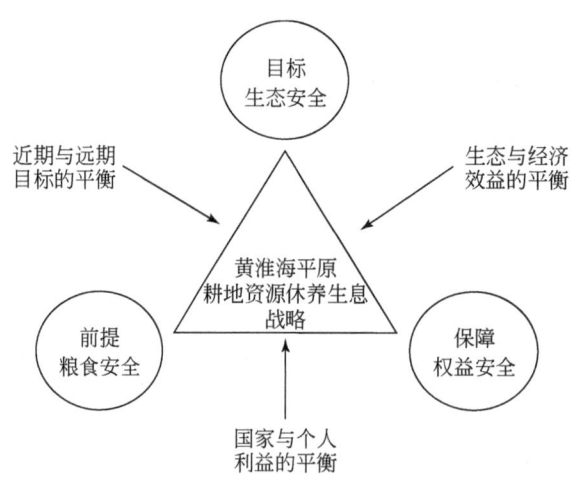

图 1-1　黄淮海平原耕地资源休养生息战略涉及的三个安全及其相互关系

1.2　研究内容

本研究基于耕地资源利用与保护，探讨如何在坚守我国粮食安全的基础上，有效借助国际耕地资源、粮食市场和国内耕地资源潜力，针对我国重要的粮食主产区——黄淮海平原的地下水严重超采问题，制定以保障国家粮食安全为前提的"粮食安全适当进口，生态安全立足国内，权益安全着力保障"的耕地资源休养生息战略；基于"超采区休耕，潜力区提产"的耕地资源利用调整对策，形成保障该战略"有序、可控、安全实施"的法律、补偿和管理机制，以实现我国耕地资源"生态、粮食、权益"的三个安全，实现国家提出的"调整严重污染和地下水严重超采区耕地用途，有序实现耕地、河湖休养生息"[①] 战略目标。

本书内容共包括五大部分、14 个章节，对黄淮海平原耕地资源休养生息战略及其保障机制进行系统的分析（图 1-2）。其中，这五大部分研究内容分别对应着"问题导向—机理分析—战略研究—效应评估—机制保障"逻辑思路中的五个环节，前后衔接、层层递进，构成研究的逻辑主线和中心内容。

1.2.1　第一部分——引言

本研究的逻辑起点是从黄淮海平原地下水超采背景下亟须实施耕地资源休养生息的问题出发，提出因地制宜、科学合理的耕地资源休养生息方案。因此，在进行研究之前，需

---

① 中国共产党中央委员会 . 2013. 《中共中央关于全面深化改革若干重大问题的决定》.

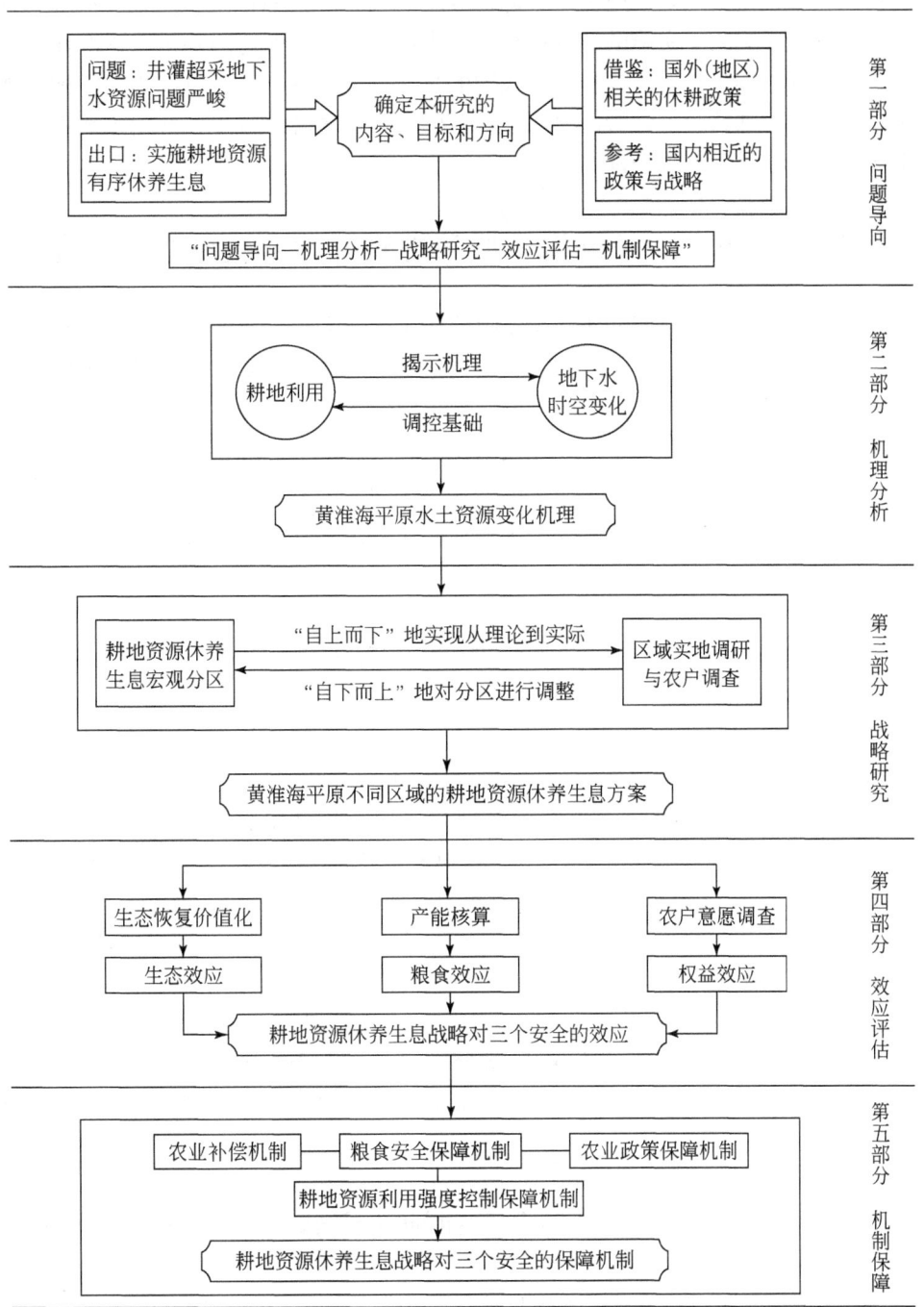

图 1-2　本研究五大部分内容的逻辑框架

要对国内外相关政策进行针对性的梳理与总结，从而对本研究涉及的方案提出可供借鉴或汲取的经验教训。梳理国外实施耕地资源休养生息相关政策的背景、内容、过程、补偿体系等特征，分析相关政策实施的经济社会和生态影响，综合评价国外耕地资源休养生息制度设计及生态补偿的正负效应，并结合我国的自然社会经济状况，讨论我国实施耕地资源休养生息战略的合理选择。分析国内相似政策的背景、内容、过程、补偿体系等特征，为耕地资源休养生息战略提供合理方向。

1.2.2 第二部分——黄淮海平原耕地资源休养生息机理研究

这部分内容是实施耕地资源休养生息战略的基础研究和首要任务。黄淮海平原的地下水超采问题是耕地资源过度利用导致的，而耕地资源的休养生息战略的确定需要以地下水的时空变化为基础，因地制宜地采取调控方案。因此，只有厘清耕地资源利用类型和强度对地下水的影响机理，才能科学合理地提出相关政策和措施。这部分内容从对黄淮海平原耕地资源和利用特征及浅层、深层地下水时空变化的分析出发，尝试对该区域水土资源变化的机理进行研究，从而为黄淮海平原耕地资源休养生息方案的空间布局图的确定奠定坚实的科学基础。

1.2.3 第三部分——黄淮海平原耕地资源休养生息战略分区与战略方案

这部分内容是确定耕地资源休养生息战略在不同空间上的部署方案，是本研究的核心部分。首先，基于第二部分的黄淮海平原耕地资源休养生息机理研究，"自上而下"地在宏观层面识别耕地资源不合理利用导致地下水超采问题的空间范围及程度级别，从而进行不同区域耕地资源休养生息模式的宏观分区。其次，通过大范围、深层次详细的实地调查，结合不同区域的耕地资源立地条件、经济发展水平、耕地资源利用情况、农户意愿等，"自下而上"地对耕地资源休养生息的宏观分区进行调整，从而形成在宏观上可控制、在中观上可协调、在微观上可实现的耕地资源休养生息时序、力度与空间布局。这部分内容是耕地资源休养生息战略分区"自上而下"地从理论到实际的实现过程，也是耕地资源休养生息战略方案"自下而上"地从实际到政策的调整过程，是战略推进的核心方案。

1.2.4 第四部分——黄淮海平原耕地资源休养生息战略效应研究

这部分内容是实现耕地资源休养生息从战略到保障机制的过渡与衔接研究，是战略与保障机制合理实施的科学基础。立足于保障耕地资源休养生息战略实施后"生态、粮食、权益"三个安全，对耕地资源休养生息战略分区与战略方案在生态恢复与效益、粮食产量影响、农户受偿意愿这三个方面的效应进行定量化评估。耕地资源休养生息战略是为解决耕地资源利用的负面生态问题而提出的，因此需要科学分析和评价战略实施对生态问题、农田环境、水土资源的改善效果，并基于资源经济学，价值化生态环境改善经济效益。

1.2.5　第五部分——黄淮海平原耕地资源休养生息相关保障机制

这部分内容是从人地关系战略转为进行具体实施的中央与地方、国家与部门、国家与农户关系的利益保障战略，是形成政策建议的制度和政策保障机制的关键。一项战略的配套保障机制决定了该战略是否具有可执行性和生命力，因此这部分内容充分结合前四大部分的核心结果，基于资源安全和公平角度，从耕地资源利用强度控制保障机制、农业生态补偿机制、小麦市场国际贸易保障、农业政策保障机制等层面建立可保障战略实施的政策系统。保障机制的有效建立，是耕地资源利用转向"生态、粮食、权益"三个安全平衡的有力保障。

1.3　研究目标与研究意义

本研究的总体目标就是针对黄淮海平原地下水超采问题，确立合理的耕地资源休养生息战略，建立基于"生态、粮食、权益"三个安全的耕地资源保护体系，能够在我国耕地资源保护进入转型阶段的关键时期制订一套合理可行的耕地资源休养生息战略方案，能够改善我国耕地资源过度和高强度利用导致的生态问题，能够形成保障粮食安全条件下的我国耕地资源休养生息的时间表和战略图，并提出在国内外资源上可行、贸易和安全上可保障的战略；在总量、时间和空间上可行的休养生息方案；在国家可控、部门可践、制度可容、经济可行、农户支持、区域协调的耕地资源休养生息的保障措施，落实党中央在"耕地资源休养生息""粮食安全""农民权益保障"方面战略部署。

本研究可以为黄淮海平原实施耕地资源休养生息战略实施提供理论支撑。通过黄淮海平原耕地资源利用与地下水下降的时空特征和机理研究及实地调研的验证与修正，差别化地制定不同区域耕地资源休养生息的方案，在总体上确定耕地资源休养生息空间布局，在区域上确定调整途径，可为未来该区域开展耕地资源休耕提供理论支撑。

本研究可以为黄淮海平原耕地资源休耕政策实施后实现粮食安全的稳定提供科学路径。通过"以水定产"目标下整个区域的耕地资源生产能力潜力差的测算，获得耕地资源休养生息战略可能的产能损失量及可能的产能补充量。同时通过分析国际小麦贸易市场，分析我国小麦产量对国际市场的影响，为实施耕地资源休养生息政策后粮食安全的稳定提供准确的数据支撑。

本研究可以为黄淮海平原耕地资源休养生息战略相关保障政策的制定提供依据。耕地资源休养生息战略实施，事关我国的粮食安全、生态安全和农民权益保障。因此，本研究在提出耕地资源休养生息方案的同时，进行耕地资源休养生息实施可能的政府效应和风险评价。从国际角度提出保障粮食替代的相关贸易对策；从国内角度研究生态补偿政策、耕地资源保护政策、耕地资源保护考核制度、优质耕地资源建设和休养生息的补充制度，为区域休耕计划有序合理地实施提供政策保障。

1.4 创 新 点

1）黄淮海平原作为中国重要的粮食生产区，其长期的地下水超采造成水土资源严重失衡。本研究以国家"实施藏粮于地、藏粮于技战略"为背景，基于我国耕地资源保护底线理论，从耕地生产功能、生态安全和社会保障功能出发，着力解决黄淮海平原的水土资源问题，创新地提出保护耕地资源的"生态、粮食、权益"三个安全，为国家耕地资源保护战略提供理论支撑。

2）本研究创新地提出了尺度下移（top-down）和尺度上移（bottom-up）的研究方法，以流域为基础，系统、连贯地研究了区域耕地资源休养生息的土地利用格局变化过程，地下水下降的时空变化特征，耕地利用强度对地下水下降的影响效应机理，结合农户调研数据，建立起耕地资源休养生息评价指标体系，进而提出黄淮海平原耕地资源休养生息战略分区，将黄淮海平原耕地资源分为种植业调整区、利用强度降低区和潜在产量提升区。

3）本研究基于空间差值方法、距离分析方法、数据空间信息融合技术、信息空间叠加分析技术等方法，按照"以水定产"的目标，提出了"可持续生产能力"的概念，并对耕地资源休养生息战略分区与战略方案在生态恢复与效益、粮食产量影响及农户受偿意愿三个方面精细定量化评估，核算耕地资源休养生息战略实施后的影响，价值化生态环境改善的经济效益。

4）本研究首先从生态安全的角度，提出黄淮海平原山水林田湖整治及调整占补平衡策略，建立耕地资源利用强度控制保障机制；其次基于农户权益安全的角度，利用政策实施典型区农户调研数据，对地下水超采治理中生态效益、补偿标准、补偿监督管理等问题进行精细系统研究，形成农业生态补偿机制；再次基于保障粮食安全的角度，融合耕地资源生产能力评估方法及全球贸易分析模型，讨论黄淮海平原耕地资源休养生息造成的小麦产量变化下区域内补充替代和国外进口替代的可能性与可行性，建立国际贸易保障机制；最后从具体实施的中央与地方、国家与部门、政府与农户关系的利益角度出发，形成政策保障机制。四项保障机制的建立，可以形成保障耕地资源休养生息战略"有序、可控、安全实施"的补偿和管理系统。

参 考 文 献

[1] 孔祥斌. 守红线就是守家园——驳城镇化与保耕地冲突论［N］. 中国国土资源报，2013-9-11，007.
[2] 国土资源部，国家统计局，国务院第二次全国土地调查领导小组办公室. 关于第二次全国土地调查主要数据成果的公报［R/OL］. http：//www.mlr.gov.cn/zwgk/zytz/201312/t20131230_1298865.htm（2013-12-30）［2015-10-15］.

[3] Niu Z G, Zhang H Y, Gong P. More protection for China's wetlands [J]. Nature, 2011, 471: 305.

[4] 吴运军, 张树文, 侯伟, 等. 近50年来挠力河流域居民地、耕地和沼泽地动态关系分析 [J]. 资源科学, 2006, (4): 78-83.

[5] 汪爱华, 张树清, 张柏. 三江平原沼泽湿地景观空间格局变化 [J]. 生态学报, 2003, (2): 237-243.

[6] 宋晓龙, 李晓文, 张明祥, 等. 黄淮海地区湿地系统生物多样性保护格局构建 [J]. 生态学报, 2010, 15: 3953-3965.

[7] 陈国阶. 2003年中国山区发展报告 [M]. 北京: 商务印书馆, 2004.

[8] 张凤荣. 耕地面积其实还在减少, 要有计划地逐步退耕 [N]. 人民日报, 2014-1-2, 002.

[9] Guo J H, Liu X J, Zhang Y, et al. Significant acidification in major Chinese croplands [J]. Science, 2010, 327: 1008-1010.

[10] 王红娟. 我国北方粮食主产区土壤养分分布特征研究 [D]. 北京: 中国农业科学院, 2007.

[11] 郑少忠, 史鹏飞, 袁泉. 黑土不能再"瘦"了 [N]. 人民日报, 2013-11-4, 002.

[12] 郝晋珉. 黄淮海平原土地利用 [M]. 北京: 中国农业大学出版社, 2013.

[13] Kong X, Zhang X, Lal R, et al. Chapter two- groundwater depletion by agricultural intensification in china's HHH plains, since 1980s [J]. Advances in Agronomy, 2016, 135: 59-106.

[14] Kong X, Lal R, Li B, et al. Chapter four-fertilizer intensification and its impacts in China's HHH plains [J]. Advances in Agronomy, 2014, 125: 135-169.

[15] Li J. Water shortages loom as northern China's aquifers are sucked Dry [J]. Science, 2010, 328 (5985): 1462-1467.

[16] 张继舟, 王宏韬, 倪红伟, 等. 中国农田土壤重金属污染现状、成因与诊断方法分析 [J]. 土壤与作物, 2012, (4): 212-217.

[17] 环境保护部, 国土资源部. 全国土壤污染状况调查公报 [R/OL]. http: //g.mlr.gov.cn. 2017011P020170123730356423704.pdf (2014-4-17) [2017-10-15].

[18] Liu Y, Wen C, Liu X. China's food security soiled by contamination [J]. Science, 2013, 339 (6126): 1382-1383.

[19] 马文奇, 张福锁, 张卫锋. 关乎我国资源、环境、粮食安全和可持续发展的化肥产业 [J]. 资源科学, 2005, 27 (3): 33-40.

[20] 刘忠, 隋晓晨. 中国区域化肥利用特征分析 [J]. 资源科学, 2008, (6): 822-828.

[21] 张雪靓, 孔祥斌. 黄淮海平原地下水危机下的耕地资源可持续利用 [J]. 中国土地科学, 2014, 28 (5): 90-96.

[22] 吴凯, 许越先. 黄淮海平原水资源开发的环境效应及其调控对策 [J]. 地理学报, 1997, (2): 20-28.

[23] 夏军. 华北地区水循环与水资源安全: 问题与挑战 [J]. 地理科学进展, 2002, (6): 517-526.

[24] 鲍贯洛. 关于黄淮海平原农业发展的几个问题 [J]. 灌溉排水, 1982, (3): 1-6.

[25] 刘中培. 农业活动对区域地下水变化影响研究 [D]. 北京: 中国地质科学院, 2010.

[26] 张光辉, 费宇红, 王金哲, 等. 华北灌溉农业与地下水适应性研究 [M]. 北京: 科学出版社, 2012.

[27] Yu C, Gong P, Yin Y. China's water crisis needs more than words [J]. Nature, 2011, 470 (7334): 307.

[28] Grafton R Q. Addressing China's water scarcity: recommendations for selected water resource management

issues [J]. Asian-Pacific Economic Literature, 2009, 23 (2): 124-125.
[29] Tao L, Jingnan L, Mingsheng L, et al. Monitoring city subsidence by D-InSAR in Tianjin area [C]. Geoscience and Remote Sensing Symposium. IGARSS'04. Proceedings. 2004 IEEE International. IEEE, 2004, (5): 3333-3336.
[30] 张兆吉, 费宇红. 华北平原地下水可持续利用图集 [M]. 北京: 中国地图出版社, 2009.
[31] 张宗祜, 沈照理. 人类活动影响下华北平原地下水环境的演化与发展 [J]. 地球学报, 1997, 18 (4): 337-344.
[32] 中国地质调查局. 华北平原地下水可持续利用调查评价 [M]. 北京: 地质出版社, 2009.
[33] 费宇红. 京津以南河北平原区域地下水演变和涵养研究 [D]. 南京: 河海大学, 2006.
[34] 关于全面深化农村改革加快推进农业现代化的若干意见 [R/OL]. http://www.gov.cn/zhengce/2014-01/19/content_2640103.htm (2014-1-19) [2017-10-15].
[35] 中共中央 国务院关于加大改革创新力度加快农业现代化建设的若干意见 [R/OL]. www.gov.cn/zhengce/2015-02/01/content_2813034.htm (2015-2-1) [2017-10-15].
[36] 中共中央 国务院关于加快推进生态文明建设的意见 [R/OL]. http://www.gov.cn/gongbao/content/2015/content_2864050.htm (2015-5-5) [2017-10-15].
[37] 农业部 国家发展改革委 科技部财政部 国土资源部 环境保护部 水利部 国家林业局关于印发《全国农业可持续发展规划（2015—2030 年）》的通知 [R/OL]. http://www.moa.gov.cn/gk/tzgg_1/tz/2015/05/t20150527_4620018.htm (2015-2-20) [2019-10-20].
[38] 中共中央 国务院关于落实发展新理念加快农业现代化实现全面小康目标的若干意见 [R/OL]. http://www.gov.cn/zhengce/2016-01/27/content_5036698.htm (2016-1-27) [2017-10-15].
[39] 中共中央关于制定国民经济和社会发展第十三个五年规划的建议 [R/OL]. http://www.gov.cn/xinwen/2015-11/03/content_5004093.htm (2015-11-3) [2017-10-15].
[40] 陈锡康, 郭菊娥. 中国粮食生产发展预测及其保证程度分析 [J]. 自然资源学报, 1996, 11 (3): 197-202.
[41] 孔祥斌, 李翠珍, 王洪雨. 京冀平原区地块尺度农户耕地集约利用差异对比 [J]. 农业工程学报, 2010, 26 (11): 331-332.

第 2 章　国内外相关政策的总结与借鉴

2.1 国外休耕政策梳理

2.1.1 美国

(1) 政策背景与内容

"土地休耕保护计划"（Conservation Reserve Program，CRP）是美国联邦政府最大的私有土地休耕项目，《1985 年食品安全法案》（Food Security Act of 1985）在国会通过，正式启动 CRP，至今已经实施了 30 多年。该项目的首要目标在于控制水土流失、改善水质和野生动植物的栖息环境，其次在于缓解农产品过剩带来的压力。由美国农业部农场服务局（Farm Service Agency）负责实施，美国农业部自然资源保护局（Natural Resources Conservation Service）和农业部商品信贷公司（Commodity Credit Corporation）分别提供技术和资金支持[1]。

美国每年都会制定目标休耕面积并根据粮食市场的变化做相应的调整。《1985 年食品安全法案》中指出，1986~1990 年的目标休耕面积为 4500 万 acre（英亩）①，2007 年为 3680 万 acre，2008 年降至 3200 万 acre。2014 年，美国《农业法案》重新授权实施 CRP，并延期至 2018 年。其中，2014 年的目标休耕面积上限为 2750 万 acre，2015 年为 2600 万 acre，2017 年和 2018 年均为 2400 万 acre。2013 年，CRP 所覆盖的土地面积约 2560 万 acre，政府每年用于休耕补贴的财政支出约为 20 亿美元。总的来看，美国的目标休耕面积一直在缩小，主要原因有两个，一是粮食价格上涨导致农场主参与休耕的意愿降低；二是财政难以负担巨额的休耕补贴，如 2014 年《农业法案》对目标休耕面积的削减，大约可节省 33 亿美元。由于土地休耕会减少农业生产所带来的就业机会并影响地方的经济发展，美国农业部要求每个县的休耕面积不得超过总面积的 25%，目的是降低休耕可能给农业社区及居民带来的经济冲击和影响。

CRP 属于自愿性项目，凡符合条件的土地所有者或使用者都可以向美国农业部提出申请，对生态脆弱型的耕地或草场休耕 10~15 年，经审核批准后与农业部签订合同并享受政府提供的补贴[2]。申请一般分为两类：一类是一般申请（general sign-up），另一类是不

---

① 1 acre ≈ 4046.86 m²。

间断申请（continuous sign-up）。休耕项目的申请和审批程序在竞争、公开、透明的环境下进行[3]。一般申请类似于市场竞标，不仅有严格的申请时间限制而且竞争激烈。自愿参与土地休耕的农民需要在项目规定的时间内提交申请，并在申请中说明以下几点：拟休耕土地的类型、生产力水平、耕作史、土壤侵蚀程度、期望的土地补贴水平以及土地休耕地的管理计划[1-3]。接收申请后，美国农业部根据全国土壤数据库、地形图、土地分布图等数据所建立的环境效益指数（environmental benefit index，EBI），按照7个评估指标①衡量申请地块的潜在环境收益和成本，并对其进行打分、排序，根据成本效益最优化原则，将最符合成本效益原则的生态脆弱型土地纳入休耕计划。EBI为动态指数，政府每年会根据签约情况和政府目标等因素的变化对指标类型和权重进行调整，通常在农民申请接收完毕后公布具体的数值[4]；就环保休耕计划提供的补贴来看，主要包括土地租金和植被保护措施的实施成本[1]。提交的申请经审核批准后，农民与美国农业部签订休耕合同，期限一般为10～15年，并根据批准的休耕土地面积，经双方同意的年土地租金标准获得土地租金补贴。农民还可以通过在休耕的土地上种草或树等植被获得补贴，金额不超过补贴总额的50%[1]。2013年，共有168万acre耕地通过一般申请的形式提交了休耕申请，其中157万acre耕地被美国农业部所接收并纳入休耕型项目，这部分耕地的EBI数值都在209分以上，土地租金补贴平均为64美元/acre[5]。美国中部大平原及西部山区是CRP项目的主要集中地区，在这些地区最为经济可行的耕地保护措施是种草，因此休耕还草的耕地比例较大，约占休耕土地总面积的87%[5]。2014年7月，一般申请形式下参与休耕计划的耕地面积为1970万acre，占总休耕地面积的77%，共有262 417份合同，涉及的农场数量为166 983个[5]。从农民的项目参与意愿来看，参与意愿较高的是年迈的农民及从事非农职业的农民，其主要原因是不仅可以节约劳动力，而且可以获得相对稳定的补贴[3]。

不间断申请形式始于1996年，没有特定的申请时间限制，主要针对的是环境敏感性强或容易遭受侵蚀威胁的土地，如河流、农田缓冲区及防风林。不间断申请不需要投标，符合项目条件和保护标准就可以参加，没有竞争性，补贴要高于一般申请的补贴水平。和一般申请类似，不间断申请的休耕期是10～15年，并且在休耕地上种植植被可获得成本分摊补助，此外，还有机会获得一些额外的奖励[1]。1997年，美国农业部授权实施"土地休耕保护加强计划"（Conservation Reserve Enhancement Program，CREP），旨在保护特定生态目标，通过不间断申请形式将环境脆弱型的土地纳入项目，如野生生物的保护带、淡水植物保护区、浅水区和优先保护区域，由联邦政府和州政府共同负责项目的实施和补贴资助。州政府承担租金补贴的一部分，联邦政府支付大部分的租金补贴、成本分摊补助和技术补助。通过CREP参与休耕的地块面积相对较小，但能够带来较大的生态效益[1]。

---

① 七个评估指标中的六个因素被称为N1至N6。N1是种植草地、树木、地理位置和产生野生动物效益的湿地恢复计划；N2是从减少侵蚀、冲刷和淋溶等改善的水质；N3是减少侵蚀获得的土地生产力的提高；N4是在合同期间可能持续的收益；N5是从减少风力侵蚀获得的空气质量的改善；N6是州或国家级自然保护优先地区；第七个指标是申请者预期的土地补贴[3]。

2014年7月，通过不间断申请形式实施休耕计划的土地有575万acre，约占全部休耕土地的23%，其中实施CREP的面积为130万acre[5]。

农民与美国农业部实际签订的休耕合同期限长短不一，但大部分都为10年。无论是通过不间断申请还是通过一般申请的方式，休耕合同到期后，申请者都可自由决定退出休耕计划或是续签休耕合同。为了防止大部分休耕地在同一时间内退出休耕，美国农业部也会在休耕期结束前提供周期不等的延期计划。例如，为延缓休耕地的退出速度，美国农业部提前于2006年向2007~2010年到期的休耕合同提供了2~5年的延期计划，这部分休耕合同涉及的总休耕面积约为2700万acre，其中2300万acre的耕地续签了休耕合同，850万acre休耕地在合同到期后退出了休耕项目[5]。

签订休耕合同的农民若提前终止合同，将会受到毁约追责，不仅需要返还所有的补贴还需要缴纳一定的罚款。美国农业部有权让耕地退出休耕计划的农民免受惩罚，但这项权利很少使用，即使休耕地退出休耕计划，对休耕地的使用也会有很多限制，因为大面积休耕地退出休耕计划将会影响整个项目的环境效益[5]。

（2）政策影响

美国的土地休耕项目具有明显的环境效益。据美国农业部农场服务局的资料显示，与CRP项目实施之前对比，自1986年CRP项目实施以来，减少水土流失80亿t以上。自2002年以来，CRP项目每年约减少水土流失3.25亿t。同时，湿地和缓冲地带的生态环境也得到改善。以2010年为例，纳入土地休耕计划的湿地和缓冲地带面积都超过了200万acre。CRP项目每年约减少温室气体和氧化亚氮排放量5200万t，新建200多万英亩的野生动物栖息地，减少氮和磷的排放量各为6.07亿lb和1.22亿lb。从野生动物数量变化来看，在休耕项目的影响下，每年新增野鸡1350万只，野鸭220万只。虽然美国的土地休耕项目在改善水质、土壤健康和野生动物生存环境这三方面取得了很大成效，但休耕项目不仅面临着巨大的财政压力，同时也受粮价升高、土地需求量增加以及土地租金率降低等因素的影响，而这些因素也决定着休耕项目是否能够尽可能多地覆盖目标休耕土地[1]。Secchi和Babcock[6]以拥有大量休耕地的艾奥瓦州为例，考察了玉米价格上涨对土地休耕项目的影响，指出生物燃料兴起对玉米需求量的大增可能会导致休耕计划中的敏感性土地出现复耕，进而会产生负面的环境影响，如水土流失和土壤养分流失。

2.1.2 欧盟

1. 政策背景

第二次世界大战期间，欧洲的农业生产遭受严重破坏，农产品自给率不足，农产品贸易逆差扩大，迫使欧洲国家寻求联合，以提高农业生产力、解决粮食短缺问题。1957年，德国、法国、意大利、荷兰、比利时和卢森堡6国签订《罗马条约》，1958年1月1日《罗马条约》正式生效，欧洲经济共同体和欧洲原子能共同体成立。1962年6国签订《建立农产品统一市场的折中协议》，共同农业政策正式实施，为稳定农产品市场发挥了重要作用[7]。农业是欧盟①一体化程度最高的领域，共同农业政策不仅是欧盟最重要的共同政策之一，也是欧盟经济一体化的基石。从1962年至今，欧盟共同农业政策也经历了一系列改革：从政策目标来看，从过去关注农业增产，解决农产品过剩转向关注农村的全面和可持续发展，环境保护和农村经济的多样化发展开始备受重视；从政策方向来看，更加趋于市场化和高效化，主要体现在对农业支持方式的调整上，从对农产品支持转向对农业生产者的支持，即削减对农产品的价格支持，增加对农民的直接收入补贴[8,9]。

休耕作为共同农业政策改革中的一项强制措施始于1992年的"麦克萨里改革"②（*Macsharry Reform*），主要是为了应对价格补贴政策下农产品生产过剩问题。欧盟之所以进行"麦克萨里改革"也受到了一系列内外部政治和经济因素的影响，主要体现在三个方面：首先，农产品价格补贴带来的财政预算压力。20世纪80年代以前，解决农产品供给不足的问题是共同农业政策的主要目的，为鼓励农业生产，欧盟采取了价格支持手段，支付给农民的内部价格往往要高于同期的世界市场价格，虽然这项政策带来了一定的效果，如提高劳动生产率、增加农产品供给、稳定市场和农产品价格，但同时也导致农民盲目扩大生产，农产品大量过剩，农民收入下降。过剩农产品带来的高额出口补贴以及储存成本导致财政预算负担沉重。据统计，20世纪90年代初，欧盟对农产品的年出口补贴已达到100亿欧元，共同农业政策支出在1992年之前占到了欧盟总预算的61%。其次，美国在关税贸易总协定谈判中的施压。欧盟出口补贴额占全球出口补贴总量的90%，在世界贸易组织成员中排名第一。对农业的高额补贴面临以美国为首的主要农产品出口国的巨大压力，欧盟共同农业政策遭到强烈批评，该政策被认为扭曲了世界市场价格。2004年8月世界贸易组织达成了《多哈回合框架协议》，在农业方面，包括欧盟、美国和日本在内的发达成员方承诺将最终取消出口补贴，大幅度削减国内支持，实质性改进市场准入条件。尽管2008年7月"多哈回合"谈判最终失败，但适应自由化的贸易条件和更低的商品贸易价格支持是大势所趋。最后，欧盟东扩给共同农业政策带来了新的挑战。两轮东扩后，欧盟的农民人数增加了近70%，农村面积扩大40%。新加入成员国经济相对落后，农业在国民经济中的比例和农业人口的比例都较高，而农业收入水平和生产率水平较低。按原有的共同农业政策标准，欧盟每年用于农业补贴的支出及农业结构调整的基金将急剧增加，欧盟财政预算不堪重负[10,11]。

2. 政策内容与演变

欧盟的休耕政策最早可追溯到1988年，采取的是为期五年的自愿休耕形式，旨在

---

① 1991年12月11日，欧洲共同体在荷兰召开首脑会议，通过了以建立欧洲经济货币联盟和欧洲政治联盟为目标的《欧洲联盟条约》（统称《马斯特里赫特条约》）。1993年11月1日，《马斯特里赫特条约》正式生效，欧洲联盟正式成立。

② "麦克萨里改革"引入三种重要措施：一是干预价格降低了1/3；二是根据作物种类按照耕地面积进行价格支持减少后的补偿；三是强制性休耕政策，旨在控制粮食供应量。

控制并减少粮食生产和预算支出,自愿参与的农户至少要休耕15%的耕地才能获得补贴,补贴支出由成员国承担[12,13],但推行率较低。在内外部政治经济力量的推动下,1992年"麦克萨里改革",休耕第一次在欧盟全面推广,标志着休耕开始成为欧盟控制粮食产量的一种强制手段。在随后的共同农业政策改革中,休耕政策的内容也在不断进行着调整。

总的来看,欧盟的休耕率设定具有一定的弹性,主要根据粮食生产和市场供应的变化做出调整。随着休耕率的调整,每年欧盟的休耕面积都会发生变化,但平均休耕面积始终占总耕地面积的10%左右[14]。欧盟的总耕地面积约占全部农用地面积的60%,2/3以上的耕地主要集中在法国、西班牙、德国、波兰、英国和意大利6国中。就休耕地的分布来看,主要集中在欧盟15国。在低海拔国家,休耕扮演着次要角色[15]。欧盟的休耕政策主要经历了以下几个阶段。

(1) 引入补贴实施休耕(1992年的"麦克萨里改革")

"麦克萨里改革"与以往共同农业政策改革最大的不同之处在于对欧盟的农业补贴方式进行了结构性调整,在大幅降低对粮食作物价格支持水平的同时,引入直接收入补贴政策,并制定了强制性土地休耕计划。在1992年的"麦克萨里改革"中,谷物(油料和淀粉作物)的价格补贴削减了35%,为弥补农户在价格补贴削减后的损失,欧盟采用了直接收入支付作为补偿,农户享受直接收入支付补偿的条件是要将部分耕地进行休耕或者在休耕地上种植非粮食作物,为达到控制粮食产量的目的,直接收入支付补贴主要根据农户休耕的土地面积而非粮食产量进行补偿[16]。强制性休耕政策针对粮食作物产量不低于92t的农户,价格补贴(compensating payments)的同时必须休耕至少15%的耕地;而对于粮食产量低于92t的小农户则没有履行强制性休耕的义务,休耕地块都可以获得休耕补贴。补贴额的计算依据是根据休耕面积,按照旱地谷物的平均产量乘以每吨谷物的补贴价格,谷物的补贴价格则由粮食市场的变化情况决定。

休耕的方式最初为轮换休耕,目的是防止过多低产土地被休耕,否则最终还将会影响减少粮食产量的休耕目标。农民可以自主决定休耕的地块,但同一地块不能连续两年进行休耕[16]。从1994年开始,农户可以选择非轮换休耕方式,但是必须在满足轮换休耕土地面积的基础上,另外增加5%的耕地进行为期至少5年的休耕。轮换(rotational)和非轮换休耕(non-rotational)的划分方式1996年被取消,而被统称为强制性休耕。强制性休耕有两种方式,农户可自由选择,既可以在同一块土地上进行长期休耕,也可以在不同地块之间轮换休耕。休耕的土地可以用于种植生物燃料等非粮食作物或者林木和草[17]。1994年,欧盟引入自愿性休耕,农户可在完成强制性休耕任务的基础上自愿选择休耕。自愿性休耕的面积不限,但是享受休耕的补贴额度有限制,即休耕面积不能超过耕地总面积的33%,超过33%的部分不予补贴。休耕的最小地块面积为0.3hm^2,宽度至少在20m以上,但如果休耕地块受到环境(如墙体、岩石、水道等)的限制,可以作为特殊例外而小于0.3hm^2;另一种例外情况是,休耕地由一块或几块自然地块组成时,其宽度也可以小于20m。农户在申请时必须将种植情况和申请补贴上报县农业局,一旦发现在申报过程中存在违规的行为，将对其实行惩罚措施，如虚假超报面积，将按照超报面积的双倍削减补贴面积或取消补贴资格[18]。

（2）支持发展，保护耕地（《欧盟 2000 年议程》，两个支柱）

1999 年欧盟通过的《欧盟 2000 年议程》（Agenda 2000）提出构建欧洲农业发展模式，对农业政策进行更为彻底的改革。欧盟农业部长理事会认为，"作为一个经济部门，欧洲农业必须是多功能的、可持续的、有竞争力的，并扩展到整个欧盟地域；必须关注农村发展，保护自然区域，对保持农村社会的活力做出关键的贡献"[9]。为此，在农业政策改革中引入了两个支柱的概念。支柱 1 是补贴短期政策，支柱 2 是发展长期性政策，旨在支持农业多功能的发展，鼓励在农村地区开辟新的收入和就业来源，将共同农业政策转变为"共同农业和农村发展政策"[9]。农村发展政策作为支柱 2 的政策，主要功能在于应对由支柱 1 政策改革产生的结构性调整问题，二者相互补充达到共同农业政策的目标[19]。

与上一阶段改革不同的是，此次改革开始将环境保护纳入农业支持体系，鼓励农民进行休耕，加强耕地保护。本阶段改革的实施使得对农产品的价格补贴被大幅削减，对农民的直接支付力度增加[20]。就谷物来看，谷物的支持价格被削减了 15%，相应的直接支付补贴虽然有所提高，但仅为被削减的补贴价格的一半[20]。强制性休耕仍然被视为控制粮食过剩生产的重要手段，2000~2003 年的强制性休耕率都为 10%[15]。关于休耕的具体政策内容并没有太大的调整，仍然采用的是强制性和自愿性休耕形式，休耕对象为粮食产量超过 92t 的农户。

（3）保护环境，交叉遵守（2003 年改革，单一支付方案和交叉遵守机制）

为了适应世界贸易组织农业谈判和东扩的需要并提高欧盟农业的市场化水平及可持续性，2003 年 6 月，欧盟对农业补贴进行了改革，提出从 2005 年起逐步推行新的单一支付方案，取消与农产品挂钩的价格补贴并改为直接支付补贴[9]。此次改革最大的特点在于将环境保护与农业补贴相结合，并提出了具有强制性的交叉遵守机制。在 Fraser 看来，这些改革也意味着欧盟给予农民补贴政策的模式转变，即从粮食控制开始转向环境保护[21]。交叉遵守机制要求农民既要遵守所属成员国关于农业生产标准的法定管理要求（statutory management requirements，SMR），又要交叉遵守欧盟提出来的良好农业与环境条件要求（good agricultural and environmental conditions，GAEC）[22]。法定管理要求主要涉及的内容包括环境、公众、动物与植物健康、疾病通知及动物福利四个方面；GAEC 主要在土壤侵蚀、土壤有机质、土壤结构、维护农场最低水平等方面制定了相应标准，要求所有申请单一支付补贴的农民，无论其土地是否用于农业生产，都需要进行最低水平的农地管理工作，以免造成农地荒废与环境破坏[23]。在《单一支付方案》（Single Payment Scheme）实施后，所有接受直接支付补贴的农民都需要履行交叉遵守机制在环境保护方面的规定，如果未能达到相关的标准要求，直接补贴额将会被削减甚至完全失去补贴权利。

在此次农业政策改革中，强制性休耕政策仍被视为一种重要的粮食控制手段，此外，休耕的环境效益也开始备受重视和强调。所有休耕地也需要执行交叉遵守机制的相关规定和要求。从单一支付方案的实施来看，欧盟各成员国采取的是不同的模式，12个新成员国实施的是单一区域支付计划（SAPS），15个老成员国实施的是单一支付计划（SPS），其中分为历史模式、地区模式和混合模式[24]。不同的实施模式对休耕政策的具体推行也存在差异。单一区域支付计划下，获得直接补贴的农民没有强制休耕的义务。单一支付计划下，国家仍需要履行强制性休耕义务。和以往不同的是，单一支付计划实施之前，农户申请支持补贴需要将种植粮油作物的耕地面积按照强制休耕率进行休耕；由于单一支付计划不再与农产品挂钩，农户在进行休耕时，休耕地块不再仅限于种植粮油作物的地块而是扩大到整个农场[15]。

（4）绿色补贴，关注环境［2008年共同农业政策——健康检查（Health Check）］

为应对国际粮价上涨，欧盟于2008年将休耕率调整为零，并于2009年起取消了强制性休耕制度。为了保护前期休耕带来的环境效益，欧盟很多成员国在强制性休耕计划取消后，采取了自愿休耕计划[25]。例如，芬兰于2009年开始实行环境休耕，目的是保护农业环境，休耕面积占总耕地面积的7%[26]。在丹麦的研究发现，强制性休耕取消后，出现了休耕地复耕的现象[27]。

为了维持休耕带来的环境效益，在随后的改革中，欧盟开始重视农业生态环境的保护。2013年，欧盟通过了新一轮的共同农业政策改革，新增了强制性绿色补贴，即将农业补贴与环境保护的强制性要求挂钩，农户要想获得相应的补贴必须遵守绿色要求。欧盟要求成员国必须把本国直接补贴的30%用于绿色直补，否则将受到欧盟处罚，第一年和第二年不削减资金，第三年和第四年欧盟则最多可分别削减该国直补金额的20%和25%[27]。绿色直补必须要满足三类环境标准，即保持永久性草地的数量，保护生态重点区域以及提高作物的多样化水平。生态重点区域规定超过$15hm^2$的农场必须保留可耕地面积的5%作为生态重点区；生物多样化水平要求可耕种土地超过$10hm^2$时，必须种植至少2种作物；超过$30hm^2$时，至少为3种作物；单种作物种植面积最多占到耕地面积的75%，2种作物最多占到95%[24]。

3. 政策影响

休耕的生态环境影响。Boellestorff和Benito的研究发现，由于欧盟各国的农业种植区在气候、环境和经济条件上都存在差异，休耕对水土流失问题影响的程度也不同[28]。尽管在欧洲其他地区，休耕可以减轻水土流失问题，但是在西班牙中部，完全休耕反而导致当地水土流失问题严重化。关于休耕对生物多样性的影响，在学者之间也存在争议。Buskirk和Willi的研究认为，休耕明显的具有生态保护效益，扩大休耕面积能够保护生物多样性[29]。针对这种观点，David和András持不同意见，认为休耕地项目的是否实施需要接受地理、农艺和社会经济层面的综合评估[30]。Tscharntke指出，休耕期的长短、休耕土地上所种植作物的种类选择以及休耕地块的地形差异都影响着休耕地的管理效果，过短的休耕期对生物多样性保护效果不明显，休耕地块地形越简单，管理效果越明显，因此欧盟在制定休耕政策时应该考虑对生物多样性的保护[31]。Morris 等也指出,需要对休耕地进行有效管理才有利于生物多样性的保护[32]。

农民参与休耕的意愿研究。欧盟的休耕政策导致欧盟的农场结构发生变化,小农场逐渐变少,中等规模农场数量逐渐增加,因为休耕政策主要针对的主体是大农户[15]。Jones 就德国农民在1988~1989年参与自愿性休耕计划的态度进行了研究,发现农户愿意参加休耕的原因主要是耕地地力较差,而未休耕的耕地则进行集约化大生产[12]。农户参与休耕有利于节约生产成本、降低劳动力费用、提高市场应变能力。家庭劳动力变化和非农收入来源也影响着农户参与休耕的意愿,老年人、缺少劳动力的家庭,以及能够通过其他途径获得非农收入的农户更愿意参与休耕。休耕也对当地的就业环境和土地市场产生了影响,由于休耕可以享受补贴,有的地方出现了很多出租地休耕的现象。所以,需要对农民不愿意参与休耕的原因进行调查和研究。Siebert 等在德国的农耕区就农民参与拟定的环保休耕计划的态度进行了调查,发现农户对参与环保休耕的意愿很高,主要原因在于,拟定的环保休耕计划在规划过程中充分考虑了农民的利益,既重视环境保护也重视农耕活动,此外,遵循农户自愿参与的原则也是另外一个不可忽略的原因[25]。过半农户表示,只要经济补贴足以支付他们种地的损失就愿意参与环境休耕。年龄和受教育程度因素对农户参与拟定环保休耕计划的态度影响不大,但有过使用保护农业环境措施的农户参与意愿较强。

4. 小结

在欧盟,休耕主要是作为粮食产量的控制手段,解决粮食生产过剩的问题。因此,随着粮食市场波动,欧盟也调整相关政策,于2009年取消了休耕制度。休耕的出发点虽然不是为了保护环境,但也带来了一定的环境效益。随着欧盟共同农业政策对农村环境和发展的关注,后续欧盟在改革农村补贴制度的同时,也将环境保护纳入了补贴之中,申请绿色补贴的农户必须要满足环境保护的硬性标准和要求,否则将受到惩罚。欧盟实行的是农业高补贴制度,但我国农业补贴相对较低,实行休耕还面临着粮食安全问题的威胁,可在休耕补贴中强化对耕地和水资源保护的要求,通过补贴鼓励农民对休耕地进行保护,引导农民改变种植方式。欧盟的农业补贴方式最初是和特定的作物相联系,慢慢与特定的粮食作物种类脱钩(decoupled),同时和环境保护挂钩(coupled)。

2.1.3 日本

1. 政策背景、内容及演变

1960年,日本出现水稻生产过剩问题,政府为应对该问题,于1970年开始时实施稻田休耕转作项目(rice paddy set-aside program),一方面通过控制种植面积来减少食用水稻的产量,另一方面与价格补贴和进口关税门槛等政策相结合,稳定水稻价格的高位态势,从而保护农民收入。作为一项强制性政策，日本农林水产省每年都会设定水稻休耕转作的目标面积（约为总稻田种植面积的 1/3），在日本农业合作社（Japan Agriculture Cooperative）的监管下，以村庄而非农民个体为单位下派稻田转作的任务[33]，在村庄社区内，如果有农民拒绝参与稻田休耕，那么整个社区都将享受不到政府提供的价格支持补贴[34]。在稻田休耕转作项目中，农民改种小麦、大豆和油菜等其他作物，将会获得相应的补贴，获得补贴的多少依赖于休耕转作的土地面积以及所种作物种类，并且每年都会对补贴额度进行调整，资金主要来源于国家预算[35]，日本政府每年大约有 2000 亿日元的财政支出用于休耕转作补贴[33]。

水稻是日本最主要的粮食作物，也是日本政府价格支持政策的核心，其补贴占总价格补贴的 70% 以上[33]。世界贸易组织认为日本采取的农业高补贴政策扭曲了农产品的价格，并不断的指责该政策的不合理。为适应《世界贸易组织农业协议》的要求，日本对农业补贴政策也进行了调整，为实现削减国内补贴的承诺，日本最先针对大米政策进行改革，先后废除了大米生产流通的国家管理[36]。2007 年的农业政策改革主要顺应的就是自由贸易和小政府的目标，日本政府也试图通过鼓励农业规模化经营提高水稻的市场竞争力，从而减少政府的补贴支出。在这次改革中，关于休耕的内容主要做了两项调整：一是休耕转作项目从强制性项目调整为自愿性项目，农民获得了更多的自由选择权；此项调整使得 2007 年日本的水稻生产量出现了上涨，导致水稻价格出现了大幅下降，主要原因在于在自愿性休耕转作模式下，很多兼业农民选择了种植较为节约劳动力的水稻。与此同时，自愿性休耕转作也促使很多转作作物产量的增长，如大麦、小麦、土豆和油菜。二是休耕转作补贴的调整。农户在休耕地上种植大麦、小麦、土豆、大豆和油菜等非食用水稻作物所能享受的价格补贴（price support subsidies）被直接收入补贴（direct-payment subsidies）所取代，主要根据作物产量来确定补贴数额。此项直接收入补贴主要针对的主体是拥有耕地面积 $4hm^2$ 以上的个体农民以及耕地面积超过 $20hm^2$ 以上的农业组织，旨在提高农业生产力，从而促进农业的经营联合[37]。2007 年的农业政策改革也被认为是为日本水稻进口自由化提供了准备[33]。但由于此项补贴限定了补贴对象，也引发了很多农民的不满。

2009 年，日本民主党执政后取消了 2007 年引入的直接收入补贴项目，进而实施了一项新的直接收入补贴项目，称为"收入补偿法则"（Income Compensation Program，ICP），此补贴项目没有限定补贴对象，所有农户无论规模大小都可以参与享受此项补贴。在 ICP 中，引入很多新的补贴，针对水稻主要是反危机补贴，非水稻作物按照耕种面积和产量进行补贴。所有的 ICP 补贴都属于挂钩补贴。有些 ICP 补贴也要求申请农户必须参加水稻转耕项目。2010 年，自民主党执政后，引入了农户收入补贴（individual household income support），在水稻生产的最大限量下，农户如果按照目标产量进行水稻生产就可以享受此项补贴，主要根据农户实际耕种的水稻面积来核算。但是这项补贴以及水稻目标产量的要求于 2013 年被取消，用于此项补贴的财政支出转为休耕转作补贴。总的来看，在以支持稻农收入为目的的农业政策中，日本政府以减少耕种面积维持水稻高价格的目标未曾发生改变[38]。借助对非食用水稻以及小麦和大豆等转作作物提供高额补贴的手段,日本政府试图引导农户调整水稻种植结构,减少水稻的产量,虽然面临着贸易自由化的压力,日本政府并没有大幅削减补贴水平的意图,而是微调了补贴结构[36]。

2. 政策影响

稻田休耕转作项目容易加重政府的财政负担。在稻田休耕转作项目中,为引导稻农转种非食用水稻减少食用水稻产量,日本政府采取的是高补贴措施。2013年,用于米粉和饲料加工的水稻耕种面积为6800 hm²,不足总休耕转作稻田面积的10%。虽然这部分水稻种植所占面积很小,但需要大量的支付补贴,约为544亿日元,总的休耕转作补贴支出为2500亿日元。据日本农林水产省的估算,用于饲料加工用的水稻最大需求量为450万t,对应需要的补贴数额约为7000亿日元。如果种植非食用水稻的经济效益较好,还会吸引更多的农户参与并减少食用水稻的种植量,这种情况将会导致食用水稻的价格出现上涨,届时消费者不得不承担更大的支出压力。据日本农林水产省的统计,2014年日本水稻种植面积为147.4万hm²,比上年降低了4.8万hm²。用于饲料加工的水稻种植面积为3.4万hm²,比上年增加了1.2万hm²[39]。此外,鼓励农民转种更多的非食用水稻还容易导致贸易摩擦。日本每年需要从美国进口1000万t玉米用作饲料。如果水稻转耕项目下,用于饲料加工的水稻产量不断增加,那么将会影响美国玉米的进口量,小麦的进口量也会受到影响。美国如果通过抬高日本产品的进口关税作为应对措施,将会对日本经济产生不利影响[38]。

稻田休耕转作项目不利于日本发展大规模的农业生产。日本农业政策的主要特征就是通过提高国内水稻的价格以保护农民的收入水平,而非让农民通过扩大生产规模,减少耕种成本,提高生产力来实现较高的收入。兼业农民在日本农民中占很大一部分比例,所获得的非农收入较高。此外政府给予的补贴较多,农业补贴占农户收入的60%,因此,兼业农民大多都不愿意退出农业生产,导致想进行农业规模化生产的人难以获得土地资源,土地分散化严重,同时也影响着农业的市场竞争力;日本政府对大米补贴和保护过重,大米价格处于高位态势,导致国内大米过剩而其他农产品难以自给相并存的不合理现象[34]。Yamashita认为,日本政府应该通过取消水稻转作项目,以此来让小规模农户退出,全职农民才有可能获得更多的土地,政府应为全职农民提供直接收入补贴,帮助他们租赁土地,进行大规模生产,以降低单位土地的生产成本,进而提高日本农产品在市场上的竞争力[40]。

稻田休耕转作项目带来的土地抛荒现象影响粮食安全和生态安全。1969年,日本的耕地面积为344万hm²。1970年,稻田休耕转作项目开始实施后,日本的耕地面积逐渐减少。2010年,日本总的耕地抛荒面积为39.6万hm²,休耕率为10.6%[41]。2012年,日本耕地抛荒面积超过40万hm²。近年来,日本的农业发展面临着极度萎缩的困境,表现在以下两方面,一是粮食自给率持续低迷,二是农业人口老龄化日趋严重,2010年农民的平均年龄为65.8岁[41,42]。尽管日本的稻田休耕转作面积在增加,水稻的价格保持下降的趋势。受人口老龄化和减少的趋势影响,日本的水稻需求量也在减少。有学者也提出了担忧若40年后，日本人均水稻消费量是当前的一半，那么稻田休耕转作的面积将需要增至210万 hm^2，只需要50万 hm^2 的稻田面积就可以满足消费需求，日本稻田耕种面积的进一步减少，也将威胁着日本的粮食安全[43]。

日本的山区耕地面积约占全国耕地面积的40%。受历史因素和自然条件的限制，山区、半山区抛荒现象严重，其农业发展相对滞后于平原地区，导致生物多样性减少，农业的多功能性降低。因此，日本政府为了振兴山区和半山区的农业发展，于2000年出台了《针对山区、半山区地区等的直接收入支付制度》，对该地区的农户进行直接收入支付补贴[36]。直接收入支付补贴针对山区和平原地区的生产成本差进行80%的补贴，接受补贴的农户需要连续耕种五年并需要采取措施防止耕地出现水土流失，保护生物多样性。如何实现有限耕地的充分利用，抑制弃耕现象的发生，是日本农业补贴政策调整所要解决的问题[44]。在山区，水稻种植能够维持农业生产具有生态多功能性，配套的灌溉设施使得稻田具有一定的水保持能力、补充地下水。此外，稻田还具有防治洪水、泥石流并保护生物多样性的功能。稻田面积减少意味着农田水保持能力的下降。1990~1992年至2002~2004年两个阶段，稻田的耕种面积减少了17%，农田水保持能力下降了15%，增加了洪水和水土流失的风险性[45]。此外，日本还推行了"绿色"粮食生产补贴政策，鼓励粮食生产者多使用绿肥，如农家肥、有机肥等，尽可能地减少化学肥料的使用量，以达到保持农业的可持续性发展的目的，由绿色生产引起粮农收入降低，政府给予相应的补贴[46]。

3. 小结

日本的休耕转作政策是在应对水稻生产过剩背景下出台的。日本通过调整水稻补贴政策，引导农民调整种植结构，减少了水稻产量，稳定了水稻的价格，应该说起到了政策制定的初衷。但是，日本农民群体中兼业农民占据主导且人口老龄化严重，导致水稻轮作的面积难以集中，同时还出现山区和半山区抛荒现象。耕地的抛荒和分散化对日本的粮食安全和生态安全都产生了一定的负面影响。因此，日本的水稻轮作政策的负面作用大于政策实施的正面作用。

2.1.4 国外休耕政策和实践对中国的启示

1. 国外耕地休耕背景、方式及其效果

通过对美国、欧盟、日本休耕政策背景梳理发现，他们的休耕计划都开始于20世纪七八十年代。欧盟是在财政补贴预算压力和世界贸易压力下不断调整休耕的项目实施。日本则是为了保护农民收入，保持水稻的高价格以及应对世界贸易压力，其通过价格补贴以及稻田转作（种植结构调整），同时辅以休耕减少水稻种植面积，来达到项目目的（表2-1）。其中，美国休耕以保护环境为首要目的，其次是缓解农产品过剩带来的压力，政策项目持久,休耕面积稳定;欧盟在财政预算压力、世界贸易压力下,休耕政策变化较大,从自愿性到强制性再到自愿性,休耕面积也随之变化。休耕补贴主要由成员国自己承担。与美国和欧盟很大的不同,日本稻田休耕转作的持续时间较长,其通过休耕转作来减少水稻的种植面积和产量以保护水稻的高价格和稻农收入的目的一直没有改变。

表 2-1 美国、欧盟、日本"耕地休养"政策背景

国家或组织	开始时间	项目名称或具体内容	休耕率	目的
美国	1985 年	《土地休耕保护计划》	每个县的休耕面积不得超过该县总耕地面积的 25%	控制水土流失,改善水质和野生动植物的栖息环境;缓解农产品过剩带来的压力
欧盟	1988 年	推动自愿性休耕	休耕面积占总耕地面积的 10% 左右	在农产品价格补贴带来的财政预算压力和其他农产品出口国的施压下推行,旨在控制并减少粮食生产和预算支出
	1992 年	"麦克萨里改革"推动强制性休耕		
	1999 年	《欧盟 2000 年议程》		
	2008 年	取消强制性休耕		
日本	1970 年 2007 年	实施稻田休耕转作项目 取消强制性休耕转作	2010 年,日本总的抛荒面积为 39.6 万 hm^2,休耕率为 10.6%	通过控制种植面积以减少食用水稻的产量,并结合价格补贴和进口关税门槛等政策保护手段维持国内水稻高价格

不同的国家采取的具体政策方式也不同(表 2-2)。美国休耕以环境效益为标准来确定具体休耕政策的适用;在环境敏感区农民申请即可获批,不存在竞争性。在环境敏感相对不高的地区,引入竞争性机制,由农民直接向美国农业部提出自愿申请,提出期望补贴水平,美国农业部根据相关标准以及农民的预期补贴水平和环境效益成本来进行审批管理;补贴加奖励的手段,补贴以土地年租金为计算标准;对休耕后种植有利于环境的作物有成本奖励;农民是独立的经济主体,美国农业部与农户签订合同,依法办事,规则清晰。欧盟根据粮食安全和世界粮食供应形势来决定是否推行强制性休耕;在推行强制性休耕时,以农户的耕地面积和年产量为标准来区分是否进行强制性休耕,小规模农户不作强制性休耕要求;补贴的金额以当年的谷物价格为基础,而不是土地租金;保护环境并不是休耕的主要目的,欧盟休耕主要是为了控制粮食产量。欧盟休耕具体的经费由成员国承担,执行由县农业局操作,惩罚措施明确。日本通过村庄的形式而不是针对单个农户来下达休耕任务,这样做的原因是日本的农户仍是小规模农户,具有半官方背景的日本农业合作社能够以社区的形式来组织执行任务。为了促进产业化和规模化经营,日本还规定了补贴农户和农业公司的种植面积。

表 2-2 美国、欧盟、日本"耕地休养"政策具体执行方式

国家或组织	管理机构	执行方式	具体方式	补贴金额
美国	美国农业部负责制定政策和计划、管理申请进行审批、执行补贴等工作	一般申请	自愿参与的农民需要在规定的时间内提交休耕申请竞标，美国农业部根据环境效益成本公布具体参与名单	年土地租金标准享受土地租金补贴。休耕种草树等，不超过50%的成本补贴
		不间断申请	无特定申请时间、无竞争性、无投标，符合项目条件和保护标准就可以参加。项目目标主要针对环境敏感性强或容易遭受侵蚀威胁的土地	享受成本分摊补助，额外的奖励，要高于一般申请的补贴水平
欧盟	欧盟制定政策；成员国承担补贴费用；县农业局具体执行	自愿性	粮食产量低于92t的小农户没有强制性休耕义务，可以自愿休耕。但农户享受休耕补贴的上限为耕地总面积的33%，超过部分不予补贴。休耕的最小地块面积为0.3hm²	休耕补贴额根据休耕面积，按照旱地谷物的平均产量乘以每吨的补贴价格，补贴价格根据粮食市场的变化情况做调整
		强制性	接受价格补贴（compensating payments）且粮食谷物作物产量超过92t的农户，必须休耕至少15%的耕地	
日本	日本农林水产省、日本农业合作社	强制性	以村庄而非农民个体为单位下派稻田转作的任务，补贴对象主要为拥有耕地面积4hm²以上的个体农民以及耕地面积超过20hm²以上的农业组织	根据转耕的土地面积以及所种作物不同获得相应的补贴

休耕政策的实行给各个国家带来的并非都是正面影响（表2-3）。美国的土地休耕项目在改善水质、土壤健康和野生动物生存环境方面取得了明显成效，同时也起到了控制粮食产量的目的。休耕政策对欧盟成员国的影响非常多元化。欧盟并没有具体规定休耕后作物种植的奖励或补贴。休耕后耕地管理非常重要，缺乏后续管理会给环境带来水土流失等影响。为了实现环境保护，欧盟通过绿色补贴来达到目的。日本休耕转作项目导致了土地抛荒现象，特别是山区土地抛荒引起了水土流失的负面生态效应。休耕政策对欧盟农场规模存在着较大的影响，休耕之外的土地集约化加强。但日本的休耕转作项目阻碍了日本农业的规模经营和农业竞争力提高，主要的原因是较高的水稻补贴以及休耕转作补贴，使得兼业农户不愿意离开土地，不退出农业经营。

表 2-3　美国、欧盟、日本"耕地休养"政策影响

国家或组织	休耕土地利用	环境影响	农户和规模经营影响
美国	休耕还草	环境成效明显	年迈的农民及有非农职业的土地所有者参与意愿较高
欧盟	种植生物燃料等非粮食作物或者林木和草	影响不一。对休耕地实施有效管理的对环境有正面影响，没有有效管理的对环境有负面影响	小农场变少，中等规模农场数量增加；愿意参加休耕的农户多休耕的是地力较差的耕地，老年人和缺少劳动力的家庭以及有其他非农收入来源的农户更愿意参与休耕。同时未休耕耕地生产的集约化程度提高
日本	转作大麦、小麦、土豆、大豆和油菜等非食用水稻作物	偏远山区土地抛荒、水土流失较为严重。耕地面积减少，威胁粮食安全	影响农村生产率的提高，对农业的市场竞争力和农业规模化呈负面影响

2. 国外休耕政策和实践对中国的启示

（1）中国休耕应以粮食安全为前提

各国人口、资源禀赋以及社会经济发展方面都存在差异，政策背景和出发点都有很大不同。美国休耕的主要目的是保护环境和控制粮食产量，在保证粮食安全的前提下还保护了耕地质量和生态环境；欧盟和日本都面临着高补贴下的农业贸易自由化的压力，欧盟根据世界粮食市场供需情况，决定是否推行强制性休耕，这样做的前提也是为了欧盟的粮食安全。日本的粮食自给率持续偏低，但日本政府为了保证大米的自给率，通过休耕转作降低水稻种植面积减少产量，以维持大米高价格来保护稻农利益。从发达国家经验来看，中国推行耕地休养政策的前提也应首先保障国家粮食安全。推行休耕政策的最终目的是保养耕地质量，恢复地力和水资源，确保中国长远的粮食安全。但推行耕地休养，也势必会带来短期的粮食减产问题。可以通过高标准农田建设及农业科技创新来提高潜力地区的粮食生产能力以及海外市场的供给能力，以保证充足的粮食供应，避免因为耕地休养引发粮食减产带来危机。从长期来看，保障国家粮食安全依然十分严峻。根据陈锡康等预测，到 2020 年中国粮食需求量为 6.75 亿~7.00 亿 t，供给量为 6.25 亿~6.75 亿 t，粮食净缺口达到 0.65 亿 t[47]。中国粮食增产需求与农业可供水量短缺矛盾非常突出，2030 年中国人口将达到 16 亿，粮食需求将达 6.4 亿 t，按现有农业用水效率计算，尚缺水约 800 亿 m³。而《全国新增 1000 亿斤粮食生产能力规划（2009—2020 年）》中，耕地质量逐步提高，规划区改造中低产田 3 亿亩①，耕种的综合机械化水平提高 65%[48]。因此，一方面要保证当下的粮食安全，另一方面必须重视耕地休养、提高农业用水效率，以解决土水资源保护、地力恢复等问题，给粮食安全长远的保障。

---

① 1 亩≈666.67m²。

（2）中国休耕应以"藏粮于土、藏粮于水"和环境效益为基本目标

从发达国家推动休耕的目的来看，美国以控制粮食产量和环境效益为目的，欧盟和日本以控制粮食产量为目的。一定要明确，中国耕地休养的基本目标，是为了让过度开发的土地进行休养生息，进行耕地储备，修复并改善地力。改变近些年来集约化生产对水土资源系统的过度开发现状，改善由此带来的生物多样性丧失、生态用地减少、地表和地下水污染枯竭等环境问题。从发达国家耕地休养政策实践影响分析来看，休耕未必就一定能带来正的环境效益，需要在推行之前将准备工作做好。中国目前各部委的试点工作只是准备的一部分，还远远不够。美国休耕项目由美国农业部农场服务局负责实施，自然资源保护局和商品信贷部分别提供技术和资金支持，根据全国水土资源图库、粮食生产基础数据，划分环境敏感区，根据指标对申请农户进行审核批准。这样既可以达到控制粮食生产产量的目的又实现了环境效益。欧盟的经验则表明，在一些地区推行休耕政策对环境敏感地带考虑不足，只根据农户土地规模和产量等特点来实行休耕，导致了水土流失等环境生态问题。日本也出现了休耕后特别是山区和半山区的土地抛荒、生态破坏的问题。因此，这就需要整合中国不同部门土地资源、水资源以及粮食生产的图库、数据和管理职能，划分出不同层级的环境敏感区、耕地休养生息区等，在生态环境最脆弱，耕地质量最需要保护的地区推行耕地休养生息政策。要明确耕地休养并不是简单地弃耕，而是进行地力和水资源的恢复，只有这样方能做到"藏粮于土、藏粮于水"，实现良好的环境效益。

（3）中国休耕应创新管理方式，充分尊重农民意愿，保障农民权益

对发达国家耕地休养执行具体方式综述发现：美国根据环境脆弱程度划分具体休耕政策适用范围。在环境脆弱区为不间断申请，补贴水平更高，符合要求的农户不需要竞标，只要申请就获得批准；在环境相对安全区，符合要求的农户自愿申请提出期望补贴水平，引入市场竞标机制，政府根据成本效益最大化原则进行审核。欧盟则在一定的时期采用的是强制性和自愿性相结合的推行方式，根据土地面积和产量来划分是否强制推行。日本则是以村庄为单位在目标区域以半行政化的方式进行实质强制性地推行。相比较不难发现，美国通过提供更高的补贴和更快捷的申请批准方式，吸引环境脆弱区农户参与休耕，而欧盟和日本的推广方式则相对更加行政化和强制性。美国农业发展环境得天独厚，农民都是规模化经营的市场经济主体，美国具备市场和经济手段来推行政策的条件。而日本则以兼业、小规模农户为主，欧盟成员国情况各不相同。他们的经验表明，如何有效地让农民自愿参与休耕是政策成功与否的重要因素。美国、欧盟和日本的经验都表明更愿意加入休耕计划的一般都是地力较差的耕地、老年人和缺少劳动力的家庭以及有其他非农收入来源的农户。中国环境敏感地带和脆弱区的耕地，往往也面临兼业农民众多，规模化经营程度低，农业劳动力减少和老龄化、农村空心化等问题。如何创新管理方式，将休耕政策与空心化农村治理实际相结合，在充分尊重农民意愿和保障农民权益的前提下推进耕地休养工作，需要进行全面的调研和细致的前期设计。中国退耕还林政策推行方式也经历了从前期的"自上而下"到后期"自下而上"，"上下结合"的调整，积累了大量的经验可以借鉴。

（4）中国休耕应采用农业补贴方式，促进休耕，保障休耕后耕地管理

对发达国家的休耕政策和实践的综述发现，补贴是吸引农户参与休耕的重要手段，对补贴的设计，决定着是否吸引农户主动参与休耕计划，也就决定着休耕政策的成败。发达国家休耕补贴分为两种类型：第一种类型是粮食补贴，即针对参与农户粮食产量减少的补偿。美国根据土地租金水平以及农户提出的预期补贴水平决定补贴水平，欧盟根据粮食价格和休耕面积决定补贴水平，日本根据转作作物品种决定补贴水平。第二种类型是绿色补贴，即在休耕地上种植绿肥、草、树等对环境有益的作物给予成本补贴。美国退耕还草可以给予不高于成本50%的补贴，成功地控制了粮食生产而且保护了环境效益，欧盟则没有具体设计。不同的成员国有不同的补贴方式，日本稻田休耕转作有补贴，欧盟和日本都出现了不同程度休耕后的抛荒和水土流失问题。近些年来，欧盟推行强制性交叉遵守机制和绿色补贴机制，日本也推行绿色补贴机制，来达到加强生态环境的保护。但这并不是针对也不能改善弃耕产生的水土流失等生态问题。因此，中国应该借鉴发达国家的上述经验。在推行休耕政策时，应该在现有补贴的基础上进行调整，一方面继续给予粮食补贴，补偿农民因粮食减产带来的损失，一般休耕补贴应大于农民种植粮食的收入才有利于农民自愿休耕；另一方面应该对休耕后的植被种植、甚至水利设施和道路维护等进行补贴或奖励，这样有助于休耕后耕地的管理。借鉴欧盟和日本的经验，中国还应考虑引进绿色补贴机制，将现有农业补贴与节约农业用水、绿色耕种要求相挂钩，鼓励农户采取绿色耕种方式，加强对耕地土水资源的保护。

(5) 中国休耕应加强休耕地管理，避免土地抛荒引起新的生态破坏

受休耕政策以及农业人口老龄化程度加剧的影响，日本出现了大面积的土地抛荒现象，其中山区和半山区尤为严重。水稻是日本农地条件最为适合种植的作物。从生态效益层面来看，稻田耕种有利于保护生物多样性，防止水土流失，而抛荒不利于耕地资源以及生态环境的保护。日本政府在近些年开始对休耕政策进行了调整，开始采用补贴的方式调动农户复垦抛荒地的积极性，并鼓励年轻人进入农业生产领域。中国应吸取日本的经验教训，由于面临着大量农村劳动力外流、农业劳动力短缺、农业人口老龄化等问题，在部分地区已经出现了耕地抛荒现象。中国推行休耕政策应该重视休耕带来的抛荒以及由此带来的水土流失等生态问题。一方面，应增加休耕后的耕地管护补贴，要求被补贴的农户对休耕地采取合理的保护措施（如种草或绿肥植物等）；另一方面，可以通过土地流转，引入社会资本对休耕地进行集中管护。对休耕后耕地的管理比休耕本身更加重要，只有这样，才可以达到保护耕地质量、恢复地力和水资源的基础目标，从而实现较好的环境效益。同时还需要加强对于非休耕区农户主动抛荒的管理，避免抛荒威胁生态安全及粮食安全。

(6) 中国休耕应有利于农业的专业化和适度规模化，有利于提高农业的竞争力

欧盟和日本都规定了接受休耕补贴和加入休耕计划的农户主要为规模较大的农户。然而，日本的稻田休耕转作计划阻碍了日本耕地规模化发展，不利于提高其农业的竞争力，而欧盟的休耕政策却促进了农场结构出现变化，小农场变少，中等规模农场数量增加。原因是，日本休耕的基础是兼业化小规模农户，而欧盟休耕面对的对象则是专业化不同规模的农场。日本的兼业农民面对较高的补贴不愿意退出，从而影响了农地的合并经营，而欧盟部分专业化经营小农场则受补贴政策影响自行退出经营，休耕地以外的农场集约化程度提高。借鉴他们的经验，我们认为，中国农业经营主体也是以兼业化、小规模农户为主，目前很多地区进行土地流转，出现了不同程度的规模经营和新型农业经营主体。在推行耕地休养政策时，应该充分考虑到保护小规模农户权益的前提下，促进农地流转，有利于小规模农户的退出和适度规模经营的增加，以提高农业的竞争力水平。

2.2 我国休耕政策梳理

2.2.1 大陆

1. 政策背景

我国大陆有悠久的农业历史，在长期的耕作实践中形成了禾谷类和豆类作物、旱地与水田作物等轮换种植的农业传统，这种传统的轮作休耕模式，在调节土壤性状和改良土壤生态方面发挥着重要的作用[49]。从1949年至20世纪70年代末，虽然垦荒扩大了耕地面积，但人口翻了一番，人均耕地面积大幅度下降，在农产品供给的压力下，大量使用化肥、农药与除草剂，以及提高复种指数成为土地自然肥力下降的主要原因[50]。耕地地力消耗过大，农业资源环境已不堪重负，土地过度开发利用的后遗症已经凸显，导致20世纪90年代以来沙尘暴、洪水、干旱等灾害频发，形成了成片的地下水漏斗区、污染区和生态严重退化区。改革开放以来，随着城市化和工业化的迅速推进，耕地面积大量减少。要解决耕地的质量问题，就需要让过度开发的土地进行休养生息，进行耕地储备，修复并改善地力。我国大陆的相关休耕政策主要包括退耕还林政策和耕地轮作休耕制度试点。

退耕还林政策制定的重要背景之一，是20世纪90年代中后期出现的粮食过剩和1998年的粮食购销体制改革。首先，自1996年粮食产量越过5亿t后，到2000年之前粮食产量一直保持在高水平，再加上1995~1998年粮食净进口2500万t，导致粮食年总供给量大于消费量，出现了过剩。到1997年末，国家粮食库存量已经达到2亿t[51]。1998年国家粮食库存进一步增加到2.5亿t以上，而农民的存粮在1998年底达人均662kg，扣除自给性生产、生活所需后，人均余粮在250kg左右，农民余粮的总量当在2.25亿t[52]。至1998年，我国大陆全社会的粮食总库存大致相当于一年的粮食产量。其次，与粮食供大于求相对应的，是1995年之后国家对粮食实行的保护价敞开收购政策及其带来的国有粮食部门亏损挂账迅速增加。1996年到1998年第一季度，国家粮食亏损竟高达近千亿元，为实现保证国家粮食产量稳定（和增加）以及减少国有粮食部门巨额亏损的双重目标，1998年中央出台了新的以"敞开收购，垄断粮源，顺价销售，封闭运行"为特点的粮食购销体制改革方案。但相对于私营粮商而言，不仅国有粮食部门效率较低，而且由于降低亏损的目标与粮食购销体制改革方案需求存在内在矛盾，虽然在中央政府的压力之下国有粮食部门短期内不得不执行后者，但最终必然缺乏积极性去全面、长期地执行中央政策。最后，由于农村地域广大，私商早已形成规模庞大的经营性群体，限制私商进入粮食收购市场的政策由于其监督成本过高而根本无法实施。一旦垄断粮源无法实现，就会出现相对于国家保护收购价格外的更低市场价格，于是出现了国有粮库不能销售存粮，收购的高价位粮食大量积压。

耕地轮作休耕制度试点工作的重要背景是节约和高效利用农业资源，全面提升农业供给体系的质量和效率，进而实现可持续发展和绿色发展理念。首先，中国是世界上第一人口大国，人多地少、人均耕地少是基本国情，粮食安全问题在任何时候都是国家重大战略问题，充足的粮食供给必须建立在一定的耕地数量上，我国能保持一定面积、一定质量及其产能的耕地是休耕的前提；其次，全球粮食价格由于粮食的供应充足和美元的升值，已经出现连续下跌，预计未来几年，国际粮食市场依旧稳健，因此可从国际粮食市场进口一定数量的粮食，并让部分耕地休耕；最后，据2014年《全国土壤污染状况调查公报》显示，河北衡水形成了面积约4.40万km^2、中心水位埋深112m的复合型漏斗，主要原因是农业灌溉用水导致地下水过度开发。全国土壤总的点位超标率为16.1%，无机污染物超标点位数占全部超标点位数的82.8%；重金属污染点位超标率为21.7%，主要集中在湖广地区，湖南省长株潭重金属污染区达6666.67hm^2，重金属污染的土地种植的粮食基本无法食用。同时我国荒漠化土地面积达262.20万km^2，沙漠化地区总面积为171.40km^2，石漠化面积1.20万km^2。生态退化包括土壤退化和植被退化，其中荒漠化、沙漠化、石漠化是土壤退化的典型方式。土地生态退化虽然与全球变暖等自然影响因素有关，但更多的是人为原因，且我国农业大而不强、多而不优、竞争力弱的问题日益凸显，迫切需要推进农业供给侧结构性改革，促进农业转型升级和可持续发展[53]。因此，目前积极探索实行耕地轮作休耕制度及其模式试点，力求为实现"藏粮于地、藏粮于技"和农业可持续发展重大战略目标打下坚实的基础，为农业可持续发展开辟新的道路[54]。

2. 政策内容与演变

(1) 退耕还林政策

我国大陆开展了退耕还林还草工程是为了解决水土流失和土地沙化等生态环境问题，以陡坡耕地和严重沙化耕地为主。"耕地休养"和"退耕还林还草"虽具有不同的背景和目标，但具体经验值得借鉴。中国退耕还林政策无论是在实施规模、补偿金额或是政策持久性上，已经成为世界上最大的生态补偿政策之一。退耕还林还草工程始于1999年，最初在四川、陕西和甘肃三个省做试点，共完成退耕还林任务672万亩；2002年工程迅速扩展到西部13个省（市）的174个县，到2001年就完成了1743.6万亩的退耕还林任务（以及1501.8万亩的荒山造林任务），累计投入资金达76.8亿元；2002年工程正式启动后，又进一步从西部为主的20个省（区）扩大到25个省（市、区）和新疆建设兵团，共完成退耕还林任务8593万亩；2003年底，退耕还林已经覆盖全国2万多个乡镇，20万多个村；截至2015年8月，共完成退耕地造林1.39亿亩，配套荒山荒地造林和封山育林

3.09 亿亩，涉及 3200 万户农户，1.24 亿农民[①]。退耕还林还草作为一项生态工程，通过"退耕还林、封山绿化、以粮代赈、个体承包"的措施，达到解决水土流失和土地沙化等生态环境问题的目的[55]。

按照《退耕还林条例》的要求，退耕地的准入标准为，"水土流失严重的；沙化、盐碱化、石漠化严重的；生态地位重要，粮食产量低且不稳的；江河源头及其两侧、湖库周围的陡坡耕地以及水土流失和风沙危害严重等生态地位重要区域的耕地"，为了确保粮食安全，"基本农田保护范围内的耕地和生产条件较好、实际粮食产量超过国家退耕还林补助粮食标准并且不会造成水土流失的耕地，不得纳入退耕还林规划"。实际参与退耕的地区多分布在丘陵地带和山区[56]。据 2014 年出台的《新一轮退耕还林还草总体方案》，退耕还林地块"严格限定在 25°以上坡耕地、严重沙化耕地和重要水源地 15°~25°坡耕地"[57]。2015 年，经国务院批准，财政部等八部门联合下发了《关于扩大新一轮退耕还林还草规模的通知》并指出"对于严重污染耕地确需退耕还林还草的，各有关省可按照国家有关土壤污染防治要求，在充分调查认定的基础上提出退耕还林还草的需求"[58]。退耕还林还草的规划面积根据年份不同会进行调整，具体由国土、林业、农业部门依据最新年度土地变化的调查结果和乡镇土地利用的总体规划进行确定。2014 年退耕还林还草的总目标面积为 500 万亩；2015 的总目标面积为 1000 万亩，其中退耕还林 940 万亩，退耕还草 60 万亩；2016 年的总目标面积为 1500 万亩。

就政策的推行和实施过程来看，2014 年之前，退耕还林工程是在政府的统一规划下自上而下推行的，即由中央政府将任务指标分配到地方政府，再由地方政府组织农民具体实施[55,56]。以 2014 年新一轮退耕还林还草方案的出台为转折点，退耕还林还草工程的实施方式从"自上而下"调整为"自下而上，上下结合"的方式，即"在农民自愿申报退耕还林还草任务基础上，中央核定各省总规模，并划拨补助资金到省，省级人民政府对退耕还林还草负总责"。新一轮退耕还林还草方案要求要坚持农民自愿，政府引导的原则，充分尊重农民意愿。

就政策的补助方式和标准来看，参与退耕还林工程，农户根据退耕还林合同中被核定的退耕还林面积，可享受国家提供的补助粮食，种苗造林补助费和生活补助费，同时在享受补助期间，需要按照合同要求履行对退耕地的管护义务且生活补助费与管护任务挂钩。依据国务院林业行政主管部门制定的检查验收标准和办法，县级人民政府林业行政主管部门负责对退耕还林建设项目进行检查验收并为合格者提供验收合格证明，退耕农户据此合格证明方可得到生活补助费。根据 2002 年《国务院关于进一步完善退耕还林政策措施的若干意见》，针对退耕户的粮食和现金补助标准为：长江流域及南方地区，每亩退耕地每年补助粮食（原粮）150kg；黄河流域及北方地区，每亩退耕地每年补助粮食（原粮）100kg；每亩退耕地每年补助现金 20 元。粮食和现金补助年限，还草补助按 2 年计算，还

---

① 第一轮退耕还林工程完成造林 4.48 亿亩. http://politics.people.com.cn/n/2015/0808/c70731-27429925.html [2019-7-10]。

经济林补助按 5 年计算，还生态林补助暂按 8 年计算。退耕还林坚持生态优先的原则，因此以营造生态林为主，营造的生态林比例以县为核算单位，不得低于 80%。自 2004 年，向退耕户补助的粮食改为现金补助。2007 年，为解决退耕农户在退耕还林政策补助期满后的生活困难问题，根据《财政部关于印发〈完善退耕还林政策补助资金管理办法〉的通知》，补助标准为：长江流域及南方地区每亩退耕地每年补助现金 105 元；黄河流域及北方地区每亩退耕地每年补助现金 70 元；原每亩退耕地每年 20 元现金补助，继续直接补助给退耕农户，并于管护任务挂钩。近年来，退耕还林的补助标准先后又有了新的调整。据 2014 年出台的《新一轮退耕还林还草总体方案》，退耕还林每亩补助 5 年计 1500 元，退耕还草每亩补助 3 年计 800 元。此外，不再限定还生态林与经济林的比例。

整体而言，退耕还林政策处于不断调整和完善的状态，其中粮食价格和财政支付能力问题固然是退耕还林政策大幅度调整的主要原因，但退耕过程中农民参与决策的程度和选择权、工程实施经费问题、工程规模扩张速度问题、补贴兑现问题、退耕还林的成活率问题、退耕还林规划和实施、退耕还林的可持续性问题[56]也使得退耕还林工程进行调整成为必然。

（2）耕地轮作休耕制度试点

在"十三五"规划明确部署"探索实行耕地轮作休耕制度试点"之前，我国大陆的吉林、陕西、河北、安徽、云南等省份基于当地农业土地资源的状况，在地方政府的主导下已经有耕地轮作休耕的案例实践[59]。基于耕地保护和"藏粮于地藏粮于技"等战略目标考虑，"十三五"规划明确部署"探索实行耕地轮作休耕制度试点"，并且要求"建立耕地保护补偿制度"；2016 年中央一号文件进一步提出要"通过轮作、休耕、退耕、替代种植等方式，对地下水漏斗区、重金属污染区、生态严重退化地区开展综合治理"；2016 年《探索实行耕地轮作休耕制度试点方案》的印发代表着我国从国家层面正式开始推行耕地轮作休耕制度试点工作，正式在部分地区推行耕地轮作休耕试点[60]；2016 年，《耕地草原河湖休养生息规划（2016—2030 年）》提出耕地休养生息要"因地制宜，采取'养''退''休''轮''控'"，积极探索耕地资源保护与利用的协调发展[61]。本轮耕地轮作休耕考虑中国不同区域类型多样，在区域层面，基于各区域的问题导向、资源本底和耕地利用特点，针对性地设计了差异化的轮作休耕模式。主要在北方农牧交错区和东北冷凉区展开轮作试点 500 万亩，其中黑龙江 250 万亩、内蒙古 100 万亩、吉林 100 万亩、辽宁 50 万亩；在生态退化地区、地下水超采严重区、重金属污染区、石漠化地区等展开休耕试点，其中河北省黑龙港地下水漏斗区（衡水、沧州等）实行"一季休耕、一季雨养"的季节性休耕 100 万亩，湖南省长株潭重金属污染区实行连年休耕 10 万亩，西南石漠化严重的 25°坡耕地两季作物区实行三年连年休耕 4 万亩，西北生态脆弱严重退化的一季作物区实行连续三年休耕 2 万亩。2017 年党的十九大报告中明确提出"扩大轮作休耕试点"，轮作休耕试点面积进一步扩大，轮作扩大 1000 万亩，休耕扩大至 200 万亩。

从试点推行情况来看，农户自主参与程度较低，总体为政府自上而下推行耕地轮作休耕制度，配合相应的现金补偿以保证农户收益不减少。2016 年中央财政整合部分项目资金

14.36亿元，对轮作休耕参与主体进行补偿，轮作地区每年每亩150元，河北省季节性休耕地区每年每亩补助500元，湖南省全年休耕区每年每亩补偿1300元，西南（贵州、云南）连年休耕区每年每亩1000元，西北连年休耕区每年每亩补助800元①。在资金补偿方式方面与一般农业生态补偿资金分配方式相似，中央财政将补偿资金分配到省级，由省级按照实际试点推行情况因地制宜发放现金或粮食实物补助，落实到县（乡）后再兑现到户。

2000年推广的退耕还林、还草虽然是国家层面的自觉政策，但其他形式的休耕仍然是顺其自然。2016年虽然出台了《探索实行耕地轮作休耕制度试点方案》但仅限于地下水漏斗区、重金属污染区、生态严重退化地区等耕地的休耕，不是普遍意义上的休耕，而是停留在政策层面而没有上升到法律法规的高度。

3. 政策影响

（1）退耕还林政策

首先，虽然退耕还林工程明确提出退耕要充分尊重农民意愿，但在实际情况中，农民并非完全自愿[62]。退耕还林还草工程实施初期主要由政府主导，农户缺少参与决策权，在确定退耕地块、面积及退耕地上种植的树种方面没有选择权。决策权和选择权的缺失容易导致农民利益和需求得不到表达，使得农户自身利益与国家生态目标的脱节，进而影响农民在退耕还林后进行后续土地管理的积极性，同时还会增加政府的管理和监督成本[55,56,59]。在农户参与退耕还林意愿方面，柯水发和赵铁珍的研究发现，参与退耕的资格、收益和风险是影响农户参与退耕还林意愿的主要因素，预期收益大于预期成本时，农户才会参与退耕工程[63,64]。刘燕和董耀[62]认为，在政府强制推动的背景下，参与方式与参与程度、政策的认知及政策执行力度是影响农户退耕还林意愿的主导因素。也有学者提出在退耕还林工程实施过程中，可引入参与式方法。郭广荣等认为，采用参与式方法进行退耕还林规划设计，可以使农民积极、主动地参与退耕还林的整个过程[65]。邓华锋指出，在退耕还林中应用参与式方法，应注重赋权于社区并通过增强配套服务加强社区自我管理和发展的能力建设，鼓励和吸引农户参与退耕还林工程的规划、实施和监测评估过程，让"被动"农户转变为退耕还林工程的"主动实施者"[66]。

其次，退耕还林的补贴标准设计过于单一化，忽略了退耕地的区域差异[67]。现行的统一化的补助标准并没有考虑不同区域在自然条件和社会经济发展水平上的差异，对机会成本较高的退耕农户难以形成激励；此外，自然生态条件的差异也意味着农户在退耕还林工程建设中所需要的劳动投入差异，统一的种苗补贴标准难以调动农民的积极性[67]。合理的补贴标准才能够作为有效的激励机制吸引农户参与退耕还林工程，进而保证退耕还林的可持续性。我国耕地资源地域差异较大，地方政府应结合地域特征以及农户的机会成本

---

① 根据"农业农村部副部长就《探索实行耕地轮作休耕制度试点方案》答记者问. http://www.gov.cn/xinwen/2016-07/01/content_ 5087269. htm ［2019-7-10］"整理。

和损益状况的动态变化制定合理的退耕还林补偿标准,在选择退耕地块时应考虑地块的立地条件,避免易耕地被退[68]。郭慧敏和王武魁从空间关系与优化配置的角度提出了区域空间生态补偿额分配办法,主要以不同地区农民退耕还林的机会成本和生态服务价值为权重对退耕生态补偿总体进行分配[69]。

最后,退耕还林工程的可持续性及其对农户生计的影响。农户在其中扮演了重要的角色,既是生态建设的主体,也是确保退耕还林工程可持续的关键因素,国内学者普遍认为退耕还林工程的生态效益比较明显,但对农村增收和经济结构调整的作用有限,经济可持续性不容乐观[70-72]。退耕还林政策能否达到预期目标,政策效果是否具有可持续性,不仅取决于农业内部种植结构的调整,最终还取决于以农业劳动力向其他产业转移为特定的农村经济结构的转型[73]。张力小和何英也认为,当前的退耕还林还草工程过多地强调了退耕和还林,在政策制定上忽略了西部地区农业的发展,应处理好退耕还林还草和农民生计的关系,在经济林和生态林的比例确定方面,考虑改善生态环境是一方面,另一方面还应与调整农业结构和农民脱贫致富相结合,避免过分强调规模效应的"一刀切"倾向[74]。此外,退耕还林工程还存在"重治理、轻管护"的现象,政府重视生态治理投资,但是对管护投资有所忽略,导致造林成活率较低。徐建英等认为退耕还林带来的耕地减少使得退耕农户的粮食需求产生了外在依赖性,这对退耕还林的可持续性存在潜在威胁[75]。为保证退耕还林的可持续性,在退耕工程实施过程中,需要做相应的产业结构调整配套措施,降低补贴期结束后参与退耕农户的就业和收入风险,否则很容易出现退林还耕的复垦现象[56]。在姚蓉看来,退耕还林工程为退耕农户提供的资金补偿是一种"输血"式补偿,不能从根本上解决退耕区的后续发展问题[67]。退耕还林地区是"三农"问题较为严重的贫困地区,退耕农户尤其是对土地依赖性较强的农户,若找不到替代收入,其经济收入和基本生活将会受到负面影响,为维持退耕农户可持续生计的发展,退耕还林政策除了为退耕农户提供直接补贴外,还需关注农户的异质性并提高低收入农户的生计能力,同时建立高效的社会保障体系来缓解农户的生活压力[76-79]。李树苗等的研究指出,家庭结构影响着退耕还林政策对农户生计的作用,认为应将影响生计资本水平和时间配置的家庭结构因素纳入政策的制定和实施过程[80]。

(2) 耕地轮作休耕制度试点

我国大陆轮作休耕政策实施预期是保护耕地资源和潜在农产品生产能力,既有利于我国大陆粮食市场与国际市场接轨,也有利于稳定农民收入,促进传统农业向现代农业转变,合理调整种植业种植结构和比例,实现农业区域协调发展。这项制度在缓解农产品库存压力、提高土壤肥力等方面都取得了积极成效。与此同时,国内很多学者也对中国农田休耕实施的必要性及构想、休耕规模、时限、布局等进行了初步的研究。牛纪华等认为鉴于我国大陆急需休耕,农田休耕应以政府主导,实行财政补贴;重点休耕两种类型的地块:第一是复种指数高的地块,第二是水土流失较为严重的地块;休耕的比例为农田面积的10%,休耕时间为3年[81]。罗婷婷等认为休耕区面积应该划在播种警戒线和二调耕地底线之间,粮食自给率达到95%的播种面积应该在16亿亩以上,我国大陆的休耕极限为

4.1亿亩[82]。赵雲泰等根据中国粮食安全需求保障来确定休耕土地的规模，并综合考虑以下3个方面进行休耕区域适宜性空间评价：自然质量条件、耕地利用强度和经济保障水平，以此来确定休耕空间布局，并以江苏省南通市通州区为例对不同发展情景下休耕规模和布局的虚拟实证分析[83]。还有学者从其他角度分析了休耕的模式及其制度政策的调整方向[84,85]。总的来看，我国大陆学者主要是强调休耕政策的正外部性，大都认为我国大陆有必要、有条件进行休耕，但同时需要在对粮食安全、耕地资源以及国内外粮食市场的不确定性等进行全面评估的前提下进行，也有其他学者分析休耕政策与现有土地管理制度的相容性。

同时耕地轮作休耕制度试点还需考虑另外一些影响和作用。实施休耕政策的同时，休耕将使得一部分农民和耕地退出农业生产从而释放大量劳动力，降低劳动力和时间成本；休耕使得现存耕地为提升土质而统一化操作甚至使耕地连片化，为耕地的机械化现代化操作提供可能性，从而实现"藏粮于地"；在生态文明和绿色发展时代要求的大背景下，休耕为集中高效简约农业生产提供试验契机，为现代生产要素进入农业领域提供机会，休耕补贴为农民转变传统生产观念提供保障；农民的受教育水平会影响农民看待休耕政策的角度及采取的行动，这就带来农民对于个人收益的权衡取舍以及农民休耕参与意愿问题。

2.2.2 台湾

1. 政策背景

台湾的农地休耕政策最早可追溯到于1984年开始实施的"稻米生产及稻田转作计划"，该计划鼓励农户将稻田转作杂粮、园艺作物或休耕，主要目的是降低水稻的产量以应对价格保护政策所带来的水稻生产过剩问题[86]。此外，随着生活水平的提高，台湾民众的饮食习惯和结构发生了变化，对杂粮的需求量逐年增加而对稻米的需求量逐年递减，这也是导致水稻产量出现过剩的另一个因素[87]。在政策的影响下，1984~1989年，台湾的稻田种植面积降至47.6万hm^2，减少了16.9万hm^2，稻田休耕面积增至6.47万hm^2。继此计划后，台湾当局1990年又先后推出了"稻米生产及稻田转作后续计划"（1990~1995年）和"稻米生产及稻田转作延续计划"（1996~1997年）。此间，水稻种植面积减至34.8万hm^2，但稻田休耕面积增加幅度不大，最高为7.27万hm^2。总的来看，稻田休耕在上述计划中只是水稻减产政策的一个次要目标[86]。

维护稻农的收益，避免稻米出现供需失衡，调整并减少水稻种植面积是台湾当局推行休耕政策的主要原因[86]。在休耕政策的引导下，台湾的水稻种植面积呈逐年下降趋势，休耕面积呈递增趋势。2004年，台湾水稻种植面积下降至26万hm^2 [88]。稻田休耕面积较之1984年时的0.57万hm^2，到2004年已增加到23.99万hm^2 [87,89]。2013年，在台湾80余万公顷的耕地面积中，农地休耕面积已接近水稻种植面积26万hm^2，当局每年约支付100亿新台币用于补助稻田休耕。

2. 政策内容

台湾的休耕政策不具有强制性，农民自愿参与，当局通过金额补贴和奖励鼓励农民进行休耕[89]。从休耕参与意愿来看，老年人以及家庭收入较低的农民，相对于教育程度较高和以农业为主要家庭收入的农民，参与休耕的意愿较高[90]。台湾农业人口老龄化趋势严重，据2013年的调查数据显示，台湾农民的平均年龄为62岁，44~65岁以上的农民占农业就业人口的比例高达88%，25~44岁只占11%。

关于休耕的奖励及直接支付补贴标准在"水旱田利用调整计划"（1997年）、"水旱田利用调整后续计划"（2001年）以及"稻田多元利用计划"（2008年）中先后都有所调整。在"水旱田利用调整后续计划"（2011年）中，对轮作的作物类别进行了限制，除遵循适地适作原则外，轮耕的作物必须无产销顾虑；休耕的申请项目种类中除翻耕外，增加了特殊休耕（受污染耕地）以及在休耕地上种植不影响市场价格的景观作物、绿肥作物，补贴标准也有所提高，如休耕地种植绿肥作物可获得每公顷4.1万新台币的补助，翻耕地的补助为每公顷3.4万新台币。在"稻田多元利用计划"中，取消了为单纯翻耕的休耕农地提供补贴，并降低了在休耕地上种植绿肥作物的补贴，同时提高奖励休耕地轮作景观及能源作物及平地造林。此次调整旨在推动和促进农地多元化利用，减少休耕面积[91]。补贴政策的调整也意味着台湾的休耕政策开始从控制粮食生产转为重视农地生态保护以及农业的可持续发展。

3. 政策影响

在休耕政策的作用下，2010年，台湾的水稻种植面积减少了199 676hm²，产量减少了530 060t[92]。从政策目标来看，台湾的休耕政策虽然降低了稻米产量，但因过于侧重水稻耕种面积的调控，也带来了一些问题。首先，休耕政策未能有效提升农地生产力；谢祖光等的研究发现，台湾农业生产指数在休耕政策实施十余年后呈现了下降态势[87]。1984~2005年，农业生产指数以每年1.15%的平均速度在降低。其次，休耕地疏于管理衍生了虫害问题；台湾当局虽然鼓励休耕农田种植绿肥作物，但并没有落实配套措施，对没有按照规定进行虫害防治的农民依然给予直接给付，导致休耕地出现的虫害问题对周边土地生产造成了不利影响，促使邻近农业生产区喷洒了更多的农药，不仅增加了农业成本，而且对环境造成了污染[86,87]。因此，在休耕政策的设计中，应该加强对休耕地的管理，并需考虑休耕地块管理方式对邻近非休耕区土地利用的潜在影响。最后，休耕地带来了土地资源的闲置问题，不仅阻碍了农地的有效利用，大量的休耕补贴还造成了沉重的财政负担。水田是台湾重要的土地资源，也是水稻的主产区，休耕面积约占水田面积的30%，并且总的休耕面积一直在增加。台湾长期以来存在"稻米过剩与杂粮不足"的粮食低自给率问题，应鼓励生产进口替代或具竞争力的作物，通过活化农地提高台湾粮食自给率。此外，休耕政策的推行还需考虑粮食的自给率和未来的粮食消费形态进而规划作物种植结构，以应对全球粮食上涨带来的潜在危机[87]。

4. 政策的后续调整：休耕地活化利用

为应对2008年出现的国际粮食短缺及粮食价格上涨情况，台湾当局自2009年开始推行休耕农地活化政策，通过提高轮作奖励标准，推动连续休耕农地租赁，鼓励专业农民承租休耕地以扩大经营规模。此政策主要针对的是2006年或2007年任一年曾连续两期办理休耕的稻田，出租或承租这类稻田都可获得奖励，承租面积要求在 $2hm^2$ 以上，承租的农地不可办理休耕及造林。承租地种植当地管理部门择定的轮作作物、契作作物及有机作物可获得相应的奖励，契作饲料玉米每公顷奖励2万新台币；牧草及青割玉米的奖励为每公顷5000新台币，有机作物的奖励为每公顷1.5万新台币。为应对粮食价格的上涨，水稻也被列入了奖励作物范围，但种植水稻只享受稻谷保价收购，无契作或轮作奖励。农户出租休耕农地也可获得奖励，每期每公顷是4.5万新台币，租期三年以上为5万新台币。对于未能出租或无法复耕的田区，农民可维持两期种植绿肥，每期作每公顷奖励4.5万新台币。为鼓励农民出租休耕农地，休耕活化政策的奖励金额要稍高于"水旱田利用调整后续计划"中的休耕奖励金额[87,92]。

活化休耕农地先后也被列入"小地主大佃农"（2009年）、"水旱田利用调整后续计划"（2009年）和"水稻田多元利用方案"（2011年）的政策目标之中。"小地主大佃农"政策是指当地管理部门鼓励无力或无意耕作的农民长期出租自己持有的可耕作土地给有意扩大农场经营规模的农业经营者，并协助承租者以企业化经营方式降低生产成本，提高农业的竞争力[93]。为推动休耕农地活化，"水旱田利用调整后续计划"调整了针对休耕、轮作及契作的奖励标准；"水稻田多元利用方案"鼓励农民转作具有进口替代且市场压力的作物并采取措施保护农地的生态环境[89]。2012年12月，台湾农业主管部门宣布从2013年起启动"调整耕作制度活化农地中程（2013—2016）计划"，以两个期作连续休耕的5万公顷农地为优先活化对象，配合"小地主大佃农"政策推动农地租赁，从而促进农业劳动结构年轻化，并且扩大经营规模。

总的来看，台湾的休耕政策旨在减少稻米的种植面积，维持粮食供需的平衡。但由于休耕面积过大，2009年，受国际粮食价格上涨和粮食短缺的影响，台湾又采取了休耕农地活化计划，通过补贴和奖励计划鼓励休耕农地的租赁，进而提高农耕地的有效利用。台湾开始转变休耕农业的使用方式，以活化休耕地。这些转变也意味着台湾开始重视推动休耕后产生的问题。从单纯的推动不耕作农田以减少总产量，转变至活化使用农田以减少资源浪费。

2.2.3 我国休耕政策和实践启示

1. 中国休耕既要保障粮食安全又要巩固粮食产能

我国幅员辽阔且人地矛盾突出，粮食安全一直被高度重视，中央也采取了一系列措施促进粮食稳定发展和保障国家粮食安全。退耕还林工程和耕地轮作休耕制度试点均是在保证我国粮食安全的前提下才得以实施,目前我国的粮食供给状况主要表现为阶段性的供大于求与供给不足并存,粮食进口量增加和国内粮食连年丰收使得粮食库存增加,同时大豆、杂粮以及有市场需求的绿色优质农产品却供应不足。中国休耕政策通过开展轮作休耕并巩固提升粮食产能,休耕区域是生态脆弱地区和耕地退化地区主要是实现耕地休养生息,轮作区域是通过用地养地结合和培肥地力来实现耕地永续发展。在开展耕地轮作休耕制度试点中,坚持轮作为主、休耕为辅,且要坚持休耕不是弃耕,更不能废耕,确保紧急时刻土地能生产需要的粮食,进而保障粮食安全。保障粮食安全不仅是追求现实中粮食的产量,更要重视保护粮食生产能力的安全,休耕政策与粮食安全是一种对立统一的关系[94]。休耕使得部分耕地在一定时期内不能投入粮食生产,虽然在短期内会使粮食产量减少,但是在休耕期结束后,其地力得到恢复和提升,后续投入生产时,不仅单产提高,而且粮食质量也会得到改善[94]。中国休耕政策通过用地养地相结合的方式,恢复和提升耕地质量,提升其产能,增强粮食生产能力的可持续性,是一种"藏粮于地、藏粮于技"的农业可持续发展战略与策略,为保障可持续国家粮食安全奠定坚实基础。故而,为保障粮食安全,我国的休耕政策实施,一是应明确轮作休耕的规模和试点区域;二是建立休耕与粮食安全相结合的宏观调节机制,对国内外粮食市场变化进行预警,应对在休耕政策下国内外粮食市场对粮食产量产生的各种影响;三是应鼓励休耕政策与耕地流转的结合,实现粮食规模化经营,并加大对休耕土地的生态恢复和综合治理技术的研发和推广。

2. 中国休耕应以生态安全和绿色发展为背景

不论是退耕还林工程或是耕地轮作休耕制度试点,我国休耕政策实施区域均以存在资源约束或生态退化严重的地区为主,休耕不是废耕,而是用地养地相结合来提升耕地的可持续生产能力,让至改革开放以来过于紧张、疲惫的耕地进行耕地休养生息,同时使生态得到治理修复。2012年我国确立了生态文明战略,面对严峻生态考验,我国休耕政策下的农业农村发展之路,只能与传统的不可持续的发展方式彻底决裂,以绿色、生态、可持续的发展方式面向未来,构建出一条我国农业农村现代化与生态环境协调发展之路。同时,中国休耕政策不可仅从粮食安全角度考虑,不能忽视区域耕地生态安全的休耕现实需求及耕地休耕规模的区域分配,避免大规模、大范围开展,尽量控制在资源环境约束紧张和生态严重退化的地区更要保证休耕的生态安全,应科学合理地确定耕地休耕规模。

3. 中国休耕应协调农民权益和社会效益,加强农户的参与积极性

我国休耕政策的相关利益主体涉及中央政府、地方政府以及农户,一般采用的是自上而下推进的制度性措施,其中耕地轮作休耕政策较退耕还林等工程更加倡导尊重民意,但农户的主观能动性仍然较小,主要是依靠中央到地方到农户各级贯彻执行政治指令来实现[95]。在以粮食安全为前提和生态安全为目标的原则下,推进农业休耕政策需要充分考虑农民在我国农业生产中的主体地位,所以休耕制度和休耕政策设计应充分考虑农民权益。在休耕政策实行过程由于农业劳动力处于普遍兼业化的情况,农户从个体理性和寻求

自我利益的角度参与休耕的意愿与休耕政策目标之间很难保持一致[96]。对农民个人来说，尤其是只能以农业为生的家庭，私人的经济利益是首位的。对于有生产能力的农民来说，休耕可能降低其机会成本，以较低成本进入非农行业从而获得非农工资性或是资本性收入，但对于没有其他生产能力的农民来说，可能反而增加其机会成本，需要闲置大量时间成本等待新的农业就业，再加之农民的受教育水平影响其看待休耕政策的角度和响应，这就带来农民对于个人收益的权衡取舍以及农民休耕参与意愿问题。在此情况下，激励农民在自己的个人收益与社会的整体收益之间进行平衡，协调农民的个人收益和政策目标的一致性是休耕政策实施过程中必须要面对的现实问题，需要在休耕政策设计阶段以及实施过程中不断进行调整优化[96]。因此，权益既要考虑私人收益与社会收益的平衡，又要考虑个人收益与集体行动目标之间的抉择与协调，所以要设置激励性和灵活性兼具的休耕补贴。目前的耕地轮作休耕和退耕还林工程补偿标准虽在大范围的地区间实现了差异化，但并未根据实际的耕地类型与经济发展水平进一步实现多样化补偿标准，差别的补偿会影响补偿激励作用的有效发挥，所以关注有效的差别化激励机制和因地制宜地制定休耕计划，从多利益主体、多时间维度进行综合考虑，将有助于加强农户的参与积极性，使达到预期的休耕效果。

4. 中国休耕应强调现代化生产理念，完成休耕目标并为引领乡村振兴

中国应以休耕政策执行为契机，构建现代化的生产方式以打破农业"弱势产业论"束缚，为我国农业获得市场竞争力奠定基础以实现农业可持续发展。因此，休耕政策需要在休耕期间帮助农民树立现代化生产的理念，探索现代化生产的地区模式，构建现代化生产所需要的基础设施，并建立休耕结束后生产方式复原的预防机制等一套完整的休耕体系。首先，要注重推进农业理念和技术模式创新，加强和协同休耕项目与土地综合整治、中低产田改造、高标准农田建设、土壤培肥、精准扶贫等项目的统筹力度；其次，休耕政策执行不能仅依靠政策支持和强化政策的短期推行，更要从长期着眼、科学谋划，考虑小农户发展生产的现实需求和现代农业发展的规律，在监督管理过程注重农民素质的培养和提升，加强对小农户的技术和经营培训，大力培育新型农民，以适应现代化的农业生产服务体系和现代化的农业监管体系[96]；最后，需要引进现代化的管理技术和监测、评价体系，把现代化的信息管理技术应用于农业休耕，在提高监管效率的同时，将农民纳入现代化的农业生产和管理体系以实现农业可持续发展。所以，通过强调现代化生产理念，借休耕机会培育拥有现代化农业生产知识和生产技术的新型农民，把农业生产的新理念、新要求和新技术引入休耕政策，以实现小农户生产和小农经济与现代农业生产体系的对接，以休耕政策为契机保护和修复农村生态，构建"山水林田湖草"生命共同体，以绿色发展引领乡村振兴。

2.3 本章小结

本章总结了国内外休耕相关的战略与政策，从国内外已有的耕地资源休耕生息相关政

策来看，由于各地在人口、资源禀赋以及社会经济发展方面都存在差异，出台相关政策的背景和出发点都有很大不同。就采取耕地休养生息政策的目标和执行方式来看，主要可以分为两个，一是将休耕作为粮食控制手段，以减少贸易自由化背景下国内生产过剩的粮食，如欧盟、日本；二是保护生态脆弱的耕地，重视休耕带来的生态效益，如美国和中国的休耕政策。就黄淮海平原来看，一方面，该区域是我国最大的粮食产区，在维系国内粮食安全问题上扮演着重要角色；另一方面，该区域面临着地下水超采带来的水短缺危机，为维护生态平衡，黄淮海平原耕地休养生息战略的制定需要以粮食安全为前提。就政策的具体推行和实施过程来看，如何借鉴国内外有关耕地资源休养生息的有效经验，对黄淮海平原耕地资源休养生息战略的制定有重要的参考价值。

参 考 文 献

［1］朱文清．美国休耕保护项目问题研究［J］．林业经济，2009（12）：80-83.

［2］Bucholtz S, Sullivan P, Hellerstein D, et al. The Conservation Reserve Program Economic Implications for Rural America［R］. United States Department of Agriculture, Agricultural Economic Report No. 834, 2004.

［3］向青，尹润生．美国环保休耕计划的做法与经验［J］．林业经济，2006（1）：73-78.

［4］邢祥娟，王焕良，刘璨．美国生态修复政策及其对我国林业重点工程的借鉴［J］．林业经济，2008（7）：62-64.

［5］Stubbs M. Conservation Reserve Program（CRP）：Status and issues［R］. Congressional Research Service Report, 2014.

［6］Secchi S, Babcock B A. Impact of High Corn Prices on Conservation Reserve Program Acreage［J］, Iowa Ag Review. 2007, 13（2）：4-7.

［7］梁芷铭，吴雪平．欧盟共同农业政策分析［J］．世界农业，2014（11）：66-68.

［8］韩喜平，李罡．从价格支持到农村发展——欧盟共同农业政策的演变与启示［J］．理论探讨，2007（2）：69-72.

［9］王雅梅．欧盟共同农业政策向共同农业和农村发展政策的转变探析［J］．农村经济，2009（5）：118-120.

［10］Baylis K, Peplow S, Rausser G, et al. Agri-environmental policies in the EU and United States：A comparison［J］. Ecological Economics, 2008, 65（4）：753-764.

［11］姜南．试析欧盟共同农业政策的改革［J］．世界历史，2002（4）：38-49.

［12］Jones A. The impact of the EC's set-aside program：the response of farm businesses in Rendsburg-Eckernforde［J］. Germany. Land Use Policy. 1991, 8（2）：108-124.

［13］OECD Organisation for Economic Co-Opera. Evaluation of agricultural policy reforms in the European Union［R］. Pairs：OECD Publishing, 2011.

［14］Antony J. Morris. Setting aside farmland in Europe：The wider context. Agriculture［J］. Ecosystems and Environment, 2011（143）：1-2.

［15］Bologna. Evaluation of the Set Aside Measure 2000–2006 Final Report［R］. EU Publishing, 2008.

［16］邓宗豪，王维敏．欧盟共同农业政策的改革及其影响分析［J］．西南民族大学学报（人文社科版），2002，23（5）：98-101.

［17］Rounsevell M D A, Audsley E, Mortimer D. The impact of the common agricultural policy on land use in

[18] 刘璨. 欧盟休耕计划保护了乡村的自然环境 [N]. 中国绿色时报, 2009-1-5, 1.

[19] 郑明赋, 曾寅初. 欧盟农村发展政策调整动向及其启示 [J]. 湖南农业大学学报（社会科学版）, 2014（6）: 86-91.

[20] Andrews N, Bailey D, Roberts I. Agricultural Export Subsidies and Developing Countries' Interests [M]. London: Commonwealth Secretariat Publisher, 2004.

[21] Fraser R. An Evaluation of the Compensation Required by European Union Cereal Growers to Accept the Removal of Price Support [M]. London: Blackwell Publishing Ltd, 2003.

[22] 刘晓亮, 殷向晖. 欧盟农业补贴政策的演进及其对我国的启示 [J]. 对外经贸实务, 2015（3）: 25-28.

[23] 姜双林, 徐前兵. 欧盟共同农业政策交叉遵守机制探究 [C]. 中国法学会环境资源法学研究会2011年年会, 2013.

[24] 焦晓松, 姚金安, 张辰利. 欧盟共同农业政策改革中直接支付内容变化研究 [J]. 世界农业, 2014（7）: 63-66.

[25] Siebert R, Berger G, Lorenz J, et al. Assessing German farmers' attitudes regarding nature conservation set-aside in regions dominated by arable farming. [J]. Journal for Nature Conservation, 2010, 18（4）: 327-337.

[26] Toivonen M, Herzon I, Helenius J. Environmental fallows as a new policy tool to safeguard farmland biodiversity in Finland [J]. Biological Conservation, 2013, 159（3）: 355-366.

[27] 刘武兵, 李婷. 欧盟共同农业政策改革: 2014—2020 [J]. 世界农业, 2015（6）: 65-69.

[28] Boellstorff D, Benito G. Impacts of set-aside policy on the risk of soil erosion in central Spain [J]. Agriculture Ecosystems & Environment, 2005, 107（2）: 231-243.

[29] Buskirk J V, Willi Y. Enhancement of farmland biodiversity within set-aside land [J]. Conservation Biology, 2004, 18（4）: 987-994.

[30] David K, András B. Effects of set-aside land on farmland biodiversity: Comments on van buskirk and willi [J]. Conservation Biology, 2010, 19（3）: 963-966.

[31] Tscharntke T, Bátary P, Dormann C F. Set-aside management: How do succession, sowing patterns and landscape context affect biodiversity? [J]. Agriculture Ecosystems & Environment, 2011, 143（1）: 37-44.

[32] Morris A J, Hegarty J, Báldi A, et al. Setting aside farmland in Europe: The wider context [J]. Agriculture Ecosystems & Environment, 2011, 143（1）: 1-2.

[33] Yamashita K, Free trade is the way to achieve Japan's national food security [J]. Shoko Journal, 2010（6）: 38-43.

[34] 周建华, 贺正楚. 日本农业补贴政策的调整及启示 [J]. 农村经济, 2005（10）: 123-126.

[35] 王永春, 王秀东. 日本的农业补贴——水稻 [J]. 世界农业, 2009（12）: 27-29.

[36] 王国华. 日本粮食直接补贴政策演进分析 [J]. 粮食科技与经济, 2015, 40（2）: 20-23.

[37] Godo Y, Takahashi D. Japan: Shadow WTO Agricultural Domestic Support Notifications [C]. International Food Policy Research Institute (IFPRI), 2008.

[38] Yamashita K. Japanese Agricultural Trade Policy and Sustainable Development [R]. Issue Paper No.

56, 2015.

[39] Ministry of Agriculture, Forestry and Fisheries Japan, Annual Report on Food［EB/OL］.http：//www.maff.go.jp/j/wpaper/w_maff/h28/attach/pdf/index-29.pdf（2019-7-10）.

[40] Yamashita K, Issues concerning the review of the rice paddy set-aside program［EB/OL］.http：//www.canon-igs.org/en/column/macroeconomics/20131227_2264.html（2013-12-27）［2019-7-10］.

[41] Takuya H, Current Status of Agriculture and Rural Areas in Japan and Prospect of New Policy Framework：Comparison with the Direct Payment System in Japan and Europe［R］.European Association of Agricultural Economists, 2014.

[42] 高强, 赵海. 日本农业经营体系构建及对我国的启示［J］. 现代日本经济, 2015（3）：61-70.

[43] 徐雪, 夏海龙. 发达国家农业补贴政策调整及其经验借鉴——基于欧盟、美国、日本的考察［J］. 湖南农业大学学报（社会科学版）, 2015, 16（3）：70-74.

[44] Yamashita K. The Pros and Cons of Japan's Rice Acreage-Reduction Policy［EB/OL］.http：//www.tokyofoundation.org/en/articles/2008/the-pros-and-cons-of-japans-rice-acreage-reduction-policy［2019-7-10］.

[45] OECD. Evaluation of Agricultural Policy Reforms in Japan［EB/OL］.https：//www.oecd.org/japan/42791674.pdf［2019-7-10］.

[46] 尹义坤, 刘国斌. 日本粮食生产补贴政策演进对我国的借鉴［J］. 现代日本经济, 2010（3）：58-64.

[47] 陈锡康, 郭菊娥. 中国粮食生产发展预测及其保证程度分析［J］. 自然资源学报, 1996（3）：197-202.

[48] 全国新增1000亿斤粮食生产能力规划（2009—2020年）［EB/OL］.http：//www.gov.cn/gzdt/2009-11/03/content-1455493.htm（2009-11-3）［2019-7-10］.

[49] 李丽娜. 我国生态农业对传统农业的继承及其新发展［J］. 农业考古, 2013（06）：147-151.

[50] 刘静暖, 纪玉山, 张怀坤. 土地自然力承载问题探析［J］. 当代经济研究, 2009（06）：61-64.

[51] 陈红旗. 粮食政策的历史和现实［J］. 中国审计, 1998（07）：51-54.

[52] 韩俊. 中国不会出现全局性粮食短缺［J］. 财经, 2003（22）：64-67.

[53] 于法稳. 基于资源视角的农业供给侧结构性改革的路径研究［J］. 中国农业资源与区划, 2017, 38（06）：1-6, 44.

[54] 王志强, 黄国勤, 赵其. 新常态下我国轮作休耕的内涵、意义及实施要点简析［J］. 土壤, 2017, 49（04）：651-657.

[55] 聂晓文, 李云燕. 退耕还林工程与美国土地休耕计划生态补偿效率比较分析［J］. 中国市场, 2009（44）：77-79.

[56] 陶然, 徐志刚, 徐晋涛. 退耕还林, 粮食政策与可持续发展［J］. 中国社会科学, 2004（6）：25-38.

[57] 国家发展改革委办公厅, 财政部办公厅, 国家林业局办公室, 等. 权威发布：关于加快落实新一轮退耕还林还草任务的通知［EB/OL］.http：//www.forestry.gov.cn/main/72/content-804845.html（2015-9-30）［2019-7-10］.

[58] 财政部, 国家发展改革委, 国家林业局, 等. 关于扩大新一轮退耕还林还草规模的通知［EB/OL］. 2016. http：//www.forestry.gov.cn/main/3031/content-846106.html（2016-2-25）［2019-7-10］.

[59] 黄国勤, 赵其国. 轮作休耕问题探讨［J］. 生态环境学报, 2017, 26（2）：357-362.

[60] 农业部,中央农办,发展改革委,等.关于印发探索实行耕地轮作休耕制度试点方案的通知[EB/OL]. http://jiuban.moa.gov.cn/zwllm/tzgg/tz/201606/t20160629_5190955.htm(2016-6-29)[2019-7-10].

[61] 国家发展改革委,财政部,国土资源部,等.关于印发耕地草原河湖休养生息规划(2016—2030年)的通知[EB/OL].http://www.gov.cn/xinwen/2016-11/30/content_5140144.htm(2016-11-30)[2019-7-10].

[62] 刘燕,董耀.后退耕时代农户退耕还林意愿影响因素[J].经济地理,2014,34(2):131-138.

[63] 柯水发,赵铁珍.农户参与退耕还林意愿影响因素实证分析[J].中国土地科学,2008,22(7):29-35.

[64] 柯水发,赵铁珍.农户参与退耕还林行为选择机理分析[J].北京林业大学学报(社会科学版),2008,7(3):52-56.

[65] 郭广荣,李维长,王登举.传统方法和参与式方法在退耕还林规划设计阶段的应用效果浅析——山西省黄土丘陵区的案例调查[J].林业与社会,2003(5):7-12.

[66] 邓华锋.关于参与式方法在退耕还林工程中应用的理论思考[J].林业与社会,2004,12(1):8-12.

[67] 姚蓉.完善退耕还林补偿机制的路径探讨[J].新西部:理论版,2015(1):11-12.

[68] 李国平,石涵予.退耕还林生态补偿标准、农户行为选择及损益[J].中国人口·资源与环境,2015(5):152-161.

[69] 郭慧敏,王武魁.基于机会成本的退耕还林补偿资金的空间分配——以张家口市为例[J].中国水土保持科学,2015,13(4):137-143.

[70] 黎洁,李树茁.退耕还林工程对西部农户收入的影响:对西安周至县南部山区乡镇农户的实证分析[J].中国土地科学,2010,24(2):57-63.

[71] 徐晋涛,陶然,徐志刚.退耕还林:成本有效性、结构调整效应与经济可持续性——基于西部三省农户调查的实证分析[J].经济学,2004,4(1):139-162.

[72] 易福金,徐晋涛,徐志刚.退耕还林经济影响再分析[J].中国农村经济,2006(10):28-36.

[73] 胡霞.退耕还林还草政策实施后农村经济结构的变化——对宁夏南部山区的实证分析[J].中国农村经济,2005(5):63-70.

[74] 张力小,何英.西门大开发退耕还林(草)的政策有效性评析[J].林业科学,2002,38(1):130-135.

[75] 徐建英,陈利顶,吕一河,等.基于参与性调查的退耕还林政策可持续性评价——卧龙自然保护区研究[J].生态学报,2006,26(11):3789-3795.

[76] 韩克松.退耕还林对农户可持续生计的影响探讨[J].绿色科技,2014(2):131-132.

[77] 谢旭轩,张世秋,朱山涛.退耕还林对农户可持续生计的影响[J].北京大学学报(自然科学版),2010,46(3):457-464.

[78] 危丽,杨先斌,刘燕,等.农户参与意愿与退耕还林政策的可持续性[J].重庆大学学报(社会科学版),2006,12(6):29-35.

[79] 张国明,袁卫国,汪飞跃.退耕还林工程与"三农"问题——以四川省为例[J].林业经济,2005(12):20-22.

[80] 李树茁,梁义成,MARCUS,等.退耕还林政策对农户生计的影响研究——基于家庭结构视角的可持续生计分析[J].公共管理学报,2010,7(2):1-10.

[81] 牛纪华,李松梧.农田休耕的必要性及实施构想[J].农业资源与环境学报,2009,26(2):

27-28.

[82] 罗婷婷，邹学荣．撂荒、弃耕、退耕还林与休耕转换机制谋划 [J]．西部论坛，2015，25（02）：40-46.

[83] 赵雲泰，黄贤金，钟太洋，等．区域虚拟休耕规模与空间布局研究 [J]．水土保持通报，2011，31（5）：103-107.

[84] 郑兆山．建立我国土地休耕制度的必要性及其保障措施 [J]．中国农业银行武汉培训学院学报，2002（1）：77-79.

[85] 李宏悦，刘黎明．生态退耕政策的政策学分析 [J]．生态经济．2006（05）：28-30.

[86] 陆云．台湾休耕农地活化利用之经济分析，土地流转与乡村治理 [M]．北京：社会科学文献出版社，2009.

[87] 谢祖光，罗婉瑜．从台湾休耕政策谈农地管理领域：农地利用管理 [C]．2009年海峡两岸土地学术研讨会，2009.

[88] 李建华，林国华．台湾休闲农业发展研究及对大陆的启示 [J]．中国农业科技导报，2007，9（2）：89-92.

[89] 叶一龙，林信宏，林国华，等．应用灰关系分析休耕水田蓄水区位评估 [J]，台湾水利，2010，58（1）：46-54.

[90] 陈郁惠，詹满色，陈雅惠，等．台湾农民对农业休耕补贴政策及农地出租之参与意愿及接受金额分析 [J]．调查研究—方法与应用，2014，32（10）：52-86.

[91] 尤君庭，台湾农地休耕政策现况研究——以虎尾镇为例 [D]．台中：中兴大学，2013.

[92] 吴越．2009年台湾启动活化休耕田措施，实现鼓励生产与扩大经营规模 [J]．台湾农业探索，2009（4）：24.

[93] 赵海．台湾"小地主大佃农"政策解析及探讨 [J]．农村经营管理，2015（6）：16-19.

[94] 何蒲明．基于粮食安全的耕地休耕问题研究 [J]．青海社会科学，2018，233（05）：109-115.

[95] 陈展图，杨庆媛．中国耕地休耕制度基本框架构建 [J]．中国人口·资源与环境，2017（12）：129-139.

[96] 钟媛，张晓宁．休耕政策存在的问题及对策 [J]．农业经济问题，2018（09）：76-84.

第二部分

黄淮海平原耕地资源休养生息机理研究

本部分内容是关于实施耕地资源休养生息战略的基础研究和首要任务。黄淮海平原的地下水超采问题是由耕地资源过度利用导致的，而耕地资源休养生息战略的确定需要以地下水的时空变化为基础，因地制宜地采取调控方案。因此，只有厘清耕地资源利用类型和强度对地下水的影响机理，才能科学合理地提出相关政策方向。本部分内容从对黄淮海平原耕地资源和利用特征及浅层、深层地下水时空变化的分析出发，尝试对该区域水土资源变化的机理进行研究，从而为黄淮海平原耕地资源休养生息方案的空间布局图的确定奠定坚实的科学基础。

第3章先介绍黄淮海平原概况，包括地理位置、地形地貌、土壤特征、气候特征等自然地理概况，以及行政区域、人口与经济发展等社会经济概况。基于统计年鉴数据及空间土地数据，分析耕地数量变化及耕地资源的空间变化，探究黄淮海平原耕地资源及利用特征。

第4章从黄淮海平原水资源量变化分析入手，分析黄淮海平原广义农业可用水量，研究农田灌溉用水状况、种植结构耗水总量变化及粮食生产耗水情况，并利用收集黄淮海平原地下水水位下降数据，基于GIS平台空间插值得到黄淮海平原浅层地下水位与深层地下水位时空变化，识别黄淮海平原地下水超采区。

第5章基于GIS，在1km网格尺度上根据单元网格水量平衡法，对建设用地、耕地及生态用地进行水量平衡分析，计算不同土地利用类型下的地下水蓄变量，对该区域水土资源变化的机理进行研究，从而为黄淮海平原耕地资源休养生息方案的空间布局图的确定奠定基础。

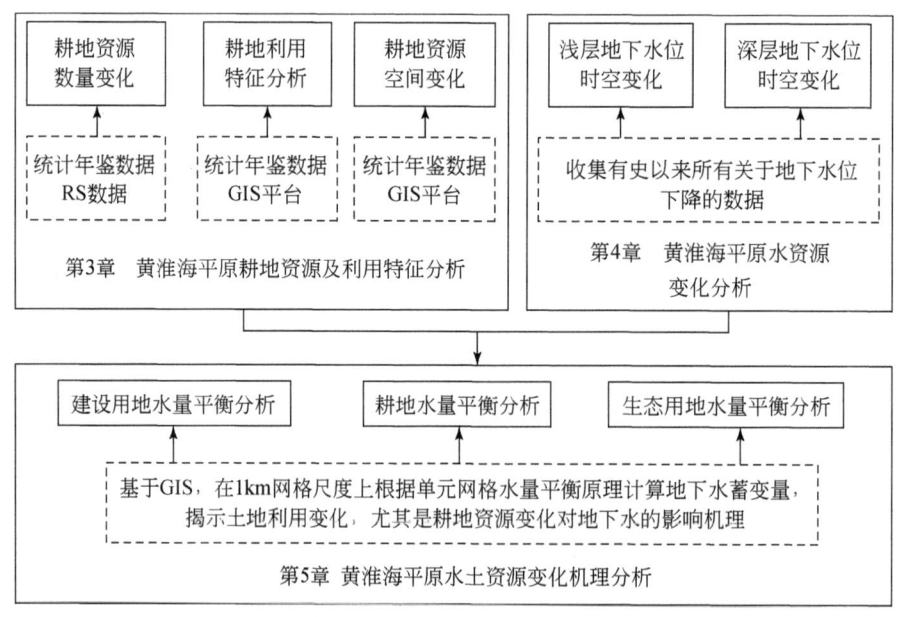

第3章 黄淮海平原耕地资源及利用特征分析

3.1 黄淮海平原概况

3.1.1 自然地理概况

(1) 地理位置

黄淮海平原指海河、淮河及黄河三大水系中下游冲积和沉积形成的平原,北起燕山山脉的南麓,南抵桐柏山、大别山的北麓,以江淮流域的低分水岭为界;西起太行山、秦岭的东麓,东面包围了鲁中南山地,临渤海、黄海。大致位于122°00′E以东至海岸线,32°00′N~41°30′N,其总面积约为35万 km^2。主要包括淮河、海河、黄河、滦河等流域的中下游地区,以及源于鲁中南山地的一些中小河流域下游的广大平原地区。

(2) 地形地貌

大地理单元的黄淮海平原,于古近纪开始沉降。平原辽阔广大,地势平坦,四分之三以上的地区海拔不到100m,相对高差极小。由山麓向滨海顺序出现洪积倾斜平原、洪积-冲积扇形平原、冲积平原、冲积-湖积平原、海积-冲积平原、海积平原等地貌类型。黄河、淮河、海河、滦河等河流所塑造的地貌构成了黄淮海平原的主体,平原自西向东倾斜,地势大体可以分为三个台阶,即山麓平原、滨海平原和河流冲积平原。

山麓平原由燕山南麓,太行山、豫西山地东麓及山东丘陵周边的山前平原组成,是海河、滦河等诸河流出山口后形成的冲(洪)积扇形地连接而成的倾斜平原。海拔一般为100~200m,具有较大的地面坡度,排水条件较好,水质良好,地下水分布与地貌形态一致,并且已有轻度乃至中度土壤侵蚀发生,成土年龄较大,已不同程度地发育成地带性褐土,山麓平原是黄淮海平原主要的农业生产基地。

河流冲积平原是黄淮海平原的主体组成部分,面积占平原总面积的一半以上,是本类型区潮土、砂姜黑土的典型分布区域。地面辽阔平坦,倾斜平缓,大部分在海拔100m以下。历史上黄河多次改道,影响从苏皖北部到冀鲁南部,由于黄河的泥沙含量大,历史上曾多次决堤淤积,从而形成了河间洼地与古河道高地的地貌类型,以及岗洼地的地貌结构,产生了洼涝、盐碱的状况。随着黄淮海平原腹地大面积井灌井排的发展,地下水的大量抽取,使地下水逐年下降,加上江河骨干工程治理和田间排水系统的完善,耕地土壤的渍涝、盐渍化问题已大大减轻，目前已缩小到只限于局部零星分布的低洼地、河滩地，构不成规模性的土壤改良问题。

滨海平原分布于黄海及渤海沿岸的狭长地段，是河流逐渐淤积后向外扩展滩涂海退而成。地势低平，海拔一般只有4~5m。滨海平原基本上由各入海河流三角洲、滨海洼地、砂堤、潮滩等组成，是目前本类型区渍涝盐碱耕地最重要和最集中的地区。

（3）土壤特征

黄淮海平原的土壤类型主要有棕壤、褐土、潮土、盐土、砂姜黑土等。在山麓洪冲积平原，土壤以褐土和潮褐土类型为主。褐土质地多为壤质，主要特征是在一定深度内具有明显的黏粒聚集，即黏化层，有机质含量低。潮褐土的土壤质地适中，以黏壤土及壤质黏土为主，有时也有砂黏夹层，其有机质含量及矿质养分均处于中等以上，水分、养分及理化性状均较优良，目前已成为重要的高产稳产土壤类型[1]。其中，褐土主要分布于北京、河北境内的燕山和太行山两侧的丘陵、谷地与复合冲积扇上，由此向东延伸至山东，向南延伸至河南。而潮褐土主要分布于山麓复合冲积扇平原，在北京、河北、河南等地分布面积较大。

开阔冲积平原地区，土壤以潮土类型以主。潮土的生物积累养分含量普遍偏低，随质地由砂至黏土而增加，但土壤矿质养分含量较丰富，加之土体深厚，结构较松，宜于耕作管理，适种性广，是生产性能良好的一类耕种土壤。受黄河、淮河和海河泛滥沉积物的广泛影响，黄淮海平原潮土分布面积大，集中连片，局部地区与盐土、碱土、砂姜黑土或与地带性的褐土、棕壤组合分布。山东、河北和河南分布面积较大，其次是江苏和安徽[1]。

淮北低平原区，土壤以砂姜黑土为主。砂姜黑土有机质含量不足，严重缺磷少氮，但钾素较为丰富。主要分布于安徽和河南的淮北平原、山东的胶莱平原及江苏的徐淮平原。

滨海低平原区，土壤以滨海盐土为主。滨海盐土表层有机质和全氮含量低，钾含量相对较高。集中分布于秦皇岛—天津—唐山市滨海至山东境内黄河三角洲伸延到渤海湾南部，其中山东分布面积最大，其次是河北和天津[2]。

（4）气候特征

黄淮海平原属暖温带半湿润季风型气候区，气候主要受纬度、地形及离海距离影响。从北到南，≥0℃积温由4200℃增加到5500℃，年降水量由500mm增加到1000mm，日照由2800h/a减少到2200h/a。东西方向上的变化明显受到海洋的影响，沿海的降水量与积温均比西部区域高。黄淮海平原的年平均气温为10~15℃，无霜期为175~220天。作物生育期间水、热、光资源较为丰富，可以两年三熟或一年两熟，适合稻、麦、玉米等作物生长，是我国重要的粮食产区之一。

1）降水量年内分配不均。黄淮海平原年降水量为500~1050mm，黄河以南地区年降水量大于650mm，其中淮北和苏北平原年降水量达800~1050mm，苏北的滨海平原是降水量最多的地区；黄河以北的大部分地区，除了沿燕山山脉的山麓平原以外，太行山以东的广大平原,年降水量不足650mm,其中黑龙港运东地区年降水量最少[3]。黄淮海平原作物的生长季是每年的4~10月,在这段时期内,黄河以北地区的降水量与年降水量只相差50mm,黄河以南地区相差100~150mm。相比之下,黄河以南地区的降水的季节分配比以北地区均匀些。对作物需水量的可能蒸发量和降水量的差值比较表明,作物生长季中,黄河以南平原、淮北、苏北地区的降水量能满足作物生长的需要,黄河以北地区降水不能完全满足作物生长需要,大约亏缺150mm,降水量不足的主要原因是春季降水不足[4-6]。因此黄河以北的春季作物需要大量抽取地下水作为补充灌溉水源,这也是黄河以北地区地下水超采的重要原因。在作物生长季节中,不同时段降水对作物的满足程度也不同。

2) 热量资源较丰富,冬季较冷,春季升温迅速,秋季降温快。本地区≥0℃积温为4200~5500℃,≥10℃积温为3800~4900℃。其分布特点为:由唐山、昌黎一带向西、南方向热量逐渐增加,沿海热量略低于内陆。最热月平均气温为24~28℃,作物生长季节气温较高,为两年三熟和一年两熟地区。最冷月平均气温高于-8℃,年绝对最低平均气温为-19~-8℃,南北差异较大。

3) 光照充足,增产潜力较大。本地区年总辐射为120~140kcal/cm²①,日照时数由北部的2800h/a向南逐渐减少至平原南缘的2200h/a,其中河北省日照时数大部分为2600~2800h/a,河南、山东、安徽及江苏部分地区日照时数为2300~2500h/a。3~5月,光照条件好、气温回升快、相对湿度低使麦类作物光合效率高,病害少。从全年看,5~8月为光、温、水条件最优时期,作物生育期间光、热、水基本同季,在有水浇条件下,能充分利用本地丰富的气候资源,作物具有一定增产潜力。

(5) 水文地质

根据《中国水资源分区》及黄河、淮河和海河水资源保护局水资源分区图,可以将黄淮海平原区划分为3个二级区,11个三级区。其中,二级区为海河流域、黄河流域及淮河流域。海河流域又包括北四河下游流域、大清河流域、黑龙港运东流域、徒骇马颊河流域、漳卫河流域及子牙河流域。淮河流域包括淮河上游流域、淮河中游流域、淮河下游流域及南四湖流域。

海河流域包括海河、滦河和徒骇马颊河三大水系。海河水系位于流域的中部,包括蓟运河、潮白河、北运河、永定河、大清河、子牙河、漳卫河、黑龙港运东地区诸河和海河干流,流域总面积约为23.25万km²。其中,北运河全长238km,流域面积为6166km²;大清河全长275km,流域面积为43 060km²;子牙河全长769km,流域面积为46 868km²;漳卫河全长9329km,流域面积为37 584km²;黑龙港运东地区诸河全长350km,流域面积为22 444km²[7]。海河流域地下水赋存于第四系沉积地层中的孔隙水,自上而下可分为4个含水组,每一个含水组由多个含水层组成。按照地层成因和水文地质特性,分为山前冲积洪积平原、中东部冲积湖平原和滨海冲积海积平原。太行山、燕山山前冲积洪积平原包

---

① 1kcal(热化学卡) = 4.184J。

括北四河下游流域、大清河流域部分地区，子牙河与漳卫河流域全境，这些区域含水层岩性以卵石、卵砾石、粗砂、中砂为主，地层中无连续隔水层，地下水资源量模数为 $1\times10^5 \sim 5\times10^5 m^3/km^2$。中东部冲积湖积平原包括北四河下游流域和大清河流域中部，徒骇马颊河与黑龙港运东地区诸河大部分区域。含水层岩性以粗中石、细中砂、细粉砂为主，咸、淡水间杂分布，地下水资源量模数为 $1\times10^5 \sim 1.5\times10^5 m^3/km^2$。滨海冲积海积平原包括北四河流域、大清河流域、黑龙港运东地区诸河及徒骇马颊河的沿海区域，主要是咸水区，只有零星的淡水分布，含水层岩性以粉细砂和裂隙黏土为主，地下水赋存条件差，地下水资源量模数为 $0.5\times10^5 \sim 1\times10^5 m^3/km^2$[8]。

黄河下游流域是指黄河花园口以下至利津入海口这段狭长的河流带，全长785km，流域面积为230 000km²。而作为黄河河道的平原段，地下水主要依靠大气降雨和地表水体入渗补给，含水层岩性以粗中石、细中砂、细粉砂为主，在沿海区域还有部分咸水分布，地下水资源量模数为 $2\times10^5 \sim 3\times10^5 m^3/km^2$[9]。

淮河发源于河南桐柏山，流经河南、安徽，至江苏，全长为1000km，流域面积为190 000km²。洪河口以上为淮河上游，流域面积为30 600km²，河长为364km；从洪河口到洪泽湖出口中渡为淮河中游，流域面积为130 000km²，河长为490km；洪泽湖中渡以下为淮河下游，流域面积为30 000km²，河长为1500km；而南四湖流域是淮河流域的冲积湖积平原，主要包括沂沭泗水系中的泗河，泗河长为159km，流域面积为2361 km²[10]。淮河流域平原区含水层岩性以粗中石、细中砂、细粉砂为主，其中淮河上游平原区向南部分有半咸水分布，地下水资源量模数为 $2\times10^5 \sim 3\times10^5 m^3/km^2$；淮河中游主要位于安徽的北部，地下水资源量模数为 $3\times10^5 \sim 4\times10^5 m^3/km^2$；淮河下游位于江苏的北部，其中沿海区域有大量半咸水分布，地下水资源量模数为 $1.5\times10^5 \sim 2.5\times10^5 m^3/km^2$；南四湖流域位于山东西部地区，作为冲积湖积平原，水资源量较为丰富，流域内微咸水、淡水间杂分布，地下水资源量模数为 $2\times10^5 \sim 3\times10^5 m^3/km^2$[11]。

3.1.2 社会经济概况

（1）行政区域

本书所研究的黄淮海平原区县（市、区）分布见表3-1。

表3-1 研究区县（市、区）分布

省市	县（市、区）
北京市	北京市辖区、通州区、顺义区、大兴区、平谷区
天津市	天津市辖区、北辰区、东丽区、西青区、津南区、滨海新区、宁河区、武清区、静海区、宝坻区、蓟州区

续表

省市	县（市、区）
河北省	唐山市辖区、丰润区、滦州市、滦南县、乐亭县、迁西县、玉田县、曹妃甸区、遵化市、丰南区、迁安市、秦皇岛市辖区、昌黎县、抚宁区、卢龙县；廊坊市辖区、固安县、永清县、香河县、大厂回族自治县、大城县、文安县、霸州市、三河市；辛集市；涿州市、沧州市辖区、沧县、青县、东光县、海兴县、盐山县、肃宁县、南皮县、吴桥县、献县、孟村回族自治县、泊头市、任丘市、黄骅市、河间市；衡水市辖区、枣强县、武邑县、武强县、饶阳县、安平县、故城县、景县、阜城县、冀州区、深州市；石家庄市辖区、正定县、栾城区、行唐县、灵寿县、高邑县、深泽县、赞皇县、无极县、元氏县、赵县、藁城区、晋州市、新乐市、鹿泉区；邯郸市辖区、临漳县、成安县、磁县、肥乡县、永年县、鸡泽县、大名县、邱县、广平县、馆陶县、魏县、曲周县、武安市；邢台市辖区、邢台县、临城县、内丘县、柏乡县、隆尧县、任县、南和县、宁晋县、巨鹿县、新河县、广宗县、平乡县、威县、清河县、临西县、南宫市、沙河市；保定市辖区、满城区、清苑区、高阳县、容城县、安新县、雄县、高碑店市、涞水县、徐水区、定兴县、唐县、望都县、易县、曲阳县、蠡县、顺平县、博野县、定州市、安国市
山东省	济宁市辖区、鱼台县、金乡县、嘉祥县、汶上县、梁山县、兖州区；济阳区、章丘区、商河县、高青县、桓台县；东营市辖区、垦利区、利津县、广饶县；寿光市；德州市辖区、陵城区、宁津县、庆云县、临邑县、齐河县、平原县、夏津县、武城县、乐陵市、禹城市；聊城市辖区、阳谷县、莘县、茌平县、东阿县、冠县、高唐县、临清市；菏泽市辖区、曹县、定陶区、成武县、单县、巨野县、郓城县、鄄城县、东明县；滨州市辖区、惠民县、阳信县、无棣县、沾化区、博兴县、邹平市；郯城县
河南省	濮阳市辖区、清丰县、南乐县、范县、台前县、濮阳县；郑州市辖区、中牟县、巩义市、荥阳市、新密市、新郑市、登封市；开封市辖区、杞县、通许县、尉氏县、兰考县；平顶山市辖区、宝丰县、叶县、郏县、舞钢市；许昌市辖区、建安区、鄢陵县、襄城县、禹州市、长葛市；漯河市辖区、舞阳县、临颍县、郾城区；商丘市辖区、民权县、睢县、宁陵县、柘城县、虞城县、夏邑县、永城市；固始县、潢川县、淮滨县、息县；周口市辖区、项城市、扶沟县、西华县、商水县、太康县、鹿邑县、郸城县、淮阳区、沈丘县、确山县、遂平县、西平县、上蔡县、汝南县、平舆县、新蔡县、正阳县；安阳市辖区、安阳县、汤阴县、滑县、内黄县、林州市；鹤壁市辖区、浚县、淇县；新乡市辖区、新乡县、原阳县、延津县、封丘县、长垣县、获嘉县、卫辉市、辉县市；焦作市辖区、修武县、博爱县、武陟县、温县、孟州市
江苏省	徐州市辖区、丰县、沛县、铜山区、睢宁县、新沂市、邳州市；连云港市辖区、赣榆区、东海县、灌云县、灌南县；淮安市辖区、淮阴区、涟水县、盱眙县；响水县、滨海县、阜宁县；宿迁市辖区、沭阳县、泗阳县、泗洪县
安徽省	蚌埠市辖区、怀远县、五河县、固镇县；淮南市辖区、凤台县；淮北市辖区、濉溪县；阜阳市辖区、临泉县、太和县、阜南县、颍上县、亳州市辖区、利辛县、涡阳县、蒙城县、界首市；宿州市辖区、砀山县、萧县、灵璧县、泗县

(2) 人口与经济发展

黄淮海平原区地理位置优越，境内陆水空交通四通八达，区域内又有京津冀城市群，第二产业发达，农业商品经济市场广阔，具有重要的战略地位。1980年黄淮海平原区常住人口数约为1.56亿人，人口密度为505人/km²，约占全国总人口的15.2%；

2015年黄淮海平原区总人口约为2.13亿人,人口密度为688人/km²,约占全国总人口的15.93%。1980年工业产值为542.70亿元,约占当年全国工业总产值的11.58%;2015年工业产值为11.76万亿元,约占2015年全国工业总产值的17.38%。

(3) 粮食生产

1980~1995年,黄淮海平原与全国的小麦单产量几乎一致,从2t/hm²到约3.5 t/hm²,上升幅度不大;1995年以后,黄淮海平原小麦单产上升速度加快,到2015年,全国小麦单产量约为4.8t/hm²,黄淮海平原已经达到6.8t/hm²。1980~2015年,黄淮海平原玉米单产量总体高于、个别年份低于全国水平,2000年开始黄淮海平原玉米单产上升速度加快,到2015年,黄淮海平原玉米单产已高出全国大约1t/hm²(图3-1)。

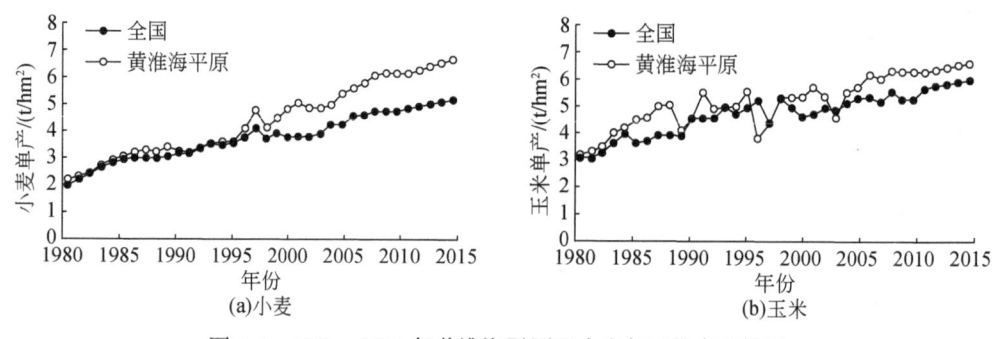

图3-1 1980~2015年黄淮海平原区小麦与玉米产量情况

3.2 耕地资源数量变化

3.2.1 黄淮海平原耕地总量的时间变化分析

根据1980~2015年黄淮海平原各省市统计年鉴数据,做出黄淮海平原耕地数量时间变化趋势图(图3-2),可以看出从1980~1995年,耕地数量从3099.52万hm²下降到2957.86万hm²,减少了141.66万hm²。1996年黄淮海平原耕地数量急剧上升,由1995年的2957.86万hm²上升到3216.62万hm²,耕地总量呈上升趋势。但此后的10年间,除2003年出现小幅度上升外,耕地数量持续下降。2009年耕地面积有了较大的提高后趋于下降。在此期间耕地面积最多的年份是2009年,之后又呈现下降趋势。耕地面积最少的年份是2007年,为2942.24万hm²。1980~2015年,黄淮海平原耕地数量变化较大,耕地净增加为235.52万hm²,年均增加量为6.54万hm²。

3.2.2 黄淮海平原耕地数量省域差异时间变化分析

根据1980~2015年黄淮海平原各省市历年年鉴统计数据,做出1980~2015年黄淮海

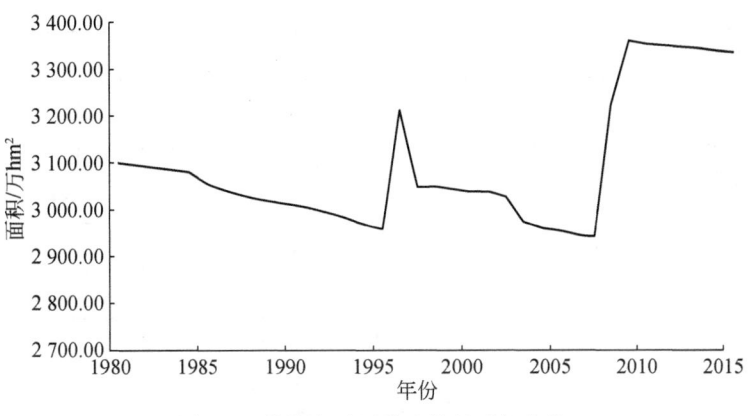

图 3-2 黄淮海平原耕地数量时间变化

平原各省市耕地面积时间变化情况（表3-2）及黄淮海平原各省市1980～2015年耕地面积时间变化趋势图（图3-3）。耕地主要集中在山东、河北和河南三省，其次是江苏和安徽，北京和天津耕地面积较小（表3-2）。

表 3-2 黄淮海平原各省市1980～2015年耕地面积变化情况 （单位：万 hm²）

年份	北京	天津	河北	江苏	安徽	山东	河南	合计
1980	42.60	46.41	664.80	464.14	444.62	724.14	712.81	3099.52
1981	42.50	46.29	664.50	463.70	444.13	722.13	712.13	3095.38
1982	42.40	46.10	664.11	463.12	443.74	720.16	710.93	3090.56
1983	42.30	45.86	663.67	463.01	443.47	718.19	710.07	3086.57
1984	42.20	45.41	662.87	462.11	442.93	716.25	707.93	3079.70
1985	42.10	44.70	660.34	460.40	442.20	703.77	703.32	3056.83
1986	41.90	44.14	659.20	459.08	441.40	696.44	699.89	3042.05
1987	41.80	43.87	657.65	457.98	439.69	692.43	697.26	3030.68
1988	41.60	43.33	656.75	456.88	438.21	689.63	695.64	3022.04
1989	41.40	43.23	656.05	456.23	437.30	686.79	694.44	3015.44
1990	41.30	43.16	655.61	455.79	436.55	685.26	693.32	3010.99
1991	41.10	43.16	654.97	455.00	433.41	683.36	692.00	3003.00
1992	40.90	42.96	654.37	452.19	433.41	679.78	688.78	2992.39
1993	40.60	42.90	653.61	449.57	431.74	675.88	687.10	2981.40
1994	40.20	42.74	652.43	446.40	430.28	671.81	683.00	2966.86
1995	39.40	42.61	651.73	444.83	429.11	669.60	680.58	2957.86

续表

年份	北京	天津	河北	江苏	安徽	山东	河南	合计
1996	34.40	42.60	689.71	506.17	597.17	667.94	678.63	3216.62
1997	34.20	42.61	688.85	505.57	429.11	669.60	677.34	3047.28
1998	34.10	42.61	687.49	503.65	429.11	669.60	683.40	3049.96
1999	33.80	42.58	686.88	502.42	428.03	667.94	682.59	3044.24
2000	32.90	42.43	685.71	506.17	422.96	660.75	687.53	3038.45
2001	29.20	48.56	685.40	506.17	421.87	656.07	690.73	3038.00
2002	27.50	48.56	669.11	490.50	417.78	646.81	726.28	3026.54
2003	26.00	48.56	648.65	485.83	408.47	637.46	718.72	2973.69
2004	23.60	48.56	644.15	479.52	410.89	635.52	717.75	2959.99
2005	23.30	48.56	639.63	480.12	409.25	633.94	720.12	2954.92
2006	23.30	48.56	631.53	476.87	411.69	632.61	720.24	2944.80
2007	23.20	44.37	631.45	476.38	414.50	632.15	720.19	2942.24
2008	23.20	44.11	633.19	476.38	573.02	751.53	720.22	3221.65
2009	22.72	44.72	656.14	461.29	590.70	766.83	819.20	3361.60
2010	22.40	44.37	655.14	459.55	589.49	765.81	817.75	3354.51
2011	22.20	44.11	656.38	458.78	588.65	764.69	816.19	3351.00
2012	22.10	43.93	655.83	458.47	588.13	763.57	815.68	3347.71
2013	22.12	43.83	655.12	458.16	588.31	763.35	814.07	3344.96
2014	21.99	43.83	653.77	457.42	587.66	762.06	812.61	3339.34
2015	21.93	43.72	652.55	457.49	587.66	761.10	810.59	3335.04

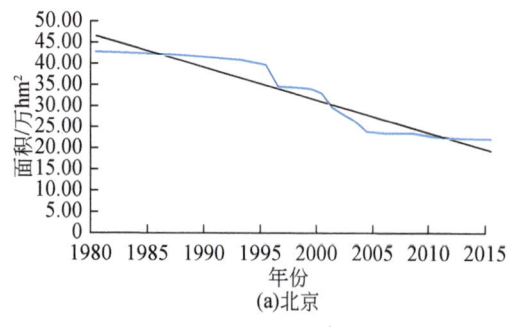
(a)北京

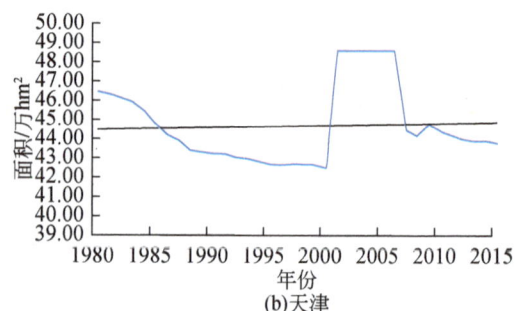
(b)天津

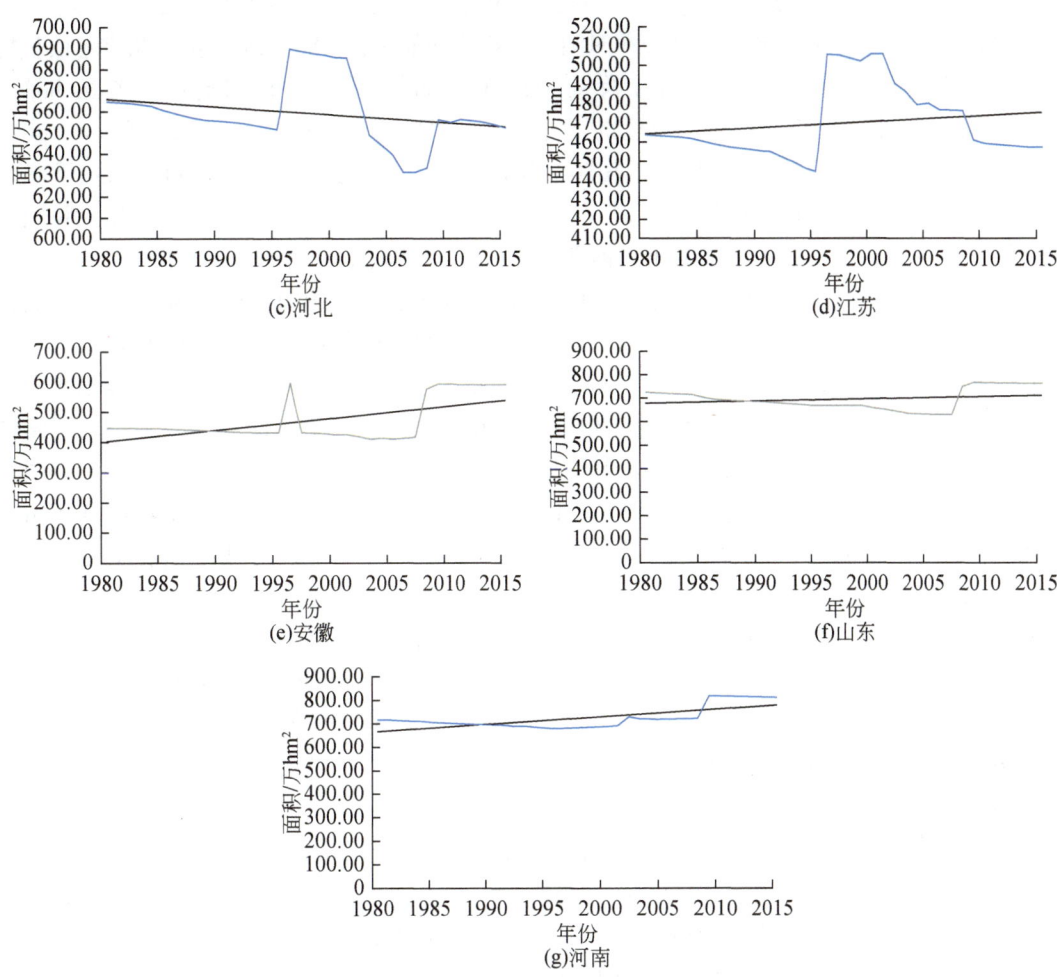

图 3-3 黄淮海平原各省市耕地面积时间变化趋势图

从图 3-3 中可以看出天津、江苏、山东分别在 1995 年和 2000 年及 2008 年耕地面积变化十分显著。北京、天津、河北、河南、安徽、江苏具体变化如下。

1）北京（黄淮海平原）耕地面积时间变化趋势图显示，1980~1995 年北京市耕地面积持续减少，在 1996 年和 2002 年耕地面积减少幅度最大。1980~2015 年，北京耕地面积由 42.60 万 hm^2 下降到 21.93 万 hm^2，耕地面积净减少 20.67 万 hm^2。北京耕地面积减少的主要原因是城市的不断扩张和城市建设的不断发展。通过添加趋势线可以看出，北京在 36 年间的耕地面积呈现下降趋势。

2）天津（黄淮海平原）耕地面积时间变化趋势图显示，1980~2000 年天津耕地面积持续减少，2001 年耕地面积增幅最大，当年耕地面积净增加 6.13 万 hm^2。在随后的 5 年间，耕地面积趋于稳定，但在 2007 年又出现大幅度下降，当年耕地面积净减少 4.19 万 hm^2。1980~2015 年，天津耕地面积由 46.41 万 hm^2 下降到 43.72 万 hm^2，耕地面积净减少 2.69

万 hm^2。通过添加趋势线可以看出,天津在36年间的耕地面积呈现平稳不变的趋势。

3）河北（黄淮海平原）耕地面积时间变化趋势图显示,1980~1995年河北耕地面积持续下降,耕地面积由664.80万 hm^2下降到651.73万 hm^2,耕地面积净减少13.07万 hm^2,但下降幅度较小。2002年出现大幅度的下降,一年间净减少面积高达16.29万 hm^2。2010年有较大幅度上升,之后趋于稳定。1980~2015年河北耕地面积由664.80万 hm^2下降到652.55万 hm^2,耕地面积净减少12.25万 hm^2,这主要是由于河北从2002年开始大量退耕还林[12]。通过添加趋势线可以看出,河北在36年间的耕地面积呈现下降趋势。

4）江苏（黄淮海平原）耕地面积时间变化趋势图显示,1980~1995年江苏耕地面积持续下降,达到近些年的最低点,最低耕地面积为444.83万 hm^2。之后在1996年出现大幅度的上升,达到近些年的最高点,最高耕地面积为506.17万 hm^2,两年间耕地面积净增加高达61.34万 hm^2。之后尽管部分年份有土地开发复垦整理工作使耕地得到一定程度的补充,但并没有从根本上扭转耕地减少的势头[13]。江苏耕地面积的减少原因主要为国家基本建设占用和农业产业结构内部调整。1980~2015年,江苏耕地面积由464.14万 hm^2下降到457.49万 hm^2,耕地面积净减少6.65万 hm^2。通过添加趋势线可以看出,江苏在36年间的耕地面积基本保持不变。

5）安徽（黄淮海平原）耕地面积时间变化趋势图显示,1980~2015年安徽除在1996年和2008年耕地面积有上升之外,其余年份耕地面积变化并不明显。其中1996年耕地面积达到最高水平,即597.17万 hm^2。1980~2015年安徽耕地面积由444.62万 hm^2增加至587.66万 hm^2,耕地面积净增加143.04万 hm^2 [14]。通过添加趋势线可以看出,安徽在36年间安徽耕地面积呈现平稳上升的趋势。

6）山东（黄淮海平原）耕地面积时间变化趋势图显示,1980~2007年山东耕地面积持续下降,由1980年的724.14万 hm^2下降到632.15万 hm^2,耕地面积净减少91.99万 hm^2。2008年耕地面积大幅度增加,当年该地区耕地面积达751.53万 hm^2,之后耕地面积趋于稳定。1980~2015年山东省耕地面积由724.14万 hm^2上升到761.10万 hm^2,耕地面积净增加36.96万 hm^2。但是由于低山丘陵区,水土流失严重,受工业"三废"污染的耕地越来越多,可适合农业生产的有效耕地越来越少[15],并且通过添加趋势线可以看出,山东在36年间耕地面积呈现平稳不变的趋势。

7）河南（黄淮海平原）耕地面积时间变化趋势图显示,1980~1996年河南耕地面积持续减少,耕地面积由712.81万 hm^2下降到678.63万 hm^2,耕地面积净减少34.18万 hm^2。1997年之后由于耕地保护力度的加强及土地产权管理的强化,耕地减少势头基本得到遏制[16],全省耕地面积又呈现稳步上升的趋势。此后的2003年、2004年,全省耕地面积有所下降,但自2005年起,全省耕地面积回升并稳定在720万 hm^2以上,以后各年虽有小幅增减变化,但基本持平,相差不大[17]。在此期间,1980~2015年河南省耕地面积由712.81万 hm^2增加至810.59万 hm^2,耕地面积净增加97.78万 hm^2。通过添加趋势线可以看出36年间河南耕地面积呈现逐步上升的趋势。

通过各省市趋势图可以看出1980~2015年,黄淮海平原各省市耕地面积均有不同程度的增减，其中，北京、安徽、山东、河南耕地面积变化较为明显。在此期间，除安徽、山东、河南耕地面积呈现上升趋势之外，其余各省市耕地资源面积呈现不同程度的下降趋势。

3.3 耕地资源空间变化

3.3.1 空间变化分析方法

（1）土地利用转移矩阵

土地利用转移矩阵反映了某一区域某一时段期初和期末各地类面积之间相互转化的动态过程信息，它不但包括静态的一定区域某时间点的各地类面积数据，而且含有更为丰富的期初各地类面积转出和期末各地类面积转入的信息。土地利用转移矩阵通用形式为[18]

$$t_{ij} = \begin{bmatrix} t_{11} & t_{12} & \cdots & t_{1n} \\ t_{21} & t_{22} & \cdots & t_{2n} \\ \vdots & \vdots & \ddots & \vdots \\ t_{n1} & t_{n2} & \cdots & t_{nn} \end{bmatrix} \tag{3-1}$$

式中，t 为面积；n 为转移前后的土地利用类型数；i、j（$i, j = 1, 2, \cdots, n$）分别为转移前与转移后的土地利用类型；t_{ij} 为转移前的 i 地类转换成转移后的 j 地类的面积。所以矩阵中的每一行代表转移前的 i 地类向转移后的各地类的流向信息，矩阵中的每一列元素是转移后 j 地类面积从转移前的各地类的来源信息。

（2）地类变化程度

为进行土地利用变化研究，分析研究时间段内各地类转换情况，通过土地利用变化转移矩阵进行土地利用变化情况刻画，并通过式（3-2）求出两期各地类变化程度：

$$\text{Change}_i = (t_{\cdot i} - t_{i \cdot}) / t_{i \cdot} \times 100\% \tag{3-2}$$

式中，Change_i 为某一地类研究时段的变化程度；$t_{i\cdot}$ 为土地利用转移矩阵中 i 地类各行的总和，即 i 地类基期的土地数量；$t_{\cdot i}$ 为土地利用转移矩阵中 i 地类各列的总和，即 i 地类末期的土地数量。

（3）地类净变化量

为分析不同地类内部的变化规律，采用了地类净变化量进行分析[19]：

$$T_{ij} = t_{ji} - t_{ij}; \quad i \leqslant j$$

式中，T_{ij} 表示研究时期内，i 地类与 j 地类转化的净量关系。T_{ij} 为负值，说明 i 地类净流入 j 地类；T_{ij} 为正值，说明 j 地类净流入 i 地类；t_{ij} 为土地利用转移矩阵中的第 i 行的第 j 列，表示基期 i 地类转移到末期 j 地类的土地数量；t_{ji} 为土地利用矩阵中的第 j 行第 i 列，表示基期 j 地类转移到末期各 i 地类的土地数量，当 $i = j$ 时，表示基期 i 地类到末期同一地类未变化土地数量。

3.3.2 耕地资源空间变化分析

（1）土地利用变化分析

基于1980年和2015年两期黄淮海平原区土地利用现状图（图3-4），得到两期土地利用转移矩阵。由于黄淮海平原区的农业用地中生产性林地、牧草地占比不超过2%，所以耕地是农业用地的主要地类。

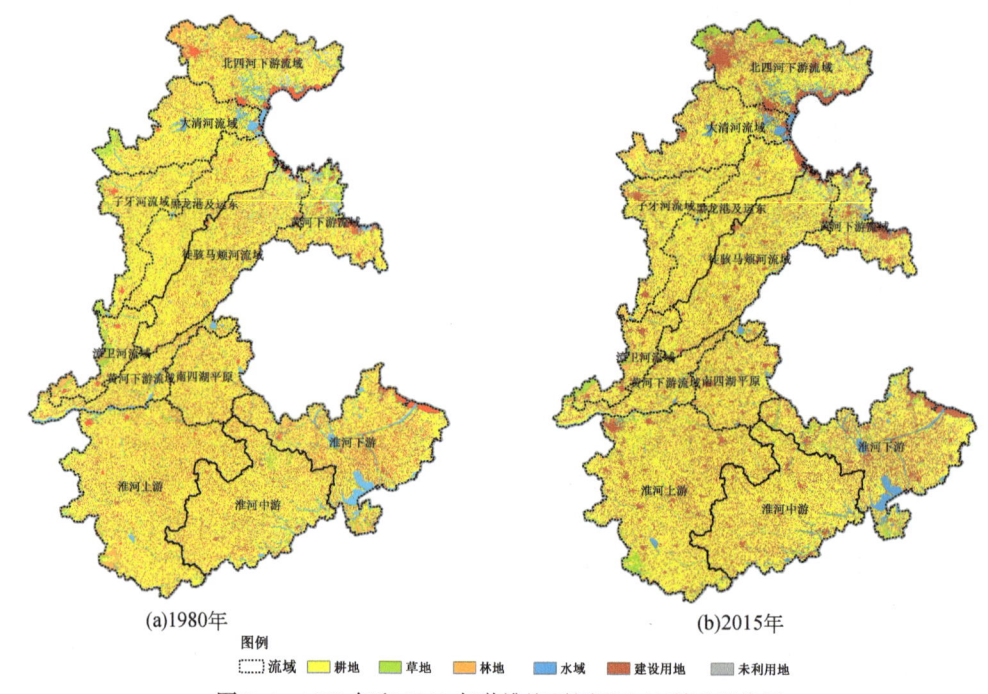

图 3-4　1980年和2010年黄淮海平原区土地利用现状图

表 3-3　黄淮海平原区1980年与2015年土地利用转移矩阵

土地利用类型		2015年							至2015年变化比例/%
		耕地/万 hm²	草地/万 hm²	林地/万 hm²	水域/万 hm²	建设用地/万 hm²	未利用地/万 hm²	总量/万 hm²	
1980年	耕地	1886.97	13.85	10.35	44.38	441.92	1.04	2398.51	-5.46
	草地	19.19	23.09	3.59	1.30	6.07	0.05	53.29	-14.73
	林地	17.91	4.99	28.25	5.17	6.34	0.96	63.62	-28.46
	水域	42.48	0.97	0.98	56.08	13.03	0.78	114.32	10.66
	建设用地	287.34	2.20	1.75	14.87	146.45	0.19	452.80	36.76
	未利用地	13.54	0.34	0.59	4.71	5.45	1.46	26.09	-82.83
	总量	2267.43	45.44	45.51	126.51	619.26	4.48	3108.63	

从表3-3可知耕地减少了131.08万hm², 草地净转入耕地5.34万hm², 林地净转入耕地7.56万hm², 而耕地净转入建设用地为154.58万hm², 建设用地既是耕地的主要转出项, 又是主要转入项。建设用地增加了166.46万hm², 是所有地类中变化量最大的。从表3-4可知, 建设用地的主要转出项是耕地, 但耕地同时也转入建设用地, 使耕地转入建设用地成为正值, 另外, 除水域外其他地类转入建设用地均为正值, 说明建设用地是其他地类的输出项。草地的主要转出项是耕地, 林地与未利用地净转入草地1.40万hm²和0.29万hm², 是草地的主要转入项。水域的净输入项主要是林地、未利用地和耕地, 分别净转入4.19万hm²、3.93万hm²和1.90万hm²。林地最大的输出项是耕地, 有7.56万hm²林地净转化成了耕地。未利用地是所有地类中减少比例最大, 转出到其他各个地类, 其中耕地是未利用地最大的转出项。

从整个研究区域来看（表3-4）, 黄淮海平原区耕地、草地、林地及未利用地在36年间均有减少, 建设用地增加量最大, 水域略有增加。在建设用地主要转入项中, 耕地占到建设用地净变化量的92.86%, 而在草地、林地、未利用地中, 主要转出项是耕地, 分别占到净变化量的68.03%、41.74%与57.84%。所以黄淮海平原区的土地类型利用的趋势是建设用地挤占耕地, 耕地挤占草地、林地及未利用地。

表3-4 1980~2015年土地净变化量 （单位: 万hm²）

土地利用类型		2015年						
		耕地	草地	林地	水域	建设用地	未利用地	净变化量
1980年	耕地	—	5.34	7.56	-1.90	-154.58	12.50	-131.08
	草地	-5.34	—	1.40	-0.33	-3.87	0.29	-7.85
	林地	-7.56	-1.40	—	-4.19	-4.59	-0.37	-18.11
	水域	1.90	0.33	4.19	—	1.84	3.93	12.19
	建设用地	154.58	3.87	4.59	-1.84	—	5.26	166.46
	未利用地	-12.50	-0.29	0.37	-3.93	-5.26	—	-21.61

（2）耕地空间转化分析

黄淮海平原区中, 耕地占到总面积的74%。1980~2015年, 土地利用变化中, 主要的是耕地与其他地类变化关系。图3-5中表示耕地的转入与转出情况, 可以明显看出, 耕地与建设用地之间的变化较为剧烈。虽然有287.34万hm²的建设用地转为耕地, 但耕地净转为建设用地为441.92万hm²。其中北四河下游流域、子牙河流域与大清河流域等地, 耕地转为建设用地较为明显。北四河下游流域, 耕地净转为建设用地为15.72万hm², 子牙河流域, 耕地净转为建设用地为7.41万hm², 大清河流域, 耕地净转为建设用地为2.69万hm²。而北京、天津、石家庄等大城市分布在这些流域。耕地与草地的转化主要发生在淮河上游与淮河下游流域, 草地分别净转为耕地为1.93万hm²、2.99万hm²。耕地与水域的转化主要是大清河流域与黄河下游流域, 水域分别净转为耕地为0.66万hm²、0.95万hm²。耕地与林地的转化主要是徒骇马颊河流域与南四湖平原, 林地分别净转为耕地为

0.13 万 hm²、0.16 万 hm²。

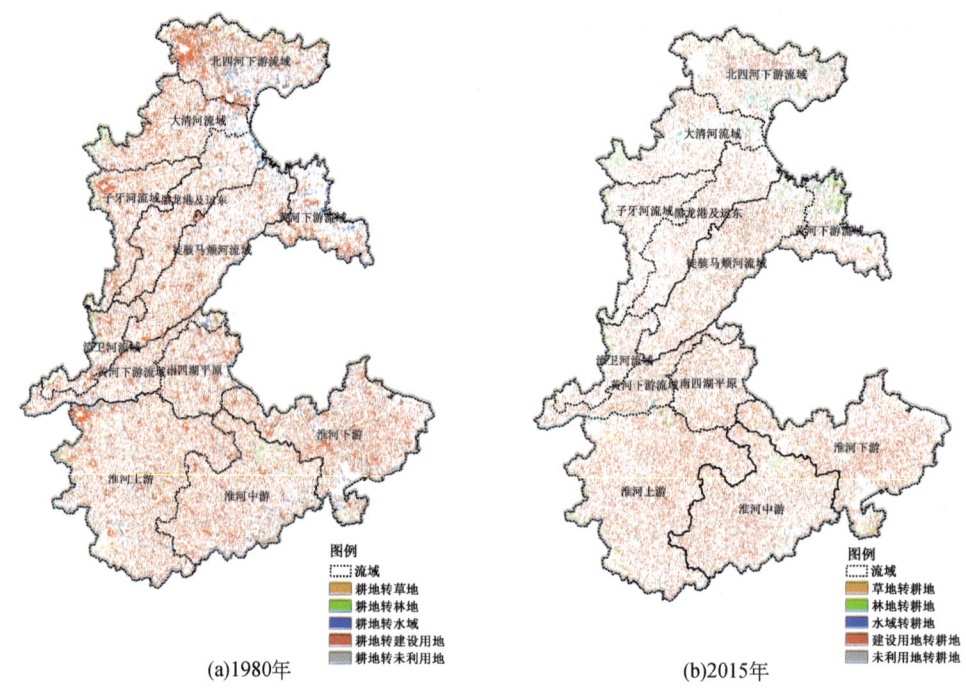

图 3-5　1980~2015 年耕地空间转化图

3.4　本章小结

根据 1980~2015 年黄淮海平原各省市年鉴统计数据，1980~1995 年耕地数量从 3099.52 万 hm² 下降到 2957.86 万 hm²，减少了 141.66 万 hm²。1996 年黄淮海平原耕地数量急剧上升，由 1995 年的 2957.86 万 hm² 上升到 3216.62 万 hm²。但由此之后的 10 年间，除 2003 年出现小幅度上升外，耕地数量持续下降。2009 年耕地面积有了较大的提高后趋于下降。耕地面积最少的年份是 2007 年。1980~2015 年，黄淮海平原耕地数量变化较大，耕地净增加为 235.52 万 hm²，年均增加量为 6.54 万 hm²。

参考文献

[1] 郑慧. 黄淮海地区平原林业产业结构研究 [D]. 北京：北京林业大学，2009.
[2] 鲍贯洛. 关于黄淮海平原农业发展的几个问题 [J]. 灌溉排水，1982 (3)：1-6.
[3] 吴绍洪. 土地利用变化驱动力与食物安全研究——以黄淮海平原为例 [D]. 北京：中国科学院地理科学与资源研究所，2001.
[4] 姚慧敏. 黄淮海平原区耕地粮食生产能力研究 [D]. 北京：中国农业大学，2004.
[5] 莫兴国，薛玲，林忠辉. 华北平原 1981~2001 年作物蒸散量的时空分异特征 [J]. 自然资源学报，2005，(2)：181-187.

[6] 张洁瑕. 区域农业生态系统演替研究——以黄淮海平原为例 [D]. 北京：中国农业大学, 2007.

[7] 卢路, 于赢东, 刘家宏, 等. 海河流域的水文特性分析 [J]. 海河水利, 2011, (6)：1-4.

[8] 任宪韶. 海河流域水资源评价 [M]. 北京：中国水利水电出版社, 2007.

[9] 张学成. 黄河流域资源调查评价 [M]. 郑州：黄河水利出版社, 2006.

[10] 储德义. 淮河水资源管理科技前沿 [M]. 安徽：中国科技大学出版社, 2009.

[11] 张宗祜, 李烈荣. 中国地下水资源与环境图集 [M]. 北京：中国地图出版社, 2004.

[12] 郝瑞彬. 河北省耕地资源动态变化及驱动力分析 [J]. 唐山师范学院学报, 2012, 34 (5)：87-90.

[13] 李如海, 黄贤金, 吕亚生, 等. 江苏省土地利用战略研究 [J]. 南京：东南大学出版社, 2008.

[14] 梅旭荣. 中国农业环境问题 [M]. 北京：科学出版社, 2011.

[15] 国家环境保护总局. 全国生态现状调查与评估·华东卷（上）[M]. 北京：中国环境科学出版社 [M], 2006.

[16] 李瑞华, 白世强. 河南省耕地动态变化及驱动研究 [J]. 河南农业科学, 2005, 34 (12)：56-61.

[17] 冯彬彬, 赵凯. 河南省耕地数量时空变化及其驱动因子分析 [J]. 国土资源科技管理. 2010, 27 (2)：41-47.

[18] 朱会义, 李秀彬. 关于区域土地利用变化指数模型方法的讨论 [J]. 地理学报, 2003, 58 (5)：643-650.

[19] Long H, Tang G, Li X, et al. Socio-economic driving forces of land-use change in Kunshan, the Yangtze River Delta economic area of China [J]. Journal of Environmental Management, 2007, 83 (3)：351-364.

第 4 章 黄淮海平原水资源变化分析

4.1 黄淮海平原水资源量的变化状况

根据黄淮海平原 7 省市水资源公报及统计年鉴数据，分别计算各省市和全区 1980～2015 年和 2011～2015 年两个时间段平均降水量，黄淮海平原七省市近 5 年平均降水量与近 36 年平均降水量相比，都有所下降，其中北京下降了 0.36%，天津下降了 7.40%，河北下降 3.02%，河南下降 11.49%，山东下降 5.79%，安徽下降 3.72%，江苏下降 8.64%，整个黄淮海平原下降了 6.01%（图 4-1）。说明近几年全区的降水形势属于偏平水的状态。这种降水形势能否持续下去，取决于气候变化的程度。但目前最新的相关研究预测，黄淮海平原在未来 30 年将进入一个降水偏丰长期高温的时期[1]。

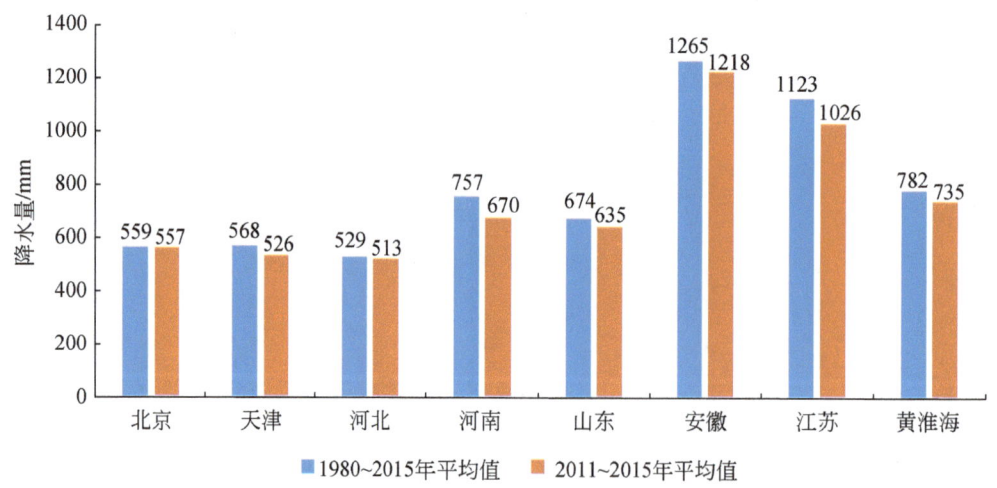

图 4-1 黄淮海平原省市及全区近 36 年（1980～2015 年）平均降水量和近 5 年（2011～2015 年）平均降水量比较

尽管近 36 年的降水量下降幅度不大，但是由于经济快速成长，城市化进程加快，土地利用方式发生了巨大的变化，下垫面情况改变巨大，严重影响了降水所形成的地表水和地下水的数量。黄淮海平原 7 省市和全区的地表水资源形成量下降幅度巨大（图 4-2），其中北京、河北以及河南分别下降了 41.18%、36.84%、39.10%，下降超过三分之一，同时天津下降了 13.33%，山东下降 20.62%，安徽下降 5.62%，江苏下降 5.48%，全区下降 15.90%。

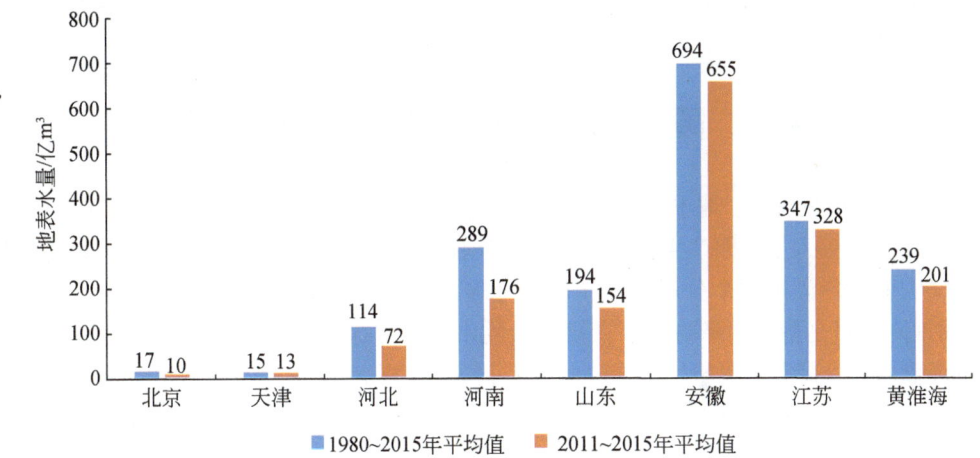

图 4-2 黄淮海平原省市及全区近 36 年（1980~2015 年）平均地表水量和近 5 年（2011~2015 年）平均地表水量比较

总体上，黄淮海平原水资源总量从 1998 年的 2328 亿 m³，下降到 2015 年的 2126.5m³，降幅 8.66%，其中京津冀鲁豫五省市水资源总量从 1998 年的 1212.10 亿 m³，下降到 2015 年的 630.3m³，降幅达 48.0%，将近一半。虽然近几年黄淮海平原降水形势较为平缓，但由于下垫面发生的巨大变化，降雨形成的京津冀鲁豫地区水资源总量却下降了将近一半。由此，农业可以利用的"蓝水"资源受到了极大的限制。同时，人口增长加剧了水资源的紧张。黄淮海平原人均水资源量从 1998 年的 450.2m³，下降到 2015 年的 206.9m³，降幅达 54.04%。耕地平均占有的水资源量，也从 5155.2m³/hm²，下降到 2752.6m³/hm²，降幅达 46.60%（图 4-3），降幅将近一半。

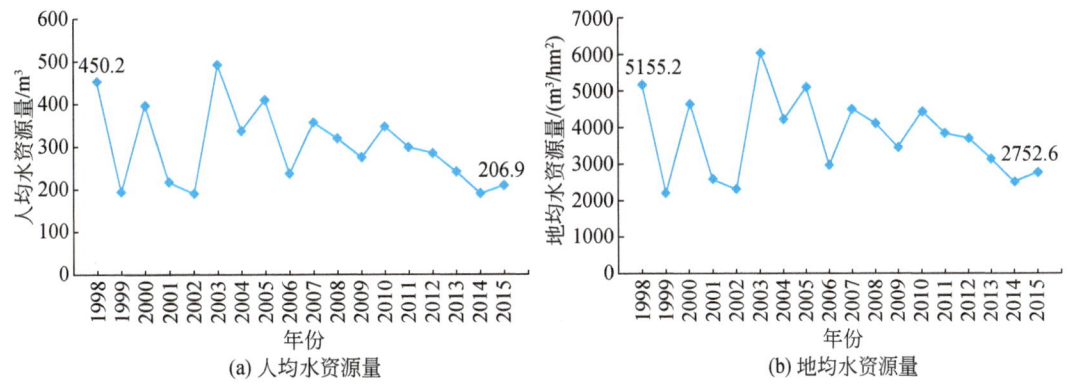

图 4-3 黄淮海平原人均水资源量与地均水资源量变化形势（1998~2015 年）

总体上，黄淮海平原水资源形势较为紧张，在降水量适度增加、水资源量大幅下降、经济快速发展、人口增长的多重因素的综合影响下，黄淮海平原的农业用水形势和水土资源匹配形势都更加严峻。

4.2 黄淮海平原广义农业可用水量

"蓝水"是指在河流、地下含水层、水库和湖泊中储存的水分，主要用于灌溉农业；"绿水"则是由降水渗入土壤而产生、可以被植物吸收利用的水分。绿水构成雨养农业的主要水源。广义农业水资源由两个分量组成，即耕地降水量（绿水分量）和耕地灌溉量（蓝水分量）。耕地降水量是指天然降雨降落在耕地上的水量，即绿水分量；而耕地灌溉量则是耕地接受的灌溉水量，即蓝水分量[2]。

广义农业水资源中包括两个分量，一个是耕地灌溉的"蓝水"分量，另外一个就是耕地降水的"绿水"分量[2,3]。1998~2015 年，黄淮海平原广义农业水资源量的最大值为 3517 亿 m³（2003 年），最小值为 2797 亿 m³（2002 年）。其中，耕地灌溉量最大值为 961 亿 m³（2009 年），最小值为 666 亿 m³（2002 年）；耕地降水量最大值为 2596 亿 m³（2003 年），最小值为 2117 亿 m³（1999 年）。18 年间，广义农业水资源量的平均值为 2293 亿 m³，其中耕地降水平均值为 3148 亿 m³，耕地灌溉平均值为 854 亿 m³（图 4-4）。

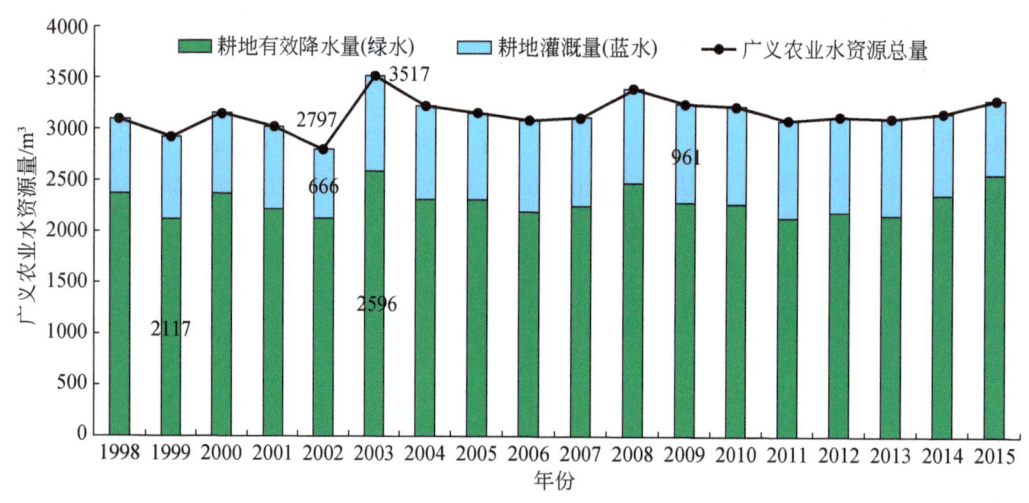

图 4-4 黄淮海平原广义农业水资源量及其分量变化趋势（1998~2015 年）

广义农业可用水资源量中，耕地有效降水量（绿水）占比最大值为 78%（2015 年），耕地灌溉量（蓝水）占比最大值为 31%（2011 年）；耕地有效降水量（绿水）占比最小值为 69%（2011 年），耕地灌溉量（蓝水）占比最小值为 22%（2015 年）（图 4-5）。

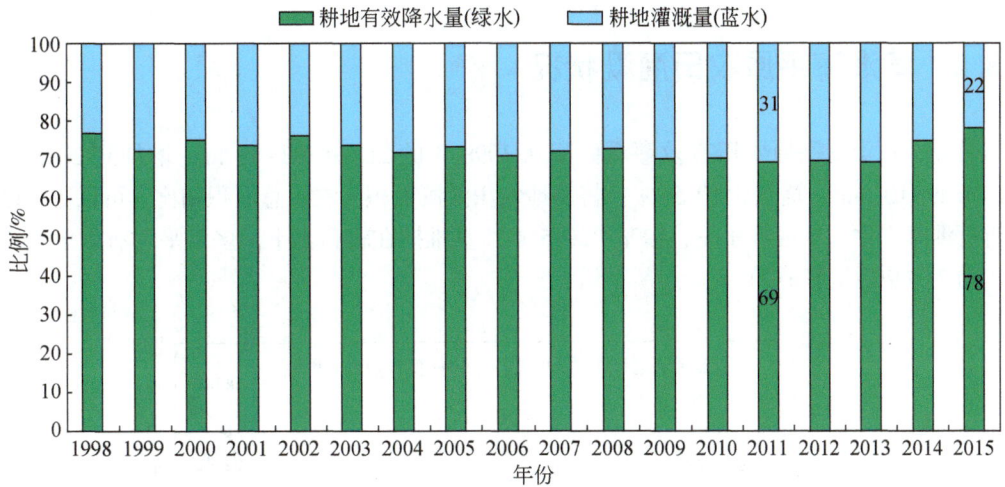

图 4-5 黄淮海平原广义农业可用水资源量中耕地降水"绿水"和耕地灌溉"蓝水"的相对比例（1998~2015 年）

4.3 黄淮海平原农业对水资源的利用变化分析

4.3.1 农业用水总量变化

黄淮海平原农业用水总量从 1998 年的 560 亿 m³ 下降到 2015 年的 423 亿 m³，降幅为 24.46%，占该区域总用水量的比例从 1998 年的 72% 下降到 2015 年的 62%，占全国农业用水量的比例从 1998 年的 15% 下降到 2015 年的 11%（图 4-6）。

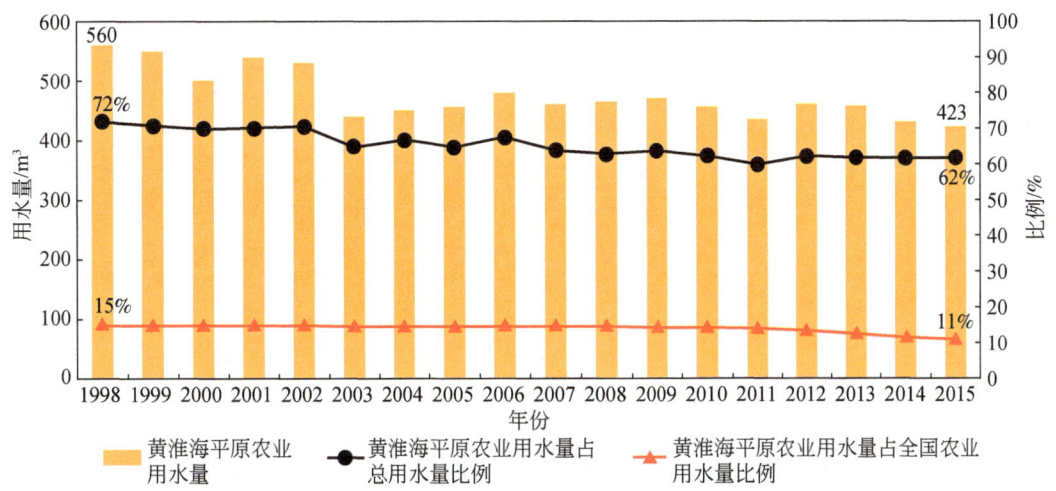

图 4-6 黄淮海平原农业用水量及其占总用水量和全国农业用水总量的比例（1998~2015 年）

4.3.2 黄淮海平原农田灌溉状况

首先，黄淮海平原农田有效灌溉面积从 1998 年的 21 336.02×10³hm² 增加到 2015 年的 23 584.49×10³hm²，增幅达 10.54%；将耕地农田灌溉面积与农田总面积相比，可以更清晰地分析黄淮海平原农田灌溉水平，1998～2015 年一直维持在较高水平，多年平均有效灌溉面积占比为 71.69%（图 4-7）。

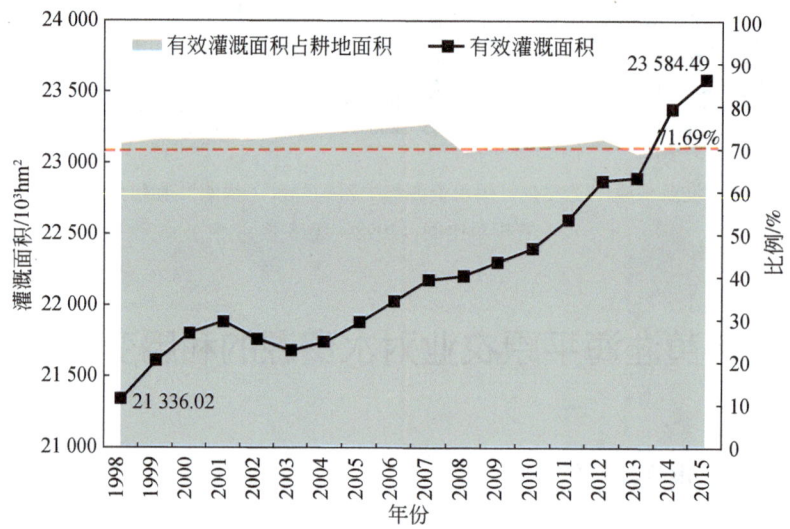

图 4-7 黄淮海平原农田有效灌溉面积及其占耕地面积的比例（1998～2015 年）

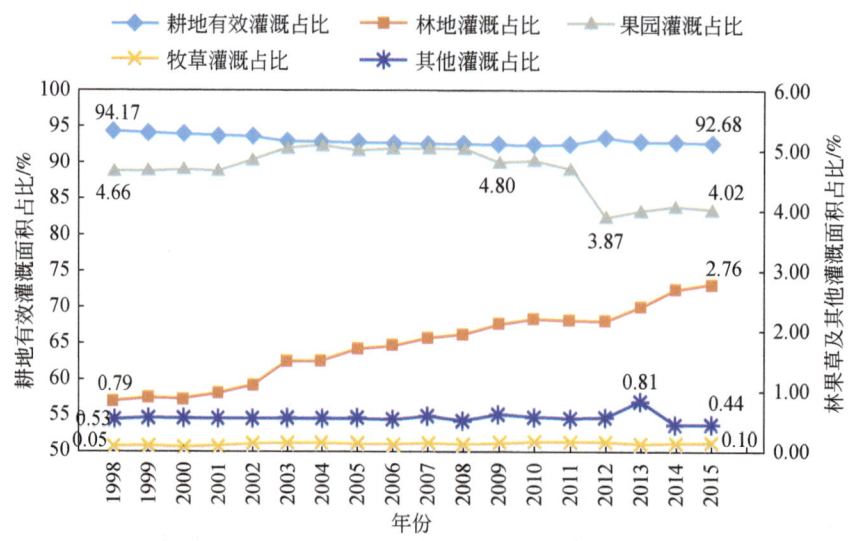

图 4-8 黄淮海平原林地、果园、牧草和其他灌溉占总灌溉面积的比例（1998～2015 年）

其次，在有效灌溉面积中，耕地的有效灌溉占比从1998~2015年虽有下降，但一直位置在90%以上的水平，说明黄淮海平原的有效灌溉面积主要是耕地灌溉；果园与林地的有效灌溉面积占比排在耕地之后，果园有效灌溉面积占总有效灌溉面积的比例从1998年的4.66%降到2015年的4.02%，而林地有效灌溉面积占比从1998年的0.79%增长到2015年的2.76%；牧草与其他类型的有效灌溉面积占比处于较低水平（图4-8）。

4.3.3 黄淮海平原种植结构与耗水总量的变化

通过分析黄淮海平原1985年、1995年、2005年、2015年的作物种植面积（表4-1），发现黄淮海平原蔬菜种植面积由1985年的 $1389\times10^3 hm^2$ 上升至2015年的 $6354\times10^3 hm^2$，增加了三倍之多，最高时达到 $6626\times10^3 hm^2$；其次是果树与玉米的种植面积，分别增加了161.84%以及74.21%，果树种植面积从 $1005\times10^3 hm^2$ 增加到 $2630\times10^3 hm^2$；小麦种植面积在此期间增加了6.33%，从1985年的 $15\,339\times10^3 hm^2$ 增加到 $16\,310\times10^3 hm^2$；而杂粮、棉花、豆类以及油料种植面积在此期间分别减少了86.76%、63.66%、38.76%以及4.97%；总作物种植面积增加了19.80%，从36713千公顷增加至43981千公顷。

表4-1 近30年黄淮海平原作物种植面积　　　　　（单位：$10^3 hm^2$）

年份	小麦	玉米	杂粮	豆类	棉花	油料	蔬菜	果树	合计
1985	15 339	6 538	1 767	2 696	3 696	4 285	1 389	1 005	36 713
1995	15 782	8 324	807	2 262	3 396	4 741	2 974	2 707	40 993
2005	14 563	9 216	324	2 197	3 008	5 228	6 626	2 708	43 870
2015	16 310	11 390	234	1 651	1 340	4 072	6 354	2 630	43 981

从黄淮海平原作物结构上看（表4-2），1985~2015年，以小麦与玉米的种植为主，两者占比一直保持50%以上的水平；但小麦的种植比例由41.78%降低至37.08%，玉米反而从17.81%增加至25.90%。其次，种植结构占比快速增加的还有蔬菜与果树，其中蔬菜种植比例由1985年的3.78%增加至2015年的14.45%，果树种植比例由2.74%增加至2015年的5.98%；另外，杂粮、豆类以及棉花随着时间的推移，降低了种植的比例，分别从1985年的4.81%、7.34%、10.07%降至2015年的0.53%、3.75%、3.05%，油料种植比例的变化幅度不大，一直维持在9%~12%。从以上分析可知，黄淮海平原1985~2015年仍以小麦-玉米种植为主，农作物种植面积也不断增加，其中高耗水的蔬菜与果树无论是在种植面积还是在种植比例上都处于增加趋势，对黄淮海平原的水资源利用提出了挑战。

表4-2 1985~2015年黄淮海平原作物种植结构　　　　　（单位：%）

年份	小麦	玉米	杂粮	豆类	棉花	油料	蔬菜	果树	合计
1985	41.78	17.81	4.81	7.34	10.07	11.67	3.78	2.74	100.00

续表

年份	小麦	玉米	杂粮	豆类	棉花	油料	蔬菜	果树	合计
1995	38.50	20.31	1.97	5.52	8.28	11.57	7.25	6.60	100.00
2005	33.20	21.01	0.74	5.01	6.86	11.91	15.10	6.17	100.00
2015	37.08	25.90	0.53	3.75	3.05	9.26	14.45	5.98	100.00

作物生产耗水量是指粮食作物经济产量形成过程中消耗的实际蒸散量[2]。基于之前的分析，分别选取了小麦、玉米、蔬菜及油料等主要的种植作物，通过文献梳理分别得到区域作物的水分生产率，其中小麦的水分生产率为 $1.38kg/m^3$[4]，玉米的水分生产率为 $3.26kg/m^3$[4]，油料的水分生产率为 $2.33kg/m^3$[5]，蔬菜的水分生产率为 $5.88kg/m^3$[6]。基于 2011~2015 年作物的产量及水分生产率计算这四种作物的耗水量（图 4-9），可以看到，由于蔬菜的产量从 2011 年 30 804 万 t，增加至 2015 年的 34 930 万 t，耗水量从 2011 年的 524 亿 m^3 增加至 2015 年的 594 亿 m^3，增幅为 13.36%，是耗水量增幅最高的作物；其次小麦的增产从 2011 年的 8824 万 t 增加至 2015 年的 9939 万 t，耗水量也从 2011 年的 639 亿 m^3 增加至 2015 年的 720 亿 m^3，耗水量增幅为 12.68%；最后是玉米与油料，产量分别增加了 392 万 t、72 万 t，耗水量增加了 12 亿 m^3 和 3 亿 m^3。从四种作物耗水量综合来说，2011 年四种作物总耗水量为 1409 亿 m^3，2015 年总耗水量为 1575 亿 m^3，耗水量增幅为 11.78%。

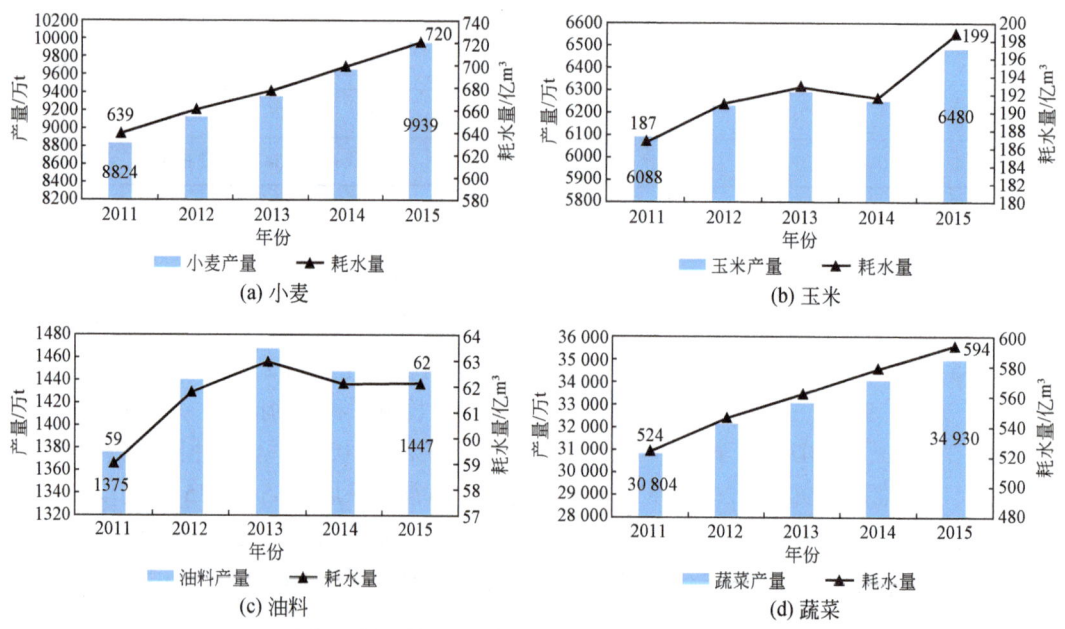

图 4-9 黄淮海平原四大作物总产和耗水量之间的关系（2011~2015 年）

4.4 黄淮海平原地下水时空变化分析

4.4.1 黄淮海平原地下水资源概况

地下水是全球主要的淡水资源之一，尤其对于经济快速发展的发展中国家[7]。中国用世界上5%～7%的淡水资源生产了全球23%的粮食并养活了全球22%的人口，其中大部分的贡献来自于地下水[8]。据统计，中国每年农业生产缺水300亿m^3[9]，其中黄淮海平原——中国最重要的粮食主产区，其地下水位正在以惊人的速度下降，已经成为世界上最大的"漏斗区"（漏斗区面积为73 288km^2，约占黄淮海平原总面积的52.6%）。黄淮海平原的耕地面积约占全国耕地总面积的16.04%，而水资源仅占全国的7.7%，其缺水的严重性居全国之首。20世纪80年代以来黄淮海平原持续干旱少雨，地表水源严重不足，使黄淮海平原地下水超采十分严重。目前黄淮海平原75%以上的用水需求靠地下水支撑，地下水位埋深正在以惊人的速度下降[10]。

黄淮海平原地下水位快速下降的问题已经引发了全球相关学者的关注，其中一些研究在该区域的部分地区展开了对于地下水位下降速度的估算[11-13]，也有一些研究从水文地质的角度探讨了地下水下降的机理[14,15]，还有一些研究表明黄淮海平原的地下水问题或将威胁中国乃至世界的粮食安全[16]。然而，尽管这些研究探讨了黄淮海平原部分地区地下水消耗的速度并研究了水位变化的驱动力，但是就黄淮海平原来说仍缺乏一个整体的地下水位埋深下降速度和过程的分析与估算，而这恰恰是该区域水土资源利用存在的问题的根本及未来耕地利用方式调整对策的基础。因此，本章将系统地展示黄淮海平原1980年以来在农业集约利用背景下的地下水位埋深的变化过程，并分别对浅层地下水位和深层地下水位下降速度的时空分布进行了计算，讨论区域地下水消耗和粮食增长之间的定量关系，旨在为以"遏制地下水资源持续超采"的耕地休养生息战略的布局提供夯实的科学基础。

4.4.2 黄淮海平原地下水时空变化特征

(1) 黄淮海平原地下水时空变化分析方法

对于黄淮海平原，并没有公开公布的就整个研究区的地下水位长期监测数据或地下水资源评价的数据和资料，因此我们尽可能地收集在黄淮海平原内不同来源、不同尺度的涉及地下水位变化的书籍、文献、政府公开报告及各类网络资料。具体来看，本节内容涉及的地下水位下降速度、水文地质参数、地下水资源消耗程度、不同作物的灌溉需水量、径流量等数据主要来源于以下途径：①期刊、报纸、出版物、数据库中所有涉及黄淮海平原内不同空间尺度的地下水位下降速度的论文、会议报告、报纸、学位论文等（表4-3）；

②国家、省级、市级和县域一级的水利管理部门和水文地质管理部门的报告、网站数据；③来自黄河、淮河和海河的年度水资源公报；④来自世界银行关于中国水资源短缺和地下水问题的文章与报告。由此，我们共获得了黄淮海平原内关于浅层地下水和深层地下水下降速度的265个样本点，分析其1980年以来的时空变化规律[17]。

本节将不同数据源收集到的地下水位埋深下降的数据分为浅层地下水和深层地下水，按照线性变化方法处理为年均下降速度并录入数据库；接着，将标准化后的地下水位下降速度样本点按照经纬度导入ArcGIS中并建立关联表；然后，基于1km网格的空间尺度分别将浅层地下水位、深层地下水位下降的点数据进行Kriging空间插值的得空区域空间分布；最后，按照不同亚区统计获得黄淮海平原内的地下水位下降速度和地下水资源量消耗程度结果。

表4-3 不同空间尺度的地下水下降速度相关文献

序号	作者	区域	时段	地下水速率/(m/a) 浅层	地下水速率/(m/a) 深层	来源	详细信息[年份、卷(期)、页码]
1	范庆莲等	北京市	1980~2005年	0.52		水资源	2009,1:15-15
2	杨忠山等	北京市	1986~2009年	0.87		水资源	2010,19:52-53
3	任志远	北京市门头沟区	1970~2003年	0.61		学位论文	2003,14-18
4	任志远	北京市丰台区	1970~2003年	0.61		学位论文	2003,14-18
5	任志远	北京市大兴县(现大兴区)采育镇	1970~2003年	0.39		学位论文	2003,14-18
6	任志远	北京市通县(现通州区)凤河营	1970~2003年	0.36		学位论文	2003,14-18
7	任志远	北京市大兴县(现大兴区)采育镇	1980~2000年	0.4		学位论文	2003,14-18
8	任志远	北京市密云县(现密云区)	1980~2000年	0.4		学位论文	2003,14-18
9	任志远	北京市怀柔县(现怀柔区)	1980~2000年	0.4		学位论文	2003,14-18
10	任志远	北京市顺义县(现顺义区)	1980~2000年	0.4		学位论文	2003,14-18
11	任志远	北京市	1960~2002年		0.48	学位论文	2003,14
12	杨丽芝	天津市	1980~2005年		1	学位论文	2009,45
13	杨丽芝	天津市武清县(现武清区)	1980~2005年		2	学位论文	2009,45

续表

序号	作者	区域	时段	地下水速率/(m/a)		来源	详细信息[年份、卷(期)、页码]
				浅层	深层		
14	杨丽芝	天津市静海县(现静海区)	1980~2005年		2.2	学位论文	2009,45
15	王家兵	天津市	1979~2000年		0.62	学位论文	2006,36
16	田宝柱等	天津市宁河县(现宁河区)	2000~2006年		1.12	金属矿藏	2011,419(5):102
17	杨丽芝	河北省涿州市	1980~2005年		0.8	学位论文	2009,45
18	杨丽芝	河北省保定市	1980~2005年		0.64	学位论文	2009,45
19	刘志国	河北省保定市	1975~2000年		0.7	学位论文	2007,29-32
20	安波和宋中海	河北省保定市	1975~2000年		0.84	海河水利	2004,3:15-14
21	安波和宋中海	河北省保定市满城县(现满城区)	1975~2000年		1.01	海河水利	2004,3:15-14
22	汪丙国	河北省保定市	1975~2000年	0.4		学位论文	2008,2
23	安波	河北省保定市	1975~2008年	0.15		地下水	2010,32(5):42-43
24	安波和宋中海	河北省保定市	1980~2000年		0.5	海河水利	2004,3:15-14
25	吴凯等	河北省保定市	1964~1998年	0.87		地理科学进展	2000,19(2):136-138
26	吴凯等	河北省定州市	1964~1998年	0.13		地理科学进展	2000,19(2):136-138
27	吴凯等	河北省涿州市	1964~1998年	0.11		地理科学进展	2000,19(2):136-138
28	杨丽芝	河北省保定市安国市	1980~2005年		0.76	学位论文	2009:45-65
29	刘志国	河北省保定市高阳县	1975~2000年		1.4	学位论文	2007,29-32
30	费宇红	河北省保定市高阳县	1975~2004年	1.12		学位论文	2006,74
31	安波和宋中海	河北省保定市高阳县	1980~2000年		1.78	海河水利	2004,3:15-14
32	刘志国	河北省保定市蠡县	1975~2001年		1.4	学位论文	2007,29-32
33	费宇红	河北省保定市蠡县	1975~2004年	1.12		学位论文	2006,74
34	安波和宋中海	河北省保定市蠡县	1980~2000年		1.78	海河水利	2004,3:15-14
35	刘志国	河北省保定市清苑县(现清苑区)	1975~2002年		1.4	学位论文	2007:29-32
36	费宇红	河北省保定市清苑县(现清苑区)	1975~2004年	1.12		学位论文	2006:74

续表

序号	作者	区域	时段	地下水速率/(m/a) 浅层	地下水速率/(m/a) 深层	来源	详细信息[年份、卷(期)、页码]
37	安波和宋中海	河北省保定市清苑县(现清苑区)	1980~2000年		1.78	海河水利	2004,3:15-14
38	何平	河北省雄县	1985~1999年	0.52		地下水	2009,31(4):59-60
39	汪丙国	河北省秦皇岛市	1975~2000年	0.08		学位论文	2008,2
40	孟凡杰	河北省秦皇岛市	1995~2002年		0	海洋地质前沿	2004,20(12):22-25
41	孟凡杰	河北省秦皇岛市昌黎县	1995~2002年		0.25	海洋地质前沿	2004,20(12):22-25
42	孟凡杰	河北省秦皇岛市抚宁县(现抚宁区)	1995~2002年		0.24	海洋地质前沿	2004,20(12):22-25
43	汪丙国	河北省唐山市	1975~2000年	0.21		学位论文	2008,2
44	赵宏亮和李志军	河北省唐山市	1996~2003年	0.41		河北煤炭	2009,2:19
45	宋利震等	河北省唐山市	1986~2009年	0.44	1.04	地下水	2010,32(6):107
46	孙晓明	河北省唐山市	1975~2000年		0.86	学位论文	2007,30-32
47	孙晓明	河北省沧州市盐山县山前平原	1975~2000年		0.69	学位论文	2007,30-32
48	孙晓明	黄淮海冲积平原	1975~2000年		1.39	学位论文	2007,30-32
49	田宝柱等	河北省唐山市唐海县(现曹妃甸区)	2000~2006年		1.12	金属矿山	2011,419(5):102
50	田宝柱等	河北省唐山市乐亭县	2000~2006年		1.12	金属矿山	2011,419(5):102
51	田宝柱等	河北省唐山市滦南县	2000~2006年		1.12	金属矿山	2011,419(5):102
52	田宝柱等	河北省唐山市滦县(现滦州市)	2000~2006年		1.12	金属矿山	2011,419(5):102
53	刘花台等	河北省唐山市县(现丰润区)	1991~2000年	0.95		勘察科学技术	2002,6:18-20
54	刘花台等	河北省唐山市丰南县(现丰南区)	1991~2000年	0.08		勘察科学技术	2002,6:18-20
55	田宝柱等	河北省唐山市丰南县(现丰南区)	2000~2006年		0.97	金属矿山	2011,419(5):102
56	刘花台等	唐山平原	1991~2000年	0.44	0.43	勘察科学技术	2002,6:18-20
57	刘花台等	河北省唐山市丰南县(现丰南区)南部	1991~2000年	0.2	0.43	勘察科学技术	2002,6:18-20

续表

序号	作者	区域	时段	地下水速率/(m/a) 浅层	地下水速率/(m/a) 深层	来源	详细信息[年份、卷(期)、页码]
58	刘花台等	河北省唐山市唐海县（现曹妃甸区）	1991~2000年	0.2	0.43	勘察科学技术	2002,6:18-20
59	杨丽芝	河北省廊坊市	1980~2005年		1.4	学位论文	2009,45-65
60	齐兵	河北省廊坊市	1999~2008年		1	地下水	2010,32(3):38
61	汪丙国	河北省廊坊市	1975~2000年	0.25		学位论文	2008,2
62	孙晓明	河北省廊坊市	1975~2000年		1.24	学位论文	2007,30-32
63	何平	河北省廊坊市	1999~2005年		0.63	地下水	2009,31(4):59-60
64	张广生	河北省廊坊市三河市	1986~2006年	0.56		地下水	2008,30(4):52
65	张广生	河北省廊坊市永清县	1986~2006年	0.56		地下水	2008,30(4):52
66	张广生	河北省廊坊市固安县	1986~2006年	0.56		地下水	2008,30(4):52
67	张广生	河北省廊坊市霸县（现霸州市）	1986~2006年	0.56		地下水	2008,30(4):52
68	杨丽芝	河北省廊坊市霸县（现霸州市）	1980~2005年		1.2	学位论文	2009,45-65
69	刘志国	河北省廊坊市霸县（现霸州市）	1975~1995年		0.73	学位论文	2007,29-32
70	何平	河北省廊坊市霸县（现霸州市）	1985~1999年	0.52		地下水	2009,31(4):59-60
71	何平	河北省廊坊市固安县	1985~1999年	0.52		地下水	2009,31(4):59-60
72	何平	河北省廊坊市永清县	1985~1999年	0.52		地下水	2009,31(4):59-60
73	何平	河北省廊坊市大城县	1985~1999年	0.52	1.82	地下水	2009,31(4):59-60
74	何平	河北省廊坊市文安县	1985~1999年	0.52	1.82	地下水	2009,31(4):59-60
75	杨丽芝	河北省沧州市河间市	1980~2005年		1.48	学位论文	2009,45-65
76	史洪飞等	河北省沧州市河间市	1980~2002年		1	南水北调与水利科技	2008,6(6):72-73
77	史洪飞等	河北省沧州市河间市	1980~2002年		1.36	南水北调与水利科技	2008,6(6):72-73
78	史洪飞等	河北省沧州市河间市	1980~2002年		1.55	南水北调与水利科技	2008,6(6):72-73

续表

序号	作者	区域	时段	地下水速率/(m/a) 浅层	地下水速率/(m/a) 深层	来源	详细信息[年份、卷(期)、页码]
79	史洪飞等	河北省沧州市河间市	1985~2002年	0.65		南水北调与水利科技	2008,6(6):72-73
80	史洪飞等	河北省沧州市沧县	1985~2002年		1.82	南水北调与水利科技	2008,6(6):72-73
81	杨丽芝	河北省沧州市	1980~2005年		2.4	学位论文	2009,45-65
82	刘志国	河北省沧州市	1975~1995年		1.99	学位论文	2006,74
83	孙晓明	河北省沧州市	1975~2000年		1.84	学位论文	2007,30-32
84	费宇红	河北省沧州市	1958~2004年	0.04	1.84	学位论文	2006,74
85	汪内国	河北省沧州市	1975~2000年	0.24		学位论文	2008,2
86	史洪飞等	河北省沧州市	1985~2002年		1.32	南水北调与水利科技	2008,6(6):72-73
87	吕庆玉和熊孟琴	河北省沧州市	1990~2008年		0.45	地下水	2011,33(1):46
88	史洪飞等	广东省广州市	1976~2005年	0.19		南水北调与水利科技	2008,6(6):72-73
89	杨丽芝	河北省沧州市黄骅市	1980~2005年		1.6	学位论文	2009,45-65
90	史洪飞等	河北省沧州市黄骅市	1980~2002年		0.68	南水北调与水利科技	2008,6(6):72-73
91	史洪飞等	河北省沧州市黄骅市	1980~2002年		0.45	南水北调与水利科技	2008,6(6):72-73
92	杨丽芝	河北省沧州市盐山县	1980~2005年		1.6	学位论文	2009,45-65
93	杨丽芝	河北省泊头市	1980~2005年		1.6	学位论文	2009,45-65
94	刘志国	河北省任丘市	1975~1995年		2.1	学位论文	2007,29-32
95	沧州	河北省任丘市	1997~2010年		0.53	学位论文	
96	史洪飞等	河北省任丘市	1985~2002年	0.41		南水北调与水利科技	2008,6(6):72-73
97	刘志国	河北省沧州市青县	1975~1995年		2.89	学位论文	2007,29-32
98	刘志国	河北省沧州市青县	1997~2010年		0.61	学位论文	2007,29-32
99	沧州	河北省沧州市肃宁县	1997~2010年		0.85		
100	史洪飞等	河北省沧州市肃宁县	1980~2002年		1	南水北调与水利科技	2008,6(6):72-73

续表

序号	作者	区域	时段	地下水速率/(m/a) 浅层	地下水速率/(m/a) 深层	来源	详细信息[年份、卷(期)、页码]
101	史洪飞等	河北省沧州市肃宁县	1985~2002年	0.59		南水北调与水利科技	2008,6(6):72-73
102	史洪飞等	河北省沧州市肃宁县	1980~2002年	0.45		南水北调与水利科技	2008,6(6):72-73
103	沧州	河北省沧州市献县	1997~2010年		0.61		
104	史洪飞等	河北省沧州市献县	1980~2002年	0.23		南水北调与水利科技	2008,6(6):72-73
105	史洪飞等	河北省沧州市献县	1980~2002年	0.23		南水北调与水利科技	2008,6(6):72-73
106	史洪飞等	河北省沧州市献县	1980~2002年	0.32		南水北调与水利科技	2008,6(6):72-73
107	杨丽芝	河北省石家庄市	1980~2005年		1.2	学位论文	2009,45-65
108	费宇红	河北省石家庄市	1975~2000年	0.58	0.84	学位论文	2006,94
109	吴凯等	河北省石家庄市	1964~1998年	1.07		地理科学进展	2000,19(2):136-138
110	吴凯等	河北省石家庄市高邑县	1964~1998年	1.04		地理科学进展	2000,19(2):136-138
111	杨丽芝	河北省辛集市	1980~2005年		1.08	学位论文	2009,45-65
112	毛学森等	河北省石家庄市栾城县(现栾城区)	1989~1999年	0.83		水土保持研究	2001,8(1):148
113	汪丙国	河北省石家庄市	1975~2000年	0.7		学位论文	2008,2
114	刘中培	河北省石家庄市	1981~2000年	0.84		学位论文	2010,34
115	刘志国	河北省石家庄市	1975~2000年		1.08	学位论文	2007,29-32
116	费宇红	河北省石家庄市	1965~2005年	1.12		学位论文	2006,74
117	费宇红	河北省石家庄市鹿泉市(现鹿泉区)	1980~2004年		0.77	学位论文	2006,94
118	杨丽芝	河北省石家庄市	1980~2005年		2.8	学位论文	2009,45-65
119	汪丙国	河北省衡水市	1975~2000年	0.34		学位论文	2008,2
120	张彦增	河北省衡水市	1980~2003年	0.33		地下水	2006,28(2):22
121	王秀艳等	河北省衡水市衡水县(现桃城区)	1970~2005年	0	2.28	地球科学进展	2006,21(4):421
122	王秀艳等	河北省衡水市故城县	1970~2005年	0.49	1.86	地球科学进展	2006,21(4):421

续表

序号	作者	区域	时段	地下水速率/(m/a) 浅层	地下水速率/(m/a) 深层	来源	详细信息[年份、卷(期)、页码]
123	王秀艳等	河北省衡水市阜城县	1970~2005年	0.23	2.43	地球科学进展	2006,21(4):421
124	王秀艳等	河北省深州市	1970~2005年	0.49	1.86	地球科学进展	2006,21(4):421
125	付学功	河北省衡水市	1975~1996年		2.08	水资源保护	2001,63(1):24
126	刘志国	河北省衡水市	1975~1995年		2.18	学位论文	2007,29-32
127	费宇红	河北省衡水市冀县(现冀州区)	1958~2004年		1.69	学位论文	2006,70
128	孙晓明	河北省衡水市冀县(现冀州区)	1958~2004年		1.22	学位论文	2007,30-32
129	费宇红	河北省衡水市饶阳县	1958~2004年		1.69	学位论文	2006,70
130	孙晓明	河北省衡水市饶阳县	1958~2004年		1.22	学位论文	2007,30-32
131	费宇红	河北省衡水市	1958~2004年		1.69	学位论文	2006,70
132	孙晓明	河北省衡水市	1958~2004年		1.22	学位论文	2007,30-32
133	费宇红	河北省衡水市	1975~2000年	0.11	1.56	学位论文	2006,70
134	费宇红	河北省衡水市衡水县(现桃城区)	1970~2004年	0.4		学位论文	2006,74
135	李秀丽	新泰平原	1980~2000年	0.58		地下水	2009,31(5):41
136	杨丽芝	河北省南宫市	1980~2005年		2.6	学位论文	2009,45-65
137	刘志国	河北省南宫市	1975~1995年		2.03	学位论文	2007,29-32
138	李秀丽	河北省南宫市	1982~2007年		1.68	地下水	2009,31(5):41
139	李秀丽	河北省邢台市巨鹿县	1982~2007年		1.68	地下水	2009,31(5):41
140	李秀丽	河北省邯郸市魏县	1982~2007年		1.68	地下水	2009,31(5):41
141	汪丙国	新泰平原	1980~2000年	0.42		学位论文	2008,2
142	李秀丽	新泰平原	1985~2007年	0.89	0.78	地下水	2009,31(5):41
143	吴凯等	山东省新泰市	1964~1998年	1.51		地理科学进展	2000,19(2):136-138
144	吴凯等	河北省邢台市临城县	1964~1998年	0.98		地理科学进展	2000,19(2):136-138
145	刘志国	河北省邢台市宁晋县	1975~2000年		1.87	学位论文	2007,29-32
146	费宇红	河北省邢台市宁晋县	1958~2004年	1.32		学位论文	2006,70
147	李秀丽	河北省邢台市宁晋县	1982~2007年	1.6		地下水	2009,31(5):41

续表

序号	作者	区域	时段	地下水速率/(m/a)		来源	详细信息[年份、卷(期)、页码]
				浅层	深层		
148	刘志国	河北省邢台市柏乡县	1975~2000年		1.87	学位论文	2007,29-32
149	费宇红	河北省邢台市柏乡县	1958~2004年	1.32		学位论文	2006,70
150	李秀丽	河北省邢台市柏乡县	1982~2007年	1.6		地下水	2009,31(5):41
151	刘志国	河北省邢台市隆尧县	1975~2000年		1.87	学位论文	2007,29-32
152	费宇红	河北省邢台市隆尧县	1958~2004年	1.32		学位论文	2006,70
153	李秀丽	河北省邢台市隆尧县	1982~2007年	1.6		地下水	2009,31(5):41
154	王娟等	滏西平原	1985~2007年	0.95		湖南师范大学学报（自然科学版）	2009,32(4):104-107
155	王娟等	河北省邢台市隆尧县	1985~2007年	0.95		湖南师范大学学报（自然科学版）	2009,32(4):104-107
156	王娟等	山东省滨州市博乡县	1985~2007年	0.95		湖南师范大学学报（自然科学版）	2009,32(4):104-107
157	王娟等	河北省邢台市任县	1985~2007年	0.95		湖南师范大学学报（自然科学版）	2009,32(4):104-107
158	王娟等	河北省南和县	1985~2007年	0.95		湖南师范大学学报（自然科学版）	2009,32(4):104-107
159	王娟等	滏西平原	1985~2007年	0.95		湖南师范大学学报（自然科学版）	2009,32(4):104-107
160	王娟等	河北省邢台市临西县	1985~2007年		0.86	湖南师范大学学报（自然科学版）	2009,32(4):104-107
161	王娟等	河北省邢台市清河县	1985~2007年		0.86	湖南师范大学学报（自然科学版）	2009,32(4):104-107

续表

序号	作者	区域	时段	地下水速率/(m/a) 浅层	地下水速率/(m/a) 深层	来源	详细信息[年份、卷(期)、页码]
162	王娟等	河北省邯郸市魏县	1985~2007年		0.86	湖南师范大学学报(自然科学版)	2009,32(4):104-107
163	王娟等	河北省邢台市广宗县	1985~2007年		0.86	湖南师范大学学报(自然科学版)	2009,32(4):104-107
164	王娟等	河北省邢台市宁晋县	1985~2007年		0.86	湖南师范大学学报(自然科学版)	2009,32(4):104-107
165	王娟等	河北省邢台市巨鹿县	1985~2007年	0.59		湖南师范大学学报(自然科学版)	2009,32(4):104-107
166	王娟等	河北省邢台市新河县	1985~2007年	0.59		湖南师范大学学报(自然科学版)	2009,32(4):104-107
167	王娟等	河北省南宫市	1985~2007年	0.59		湖南师范大学学报(自然科学版)	2009,32(4):104-107
168	周尽忠等	邯郸平原	1998~2008年		1	河南水利与南水北调	2011,(2):8
169	郑艳军	河北省邯郸市	1980~2008年	0.52		地下水	2010,32(1):71-72
170	郑艳军	滏西平原	1980~2008年	0.46		地下水	2010,32(1):71-72
171	郑艳军	黑龙港平原	1980~2008年	0.41		地下水	2010,32(1):71-72
172	郑艳军	漳卫河平原	1980~2008年	0.52		地下水	2010,32(1):71-72
173	郑艳军	马家河平原	1980~2008年	0.6		地下水	2010,32(1):71-72
174	杨丽芝	河北省邯郸市	1980~2005年		2	学位论文	2009,45-65
175	吴凯等	河北省邯郸市	1964~1998年	0.71		地理科学进展	2000,19(2):136-138
176	吴凯等	河北省邯郸市县(现永年区)	1964~1998年	0.92		地理科学进展	2000,19(2):136-138.
177	张彦宏	河北省邯郸市	1990~2001年		1.9	河北省水利科技	2003,S1:34
178	汪丙国	河北省邯郸市	1975~2000年	0.61		学位论文	2008,2

续表

序号	作者	区域	时段	地下水速率/(m/a) 浅层	地下水速率/(m/a) 深层	来源	详细信息[年份、卷(期)、页码]
179	刘志国	河南省曲周县	1975~1995年		1.51	学位论文	2007,29-32
180	高淑琴	河南省郑州市	1987~2005年		0.94	学位论文	2008,36
181	高淑琴	河南省郑州市	1980~1995年	0.6		学位论文	2008,36
182	邱东方等	河南省郑州市	2005~2009年		0.54	地下水	2009,31(1):49-50
183	高淑琴	河南省安阳市	1999~2004年	0.58		学位论文	2008,46
184	冯彦斌等	河南省安阳市	1979~1988年	0.5		河南地质	1992,10(1):62-62
185	苗晋祥	河南省安阳市	1986~2009年		1	南水北调与水利科技	2010,18(6):21-22
186	杨丽芝	河南省濮阳市	1980~2005年		0.64	学位论文	2009,45-65
187	高淑琴	河南省濮阳市	1999~2004年	0.58		学位论文	2008,2
188	李坷凌等	河南省濮阳市	1990~2000年	0.46		水文地质工程地质	2004,1:79
189	高淑琴	河南省濮阳市南乐县	1970~2007年	0.6	0.48	学位论文	2008,2,36
190	高淑琴	河南省濮阳市清丰县	1970~2007年	0.6	0.48	学位论文	2008,2,36
191	高淑琴	河南省安阳市内黄县	1970~1995年	0.6		学位论文	2008,36
192	高淑琴	河南省安阳市滑县	1970~1995年	0.6		学位论文	2008,36
193	高淑琴	河南省孟州市	1970~1995年	0.6		学位论文	2008,36
194	高淑琴	河南省郑州市	1970~1995年	0.6		学位论文	2008,36
195	高淑琴	河南省鹤岗市	1999~2004年	0.58		学位论文	2008,36
196	高淑琴	河南省焦作市温县	1999~2004年	0.6		学位论文	2008,36
197	高淑琴	河南省孟州市	1999~2004年	0.6		学位论文	2008,36
198	高淑琴	河南省焦作市武涉县	1999~2004年	0.6		学位论文	2008,36
199	高淑琴	河南省新乡市	1985~1998年	0.2		学位论文	2008,36
200	高淑琴	河南省驻马店市	1985~1998年	0		学位论文	2008,36
201	孙志卿等	河南省驻马店市	1979~1988年	0.05		河南地质	1998,16(4):287-289
202	高淑琴	河南省周口市西华县	1985~1998年	0		学位论文	2008,36
203	高淑琴	河南省周口市扶沟县	1995~1998年	0		学位论文	2008,36
204	秦建荣等	河南省新乡市	1979~1988年	0.3		南水北调与水利科技	2008,12:16

续表

序号	作者	区域	时段	地下水速率/(m/a) 浅层	地下水速率/(m/a) 深层	来源	详细信息[年份、卷(期)、页码]
205	秦建荣等	河南省新乡市	2005~2007年	0.5		南水北调与水利科技	2008,12:16
206	秦建荣等	河南省焦作市	1979~1988年	0.3		南水北调与水利科技	2008,12:16
207	秦建荣等	河南省开封市	1979~1988年	0.2		南水北调与水利科技	2008,12:16
208	秦建荣等	河南省郑州市	1979~1988年	0.2		南水北调与水利科技	2008,12:16
209	秦建荣等	河南省商丘市	1979~1988年	0.1		南水北调与水利科技	2008,12:16
210	夏晶等	河南省商丘市	1991~2007年	0.12		生态学报	2010,30(16):4408-4415
211	夏晶等	河南省永城市	1991~2007年	0.1		生态学报	2010,30(16):4408-4415
212	夏晶等	河南省商丘市民权县	1991~2007年	0.1		生态学报	2010,30(16):4408-4415
213	孙志卿等	河南省周口市	1979~1988年	0.1		河南-地质	1998,16(4):287-289
214	孙志卿等	河南省许昌市	1979~1988年	0.1		河南-地质	1998,16(4):287-289
215	孙志卿等	河南省平顶山市	1979~1988年	0.1		河南-地质	1998,16(4):287-289
216	孙志卿等	河南省信阳市	1979-1988年	0		河南-地质	1998,16(4):287-289
217	夏晶等	河南省商丘市	1991~2005年	0.13		生态学报	2010,30(16):4408-4415
218	夏晶等	河南省商丘市民权县	1991~2007年	0.04		生态学报	2010,30(16):4408-4415
219	夏晶等	河南省永城市	1991~2005年	0.09		生态学报	2010,30(16):4408-4415
220	杨丽芝	山东省德州市	1980~2005年		2.48	学位论文	2009,45-65
221	杨丽芝	山东省德州市	1975~2008年		2.85	学位论文	2009,45-65

续表

序号	作者	区域	时段	地下水速率/(m/a) 浅层	地下水速率/(m/a) 深层	来源	详细信息[年份、卷(期)、页码]
222	张缨等	山东省宁津县	1985~2001年	0.45		水资源保护	2003,4:14
223	杨丽芝	山东省德州市陵城区	1975~2008年		1.85	学位论文	2009,45-65
224	杨丽芝	山东省临沂市	1975~2008年		1.95	学位论文	2009,45-65
225	杨丽芝	山东省滨州市	1980~2005年		1.6	学位论文	2009,45-65
226	杨丽芝	山东省聊城市	1980~2005年		1.4	学位论文	2009,45-65
227	杨丽芝	山东省济南市	1980~2005年		0.68	学位论文	2009,45-65
228	张美英等	山东省东营市	2000~2008年	0.68	0	山东水利	2010,1-2:40-42
229	张美英等	山东省东营市广饶县	2000~2008年	0	0.68	山东水利	2010,1-2:40-42
230	张美英等	山东省东营市垦利区	2000~2008年	0		山东水利	2010,1-2:40-42
231	于昌江等	山东省菏泽市	1975~1999年	0.05		山东水利	2001,4:14
232	乔光和林红娟	山东省菏泽市	1990~2003年		0.82	山东水利	2006,8:100
233	吴传贵等	山东省聊城市	1980~2002年	0.19		地下水	2005,27(2):99-101
234	姜文明	山东省潍坊市	1976~1986年	0.5		中国人口·资源与环境	1990(1):53-59
235	姜文明	山东省寿光市	1976~1986年		0.84	中国人口·资源与环境	1990(1):53-59
236	姜文明	山东省潍坊市	1976~1986年		1.78	中国人口·资源与环境	1990(1):53-59
237	姜文明	山东省潍坊市寒亭区	1976~1986年		0.47	中国人口·资源与环境	1990(1):53-59
238	姜文明	山东省昌邑市	1976~1986年		0.56	中国人口·资源与环境	1990(1):53-59
239	隋伟等	潍坊市中部山前平原区	1980~2007年	0.34		地下水	2010,32(3):51
240	隋伟等	山东省潍坊市昌邑市	1980~2007年	0.97		地下水	2010,32(3):51
241	隋伟等	山东省潍坊市	1980~2007年		1.12	地下水	2010,32(3):51
242	刘静等	山东省滨州市惠民县	1991~2006年	0.03		人民黄河	2011,33(1):84
243	刘静等	山东省滨州市沾化区	1991~2006年	0.01		人民黄河	2011,33(1):84
244	周念清	江苏省徐州市丰县	1994~1998年	0.26		学位论文	2001,74

续表

序号	作者	区域	时段	地下水速率/(m/a) 浅层	地下水速率/(m/a) 深层	来源	详细信息[年份、卷(期)、页码]
245	周念清	江苏省徐州市沛县	1994~1998年		0.26	学位论文	2001,74
246	周念清等	江苏省宿迁市	1970~1996年	0.29		水文地质和工程地质	2000,6:10-11
247	凌家荣等	江苏省盐城市	1991~1995年		0.5	水利水电科技进展	2000,20(3):48
248	王滨等	江苏省徐州市	1981~2001年		1.45	地球与环境	2009,37(4):406
249	胡巍巍等	安徽省淮北市	1980~2006年	0.08		自然资源学报	2009,24(11):1893-1901
250	胡巍巍等	安徽省蚌埠市	1980~2007年	0.02		自然资源学报	2009,24(11):1893-1901
251	胡巍巍等	安徽省亳州市	1980~2007年	0.04		自然资源学报	2009,24(11):1893-1901
252	胡巍巍等	安徽省阜阳市	1980~2007年	0.04		自然资源学报	2009,24(11):1893-1901
253	胡巍巍等	安徽省淮北市	1980~2007年	0.04		自然资源学报	2009,24(11):1893-1901
254	胡巍巍等	安徽省宿州市	1980~2007年	0.06		自然资源学报	2009,24(11):1893-1901
255	胡巍巍等	安徽省阜阳市	1980~2007年		0.8	自然资源学报	2009,24(11):1893-1901
256	杨则东	安徽省阜阳市	1994~2003年		1	安徽地质	2007,17(2):135-137
257	胡巍巍等	安徽省淮北市	1980~2007年		0.8	自然资源学报	2009,24(11):1893-1901
258	胡巍巍等	安徽省淮北市濉溪县	1980~2007年		0.8	自然资源学报	2009,24(11):1893-1901
259	胡巍巍等	安徽省宿州市	1980~2007年		0.8	自然资源学报	2009,24(11):1893-1901

续表

序号	作者	区域	时段	地下水速率/(m/a) 浅层	地下水速率/(m/a) 深层	来源	详细信息[年份、卷(期)、页码]
260	胡巍巍等	安徽省界首市	1980~2007年		0.8	自然资源学报	2009,24(11):1893-1901
261	胡巍巍等	安徽省亳州市	1980~2007年		0.8	自然资源学报	2009,24(11):1893-1901
262	胡巍巍等	安徽省宿州市砀山县	1980~2007年		0.8	自然资源学报	2009,24(11):1893-1901
263	胡巍巍等	安徽省亳州市蒙城县	1980~2007年		0.8	自然资源学报	2009,24(11):1893-1901

(2) 黄淮海平原地下水时空变化特征分析

在区域整体尺度，根据 Kriging 空间插值得到的黄淮海平原浅层地下水位、深层地下水位埋深年均下降速度空间分布（图4-10）。根据计算结果，在黄淮海平原，浅层地下水位埋深的下降速度为 (0.46±0.37) m/a，深层下水位埋深的下降速度为 (1.14±0.58) m/a。从空间分布特征看，区域浅层地下水位埋深下降速度较快的地区主要分布在燕山及太行山山前平原地区，其值高达 (0.64±0.36) m/a，这主要是因为该地区蕴含水质良好、矿化度低的浅层地下水，是农业灌溉用水的主要来源，因为连年灌溉开采量高于补给量，造成地下水位埋深的持续快速下降；但是，深层地下水水位埋深下降速度较快的地区主要分布在黄河海河中部及沿海平原，其值高达 (1.41±0.56) m/a，这主要是因为这些地区的浅层地下水矿化度较高，不能直接用于农田灌溉，因此不得不开采位于第三、第四含水层的埋深普遍大于 60m 的深层地下水；而位于黄淮海平原南部的淮北平原，因为该地区降水相对较为丰沛，地下水农业开采程度较弱，因此浅层地下水和深层地下水的水位下降速度都相对上述两个亚区较小，分别为 (0.11±0.14) m/a 和 (0.75±0.30) m/a。

根据收集到的 7 个长期的定位点的 17~42 年的地下水位埋深监测数据，其水位埋深下降程度十分惊人。其中石家庄的浅层地下水位埋深，已经由 1980 年的 10m 左右下降到 2005 年的 30m（图4-11）。而更为严峻的是深层地下水位的变化，德州、石家庄、沧州和邢台的深层地下水位埋深均呈现明显的持续下降（图4-11），德州样点的深层地下水位埋深 2008 年已经达到了 137.5m，这将严重威胁区域生态安全和水安全。

根据黄淮海平原长期积累的水文地质调查资料[10,18]，概化得到区域的地下含水层的给水度和储水系数并将其与地下水位埋深变化速度结合计算，得到估计的区域地下水资源消耗量，结果见表4-4。根据三类不同大小的给水度和储水系数分级，得到黄淮海平原 1980 年以来该区域地下水资源消耗量估算范围。结果表明，黄淮海平原的地下水资源以平均 8.32~10.75km^3/a 的速度消耗，其中包括 3.37~4.62km^3/a 的浅层地下水资源和每年 4.95~6.13km^3 的深层地下水资源消耗。1980~2010 年，黄淮海平原共损失了 249.64~322.56km^3 的地下水资源量，这相当于面积为 45 万 km^2 的美国大平原 50 年的地下水消耗量[19]。

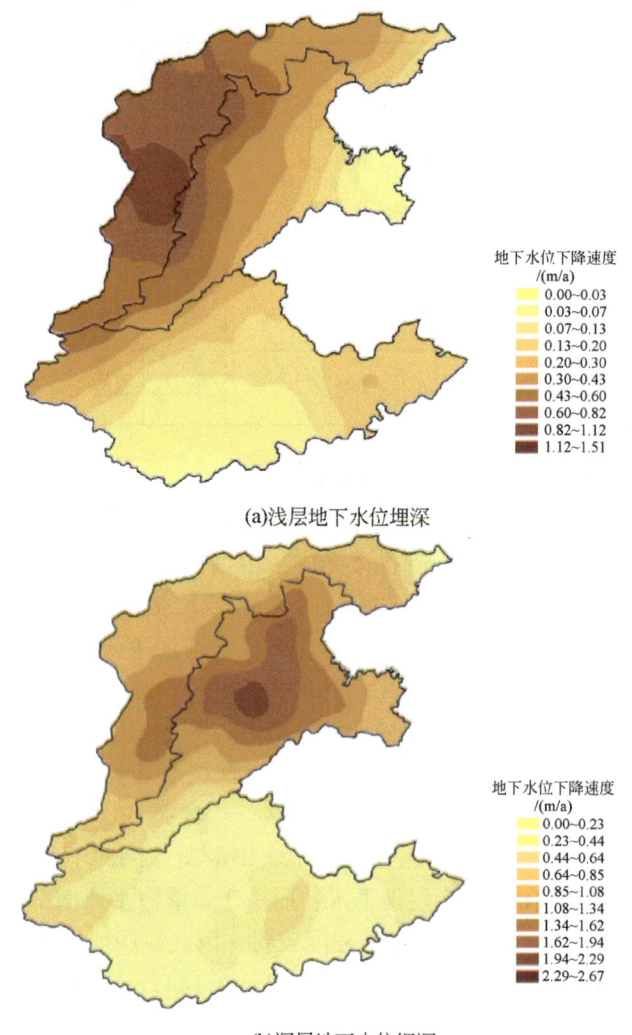

(a)浅层地下水位埋深

(b)深层地下水位埋深

图4-10 黄淮海平原浅层地下水位与深层地下水位埋深年均下降速度空间分布

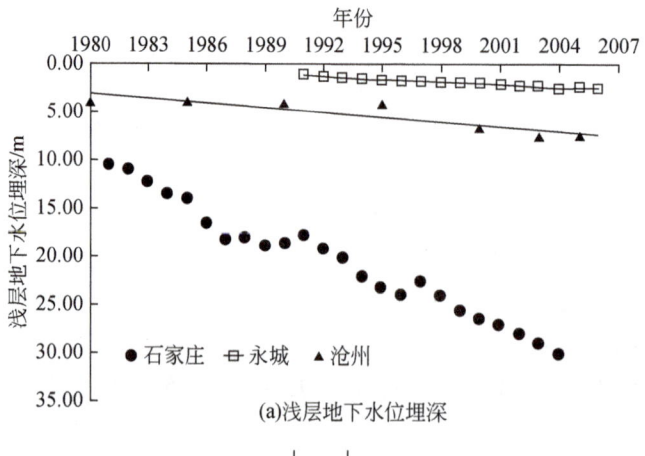

(a)浅层地下水位埋深

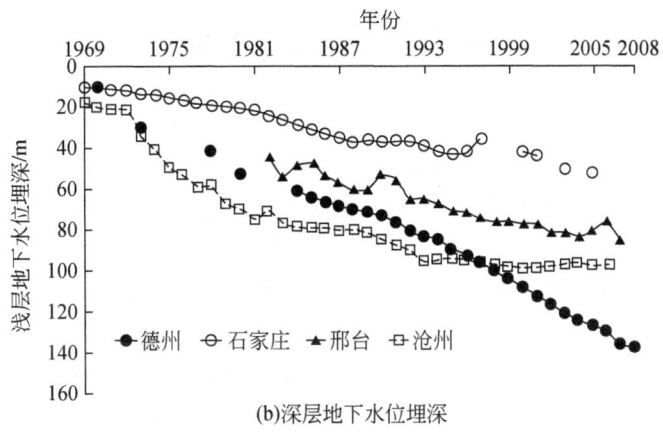

(b)深层地下水位埋深

图 4-11 黄淮海平原浅层与深层地下水位埋深长期监测点的监测数据

表 4-4 黄淮海平原不同地区地下水资源消耗速度 （单位：km³/a）

给水度概化范围	Ⅰ 太行山与燕山山前平原		Ⅱ 黄河海河中部及沿海平原		Ⅲ 淮北平原		总计		
	浅层	深层	浅层	深层	浅层	深层	浅层	深层	合计
较小	1.81	2.06	1.12	2.42	0.43	0.47	3.36	4.95	8.31
始终	2.02	2.27	1.29	2.62	0.68	0.65	3.99	5.54	9.53
较大	2.23	2.49	1.46	2.82	0.93	0.82	4.62	6.13	10.75

4.4.3 黄淮海平原地下水快速下降的生态危机

不合理的耕地过度集约利用方式虽然带来粮食产量的稳步提升，但是也已经引发了黄淮海平原地下水快速下降。据报道，该地区已经有部分水井难以取水，地下含水层或将枯竭[20]。地下水位的持续下降将引起湿地干涸、地面沉降、水质恶化、土壤沙化等环境地质问题，进而将影响区域的可持续发展。据有关部门监测，1995 年区域地面沉降大于 200mm 的面积在 49 400km² 以上，大于 300mm 的面积达 26 000km² 以上，大于 500mm 的面积达 13 700km² 以上；在天津、唐山、廊坊、保定、新乐、正定、藁城、霸州、文安、邯郸等地区，已经形成地裂缝 200 多条，规模由长数米至 500m，最宽在 200cm 以上；徐水、景县、赵县–无极–辛集–鹿泉等地区则发生不同规模的严重的地面塌陷。因此，若黄淮海平原地下水快速下降不得到有效遏制，该区域将发生不可逆转的生态危机，代价将是不可估量的。所以展开以"遏制地下水位下降"为目标的耕地休养生息方案研究，科学调整区域耕地利用类型、方式、结构和强度迫在眉睫。

4.5 本章小结

黄淮海平原水资源较为紧张，在降水量适度增加、水资源量大幅度下降、经济快速发展、人口增长的多重因素的综合影响下，黄淮海平原的农业用水和水土资源匹配形势都更加严峻。黄淮海平原农业用水总量从1998年的560.3亿m^3下降到2015年的423.4亿m^3，减幅达24.4%，占该区域总用水量的比例从1998年的72.2%下降到2014年的62.4%，占全国农业用水量的比例从1998年的14.9%下降到2014年的10.9%，但仍然是最大的耗水产业。在农业用水的总量中，黄淮海平原小麦种植面积变化幅度不大，一直约占区域总播种面积的1/3，为最多的种植农作物，玉米种植面积由1978年的719万hm^2增长到2008年的1022万hm^2。1998~2015年，农田灌溉（作物）一直处于90%~95%。

根据收集到的多源数据样本点，基于1km网格尺度分别将浅层、深层地下水位下降的点数据进行Kriging空间插值计算，在黄淮海平原浅层地下水位埋深的下降速度为（0.46±0.37）m/a，深层下水位埋深的下降速度为（1.14±0.58）m/a。从空间分布特征看，区域浅层地下水位埋深下降速度较快的地区主要分布在燕山及太行山山前平原地区，其值高达（0.64±0.36）m/a，黄淮海平原的地下水资源以平均每年8.32~10.75km^3的速度消耗，1980~2010年黄淮海平原共损失了249.64~322.56km^3的地下水资源量，这相当于面积为45万km^2的美国大平原50年的地下水消耗量。

参 考 文 献

[1] Kang S, Eltahin E A. North China Plain threatened by deadly heatwaves due to climate change and irrigation [J]. Nature Communications, 2018, 9 (1): 2894.

[2] 李保国, 黄峰. 1998~2007年中国农业用水分析 [J]. 水科学进展, 2010, 21 (04): 575-583.

[3] 李保国, 黄峰. 蓝水和绿水视角下划定"中国农业用水红线"探索 [J]. 中国农业科学, 2015, 48 (17): 3493-3503.

[4] 张宝忠, 彭致功, 雷波, 等. 我国典型作物用水特征及现代农业灌溉技术模式 [J]. 中国工程科学, 2018, 20 (05): 77-83.

[5] 肖运萍, 汪瑞清. 红壤旱地花生品种节水抗旱特性比较研究 [C]. 中国作物学会油料作物专业委员会代表大会暨学术年会, 2008.

[6] 张敏, 张富仓, 薛绪掌, 等. 基于沟式栽培的全封闭温室降温方法与作物生长研究 [J]. 农业机械学报, 2014, 45 (12): 187-193.

[7] Matthew R, Isabella V, Famiglietti S. Satellite-based estimates of groundwater depletion in India [J]. Nature, 2009, 460 (725): 999-1002.

[8] Qiu J. China faces up to groundwater crisis [J]. Nature, 2010, (7304): 308.

[9] The World Bank. Addressing China's water scarcity. The International bank for reconstruction and development [EB/OL]. http://documents.worldbank.org/curated/en/996681468214808203/pdf/471110PUB0C HA0101 OFFICIAL0USE0ONLY1.pdf [2015-10-25].

[10] 费宇红. 京津以南河北平原区域地下水演变和涵养研究 [D]. 南京: 河海大学, 2006.

[11] Hu C, Delgado J A, Zhang X, et al. Assessment of groundwater use by wheat in the Luancheng Xian region and potential implications for water conservation in the northwestern North China Plain [J]. Journal of Soil and Water Conservation, 2005, 60: 80-88.

[12] Hu Y K. Agricultural water-saving and sustainable groundwater management in Shijiazhuang irrigation district, north China plain [J]. Journal of Hydrology, 2010, 393 (3-4): 219-232.

[13] Xu Y Q, Cai Y L. GIS-based analysis on spatio-temporal change of groundwater level in the Hebei plain [J]. Acta Scientiarum Naturalium Universitatis Pekinensis, 2005, 41: 265-272.

[14] Liu Z P. Impact of agricultural activities on region groundwater variation-a case study in Shijiazhuang [J]. China Academy of Geographical Sciences, 2010, 2 (1): 29-35.

[15] Yang Y, Watanabe M, Sakura Y, et al. Groundwater table and recharge changes in piedmont region of Taihang Mountain in North China Plain and its relation to agricultural water use [J]. Water SA, 2000, 28: 171-178.

[16] Wei X, Declan C, Erda L, et al. Future cereal production in China: The interaction of climate change, water availability and socio-economic scenarios [J]. Global Environmental Change, 2009, 19 (1): 34-44.

[17] Kong X B, Zhang X L, Lal R, et al. Groundwater Depletion by Agricultural Intensification in China's HHH Plains, since 1980s [J]. Advances in Agronomy, 2016, 135: 19-106.

[18] Qian Y, Zhang Z J, Fei Y H. Discussion of calculation method of synthetic specific yield based on MapGIS and groundwater database [J]. Site Investigation Science and Technology, 2007, 1: 26.

[19] Bridget R S, Claudia C F, Laurent L, et al. Groundwater depletion and sustainability of irrigation in the US High Plains and Central Valley [J]. Proceedings of the National Academy of Sciences, 2012, 109 (24): 9320-9325.

[20] Liu S, Mo X, Lin Z, et al. Crop yield responses to climate change in the Huang-Huai-Hai Plain of China [J]. Agricultural Water Management, 2010, 97 (8): 1195-1209.

第5章 黄淮海平原土地利用变化对地下水资源量变化效应分析

近几十年是黄淮海平原经济社会快速发展时期，不仅区内人口数量和工业生产的增长势头明显，农作物产量也保持着持续增长，导致生产、生活用水量持续增加。本章探究土地利用变化的水资源效应问题，以土地利用变化为基础，建立单元网格数据集，计算不同土地利用类型下的地下水蓄变量，以期对该区域水土资源变化的机理进行研究，从而为黄淮海平原耕地资源休养生息方案的空间布局图的确定奠定基础。

5.1 单元网格水量平衡法

单元网格水量平衡法，包括地下水水量平衡与土壤水量平衡（图5-1），计算公式如下：

$$\Delta G + \Delta S = G_{IN} - G_O + S_{IN} - S_O \tag{5-1}$$

$$G_{IN} = \text{Recharge} + G_b \tag{5-2}$$

$$G_O = \text{Ir} + G_P \tag{5-3}$$

$$\Delta G = \text{Recharge} - \text{Ir} + G_b - G_P \tag{5-4}$$

$$S_{IN} = (1-\alpha) \cdot R + \text{IN} - O + \text{Ir} + \alpha \cdot R \tag{5-5}$$

$$S_O = \text{Recharge} + E \tag{5-6}$$

$$\Delta S = (1-\alpha) \cdot R + \text{IN} - O + \text{Ir} + \alpha \cdot R - \text{Recharge} - E \tag{5-7}$$

$$\Delta G + \Delta S = R + \text{IN} - O - E + G_b - G_P \tag{5-8}$$

式中，ΔG 为地下水蓄变量，是地下水水量补给与排泄的差值，实质是地下水水量的净变化量；ΔS 为土壤水蓄变量，是土壤水水量补给与排泄的差值；G_{IN} 与 G_O 分别为地下水系统的转入与转出；S_{IN} 与 S_O 分别为土壤水系统的转入与转出；Recharge 为土壤对地下含水层的垂直补给项；Ir 为地下水的抽采水量，用于农用地灌溉、工业生产与居民生活等；G_b 为地下水的横向补给；G_P 为地下水的横向排泄；α 为土壤上垫面的不透水系数；R 为研究时段的降水量；$(1-\alpha) \cdot R$ 为地表水入渗量，可称为有效降水；IN 为入境地表水量，包括河流自然入境量以及跨流域调水工程供水；O 为出境地表水量；IN−O 为流域中出入境地表水差值；$\alpha \cdot R$ 为降水的产流量；E 为研究时段的总耗水量，包括地表水量蒸发、植被蒸腾及人类活动耗水等。通常一年为周期的土壤水蓄变量近似不变，即 $\Delta S \approx 0$，流域蓄变量相当于地下水蓄变量[1]。

降水、灌溉、部分地表水体并不是直接与地下水系统发生水利关系，它们均是透过表层土壤层才到达含水层，所以将地下水系统与土壤作为一个系统，那么流域中出入境地表水差值 IN−O 与降水的产流量 $\alpha \cdot R$ 的和可以表示为地表水供给量 F。由于地下水的横向补给量 G_b 主要为山前侧向流入补给，式（5-10）用于测算地下水的横向补给量 G_b：

$$F = \text{IN} - O + \alpha \cdot R \quad (5-9)$$

$$G_b = 365 \times K \cdot I \cdot A \cdot L \cdot T \quad (5-10)$$

式中，K 为潜流入渗系数；I 为垂直于剖面的水力坡度；A 为单位长度剖面面积；L 为计算长度；T 为计算时间，由于地下水水平方向排泄数据 G_p 难以收集，在此暂不考虑。在单元网格水量平衡计算中，地下水垂向补给量最重要的影响因素是下垫面的条件，包括土地利用类型与土壤质地（图 5-1）。因此，基于土地利用类型的水平衡评价方法以每种土地利用类型建立相应的水量平衡方程式，可以间接地计算地下水的补给量与排泄量，从而得到地下水的蓄变量。

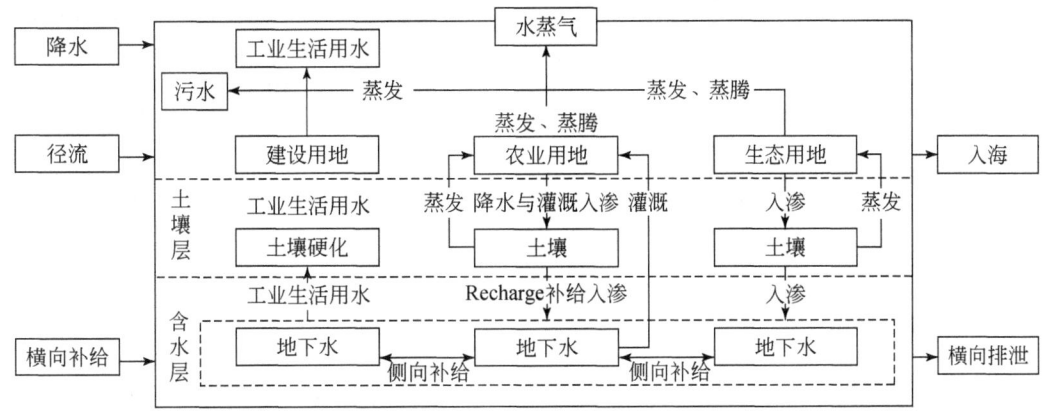

图 5-1　单位网格水平衡概念模型

本章通过 ArcGIS 10.3 软件建立投影为 krasovsky_1940_Albers 的多源地理信息数据库。数据源包括土地利用数据、降水量、蒸散发数据等，见表 5-1。

表 5-1　研究数据描述

数据名称	数据描述	数据来源
土地利用数据	空间分辨率为 1km×1km，分别为 1990 年、2010 年两期	中国科学院资源环境科学数据中心[2]
降水量	空间分辨率为 1km×1km，1990~2010 年	中国气象数据网中国地面累年值年值数据集[3]
蒸散发数据	1980~2006 年由 IBIS（input buffer information specificati-on）模型输出的全球蒸散发数据，空间分辨率为 0.5°×0.5° 栅格；由于缺少 2010 年蒸散发数据，2001~2010 年是 MOD16 全球蒸散发数据产品，空间分辨率为 1km×1km；两套数据时间分辨率为年	1980~2006 年数据来源于国家地球系统数据共享平台—全球变化模拟集成科学数据中心[4]；2001~2010 年数据来源于用 NASA（National Aeronautics and Space Administration，美国国家航空航天局）全球蒸散发数据产品[5]

续表

数据名称	数据描述	数据来源
出入境水资源流量	1998~2010年外调水量和入海水量	外调水量和入海水量来源于海河流域水资源公报、黄河流域水资源公报及淮河流域水资源公报[6-8]
地下水侧向补给量测算所需参数	潜流入渗系数、垂直于剖面的水力坡度、单位长度剖面面积、计算长度等	《河北省地下水资源勘查报告》[9]
不透水系数 α	不透水系数 α 为0.633，林地的不透水系数 α 为0.291，水域的不透水系数 α 为1，草地的不透水系数 α 为0.369，未利用土地的不透水系数 α 为0.369	不透水系数 α 参考了钱建和赵智杰[10]的模拟结果
地表水供给系数 β	建设用地、耕地及水域的地表水供给系数 β 数据	由于缺乏建设用地、耕地及水域的地表水供给系数 β 数据，通过海河流域水资源公报、黄河流域水资源公报及淮河流域水资源公报的农业部门、工业部门及生态耗水对地表水的消耗占比近似替代
统计数据	县域工业产值、人口数据及粮食产量数据	据王静爱等[11]的研究，300~600mm降水带的居民每天耗水量为40~60L，年平均的耗水量为18.25m^3，工业耗水数据主要依据全国万元工业产值耗水量进行计算；统计数据来源于中国经济与社会发展统计数据库中各县市统计年鉴[12]

5.2 建设用地水平衡

5.2.1 建设用地单位网格水平衡计算公式

建设用地单位网格的水平衡计算公式如下：

$$\Delta G_{c_i} = G_{b_i} + \mathrm{Ir}_{c_i} \tag{5-11}$$

$$\mathrm{Ir}_{c_i} = (1-\alpha_c) \cdot R_{c_i} + F_{c_{ij}} - E_{c_{ij}} \tag{5-12}$$

$$F_{c_{ij}} = (F \cdot \beta_{c_i})/N_{c_i} \tag{5-13}$$

$$E_{c_{ij}} = E_{b_{ij}} + E_{m_{ij}} \tag{5-14}$$

$$E_{b_{ij}} = (P_{b_i} \times C_{b_i})/N_{b_i} \tag{5-15}$$

$$E_{m_{ij}} = (P_{m_i} \times C_{m_i})/N_{m_i} \tag{5-16}$$

$$\Delta G_{c_{ij}} = (1-\alpha_c) \cdot R_{c_i} + F_{c_{ij}} - E_{c_{ij}} + G_{b_i} \tag{5-17}$$

式中，ΔG_{c_i} 为建设用地单位网格地下水蓄变量；G_{b_i} 为单位网格 i 的地下水横向补给量，是流域内的山前侧向流入补给量与侧向补给范围内的网格总数的比值；Ir_{c_i} 为抽取地下水的非农用水量；R_{c_i} 为建设用地单位网格 i 上的降水；α_c 为建设用地不透水系数；$(1-\alpha_c) \cdot R_{c_i}$ 为建设用地单位网格 i 的有效降水；$F_{c_{ij}}$ 为 i 县（市、区）j 网格地表水供给量，因为建设用地上的居民住宅及企业用水主要是通过所在县（市、区）的供水单位供给，所以流域内建设用地的地表水供给因为县（市、区）的不同，供给的地表水资源量不尽相同；$E_{c_{ij}}$ 为 i 县（市、区）j 网格建设用地的耗水量；F 为流域地表水供给量；β_{c_i} 为 i 县（市、区）建设用地的地表水供给比例，$F \cdot \beta_{c_i}$ 为 i 县（市、区）建设用地的地表水量；N_{c_i} 为 i 县（市、区）的建设用地网格数；$E_{c_{ij}}$ 为 i 县（市、区）j 网格建设用地的耗水量，主要分为居民生活用水 $E_{b_{ij}}$ 和工业用水 $E_{m_{ij}}$；P_{b_i} 为当年期 i 县（市、区）人口量；C_{b_i} 为人均年耗水系数；N_{b_i} 为 i 县（市、区）城镇用地及农村居民用地的网格数；P_{m_i} 为当年期 i 县（市、区）年工业产值总值（以当年价格计算）；C_{m_i} 为万元工业产值耗水量，N_{m_i} 为 i 县（市、区）的城镇用地与工矿用地网格数；$\Delta G_{c_{ij}}$ 为 i 县（市、区）j 网格建设用地单位网格地下水蓄变量。

5.2.2 建设用地水平衡分析

通过对建设用地单位网格水平衡进行计算，得到建设用地单位网格地下水水位下降分布图，并对各个流域的单位网格供耗水项进行加总，计算出各个流域的建设用地地下水蓄变量。黄淮海平原 1990 年与 2010 年两期建设用地地下水蓄变量对比中，除南四湖流域、黄河下游流域建设用地地下水蓄变量略有增加，其他流域均在减少（表 5-2）。而其中的北四河下游流域、大清河流域及黑龙港运东流域 2010 年建设用地地下水蓄变量为负值，说明这些区域中因为建设用地的耗水，导致流域建设用地地下水蓄变量减少。建设用地的耗水造成了北四河下游地下水流域亏缺 19.51 亿 m³、大清河流域地下水亏缺 8.36 亿 m³、黑龙港运东流域地下水亏缺 6.61 亿 m³。各流域建设用地水平衡中的供给量变化不大，而消耗项总量均有增加，2010 年与 1990 年各流域耗水总量比值为 152.23%～220.12%，尤其是工业耗水量 2010 年与 1990 年相比，工业耗水总量增加了接近 4 倍。供水与耗水之间增加量上的差距，造成建设用地地下水蓄变量的快速减少。

表 5-2 黄淮海平原 1990 年与 2010 年两地建设用地地下水蓄变量对比 （单位：亿 m³）

流域	1990 年建设用地地下水蓄变量计算							2010 年建设用地地下水蓄变量计算						
	山前侧向补给	地表水供给量	有效降水	地面蒸发量	生活耗水量	工业耗水量	地下水蓄变量	山前侧向补给	地表水供给量	有效降水	地面蒸发量	生活耗水量	工业耗水量	地下水蓄变量
北四河下游流域	0.22	14.71	10.45	4.31	3.79	15.28	2.00	0.30	12.82	14.16	10.97	6.43	29.39	-19.51
子牙河流域	0.27	14.46	3.53	1.17	2.61	5.94	8.54	0.37	14.04	4.80	2.87	2.82	9.22	4.30
徒骇马颊流域	—	46.00	8.87	1.37	2.85	4.31	46.34	—	45.10	10.48	4.10	3.38	10.94	37.16
大清河流域	0.33	12.31	4.65	1.24	2.49	8.80	4.76	0.45	12.12	6.09	3.93	3.50	19.59	-8.36

续表

流域	1990年建设用地地下水蓄变量计算							2010年建设用地地下水蓄变量计算						
	山前侧向补给	地表水供给量	有效降水	地面蒸发量	生活耗水量	工业耗水量	地下水蓄变量	山前侧向补给	地表水供给量	有效降水	地面蒸发量	生活耗水量	工业耗水量	地下水蓄变量
漳卫河流域	0.15	13.77	2.54	1.13	1.32	1.89	12.12	0.18	13.29	3.02	2.15	1.34	3.11	9.89
黑龙港运东流域	—	4.33	4.90	0.67	1.87	5.52	1.17	—	4.19	6.20	1.68	3.51	11.81	-6.61
黄河下游流域	0.20	21.43	8.79	1.27	2.38	4.13	22.64	0.24	27.85	9.52	2.82	2.90	8.79	23.10
淮河上游流域	0.32	21.47	24.76	2.57	3.30	11.58	29.10	0.35	30.10	26.19	6.24	4.57	24.44	21.39
淮河中游流域	—	32.95	18.40	2.21	2.75	3.99	42.40	—	34.23	19.43	3.19	3.36	8.81	38.30
淮河下游流域	—	23.14	24.79	3.91	4.03	7.27	32.72	—	24.82	25.38	4.95	4.80	19.25	21.20
南四湖流域	—	30.92	5.93	0.73	1.48	1.59	33.05	—	37.20	6.77	1.94	1.76	5.92	34.35
黄淮海平原	1.49	235.49	117.61	20.58	28.87	70.30	234.84	1.89	255.76	132.04	44.84	38.37	151.27	155.21

如图5-2所示,1990~2010年建设用地各项耗水的增加量与建设用地扩张面积有着密切的关系,1990~2010年地面蒸发增加量、生活耗水增加量、工业耗水增加量及建设用地地下水畜变量、减少量与建设用地增加量呈线性正向关系,随着建设用地的扩张,建设用地面积的不断增加,建设用地地面蒸发增加量、生活耗水增加量、工业耗水增加量及建设用地地下水畜变量、减少量都在变大。这说明不仅建设用地的扩张与建设用地地下水蓄变量有着紧密的关系,建设用地单元网格耗水强度的增大,也是地下水位下降的原因之一。

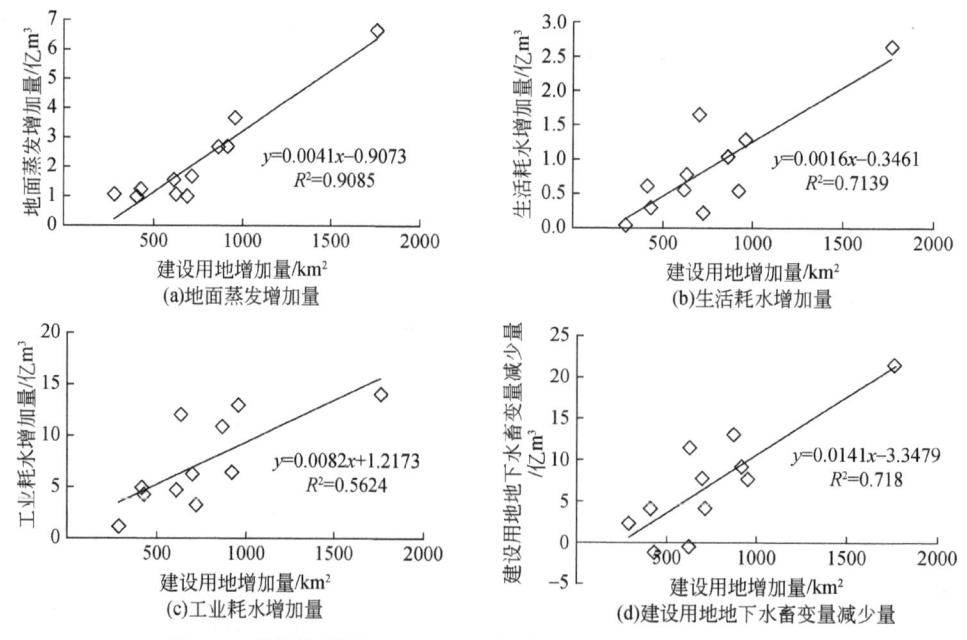

图5-2 黄淮海平原1990~2010年建设用地地下水蓄变量分析

单元网格地下水蓄变量为负值说明地下水水位因超采下降。如图 5-3 所示，2010 年与 1990 年相比，单位网格地下水蓄变量出现负值的建设用地单位网格增加 10 384 km²，而海河流域中的北四河下游流域、大清河流域及黑龙港运东流域占到了 54%，特别是北四河下游流域的北京与天津，从 1990 年起，建设用地单元网格地下水蓄变量下降 400~1000mm，2010 年下降程度更加严峻，北京与天津地下水水量均出现了 1000mm 以上的减少。大清河流域及黑龙港运东流域，1990 年的建设用地网格地下水水量下降的情况不多，但 2010 年，保定、衡水、沧州等地地下水水量呈现严重减少趋势。而相比较 1990 年的情况，2010 年处于淮河流域的漯河、阜阳、宿迁等城市开始出现了建设用地地下水水量减少的情况，郑州与徐州地下水水量降低速度明显加快。

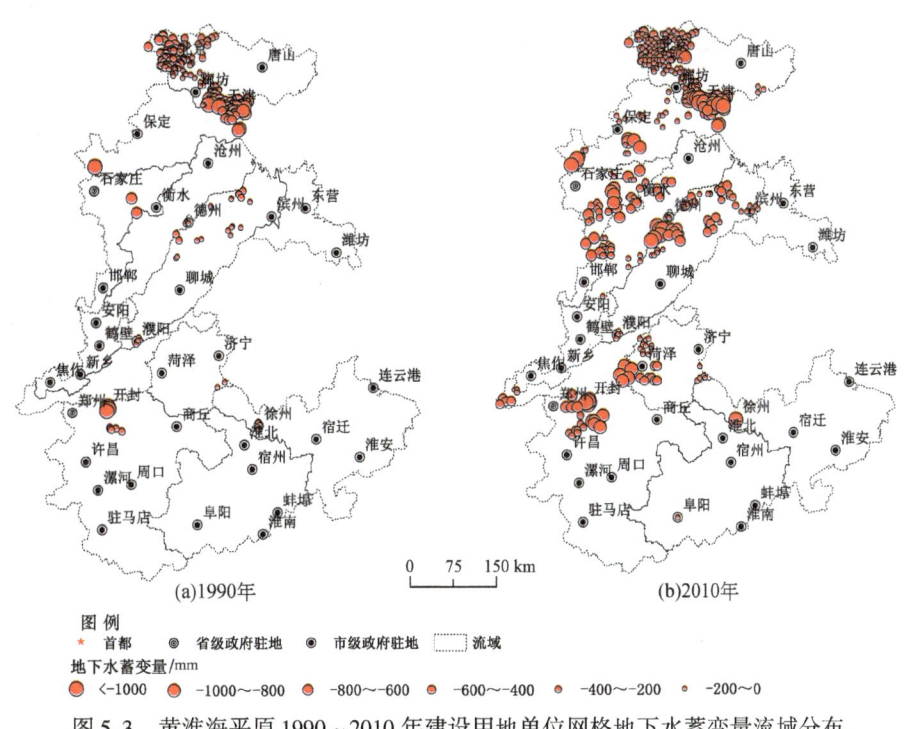

图 5-3　黄淮海平原 1990~2010 年建设用地单位网格地下水蓄变量流域分布

5.3　耕地水平衡

5.3.1　耕地单位网格水平衡计算方法

耕地单位网格的水平衡计算公式如下：

$$\Delta S_{a_i} = (1-\alpha_a) \cdot R_{a_{ij}} + F_{a_i} + \mathrm{Ir}_{a_i} - \mathrm{Recharge}_{a_i} - E_{a_i} \tag{5-18}$$

$$F_{a_i} = (F \cdot \beta_a)/N_a \tag{5-19}$$

$$\Delta G_{a_i} = G_{b_i} + \text{Recharge}_{a_i} - \text{Ir}_{a_i} \tag{5-20}$$

$$\Delta S_{a_i} + \Delta G_a = (1-\alpha_a) \cdot R_{a_i} + F_{a_i} - E_{a_i} + G_{b_i} \tag{5-21}$$

式中，ΔS_{a_i} 为耕地单位网格 i 的土壤水蓄变量；R_{a_i} 为耕地单位网格 i 上的降水；α_a 为耕地不透水系数；$(1-\alpha_a) \cdot R_{a_i}$ 为耕地单位网格 i 的有效降水；F_{a_i} 为耕地单位网格地表水供给量；Ir_{a_i} 为抽取地下水的灌溉用水量；Recharge_{a_i} 为耕地单位网格 i 土壤对地下含水层的补给；E_{a_i} 为耕地作物的耗水量，可近似为耕地的蒸散发量[13]；F 为流域的地表水资源量；β_a 为耕地的地表水供给比例；N_a 为耕地网格数量；ΔG_{a_i} 为耕地单位网格 i 的地下水蓄变量；G_{b_i} 为单位网格 i 的地下水横向补给量。

5.3.2 耕地水平衡分析

在1990年与2010年两期耕地地下水蓄变量对比中，各个流域耕地地下水蓄变量均在减少，其中位于海河流域的子牙河流域、徒骇马颊河流域、大清河流域、漳卫河流域及黑龙港运东流域耕地地下水蓄变量1990年与2010年均为负值，说明这些流域因为耕地持续用水失衡，导致流域地下水水量不断减少（表5-3）。其中2010年耕地上的耗水造成了徒骇马颊河流域地下水亏缺38.01亿m³，耕地地下水水量平均下降200mm，是2010年整个研究区耕地地下水水量下降最快速的流域。

表5-3 黄淮海平原1990年与2010年两期耕地地下水蓄变量计算　　　　（单位：亿m³）

流域	1990耕地地下水蓄变量计算					2010耕地地下水蓄变量计算				
	山前侧向补给	有效降水量	地表水供给量	农作物蒸散发量	地下水蓄变量	山前侧向补给	有效降水量	地表水供给量	农作物蒸散发量	地下水蓄变量
北四河下游流域	0.82	75.58	4.92	80.39	0.93	0.74	66.14	4.28	82.81	-11.65
子牙河流域	2.13	53.58	4.83	71.60	-11.06	2.03	49.97	4.69	83.30	-26.61
徒骇马颊河流域	—	99.37	15.37	126.86	-12.12	—	93.80	15.07	146.88	-38.01
大清河流域	2.43	64.09	4.11	79.49	-8.86	2.32	59.83	4.05	89.61	-23.41
漳卫河流域	1.12	28.02	4.60	33.87	-0.13	1.10	26.00	4.44	37.82	-6.28
黑龙港运东流域	—	74.84	1.45	90.75	-14.46	—	70.48	1.40	101.74	-29.86
黄河下游流域	0.91	81.03	83.20	96.84	68.30	0.91	78.68	84.37	107.64	56.32
淮河上游流域	1.68	250.79	35.25	259.67	28.05	1.65	240.80	49.42	275.49	16.38
淮河中游流域	—	193.86	63.65	188.41	69.10	—	187.01	68.12	191.17	63.96
淮河下游流域	—	168.29	38.00	151.61	54.68	—	157.78	40.75	154.12	44.41
南四湖流域	—	60.37	55.77	67.58	48.56	—	55.92	58.07	71.45	42.54

耕地水平衡的消耗项主要是农作物的蒸散量，如图5-4所示，各流域平均每平方千米的粮食产量增加量与每平方千米的农作物蒸散发增加量呈现正向相关。随着各流域单元网格的

粮食产量增加，流域内的蒸散发量也在增加。流域蒸散发量增加量与耕地地下水蓄变量减少量也呈现正向关系，随着流域蒸散发增加量变大，耕地地下水蓄变量亏损也变大。1990~2010年，黄淮海平原耕地的面积从23.99万km²减少到23.31万km²，但单位网格地下水蓄变量为负值的面积从57 337 km²增加到60 764 km²，总的蒸散量也增加94.9亿m³，耕地单位网格平均耗水从1990年的51万m³/km²到2010年的57万m³/km²。说明1990~2010年黄淮海平原耕地面积虽然在减少，但耕地平均单位耗水强度增大，导致总耗水量增加。

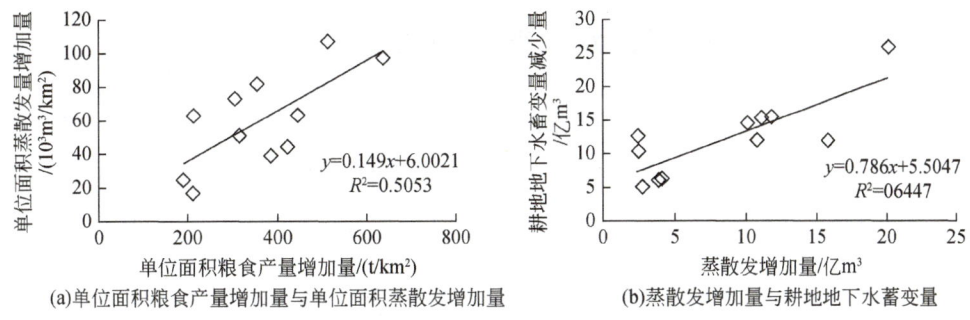

(a) 单位面积粮食产量增加量与单位面积蒸散发增加量

(b) 蒸散发增加量与耕地地下水蓄变量

图 5-4　黄淮海平原1990~2010年耕地地下水蓄变量分析

从图5-5可知，1990~2010年耕地单元网格地下水水量下降趋势恶化，海河流域耕地单元网格地下水水量下降超过100mm的面积扩大了2.5倍，从1990年占整个海河流域耕地面积的28.52%增加到2010年的71.41%。而淮河上游流域的耕地地下水蓄变量减少的范围也在增大，1990年淮河上游流域只有郑州、开封附近的耕地单元网格地下水水位呈现

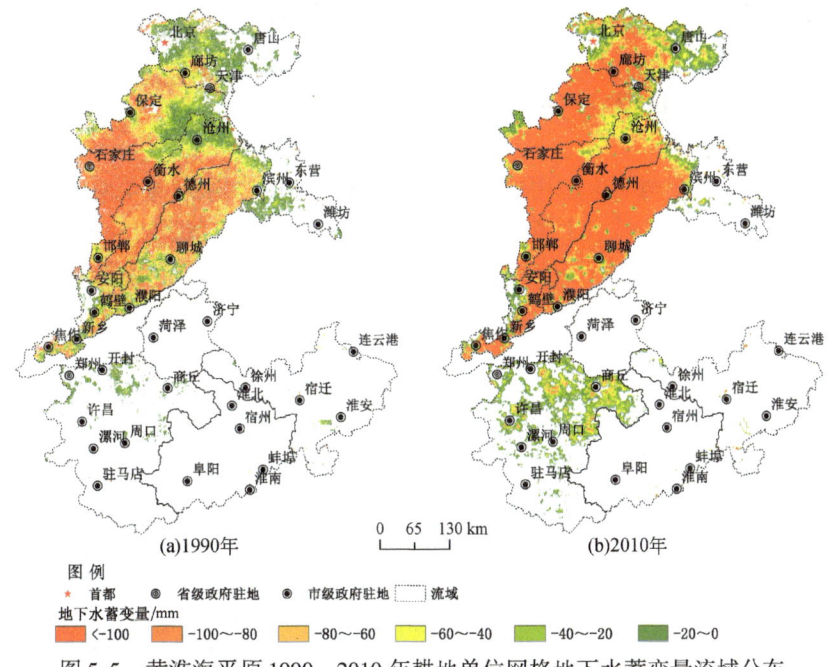

图 5-5　黄淮海平原1990~2010年耕地单位网格地下水蓄变量流域分布

下降趋势，2010 年许昌、商丘及周口等地的耕地单元网格地下水水位都出现了不同程度的下降。黄河下游流域、淮河中下游流域及南四湖流域水资源供给充沛，耕地单元网格基本能达到水资源水平衡，具有一定的开发利用潜力。

5.4 生态用地水平衡

5.4.1 生态用地单位网格水平衡计算方法

生态用地单位网格的水平衡计算公式如下：

$$\Delta S_{e_i} = (1-\alpha_e) \cdot R_{e_i} + F_{e_i} - \text{Recharge}_{e_i} - E_{e_i} \tag{5-22}$$

$$F_{e_i} = (F \cdot \beta_e)/N_e \tag{5-23}$$

$$\Delta G_{e_i} = G_{b_i} + \text{Recharge}_{e_i} \tag{5-24}$$

$$\Delta S_{e_i} + \Delta G_{e_i} = (1-\alpha_e) \cdot R_{e_i} + F_{e_i} - E_{e_i} + G_{b_i} \tag{5-25}$$

式中，ΔS_{e_i} 为生态用地单位网格 i 的土壤水蓄变量；$(1-\alpha_e) \cdot R_{e_i}$ 为生态用地单位网格 i 的有效降水；F_{e_i} 为生态用地单位网格地表水供给量；Recharge_{e_i} 为生态用地单位网格 i 土壤对地下含水层的补给；E_{e_i} 为生态用地上植被的蒸散发量；F 为流域的地表水资源量；N_e 为生态用地网格数量；β_e 为生态用地的地表水供给比例，因为自然林地、草地及未利用土地较少通过地表水灌溉，所以多认为林地、草地及未利用土地的地表水供给比例 β_e 为 0，水域 β_e 为水域渗透量与整个流域地表水资源 F 的比值，其与水域面积及河流流量有关[14,15]；ΔG_{e_i} 为生态用地单位网格 i 的地下水蓄变量；G_{b_i} 为单位网格 i 的地下水横向补给量。

5.4.2 生态用地水平衡分析

在 1990 年与 2010 年两期生态用地地下水蓄变量对比中，如表 5-4 所示，北四河下游、子牙河流域、徒骇马颊河流域、大清河流域、漳卫河流域以及黄河下游流域的生态用地地下水蓄变量均在减少，其中黄河下游流域减少了 3.57 亿 m³，北四河下游流域减少了 1.97 亿 m³，漳卫河流域减少了 1.15 亿 m³，是生态用地地下水蓄变量变化最为剧烈的三个区域。

表 5-4 黄淮海平原 1990 年与 2010 年两期生态用地地下水蓄变量计算 （单位：亿 m³）

项目	土地类型	北四河下游流域	子牙河流域	徒骇马颊河流域	大清河流域	漳卫河流域	黑龙港运东流域	黄河下游流域	淮河上游流域	淮河中游流域	淮河下游流域	南四湖流域
1990 年生态用地地下水蓄变量计算	水域有效降水	0.98	0.17	0.32	0.74	0.06	0.19	0.87	0.87	0.75	2.93	0.22
	水域蒸散量	7.57	1.59	2.83	6.22	0.54	1.56	7.29	6.41	5.00	19.95	1.71
	河流补给量	8.51	1.74	2.96	6.76	0.57	1.76	11.08	7.62	6.22	15.93	3.13
	山前侧向补给	0.08	0.05	—	0.19	0.01	—	0.08	0.04	—	—	—

续表

项目	土地类型	北四河下游流域	子牙河流域	徒骇马颊河流域	大清河流域	漳卫河流域	黑龙港运东流域	黄河下游流域	淮河上游流域	淮河中游流域	淮河下游流域	南四湖流域
1990年生态用地地下水蓄变量计算	水域蓄变量	2.00	0.37	0.45	1.47	0.10	0.39	4.74	2.12	1.97	-1.09	1.64
	草地有效降水	3.28	1.59	0.97	2.65	3.10	0.29	4.43	3.24	2.18	2.57	0.35
	草地蒸散量	3.01	1.57	0.93	2.46	3.04	0.26	4.14	3.14	2.13	2.34	0.38
	山前侧向补给	0.03	0.06	—	0.09	0.09	—	0.06	0.02	—	—	—
	草地蓄变量	0.30	0.08	0.04	0.28	0.15	0.03	0.35	0.12	0.05	0.23	-0.03
	林地有效降水	9.27	0.45	0.95	0.67	2.85	0.03	1.19	6.77	2.02	7.84	0.62
	林地蒸散量	10.93	0.59	1.16	0.80	3.76	0.03	1.45	6.81	1.93	7.21	0.68
	山前侧向补给	0.10	0.02	—	0.02	0.08	—	0.01	0.04	—	—	—
	林地蓄变量	-1.56	-0.12	-0.21	-0.11	-0.83	0.00	-0.25	0.00	0.09	0.63	-0.06
	未利用土地有效降水	2.03	0.00	3.12	0.22	0.12	0.55	3.28	0.10	0.00	0.09	0.28
	未利用土地蒸散量	2.33	0.00	4.57	0.28	0.11	0.76	3.56	0.13	0.01	0.13	0.32
	山前侧向补给	0.02	—	—	0.01	0.00	—	0.04	0.00	—	—	—
	未利用土地蓄变量	-0.28	0.00	-1.45	-0.05	0.01	-0.21	-0.24	-0.03	-0.01	-0.04	-0.04
	生态用地地下水蓄变量	0.46	0.33	-1.17	1.59	-0.57	0.21	4.60	2.21	2.10	-0.27	1.51
2010年生态用地地下水蓄变量计算	水域有效降水	1.03	0.16	0.38	0.68	0.06	0.21	0.78	0.82	0.77	2.93	0.22
	水域蒸散量	8.37	1.59	3.12	5.55	0.45	1.96	6.94	6.04	5.39	20.91	1.79
	河流补给量	9.46	1.83	3.56	6.28	0.51	2.25	8.23	7.58	6.71	19.59	4.27
	山前侧向补给	0.08	0.05	0.00	0.18	0.01	0.00	0.07	0.04	0.00	0.00	0.00
	水域蓄变量	2.20	0.45	0.82	1.59	0.13	0.50	2.14	2.40	2.09	1.61	2.70
	草地有效降水	2.55	1.45	0.90	2.44	2.89	0.00	2.31	2.24	2.28	2.27	0.25
	草地蒸散量	2.90	1.91	1.12	2.88	3.76	0.00	2.70	2.35	2.32	2.10	0.28
	山前侧向补给	0.03	0.06	0.00	0.09	0.09	0.00	0.03	0.01	0.00	0.00	0.00
	草地蓄变量	-0.32	-0.40	-0.22	-0.35	-0.78	0.00	-0.36	-0.10	-0.04	0.17	-0.03
	林地有效降水	8.42	0.42	0.85	0.70	2.43	0.04	1.21	7.06	2.08	7.63	0.58
	林地蒸散量	11.61	0.62	1.26	0.99	3.55	0.05	1.64	7.02	1.98	6.70	0.70
	山前侧向补给	0.09	0.02	0.00	0.03	0.07	0.00	0.02	0.04	0.00	0.00	0.00
	林地蓄变量	-3.10	-0.18	-0.41	-0.26	-1.05	-0.01	-0.41	0.08	0.10	0.93	-0.12
	未利用土地有效降水	1.65	0.00	2.53	0.17	0.05	0.47	1.50	0.03	0.00	0.00	0.23
	未利用土地蒸散量	1.96	0.00	4.12	0.25	0.07	0.65	1.86	0.04	0.00	0.00	0.30
	山前侧向补给	0.02	0.00	0.00	0.01	0.00	0.00	0.02	0.00	0.00	0.00	0.00
	未利用土地蓄变量	-0.29	0.00	-1.59	-0.07	-0.02	-0.18	-0.34	-0.01	0.00	0.01	-0.07
	生态用地地下水蓄变量	-1.51	-0.13	-1.40	0.91	-1.72	0.31	1.03	2.37	2.15	2.72	2.48

在生态用地水平衡计算过程中，水域的地下水蓄变量均为正值，说明水域地下水蓄变量的盈余是生态用地水资源平衡中的主要补给项，而草地及未利用土地的水平衡亏损是生态用地水资源平衡中的主要消耗项。如图5-6所示，1990～2010年，草地与未利用土地地下水蓄变量的变化与地类的面积有密切关系，随着草地与未利用土地的面积减少，在耗水强度较为稳定的情况下，草地与未利用土地耗水总量降低，其地下水蓄变量反向增加。同时，水域面积的减少与水域地下水蓄变量增加量呈现负向关系，随着水域面积减少，水域涵养水资源总量减少，其地下水蓄变量增加量减少。在生态用地地下水蓄变量计算中，由于草地、未利用土地等面积减少，生态用地的耗水总量有所缓解，而水域面积也在减少，水资源补充量降低，生态用地下水蓄变量总体呈现下降趋势。

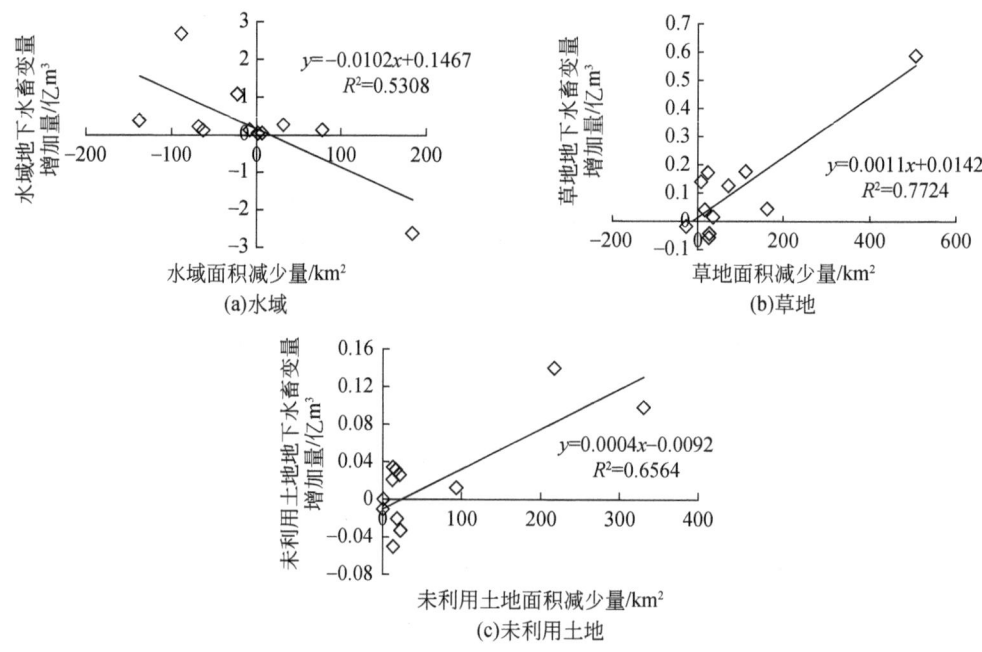

图5-6 黄淮海平原1990～2010年生态用地地下水蓄变量分析

如图5-7所示，从空间上看生态用地分布较为分散，草地、林地及未利用土地主要分布在太行山山脉、渤海湾及淮河流域，因为草地、林地及未利用土地水量失衡，所以水量变化多为负值。根据各地类蒸散发量与面积的关系，1990年草地、林地及未利用土地的单位网格平均耗水强度分别为43.91万m^3/km^2、55.58万m^3/km^2及46.78万m^3/km^2；2010年草地、林地及未利用土地的单位网格平均耗水强度分别为50.93万m^3/km^2、56.59万m^3/km^2及49.39万m^3/km^2。水域作为生态用地中涵养水源的主要土地类型，1990年黄淮海平原水域单位网格地下水水量平均盈余12.34万m^3/km^2，2010年平均盈余14.43万m^3/km^2，虽然单位面积的水域涵养水源能力较为稳定，但1990～2010年，由于子牙河流域、大清河流域、漳卫河流域、黄河下游流域及淮河上游流域水域面积缩小，削弱了水域涵养水源的影响；其中黄河下游流域水域面积减少了183 km²，是水域面积减少最多的流域，相比1990年黄河下游流域水域的地下水蓄变量，2010 年黄河下游流域水域的地下水蓄变量减少了 2.59 亿m³。

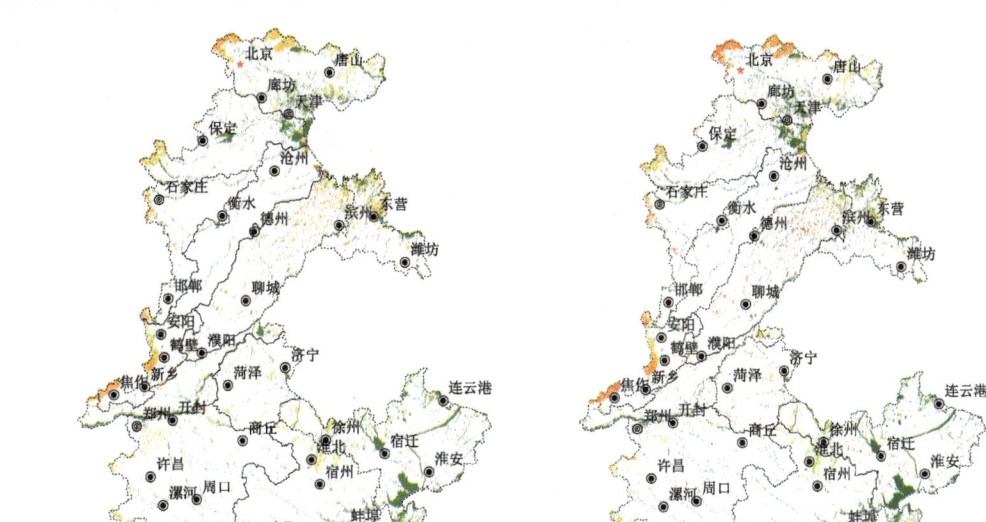

图 5-7　黄淮海平原 1990～2010 年生态用地单位网格地下水蓄变量流域分布

5.5　流域地下水蓄变量

5.5.1　流域地下水蓄变量计算方法

流域水资源蓄变量为

$$\Delta G + \Delta S = \sum_{i=1}^{n}\sum_{j=1}^{Nc_i} \Delta G_{c_{ij}} + \sum_{i=1}^{Na}(\Delta S_{a_i}+\Delta G_{a_i}) + \sum_{i=1}^{Ne}(\Delta S_{e_i}+\Delta G_{e_i}) \quad (5\text{-}26)$$

$$\Delta S = \sum_{i=1}^{Na}\Delta S_{a_i} + \sum_{i=1}^{Ne}\Delta S_{e_i} \approx 0 \quad (5\text{-}27)$$

$$\Delta G = \sum_{i=1}^{n}\sum_{j=1}^{Nc_i}\Delta G_{c_{ij}} + \sum_{i=1}^{Na}\Delta G_{a_i} + \sum_{i=1}^{Ne}\Delta G_{e_i} \quad (5\text{-}28)$$

根据不同地类的划分，以及各地类单位网格水平衡的计算方法不同，可将流域水资源蓄变量进行分解，得到各个地类上的地下水及土壤水的蓄变量，因为以年为时间尺度的变化过程汇总，所以土壤水蓄变量可视为基本不变，即 $\Delta S \approx 0$。那么流域水资源蓄变量相当于可以分解为各个地类水资源蓄变量消耗的情况。

相对误差的计算：

$$\delta = \frac{(X-L)}{L} \times 100\% \quad (5\text{-}29)$$

相对误差指的是测量所造成的绝对误差与被测量真值之比乘以100%所得的数值，以百分数表示。一般来说，相对误差更能反映测量的可信程度。相对误差等于测量值与真值差的绝对值除以真值，再乘以100%。其中，δ为相对误差；X为测量值或者计算值；L为真值。

贡献度计算：

$$CX_c = \frac{\sum_{i=1}^{n}\sum_{j=1}^{Nc_i} \Delta G_{c_{ij1990}} - \sum_{i=1}^{n}\sum_{j=1}^{Nc_i} \Delta G_{c_{ij2010}}}{\Delta G_{1990} - \Delta G_{2010}} \quad (5\text{-}30)$$

$$CX_a = \frac{\sum_{i=1}^{Na} \Delta G_{a_{i1990}} - \sum_{i=1}^{Na} \Delta G_{a_{i2010}}}{\Delta G_{1990} - \Delta G_{2010}} \quad (5\text{-}31)$$

$$CX_e = \frac{\sum_{i=1}^{Ne} \Delta G_{e_{i1990}} - \sum_{i=1}^{Ne} \Delta G_{e_{i2010}}}{\Delta G_{1990} - \Delta G_{2010}} \quad (5\text{-}32)$$

式中，CX_i为i地类的在地下水蓄变量中的贡献率；若CX_i为正值，表示i地类的地下水蓄变量与流域的地下水蓄变量同方向，对流域的地下水蓄变量变化起推动作用。

5.5.2 流域地下水蓄变量结果

通过流域水资源蓄变量公式，计算出整个流域地下水的蓄变量。1990年与2010年两期降水量在1990~2010年均为平水年[16,17]，所以流域地下水蓄变量变化主要是用水量的变化。如图5-8所示，1990年所计算出的各个流域地下水蓄变量与20世纪90年代初此区域基于全国地下水资源评价的超采量最大相对误差为11.39%[18]。2010年所计算的各个流域地下水蓄变量与全国地下水动态信息黄淮海平原2010年地下水蓄变量实际监测数据最大相对误差为13.66%[19]。单位网格水平衡方法的地下水蓄变量计算结果与实测数据在流域尺度有较好的一致性，说明此方法具有可行性。

将两期各个流域地下水蓄变量进行汇总，并测算不同地类的贡献度。如表5-5所示，2010年与1990年相比，北四河下游流域地下水蓄变量减少了36.06亿m³，建设用地耗水导致的地下水蓄变量减少为21.51亿m³，贡献率达到59.65%，建设用地耗水变化是北四河下游流域地下水超采的主要原因。而子牙河流域、徒骇马颊河流域、大清河流域、漳卫河流域、黑龙港运东流域、黄河下游流域、淮河流域及南四湖流域，耕地耗水贡献率都在50%以上，说明耕地耗水是地下水蓄变量变化的主要原因。与此同时，在1990~2010年子牙河流域、大清河流域、黑龙港运东流域地下水蓄变量持续失衡，亏缺量分别增加了20.25亿m³、28.35亿m³及23.08亿m³。南四湖流域由于地下水蓄变量变化较小，2010年建设用地与生态用地地下水蓄变量相比1990年均有所增加，造成耕地耗水的贡献度极高。

此外，由于水域面积的减少，黄河下游地下水蓄变量在减少，生态用地贡献率高达23.66%，是所有流域中最高的。

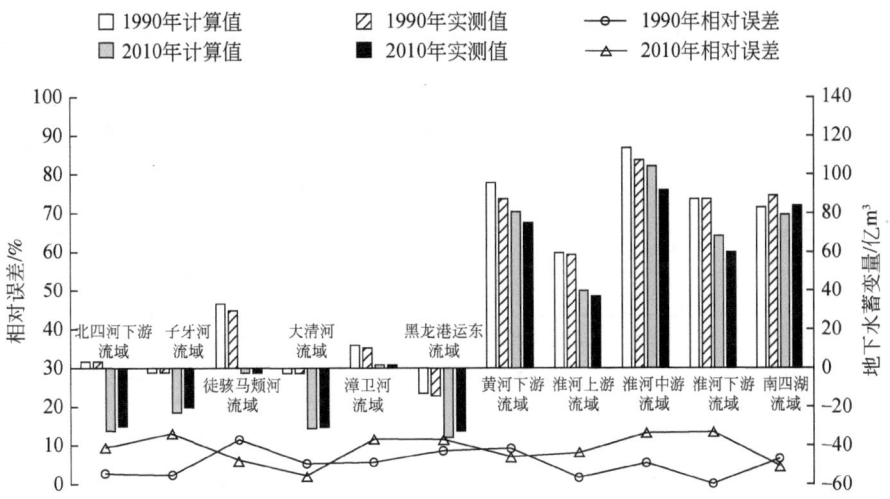

图 5-8　黄淮海平原各个流域 1990 年与 2010 两期地下水蓄变量计算值与实测值对比

表 5-5　黄淮海平原 1990~2010 年流域地下水蓄变量计算

流域	地下水蓄变量变化计算/亿m³			地下水蓄变量变化贡献度/%		
	1990年地下水蓄变量	2010年地下水蓄变量	地下水蓄变量变化	建设用地	耕地	生态用地
北四河下游流域	3.39	-32.67	-36.06	59.65	34.89	5.46
子牙河流域	-2.19	-22.44	-20.25	20.94	76.79	2.27
徒骇马颊河流域	33.05	-2.25	-35.30	26.01	73.34	0.65
大清河流域	-2.51	-30.86	-28.35	46.28	51.32	2.40
漳卫河流域	11.42	1.89	-9.53	23.40	64.53	12.07
黑龙港运东流域	-13.08	-36.16	-23.08	33.71	66.72	-0.43
黄河下游流域	95.54	80.45	-15.09	-3.05	79.39	23.66
淮河上游流域	59.36	40.14	-19.22	40.11	60.72	-0.83
淮河中游流域	113.60	104.41	-9.19	44.61	55.93	-0.54
淮河下游流域	87.13	68.33	-18.80	61.28	54.62	-15.90
南四湖流域	83.12	79.37	-3.75	-34.67	160.54	-25.87

在黄淮海平原，土地利用类型变化大致呈现生态用地转换为耕地，耕地转换为建设用地的态势。如表 5-6 所示，因为建设用地单位网格的耗水强度大于耕地单位网格的耗水强度，所以在耕地净转入建设用地时，造成了 27.76 亿m³ 地下水蓄变量的减少。同时，耕地单位网格的耗水强度大于同期草地及未利用土地单位网格的耗水强度，由于草地、未利用土地与耕地的地类转换，分别造成了 1.25 亿m³、1.06 亿m³ 地下水蓄变量的减少。黄淮海

平原低耗水强度土地利用类型向高耗水强度土地利用类型转换,这是造成各流域地下水蓄变量均减的原因之一。

表 5-6　黄淮海平原 1990 年与 2010 年不同土地利用下水资源蓄变量转移矩阵　　（单位：亿m³）

土地利用类型		2010 年					
		耕地	建设用地	草地	水域	林地	未利用土地
1990 年	耕地	-105.89	-65.3	0.67	33.45	0.68	0.4
	建设用地	37.54	-76.36	0.62	6.61	0.41	0.23
	草地	-1.25	-1.24	0.03	2.6	0.01	0.00
	水域	-32	-7.19	-0.08	-10.16	-0.16	-0.06
	林地	-0.82	-0.89	0.01	1.15	0.13	0.01
	未利用土地	-1.06	-2.27	0.00	1.62	0.00	-0.05

如图 5-9 所示,从空间上看 2010 年黄河以北的海河流域单位网格地下水蓄变量下降程度较 1990 年更严重,地下水水量下降超过 200mm 的单元网格数量明显增多,主要集中在大清河流域、子牙河流域及黑龙港运东流域,而石家庄地下水漏斗、保定地下水漏斗、霸州地下水漏斗及沧州地下水漏斗就位于以上流域[20]。如果仍保持单元网格的耗水失衡,地下水水量严重下降带来的后果将不堪想象,因此亟须对不同的单元网格进行用水强度控

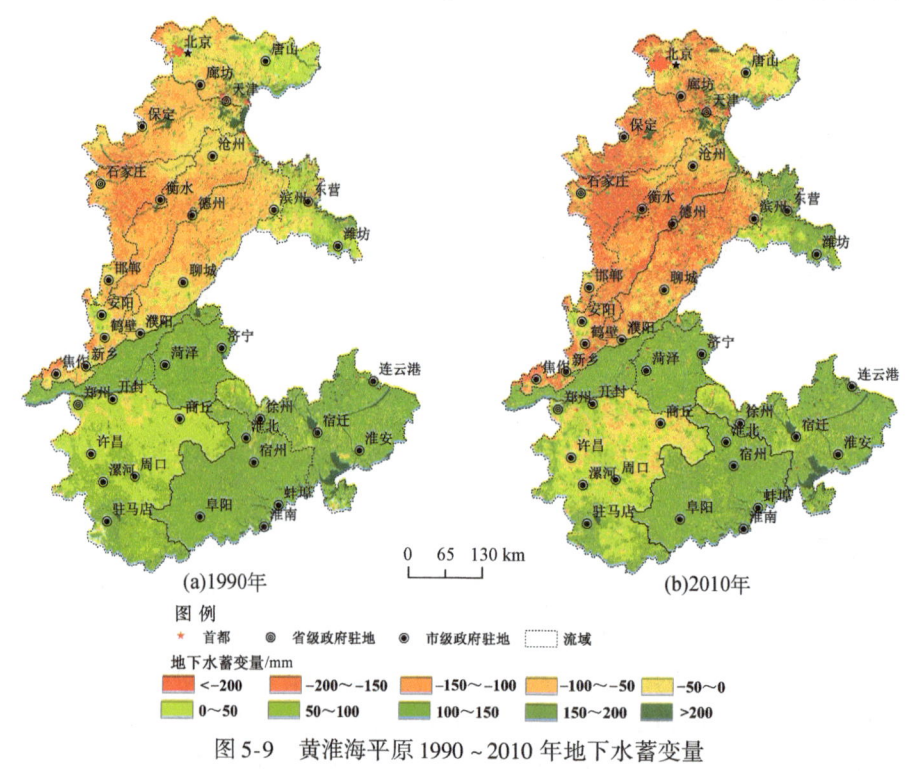

图 5-9　黄淮海平原 1990~2010 年地下水蓄变量

制，优化流域土地利用结构，缓解流域水资源失衡区地下水水量下降的趋势。在黄河以南的淮河上游流域，单位网格地下水蓄变量为负值的面积逐渐增多，地下水蓄变量值急剧降低，具有流域整体水平衡失衡的趋势，需要对局部超采区降低单元网格用水强度。黄河下游流域、南四湖流域及淮河中下游流域地下水蓄变量为正值，地下水水量下降较不明显，说明这些流域水资源量存在盈余，可以进一步提高用水效率，充分挖掘水资源利用潜力。

5.6 本章小结

本章利用遥感数据，结合空间统计方法，面向流域水资源短缺问题，应用单位网格水平衡法，通过1990年与2010年土地利用现状图形成网格数据集，考虑了自然和社会经济的双重影响，避开了复杂的产汇流机制研究及庞大的数据需求，较好地计算出了1990年与2010年两期地下水蓄变量结果。各流域2010年地下水蓄变量相对1990年均在减少，1990~2010年子牙河流域、大清河流域、黑龙港运东流域地下水蓄变量均是持续亏缺，2010年北四河下游流域及徒骇马颊河流域出现了整个流域的地下水蓄变量为负值。黄河以南的流域虽然没有出现流域整体水平衡失衡，但地下水蓄变量均出现了下降。在流域两期地下水蓄变量变化中，北四河下游流域、淮河下游流域的建设用地耗水贡献率达到50%以上，说明建设用地耗水成为流域地下水蓄变量减少的主要原因；而子牙河流域、徒骇马颊河流域、大清河流域、漳卫河流域、黑龙港运东流域、黄河下游流域、淮河下游流域及南四湖流域，耕地耗水贡献率都在50%以上，说明耕地耗水成为流域地下水蓄变量减少的主要原因。

黄淮海平原单位网格耗水强度的排序为：建设用地>耕地>生态用地，而且建设用地与农业用地单位网格的耗水强度仍在不断增加。建设用地的面积增加，建设用地单位网格地下水蓄变量减少；农业用地中单位面积粮食产量增加，耕地单位网格蒸散发量也会增加，从而降低单位网格地下水蓄变量；水域面积减少，水域单位网格地下水蓄变量也减少。土地利用结构的变化特征与土地利用强度增大是黄淮海平原地下水水位下降的重要原因。

参 考 文 献

[1] 吴炳方，闫娜娜，蒋礼平，等. 流域耗水平衡方法与应用 [J]. 遥感学报，2011，15（2）：281-297.

[2] 中国科学院资源环境科学数据中心. 土地利用数据 [EB/OL]. www.resdc.cn/data.aspx? DATAID=95（2012-2-20）[2016-6-6].

[3] 中国气象数据网. 中国地面累年值年值数据 [EB/OL]. http://data.cma.cn/data/detail/dataCode/A.0029.0005.html（2012-8-28）[2016-6-6].

[4] 国家地球系统数据共享平台—全球变化模拟集成科学数据中心. IBIS模型输出的全球蒸散发数据集 [EB/OL]. http://www.geodata.cn/data/datadetails.html? dataguid=34393876222592&docid=1473（2016-11-5）[2016-12-6].

[5] 美国国家航空航天局. MODIS全球蒸散发产品 [DB/OL]. https://modis.gsfc.nasa.gov/data/dataprod/

mod16. php（2016-3-4）[2016-12-6].

［6］水利部海河水利委员会. 海河流域水资源公报[EB/OL]. http：//www. hwcc. gov. cn/hwcc/wwgj/xxgb/szygb/（2011-4-1）[2016-12-6].

［7］水利部黄河水利委员会. 黄河流域水资源公报[EB/OL]. http：//www. yellowriver. gov. cn/other/hhgb/（2011-4-1）[2016-6-6].

［8］水利部淮河水利委员会. 淮河流域水资源公报[EB/OL]. http：//szy. hrc. gov. cn/SystemPortal/Portal/Main/Index. aspx？ID=9（2011-4-1）[2016-6-6].

［9］河北省环境地质勘查院. 河北省地下水资源勘查报告[EB/OL]. http：//www. hegeoenv. com/Home/ArticleList/41（2016-9-26）[2016-12-6].

［10］钱健, 赵智杰. 基于简单水平衡模型的流域 LUCC 水文效应模拟研究[J]. 水土保持研究, 2009, 16（3）：11-15.

［11］王静爱, 毛睿, 周俊菊, 等. 基于入户调查的中国北方人口生活耗水量估算与地域差异[J]. 自然资源学报, 2006, 21（2）：231-237.

［12］中国经济与社会发展统计数据库. 县市统计年鉴[EB/OL]. http：//tongji. cnki. net/kns55/Navi/HomePage. aspx？id=N2016030043&name=YXSKU&floor=1（2011-12-1）[2016-6-6].

［13］吴喜芳, 沈彦俊, 张丛, 等. 基于植被遥感信息的作物蒸散量估算模型-以华北平原冬小麦为例[J]. 中国生态农业学报, 2014, 22（8）：920-927.

［14］胡兴林, 肖洪浪, 蓝永超, 等. 黑河中上游段河道渗漏量计算方法的试验研究[J]. 冰川冻土, 2012, 34（2）：460-468.

［15］王淑华. 介绍几种计算河流渗漏补给量的公式[J]. 地下水, 1985,（1）：52-54.

［16］尹军, 杨志勇, 袁喆, 等.1961-2011 年黄淮海地区极端降水时空变化特征[J]. 灾害学, 2015,（3）：71-75.

［17］赵林, 武建军, 吕爱锋, 等. 黄淮海平原及其附近地区干旱时空动态格局分析——基于标准化降雨指数[J]. 资源科学, 2011, 33（3）：468-476.

［18］张宗祜, 李烈荣. 中国地下水资源与环境图集[M]. 北京：中国地图出版社, 2004.

［19］全国地下水动态信息网. 地下水蓄变量实际监测数据[EB/OL]. http：//www. groundwater. cn/basicSearch. html？tablename=%u5730%u4E0B%u6C34%u89C2%u6D4B%u4E95%u57FA%u672C%u60C5%u51B5%u8868（2011-9-5）[2016-6-6].

［20］费宇红, 苗晋祥, 张兆吉, 等. 华北平原地下水降落漏斗演变及主导因素分析[J]. 资源科学, 2009, 31（3）：394-399.

第三部分

黄淮海平原耕地资源休养生息战略分区与战略方案

这部分内容是确定黄淮海平原耕地资源休养生息战略在不同空间上的部署方案，是本研究的核心部分，如下图所示。首先，基于第二部分的水土资源机理研究，"自上而下"地在宏观层面识别耕地资源不合理利用导致地下水超采问题的空间范围及程度级别，进行不同区域耕地资源休养生息模式的宏观分区。其次，通过大范围、深层次详细的实地调查与农户调查，结合不同区域的耕地资源立地条件、经济发展水平、耕地资源利用情况、农户意愿等方面，"自下而上"对耕地资源休养生息的宏观分区进行调整，形成在宏观上可控制、在中观上可协调、在微观上可实现的耕地资源休养生息时序、力度与空间布局。这部分内容是黄淮海平原源耕地资源休养生息战略分区"自上而下"地从理论到实际的实现过程，也是黄淮海平原源耕地资源休养生息战略方案"自下而上"地从实际到政策的调整过程，还是战略推进的核心方案。

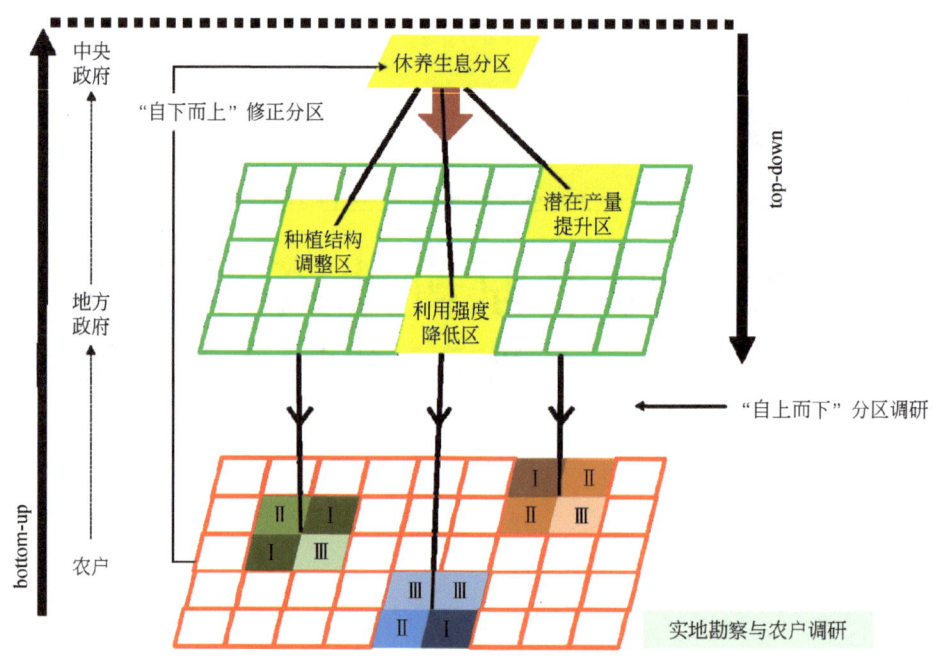

黄淮海平原耕地资源休养生息战略分区与战略方案概念图

第6章基于第二部分的水土资源机理研究，通过对黄淮海平原300多个县域的调研，分别从农户的灌溉、种植、投入产出情况，分析黄淮海平原农户土地利用特征、土地投入强度及土地利用产出，同时基于农户调研得到地下水位下降程度、耕地利用程度情况，"自下而上"进行修正分区。

第7章基于黄淮海平原不同种植制度的水分消耗及不同栽培模式的水分消耗，将黄淮海平原耕地资源休养生息战略方案设定为两种类型三种方式，并分析了黄淮海平原各省市耕地资源休养生息情况。

第 6 章　基于农户调研的耕地休养生息区划形成

6.1　黄淮海平原耕地资源休养生息理论区划

依据地下水时空变化情况,北四河下游流域、子牙河流域、漳卫河流域浅层地下水水位下降速度大于1m/a,大清河流域、黑龙港运东流域、徒骇马颊河流域深层地下水水位下降速度大于2m/a,按照《地下水超采区评价导则》[1],以上流域符合地下水严重超采区的条件。同时,基于土地利用变化对地下水资源量变化效应的研究,黄淮海以北的子牙河流域、徒骇马颊河流域、黑龙港运东流域、黄河下游流域的耕地耗水贡献率达到50%以上,说明耕地耗水是流域地下水蓄变量减少的主要原因,所以将北四河下游流域、子牙河流域、徒骇马颊河流域、大清河流域、漳卫河流域、黑龙港运东流域等黄河以北的流域作为黄淮海平原耕地资源休养生息的重点区域(图6-1)。

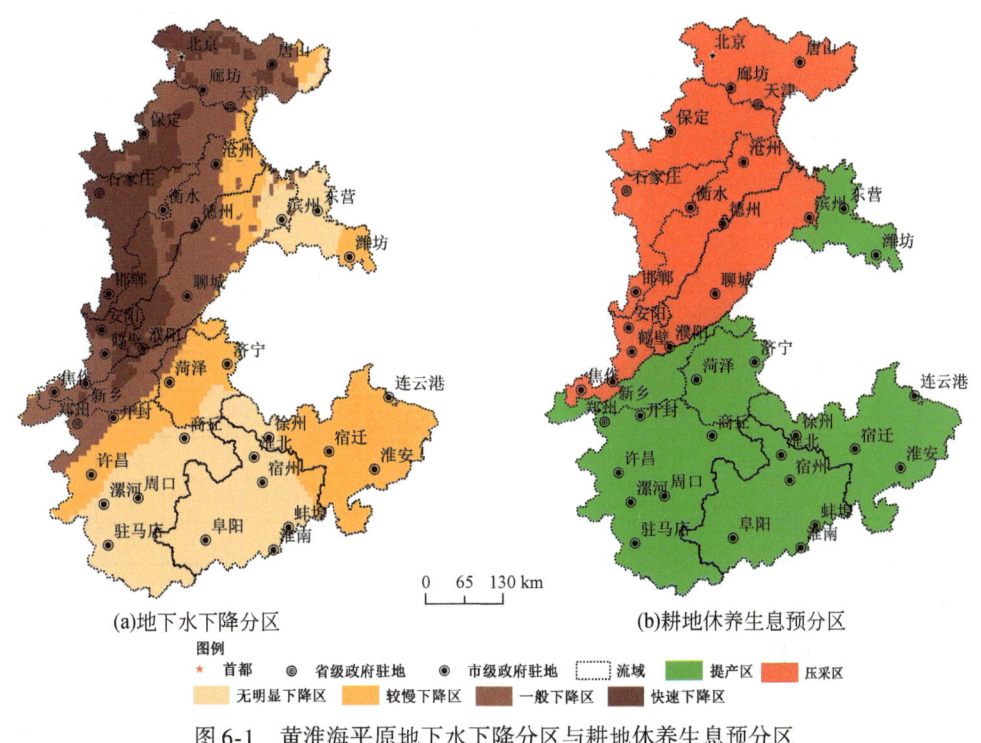

图 6-1　黄淮海平原地下水下降分区与耕地休养生息预分区

6.2 农户土地利用特征分析

6.2.1 农户样本描述

各分区农户样本特征如表6-1所示,因区域面积不一,农户样本数据及比例分区差异较大。受访农户年龄一般在30岁以上,60岁以上农户占相当比例,30岁以下的农户极少,在一定程度上表现出农户耕作主体的老龄化。受访农户性别总体上男性比女性多。受访农户受教育水平普遍较低,小学文化程度的占总数的43.0%,所占比例最大,其次为初中,所占比例为38.1%。农户劳动力类型分布中,70.5%的受访农户为务农,其次为兼业(26.4%),外出打工占比较低。

表6-1 各分区农户样本特征

项目		北四河下游流域	大清河流域	黑龙港运东流域	黄河下游流域	徒骇马颊河流域	子牙河流域	漳卫河流域	南四湖流域	淮河下游流域	淮河中游流域	淮河上游流域	黄淮海平原
样本分布	数量/份	77	45	138	64	150	46.0	20	71	86	107	118	922
	百分比/%	8.4	4.8	15	6.9	16.3	5.0	2.2	7.7	9.3	11.6	12.8	100
农户年龄	<30/%	2.6	1.1	2.2	1.6	2.7	1.1	5	4.2	5.9	2.8	3.4	3
	30~60/%	51.9	29.6	51.4	67.2	48.7	30.2	75	54.9	48.2	55.1	49.2	53.6
	>60/%	45.5	18.8	46.4	31.3	48.7	19.2	20	40.8	45.9	42.1	47.5	43.4
农户性别	男/%	58.4	36.9	71.7	71.9	68.7	37.8	60	77.5	59.3	69.2	70.3	69
	女/%	41.6	12.5	28.3	28.1	31.3	12.8	40	22.5	40.7	30.8	29.7	31
农户受教育水平	无/%	15.4	5.0	20.6	1.7	7.5	5.1	0	9.1	3	8	0	8.8
	小学/%	49.2	20.6	36.8	35	39.6	21.0	33.3	36.4	67.2	39	51.4	43
	初中/%	27.7	20.6	33.8	55	39.6	21.0	61.1	37.9	19.4	43	39.4	38.2
	高中及以上/%	7.7	3.3	8.8	8.3	13.4	3.4	5.6	16.7	10.4	10	9.2	10.1
农户劳动力类型	务农/%	77.1	40.5	83.7	63.3	65.9	41.5	33.3	59.7	87.2	61.2	58.6	70.5
	兼业/%	21.4	8.9	13.3	36.7	27.3	9.1	55.6	29.9	12.8	37.9	38.7	26.4
	外出打工/%	1.4	0	2.2	0	3.8	0	11.1	9	0	1	1.8	2.3
	其他/%	0	0	0.7	0	3	0	0	1.5	0	0	0.9	0.8

6.2.2 农户土地利用类型特征

小麦、玉米一年两熟作物是黄淮海平原主要的作物类型。根据调研样本,小麦种植面积占耕地面积的 79.83%，玉米种植面积占耕地面积的 68.09%，此外春玉米与水稻的种植比例为 8.76%。黄淮海平原不同分区农户的土地利用类型差异较大（表 6-2，图 6-2）。北四河下游流域（京津唐平原）因经济发展水平较高，且光热条件较差，因此种植小麦、玉米的面积比例较低。小麦、玉米种植比例约占 1/3，约有 43.73% 耕地种植春玉米，反映了在北四河下游流域农户粗放经营外出打工的普遍现象。此外，水稻种植比例为 6.38%，主要分布在天津等水资源条件较好的地区。大清河流域小麦、玉米比例占 85% 以上，棉花、蔬菜等作物比例分别为 3.83%、1.23%。黑龙港运东流域（黄海平源河北），小麦、玉米的种植面积占一半以上，因与北四河下游流域相近的地理位置与经济发展水平，也有部分种植春玉米的农户，但种植比例低于北四河下游流域，此外棉花的种植比例较高，占 13.57%。黄河下游流域（黄海平原河南）、漳卫河流域（太行山麓平原河北）、淮河下游流域（徐淮低平原）和淮河中游流域（皖北平原）种植小麦的比例较高，淮河上游流域（豫东平原）因有部分农户种植花生，玉米的种植比例稍低一些。子牙河流域（太行山麓平原河北）、徒骇马颊河流域（黄河平原山东）、南四湖流域（胶西黄泛平原）小麦与玉米种植比例占 80% 以上。淮河中游流域除小麦和玉米种植类型外，大豆的种植比例占 12.44%，而淮河下游流域因水资源丰富，小麦、水稻是主要的种植类型，其中水稻的种植比例为 68.92%。

表 6-2　农户土地利用类型　　　　　　　　　　　　（单位:%）

流域	小麦	玉米	春玉米	水稻	棉花	大豆	花生	蔬菜	其他
北四河下游流域	33.38	35.67	43.73	6.38	0.61	0.00	7.14	0.00	3.65
大清河流域	86.01	85.81	0.06	0.00	3.83	0.65	0.06	1.23	1.32
黑龙港运东流域	58.09	61.57	20.29	0.00	13.57	0.00	0.60	0.00	2.64
黄河下游流域	97.99	93.63	0.00	5.70	0.00	0.00	0.67	0.00	0.00
徒骇马颊河流域	86.91	86.96	4.09	0.00	4.27	0.31	0.00	1.05	1.95
子牙河流域	87.68	89.17	5.61	0.00	0.37	1.22	0.37	1.31	0.67
漳卫河流域	93.56	93.56	1.29	0.00	0.00	0.00	0.00	0.00	6.44
南四湖流域	84.16	80.99	0.11	3.07	7.78	0.00	0.18	0.00	6.96
淮河下游流域	94.32	24.48	0.00	68.92	0.00	1.04	1.21	0.00	0.27
淮河中游流域	95.83	77.03	0.36	5.65	0.00	12.44	1.31	0.71	1.79
淮河上游流域	91.21	67.37	0.18	1.11	0.00	3.05	22.01	0.33	2.22
黄淮海平原	**79.83**	**68.09**	**8.76**	**8.88**	**3.85**	**2.04**	**3.79**	**0.40**	**2.28**

注：某作物种植比例是通过该作物种植面积/总种植面积所得。

6.2.3　农户土地利用程度分析

本研究采用复种指数与有限灌溉比率两个指标反映土地利用程度。其中，复种指数的计算为农户水平下总播种面积与耕地面积的比值；有限灌溉比率为有效灌溉面积与耕地面积的比值，反映的是农户水平下的灌溉能力。

图 6-2 主要粮食作物分布

复种指数反映了当地热量、土壤、水分等水平,是衡量耕地集约化利用程度的基础性指标[2],也是区域粮食增产最简单直接并且行之有效的方式,对保障我国粮食安全发挥了重要作用。根据农户调研,计算出黄淮海平原平均复种指数值为 1.82,区际差异不大,区域内变异系数较小,表明黄淮海平原土地利用水平较高。其中,因北四河下游流域种植春玉米的影响,该分区复种指数水平较低,且分区内的差异较大,总体标准偏差值为 0.43,变异系数为 31.61%(表 6-3)。同样,因种植春玉米黑龙港运东流域复种指数水平略偏低,分区内差异略大。黄河下游流域、漳卫河流域复种指数水平最高,淮河中游流域次之,其分区的差异性均小于北四河下游流域及黑龙港运东流域。

表 6-3 农户复种指数

流域	最小值	最大值	平均值	标准差	变异系数/%
北四河下游流域	0.50	2.00	1.37	0.43	31.61
大清河流域	0.50	2.00	1.60	0.43	27.00
黑龙港运东流域	0.50	2.00	1.61	0.42	26.16
黄河下游流域	1.14	2.00	1.98	0.13	6.56
徒骇马颊河流域	0.50	2.00	1.86	0.33	17.59
子牙河流域	1.00	2.00	1.88	0.26	13.97
漳卫河流域	1.60	2.00	1.98	0.09	4.40

续表

流域	最小值	最大值	平均值	标准差	变异系数/%
南四湖流域	1.00	2.00	1.85	0.30	16.43
淮河下游流域	0.51	2.00	1.90	0.27	14.15
淮河中游流域	1.00	2.00	1.96	0.14	6.88
淮河上游流域	0.55	2.00	1.92	0.25	12.83
黄淮海平原	**0.50**	**2.00**	**1.82**	**0.35**	**19.24**

有效灌溉比率反映了区际之间的灌溉强度，对于确定休养生息区域具有重要的指示作用。根据农户样本分析（表6-4，图6-4），黄淮海平原平均有效灌溉比率为0.83，灌溉强度较高，但区际差异性很大。因为黄河水系与地下水资源相互补充，漳卫河流域、南四湖流域有效灌溉比率最高，在0.96及以上，且变异系数小，意味着区域内部差异小；其次为大清河流域、子牙河流域、黑龙港运东流域、黄河下游流域、徒骇马颊河流域，有效灌溉比率在0.82~0.95之间，分区内差异较小；北四河下游流域有效灌溉比率值为0.82。相反，徐淮低平原、淮河下游流域、淮河中游流域、淮河上游流域降水量大，降水成为作物需求水分的主要来源，各地区对灌溉设施的投入水平较低，基础设施不完善，有效灌溉比率较低。尤其在安徽地区，各县（市、区）经济水平相对较差，在灌溉设施不健全的情况下，其有效灌溉比率的强差异性是有农户自身投入差异引起的。

表6-4 农户有效灌溉比率

分区	最小值	最大值	平均值	标准差	变异系数/%
北四河下游流域	0	1.00	0.82	0.36	44.01
大清河流域	0	1.00	0.95	0.30	35.01
黑龙港运东流域	0	1.00	0.86	0.29	34.10
黄河下游流域	0	1.00	0.92	0.22	23.96
徒骇马颊河流域	0	1.00	0.93	0.18	19.77
子牙河流域	0.40	1.00	0.95	0.13	13.70
漳卫河流域	0.50	1.00	0.97	0.12	12.90
南四湖流域	0	1.00	0.96	0.15	15.96
淮河下游流域	0	1.00	0.70	0.31	44.18
淮河中游流域	0	1.00	0.59	0.45	77.00
淮河中游流域	0	1.00	0.77	0.37	47.61
黄淮海平原	**0**	**1.00**	**0.83**	**0.32**	**38.56**

6.2.4 农户土地投入强度分析

农户的土地投入主要表现为农户将资金和劳动力通过一定的物质载体以一定的投入方

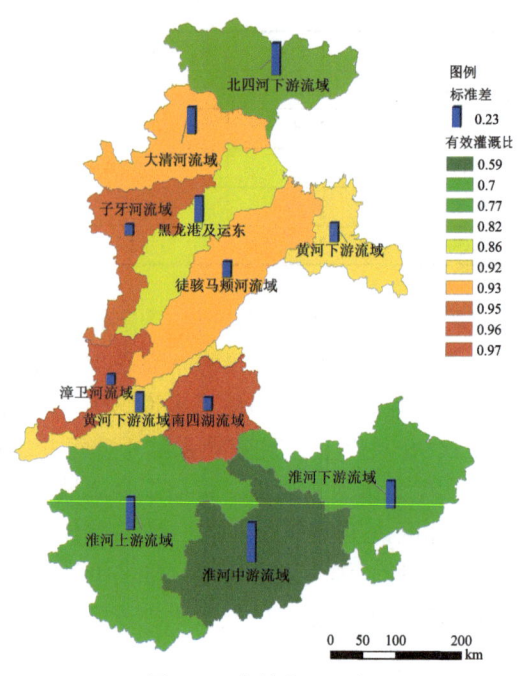

图 6-3 有效灌溉比率

式投入到土地中。其中，资金的投入主要包括种子、化肥、有机肥、农药、灌溉、农膜和机械动力等生产投入。劳动力投入分为自用工投入和雇工投入两个方面。本研究依据黄淮海平原农户土地投入的特点，选用灌溉来源及次数、种子、化肥、农药、机械化 5 个指标来表征农户土地投入强度，劳动力投入暂不考虑。

（1）灌溉来源

根据样本分析（图 6-4），黄淮海平原以地下水为主要灌溉来源，地下水灌溉占 67.7%，地表水灌溉占 24.2%，无灌溉占 8.1%，南北区域差异很大。大清河流域、子牙河流域以及漳卫河流域因靠近内陆，地下水几乎是唯一的灌溉来源，其比例达 90% 以上。淮河上游流域虽处于黄淮海平原南部地区，但因处于内陆，地下水灌溉占 87%。黑龙港运东流域因区域内少量湖泊、河流分布，约有 18% 为地表水灌溉，81% 为地下水灌溉。北四河下游流域与南四湖流域地下水灌溉分别占 75% 与 74%。黄河下游流域因黄河水系经过，黄河水灌溉成为重要的灌溉方式，但地下水灌溉仍是最重要方式。无灌溉主要集中在黄淮海平原南部地区，以淮河下游流域、淮河中游流域最为显著，其比例在 30% 左右。此外徐淮低平原地表水灌溉占 64%，成为该区域主要灌溉方式（图 6-5）。

（2）灌溉次数

灌溉次数指标是决定耕地资源休养生息战略的重要指标。根据样本分析（表 6-5），黄淮海平原小麦平均灌溉次数为 2.14 次/a，区级差异明显。北四河下游流域地区灌溉次数最多，平均值为 3.80 次/a，总体标准偏差与其他分区相比较小。大清河流域平均灌

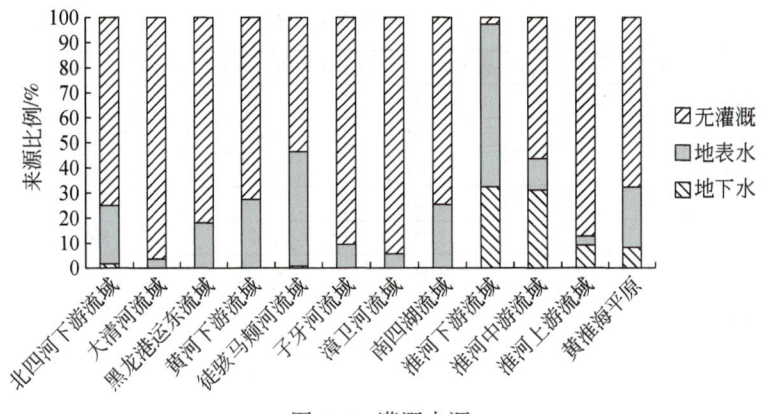

图 6-4　灌溉来源

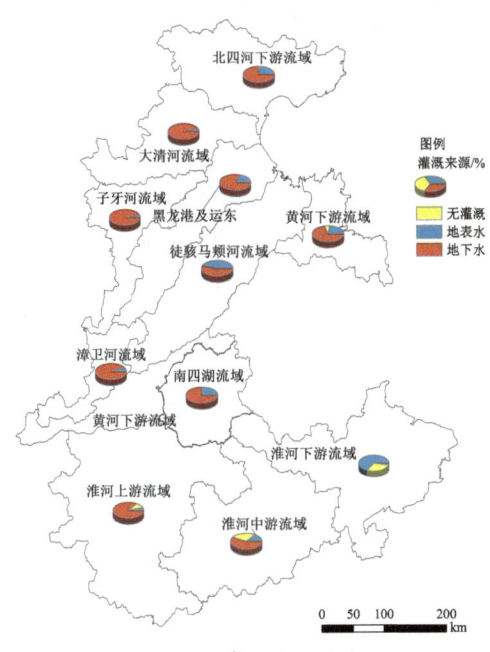

图 6-5　灌溉来源分布

次数为 3.42 次/a，仅次于北四河下游流域。子牙河流域平均灌溉次数为 3.40 次/a，比黑龙港运东流域多 0.31 次/a，其次为黄河下游流域、徒骇马颊河流域，平均灌溉次数分别为 2.47 次/a、2.38 次/a。受降水分布不均影响，南四湖流域、淮河上游流域灌溉次数较少，且分区内差异较大。淮河下游流域与淮河中游流域降水丰富，平均灌溉次数均小于 1 次/a。

表6-5 小麦灌溉次数

流域	最小值/(次/a)	最大值/(次/a)	平均值/(次/a)	标准差/(次/a)	变异系数/%
北四河下游流域	2.00	6.00	3.80	0.82	21.67
大清河流域	0	6.00	3.42	1.00	29.25
黑龙港运东流域	0	5.00	3.09	0.90	28.97
黄河下游流域	1.00	5.00	2.47	0.87	35.47
徒骇马颊河流域	0	5.00	2.38	0.82	34.61
子牙河流域	1.00	4.00	3.40	0.99	29.26
漳卫河流域	1.50	4.00	3.08	0.67	21.89
南四湖流域	0	4.50	1.96	0.98	50.28
淮河下游流域	0	5.00	0.50	0.91	182.11
淮河中游流域	0	6.00	0.44	0.72	165.73
淮河上游流域	0	4.00	1.43	1.04	73.21
黄淮海平原	**0**	**6.00**	**2.14**	**1.41**	**65.91**

(3) 土地各投入要素

本研究以土地各投入要素费用的形式来表征各分区土地投入水平。如图6-6所示,黄淮海平原土地投入要素总费用分区差异较小,北四河下游流域是土地投入费用最高的地区,总投入费用为582元/亩,相反淮河上游流域是土地投入费用最低的地区,总投入费用为439元/亩,各分区投入总体水平差异在150元/亩以内。此外,大清河流域、黑龙港运东流域、子牙河流域投入水平也相对较高,且黑龙港运东流域投入水平稍高于子牙河流域,黄淮海平原南部地区整体投入水平低。在土地投入各要素之间,化肥费用最高,占总投入费用的30%~40%,其次为机械化费用占总投入费用的25%~30%,农药费用较低,一般打农药次数为2~3次/a,总投入费用为30~60元/亩。因各地灌溉来源、灌溉次数及灌溉单价不一,各分区灌溉费用差异非常大。

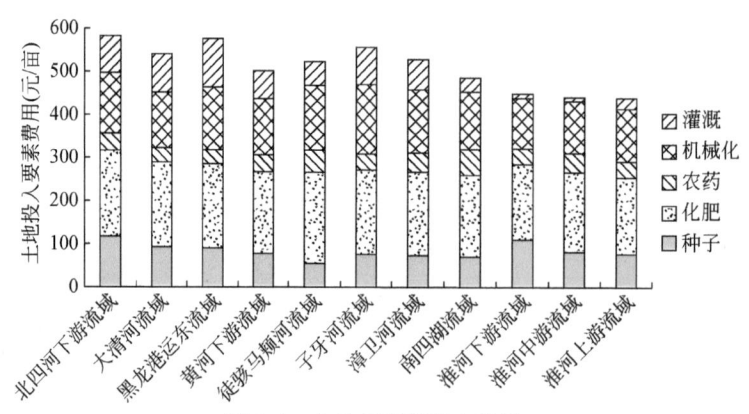

图6-6 土地各要素投入费用

各分区土地投入要素之间差异如图6-7所示。其中,灌溉投入差异性最明显,黑龙港运东流域灌溉投入水平最高,约为112元/亩,大清河流域、子牙河流域、北四河下游流域灌溉投入分别为89元/亩、86元/亩、85元/亩,而淮河中游流域与淮河下游流域灌溉投入水平最低，分别为 8 元/亩与 10 元/亩。机械化水平方面，子牙河流域机械化程度最高，费用在 161 元/亩，其次为徒骇马颊河流域、漳卫河流域，淮河下游流域机械化程度最低，费用为 116 元/亩。机械化水平受当地经济发展水平、农户耕种热情及地块零散程度影响。根据调研分析，河北地区经济发展水平高，农业种植是收入的重要来源，因此机械化程度高，而安徽等地区因经济落后，且地块零散，粮食产量低，相对会减少机械化的投入强度，农户大多自己播种或收割。种子的投入强度差异也比较大。

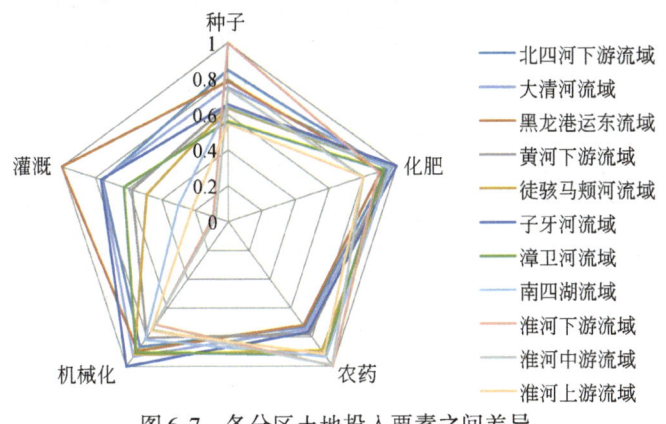

图 6-7　各分区土地投入要素之间差异

（4）耕地利用投入集约度计算

耕地利用投入集约度可表征各分区在耕地投入水平上的整体差异性[3,4]。耕地利用投入集约度选取的指标为耕地利用过程中的主要投入要素，即种子、化肥、农药、机械化、灌溉 5 个指标。首先确定各指标权重，然后算分区集约度值。

确定指标权重的方法很多，主要分为两个大类，即主观赋值法和客观赋值法。主观赋值法是专家根据经验进行主观判断得到权重；客观赋值法根据数据挖掘指标之间的关系[5]。本研究采用客观赋值法中的变异系数法来确定指标权重。此方法的基本做法是：在评价指标体系中，指标取值差异越大的指标，也就是越难以实现的指标，这样的指标更能反映被评价单元的差异。

由于评价指标体系中的各项指标的量纲不同，不宜直接比较其差异程度。为了消除各项评价指标的量纲不同的影响，需要用各项指标的变异系数来衡量各项指标取值的差异程度。各项指标的变异系数公式如下：

$$V_i = \frac{\sigma_i}{A_i} \quad (i=1, 2, \cdots, n) \tag{6-1}$$

式中，V_i 为第 i 项指标的变异系数，即标准差系数；σ_i 为第 i 项指标的标准差；A_i 为第 i 项指标的平均值。

各项指标的权重为

$$W_i = \frac{V_i}{\sum_{i=1}^{n} V_i} \tag{6-2}$$

根据计算,各指标的权重见表6-6。

表6-6 耕地利用投入要素指标权重

项目	种子	化肥	农药	机械化	灌溉
权重值	0.15	0.12	0.15	0.13	0.45

因灌溉水平在各个分区的差异很大,其权重值最高,为0.45,其余指标的权重值差异不大。化肥的权重值较小,也表明分区间化肥的投入水平相较于其他指标分异较小。分区间耕地利用投入集约度结果如图6-8所示。耕地利用投入集约度的值均在0.4以上,但分区差异明显,整体呈现黄淮海平原北部地区大于南部地区。处于黄淮海平原北部地区的黑龙港运东流域耕地利用投入集约度最高,为0.90,子牙河流域、大清河流域以及北四河下游流域耕地利用投入集约度略微次于黑龙港运东流域,均在0.08左右,其次为漳卫河流域,耕地利用投入集约度是0.73。黄河下游流域与徒骇马颊河流域耕地利用投入集约度水平相当,在0.7附近。黄淮海平原南部地区耕地利用投入集约度整体水平较差,其中淮河中游流域耕地利用投入集约度最低,其值为0.48,而淮河上游流域与淮河下游流域耕地利用投入集约度值在0.5以上。根据指标权重情况可知,灌溉水平差异大是耕地集约度分异的重要原因,因此灌溉水平成为表征黄淮海平原耕地利用投入集约度的重要指标。黑龙港运东流域、子牙河流域、北四河下游流域灌溉次数多,且灌溉成本费用高,而淮河中游流域、淮河下游流域灌溉次数少,灌溉成本费用低。实际上,根据调研,灌溉水平高低与否成为黄淮海平原,尤其是北部地区是否种植小麦、玉米,产量高低与否的重要条件。灌溉水平也成为耕地资源休养生息战略落地实施需要考虑的重要方面。

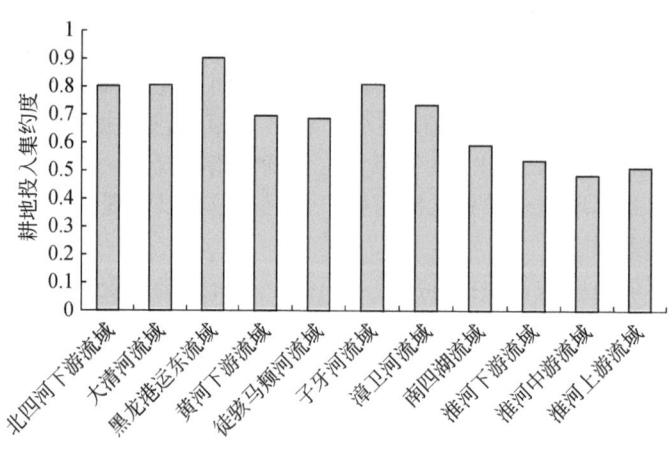

图6-8 耕地利用投入集约度

6.2.5 农户土地利用产出分析

农户土地利用产出水平直接关系到农户的耕作效益与休养生息的补偿水平,是本研究的重要研究内容。本研究主要以小麦、玉米两个作物类型的产量作为农户土地利用产出水平的指标,来表示农户土地利用产出水平的分区差异性。

根据样本分析(表6-7),黄淮海平原小麦产量平均值为456.02kg/亩,总体标准偏差值为81.67kg/亩。南四湖流域小麦产量平均值497.34kg/亩,为黄淮海平原粮食产量最高产区,其次为大清河流域、子牙河流域、徒骇马颊河流域,小麦产量平均值均在470kg/亩以上,其中子牙河流域小麦产量的总体标准差为黄淮海平原内最低值,表示该区粮食产量比较均一化。虽同在河北省境内,黑龙港运东流域小麦产量平均值略比徒骇马颊河流域低5.44kg/亩。北四河下游流域虽耕地利用投入集约度较高,但是小麦产量偏低,属于高投入偏低产出的类型区域,小麦产量平均值为416.27kg/亩。相反的,淮河上游流域耕地利用投入集约度低,小麦产量相对较高,属于低投入高产出的类型区域,小麦产量平均值为467.24kg/亩,比北四河下游流域高50.97kg/亩。而淮河中游流域、淮河下游流域小麦平均产量很低,尤其淮河中游流域小麦产量平均值仅为411.32kg/亩,为黄淮海平原小麦产量最低的区域。比黄淮海平原最高产区域南四湖流域的平均产量低86.02kg/亩,小麦产量在475kg/亩以上的比例仅占10%。从空间分布上说,黄淮海平原南部地区,尤其是淮河中游流域、淮河下游流域具有很大的粮食提产潜力,而其余地区相对较小。

表6-7　小麦产量与变异系数

分区	产量/(kg/亩)				变异系数/%
	最小值	最大值	平均值	标准差	
北四河下游流域	200.00	500.00	416.27	71.48	17.17
大清河流域	250.00	700.00	473.53	77.56	16.96
黑龙港运东流域	250.00	625.00	466.44	77.22	16.55
黄河下游流域	175.00	700.00	463.67	94.98	20.49
徒骇马颊河流域	200.00	650.00	471.88	77.32	16.39
子牙河流域	300.00	625.00	474.71	67.35	14.19
漳卫河流域	275.00	600.00	462.50	90.31	19.53
南四湖流域	300.00	700.00	497.34	80.71	16.23
淮河下游流域	200.00	750.00	419.94	74.18	17.66
淮河中游流域	175.00	575.00	411.32	72.78	17.69
淮河上游流域	225.00	650.00	467.24	76.17	16.30
黄淮海平原	**175.00**	**750.00**	**456.02**	**81.67**	**17.91**

总体来看,黄淮海平原玉米平均产量高于小麦,但标准差也高于小麦。根据样本统计(表6-8),黄淮海平原玉米产量平均值为508.94kg/亩,总体标准差为101.00kg/亩。在分区层次上,玉米产量特征与小麦产量特征大致相同。黄河下游流域是玉米产量最高的地区,产量平均值为578.53kg/亩,但区域内部总体标准偏差也最大,其值为107.66kg/亩。大清河流域与黑龙港运东流域玉米产量也比较高,产量平均值分别为558.75kg/亩与551.42kg/亩,再次为北四河下游流域,产量平均值为548.30kg/亩。徒骇马颊河流域、淮

河中游流域、淮河下游流域三个地区玉米产量平均值均在 510~520kg/亩，但是淮河下游流域玉米产量总体标准偏差较大。南四湖流域虽然小麦产量相对最高，但玉米产量较低，玉米产量平均值为 479.75kg/亩。玉米产量相对最低的是漳卫河流域，玉米产量平均值为 430.18kg/亩，总体标准偏差为 59.31kg/亩，总体标准差也最小。从空间分布上说，子牙河流域、漳卫河流域、南四湖流域、淮河上游流域所处的太行山麓平原（河南、河北）、豫东平原具有很大的玉米提产潜力，而其余地区相对较小（图 6-9）。

表 6-8 玉米产量表

分区	产量/(kg/亩)				变异系数/%
	最小值	最大值	平均值	标准差	
北四河下游流域	300.00	750.00	548.30	92.99	16.96
大清河流域	250.00	775.00	558.75	105.40	18.86
黑龙港运东流域	250.00	900.00	551.42	96.33	17.47
黄河下游流域	250.00	775.00	578.53	107.66	18.61
徒骇马颊河流域	325.00	750.00	513.93	80.15	15.60
子牙河流域	225.00	600.00	435.71	85.42	19.60
漳卫河流域	250.00	500.00	430.18	59.31	13.79
南四湖流域	250.00	675.00	479.75	74.27	15.48
淮河下游流域	250.00	750.00	515.83	104.48	20.25
淮河中游流域	300.00	1000.00	511.94	93.73	18.31
淮河上游流域	250.00	675.00	477.63	99.31	20.79
黄淮海平原	**225.00**	**1000.00**	**508.94**	**101.00**	**19.84**

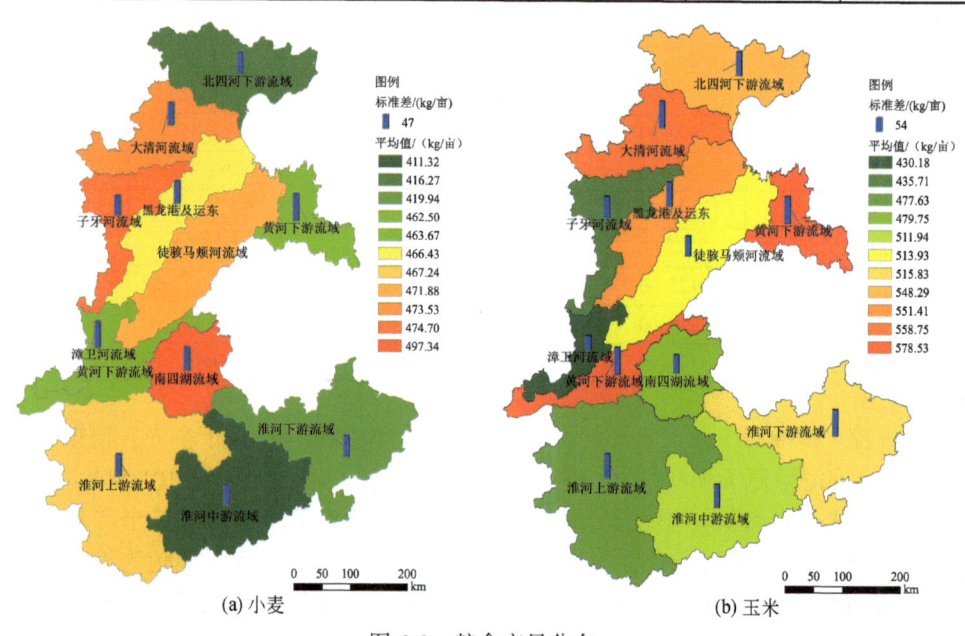

(a) 小麦　　　　　　　　　　(b) 玉米

图 6-9 粮食产量分布

6.3 基于农户调研的耕地资源休养生息区划形成

6.3.1 基于农户调研的地下水位下降现状

地下水位下降的严重程度是进行耕地资源休养生息政策的重要指标，只有准确认识并判断地下水位下降情况，才能为耕地资源休养生息战略实施提供依据。本研究通过农户调研数据，对文献获得的地下水位下降情况进行核准、核实，以作为地下水位下降情况的补充。数据资料的获取主要通过询问对地下水位下降情况熟悉的农户了解目前地下水埋深及自 1990 年以来的下降幅度，并以样点为单位，除去样本量少且变异性大的样点，采用 ArcGIS 中 Kriging 插值方法生成相应的空间分布图。其中，地下水埋深共有 200 个采样点，地下水下降幅度共有 171 个采样点，样点数据采用样点内问卷数据的平均值。

根据农户数据分析，黄淮海平原目前地下水位埋深最大的区域主要位于黑龙港运东流域地区，平均埋深为 104m，原因在于该分区采用深层地下水比较多，水位一般在 100m 以上，其他地区多采用浅层地下水。大清河流域、黄河下游流域、北四河下游流域地下水位埋深为 40~70m，地下水位下降程度仅次于黑龙港运东流域。其余分区地下水位下降不是很严重。

根据农户数据分析（图 6-10），地下水位下降幅度情况与进行耕地资源休养生息战略预分区的地下水位下降速度图基本吻合，表现为大清河流域、黑龙港运东流域地下水位下降幅度在 25m 以上，平均每年下降 1m 及以上，其中黄海平原中部地区地下水位下降幅度最快，说明农业灌溉是该区地下水位下降的主要原因。北四河下游流域、漳卫河流域、黄河下游流域的地下水位下降幅度也相对较大，为 14~25m，平均每年下降 0.6~1m，除农业灌溉之外，工业及城市建设也是地下水下降的重要原因。徒骇马颊河流域与南四湖流域地下水下降幅度不大，在 14m 之内（图 6-11），与之前预分区稍有差异，其原因在于农户灌溉有很大一部分来自黄河水，替代了对于地下水资源的开采。黄河以南整体区域地下水位下降幅度较小，与降水量丰富、农业灌溉强度小等自然、社会因素紧密相关，其中预分区中淮河中游流域存在部分地区地下水位下降，很大可能是与当地工业、城市建设相关。

6.3.2 基于农户调研的耕地资源休养生息指标构建

地下水位下降是多重因素共同作用的结果。本研究以浅层地下水均衡方程式来具体说明影响地下水位下降的因素。

$$\Delta Q = Q_{补给} - Q_{开采} - E_{蒸发} \pm W_{侧向出入} = \pm \mu \Delta \text{HF} \tag{6-3}$$

$$\Delta H = \pm \frac{Q_{补给} - Q_{开采} - E_{蒸发} \pm W_{侧向出入}}{\mu F} \tag{6-4}$$

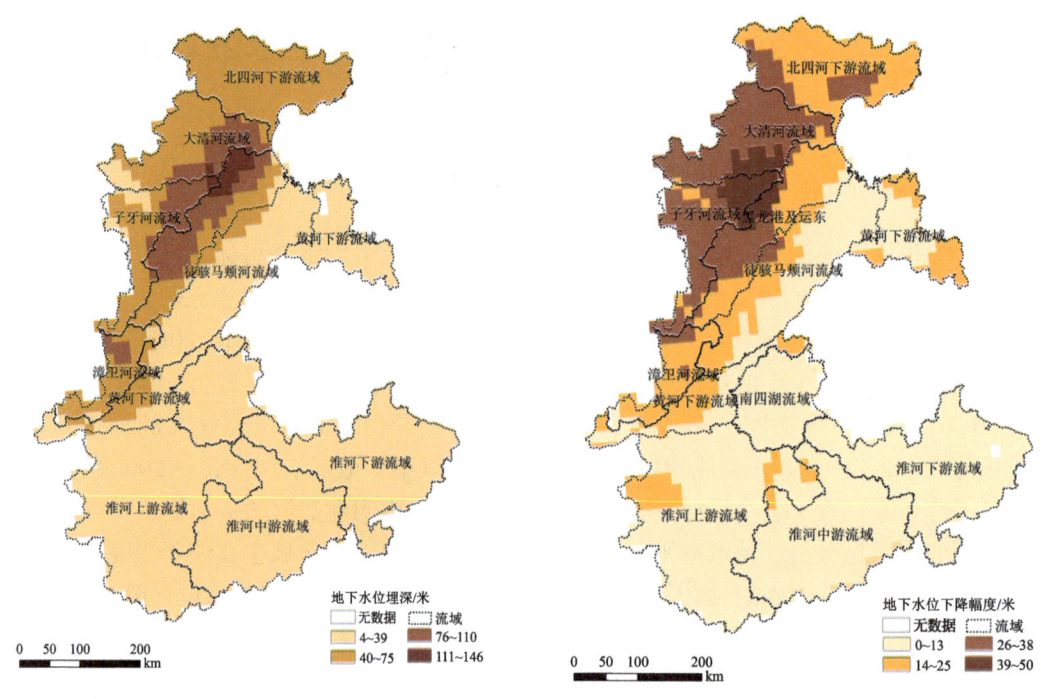

图 6-10　基于农户的地下水位埋深　　　　图 6-11　基于农户的地下水位下降幅度

式中，ΔH 为浅层地下水位变化量；ΔQ 为地下水资源变化量；$Q_{补给}$ 为浅层地下水资源补给量；$Q_{开采}$ 为浅层地下水资源开采量；$E_{蒸发}$ 为浅层地下水蒸发量；$\pm W_{侧向出入}$ 为浅层地下水侧向流入量与侧向流出量的差值；μ 为浅层地下水位变动带的给水度；F 为研究区面积。

根据公式，影响地下水位变化的主要是补给量、开采量、蒸发量与侧向出入量。因地下水位埋深较大，蒸发量较小，可忽略不计。同时因地形平坦，且出山地表径流长期被大规模拦蓄的影响，$\pm W_{侧向出入}$ 变化很小，可忽略不计，因此地下水补给量与开采量是影响地下水位变化的主要因素。当地下水开采量大于补给量时，地下水位下降；反之，地下水位则上升。根据分析，黄淮海平原大部分范围内地下水位下降，则说明地下水开采量大。地下水开采按照用途主要划分为工业开采、生活用水开采、农业灌溉开采，且不同分区各开采项对地下水下降的贡献不同。研究表明，华北平原农业开采地下水量占地下水总开采量的 80%[6]，是最主要的开采项，相反黄河以南的黄淮海平原部分地区，农业开采地下水的比例则相对较小，原因在于该地区降水丰富，降水对农作物的需水量补给要大于华北平原地区。降水对农作物需水量的补给影响了农业开采地下水程度，对于地下水位变化具有间接作用。耕地资源休养生息战略区划，主要从地下水位下降程度及农业开采地下水强度，即耕地利用、灌溉强度两方面考虑，因降水对地下水下降的影响主要是通过农业开采地下水间接影响，本研究就不再单独考虑。此外，从粮食安全角度考虑要保证一定粮食产能，需要对地下水下降程度低的地区粮食产量进行分析，判断是否具有提产潜力，因此粮食产量也是耕地资源休养生息战略的重要指标因素。

依据上述分析，建立耕地休养生息指标体系，具体如表6-9所示。一级指标包括地下水位下降程度和耕地利用程度。地下水位下降程度采用基于农户的地下水位下降幅度指标；耕地利用程度分为地下水灌溉强度、粮食产量两方面，其中地下水灌溉强度主要考虑地下水灌溉比例、灌溉次数、有效灌溉比率3方面，综合地下水灌溉强度主要是对以上3个指标综合考虑，具体计算方法为：首先对地下水灌溉比例、灌溉次数、有效灌溉比率分别标准化，采用极值归一化处理，然后将标准化的三个指标相乘获得综合地下水灌溉强度。

表6-9 耕地休养生息指标体系

一级指标	二级指标	具体内涵
地下水位下降程度	地下水位下降幅度	
耕地利用程度	地下水灌溉强度	地下水灌溉比例
		灌溉次数
		有效灌溉比率
		综合地下水灌溉强度
	粮食产量	小麦产量

6.3.3 耕地资源休养生息战略分区形成

进行指标评价与分区的方法很多，主要有主导因素法、重叠法等定性分区方法，还有层次分析法（analytic hierarchy process，AHP）、主成分分析法、聚类分析法、熵值法等定量分区方法[7]。本研究采用层次分析法，在调研经验基础上采取定量方法划定耕地资源休养生息分区。

层次分析法在确定各层次各因素之间的权重时，通过两两相互比较构建矩阵[8]。本研究以地下水位下降幅度为重要考量指标，因此在考虑因素重要性时地下水位下降幅度>地下水灌溉强度>粮食产量，通过比较，并运用算术平均法算得地下水位下降幅度、地下水灌溉强度、粮食产量3个指标的权重分别为0.54、0.30、0.16，其中一致性比例小于0.1。

在确定指标权重之后，需要对不同分区数据构造判断矩阵，得出权重关系。以数值判定指标优劣存在3种情况[9]：①数值越大越好；②数值越小越好；③距某一中心点偏离值越小越好。本研究假定地下水位下降幅度越大，地下水灌溉强度越大，粮食产量越大，越倾向于压产，反之，越倾向于提产，因此本研究的指标均是数值越大越倾向于压产。权重的计算公式为

$$P_i = \frac{a_i}{\sum_{i=1}^{n} a_i} \tag{6-5}$$

式中，P_i为第i个分区某指标的权重；a_i为第i个分区某指标值。

通过计算，各区域的指标数据、评价结果及分区结果如表6-10～表6-12所示。黑龙港运东流域与大清河流域地下水位下降幅度大，地下水灌溉强度高，粮食产量高，其最终综合得分高，是最适宜压产的区域，与之前预分区吻合，其次为北四河下游流域与黄河中游流域。淮河上游流域地下水位下降一般，且粮食产量很高，目前情况下提产压力大，应提高水资源利用效率，稳定粮食生产水平，因此将该区改划定为提产区。南四湖流域粮食产量是黄淮海平原最高产地区，提产潜力不大，但仍为提产区。淮河中游流域地下水位下降程度大于南四湖流域，但是该区域地下水灌溉强度不高，粮食产量极低，地下水位下降主要与工业有关，该区域降水丰富，具有提高粮食产量的潜力，因此改划定为提产区。淮河上游流域降水丰富，是作物需水的主要来源，因此灌溉强度极低，粮食产量不高，划定为提产区。

表6-10 耕地休养生息战略分区指标

分区	地下水下降程度	耕地利用程度				粮食产量
	地下水下降幅度/m	地下水灌溉强度				小麦产量/kg
		地下水灌溉比重/%	灌溉次数/次	有效灌溉比率/%	综合灌溉强度	
北四河下游流域	19.88	75	3.8	82	0.65	416.27
大清河流域	25.35	96.51	3.42	95	0.88	473.53
黑龙港运东流域	32.08	81.9	3.09	86	0.61	466.44
黄河下游流域	17.16	72.58	2.47	92	0.47	463.67
徒骇马颊河流域	11.67	53.52	2.38	93	0.33	471.88
子牙河流域	10.58	91	3.4	95	0.79	474.71
漳卫河流域	13.58	94.44	3.08	97	0.79	462.5
南四湖流域	8	74.63	1.96	96	0.39	497.34
淮河下游流域	1.73	2.7	0.5	70	0	419.94
淮河中游流域	11.31	56.31	0.44	59	0.04	411.32
淮河上游流域	13.33	87.27	1.43	77	0.27	467.24
北四河下游流域	19.88	75	3.8	82	0.65	416.27

表6-11 耕地休养生息战略评价

分区	地下水下降幅度 0.54	地下水灌溉强度 0.30	粮食产量 0.16	综合得分
北四河下游流域	0.129	0.147	0.091	0.128
大清河流域	0.164	0.199	0.104	0.165
黑龙港运东流域	0.208	0.138	0.102	0.17
黄河下游流域	0.111	0.106	0.102	0.108
徒骇马颊河流域	0.076	0.074	0.104	0.08

续表

分区	地下水下降幅度 0.54	地下水灌溉强度 0.30	粮食产量 0.16	综合得分
子牙河流域	0.123	0.102	0.102	0.113
漳卫河流域	0.088	0.178	0.102	0.117
南四湖流域	0.052	0.088	0.109	0.072
淮河下游流域	0.011	0	0.092	0.021
淮河中游流域	0.073	0.009	0.09	0.057
淮河下游流域	0.087	0.061	0.103	0.081

表 6-12 耕地休养生息战略分区

分区	调整后策略	预分区策略
北四河下游流域	压产区	压产区
大清河流域	压产区	压产区
黑龙港运东流域	压产区	压产区
黄河下游流域	提产区	压产区
徒骇马颊河流域	提产区	压产区
子牙河流域	压产区	压产区
漳卫河流域	压产区	压产区
南四湖流域	提产区	提产区
淮河下游流域	提产区	提产区
淮河中游流域	提产区	提产区
淮河下游流域	提产区	提产区

6.4 本章小结

对农户调研数据进行分析，黄淮海平原主要的种植制度是小麦玉米一年两熟，其中北四河下游流域因热量、降水等自然原因及经济发达等社会原因，春玉米种植比例高；除北四河下游流域外，黄淮海平原复种指数很高，且平原区平均灌溉强度较高；灌溉来源、灌溉次数及灌溉费用等灌溉投入指标空间差异性大，主要表现为黄淮海平原北部地区投入大，南部地区投入少，其余土地投入要素在区域间的差异不明显。在农户土地利用方面，农业生产中灌溉是衡量耕地投入集约度水平的重要因素，北四河下游流域、大清河流域、黑龙港运东流域与子牙河流域耕地投入集约度高。

根据农户数据验证地下水位下降幅度空间分布，得到北部地区地下水位下降程度远远大于南部地区，符合机理部分中黄淮海平原快速下降区、一般下降区和无明显下降区的整体分布。经过修正，北四河下游流域、大清河流域、黑龙港运东流域、黄河下游流域、徒骇马颊河流域、子牙河流域、漳卫河流域为主要的耕地资源休养生息区。

参 考 文 献

［1］中国国家标准化管理委员会．地下水超采区评价导则（GB/T 34968—2017）［S/OL］．http：//www.queshao.com/docs/567472［2017-11-1］．

［2］刘巽浩．论我国耕地种植指数（复种）的潜力［J］．作物杂志，1997，（3）：1-3．

［3］姚冠荣，刘桂英，谢花林．中国耕地利用投入要素集约度的时空差异及其影响因素分析［J］．自然资源学报，2014，29（11）：1836-1848．

［4］曹志宏，梁流涛，郝晋珉．黄淮海地区农用地利用集约度及其时空分布［J］．资源科学，2009，31（10）：1779-1786．

［5］程启月．评测指标权重确定的结构熵权法［J］．系统工程理论与实践，2010，30（7）：1225-1228．

［6］杨丽芝，曲万龙，刘春华．华北平原地下水资源功能衰退与恢复途径研究［J］．干旱区资源与环境，2013，（7）：8-16．

［7］念沛豪，蔡玉梅，马世发，等．国土空间综合分区研究综述［J］．中国土地科学，2014，28（1）：20-25．

［8］郭金玉，张忠彬，孙庆云．层次分析法的研究与应用［J］．中国安全科学学报，2008，（5）：148-153．

［9］游进军，赵帆，杨聪，等．针对水资源配置评价的定量指标改进层次分析法研究［J］．水利水电技术，2010，（3）：6-8．

第 7 章 黄淮海平原不同区域的耕地资源休养生息方案确定

7.1 黄淮海平原耕地资源休养生息区划确定

黄淮海平原耕地资源休养生息区划采用尺度下移（top-down）方法[1,2]，基于水土资源机理，由上至下确定黄淮海平原耕地休养生息区划，支撑中央政府对生态安全和粮食安全战略的宏观控制。同时，采用尺度上移（bottom-up）方法[1,2]，结合农户等利益主体的耕地利用行为及地下水水位下降感知，全面考虑农民等利益主体的目标效用，对由下至上的黄淮海平原耕地资源休养生息区划进行修正。

7.1.1 不同种植制度的水分消耗特点及节水效应评价

黄淮海平原灌溉节水技术已研究推广30多年，但并没有明显改变地下水资源继续恶化的现状，主要原因是种植制度一直向高耗水结构发展，节水技术效应明显低于用水强度效应，甚至出现了"越节水越缺水"的怪象。主要原因是种植结构逐步单一化，蔬菜、小麦、果树等需灌溉水较多的作物种植持续增加，区域作物生产系统一直向高耗水型结构发展。1980~2014年，蔬菜、小麦等作物的灌溉用水量增加近5倍。随着水资源进一步短缺及农业用水份额持续降低，只有调整种植结构和种植模式、优化作物布局才能从根本上解决华北平原水资源供需矛盾日趋加剧的问题。因此，轮作节水具有巨大潜力。

基于河北栾城试验站的长期田间定位试验[3]，5种种植模式［①粮棉薯模式（甘薯→棉花→甘薯→冬小麦-夏玉米）；②粮棉油模式（黑麦草-棉花→花生→冬小麦-夏玉米）；③粮油模式（花生→冬小麦-夏玉米）；④麦玉模式：（冬小麦-夏玉米）；⑤棉花连作模式］的节水效果，结果表现为5种种植模式年均周年耗水量由大到小依次为麦玉模式（724.5mm）>粮棉油模式（647.4mm）>粮油模式（615.0mm）>粮棉薯模式（560.6mm）>棉花连作模式（522.5mm）（图7-1，表7-1）。5种种植模式导致的年均地下水位下降量从大到小依次为：麦玉模式（1.20 m）>粮棉油模式（0.84m）>粮油模式（0.70 m）>粮棉薯模式≈棉花连作模式（0.40 m）。麦玉模式导致的年均地下水位变化值分别约为粮棉油模式、粮油模式、粮棉薯模式的2倍、1.8倍和3倍。在兼顾粮食作物、经济作物、饲料作物情况下，粮棉薯模式导致的地下水位累积下降量最低。若近10年来，用粮棉薯模式全部替代传统高耗水的麦玉模式，可节约 7 m 的地下水资源（图 7-2）。

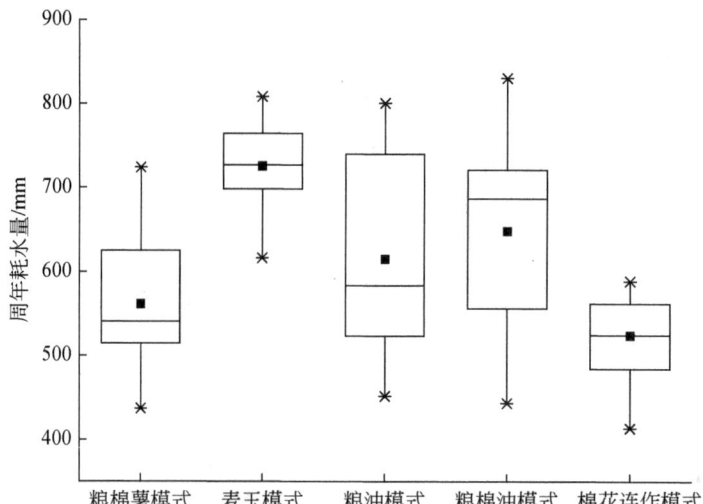

图 7-1 河北栾城试验站 2003～2014 年 5 种种植模式年均周年耗水量分布
箱形图下底、上底分别表示 25%、75% 分位数，箱中黑色正方形和横线分别表示均值
和中位数，上下触须分别表示 95%、5% 分位数，星号代表异常值

表 7-1 河北栾城试验站 2003～2014 年 5 种种植模式地下水净消耗量　　（单位：mm）

年份	粮棉薯	麦玉	粮油	粮棉油	棉花
2003	-96.8	-249.3	-89.1	-229.7	-165.1
2004	100.5	-143.8	-143.3	88.5	62.3
2005	-92.3	-312.8	-89.2	264.2	-119.3
2006	-270	-270.2	-270.4	-285.4	-109.3
2007	-100.7	-307.3	-134.9	-120.1	-146.6
2008	16.9	-214.4	-206.6	-205.2	-5.5
2009	-8.5	-231.9	-18.1	-215.3	-6.7
2010	-322.4	-321.7	-321.4	-52.3	-143.5
2011	-102.6	-323.8	-90.0	-323.0	-135.7
2012	-1.3	-165.1	-179.6	-145.6	6.2
2013	-60.6	-293.9	-59.7	-108.5	-67.4
2014	-105.3	-263.4	-160.5	-181.9	-85.2
平均值	-86.9	-258.1	-146.9	-126.2	-76.3

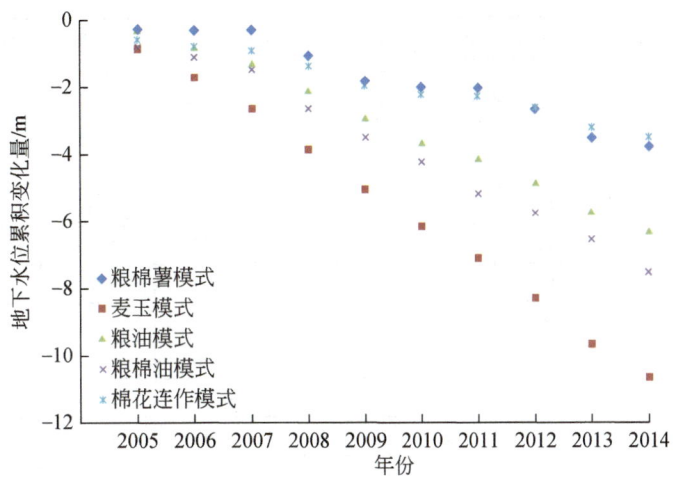

图 7-2　不同种植模式 2005～2014 年造成的地下水位累积变化量比较（河北栾城试验站）

7.1.2　不同栽培模式的水分消耗特点及节水效应评价

目前华北地区粮食生产的主要农艺节水技术主要有覆盖节水、耕作方式节水及灌溉制度节水等。节水品种是指既具有一般高产品种的高产优质特性又具有节水抗旱特性的新的栽培品种类型，同作物不同品种间的水分利用效率差异可达 1 倍左右。20 世纪 90 年代，以色列科学家 Stanhil 指出[4]，只有提高生物自身的水分利用效率才能获得节水的新突破。研究表明，与常规非节水抗旱品种相比，节水抗旱品种在干旱条件下能保持较高的光合速率等生理功能，此外还具有在干旱条件下一经复水干物质生产等恢复能力较强的特点。陈素英等[5]、张喜英等[6]通过对 1970～2000 年华北地区 16 种主栽小麦品种的分析发现，不同小麦品种的水分利用效率差异显著，使用抗旱品种能有效提高水分利用效率，减少水分消耗，减少灌溉用水（表 7-2）。

表 7-2　不同小麦品种在不同灌溉条件下产量与水分利用效率（河北栾城试验站）

品种	2002/2003 年				2003/2004 年			
	无灌溉		一次灌溉		一次灌溉		两次灌溉	
	产量 /(t/hm²)	水分利用效率/(kg/m³)	产量 /(t/hm²)	水分利用效率/(kg/m³)	产量 /(t/hm²)	水分利用效率/(kg/m³)	产量 /(t/hm²)	水分利用效率/(kg/m³)
9905	5.13	1.69	5.00	1.47	6.47	1.68	6.77	1.81
Y361	4.80	1.46	4.64	1.34	6.57	1.54	6.48	1.69
KN208	4.82	1.62	5.30	1.69	5.95	1.46	5.32	1.36
KN213	5.17	1.6	5.31	1.52	5.92	1.49	5.58	1.57

续表

品种	2002/2003 年				2003/2004 年			
	无灌溉		一次灌溉		一次灌溉		两次灌溉	
	产量/(t/hm^2)	水分利用效率/(kg/m^3)	产量/(t/hm^2)	水分利用效率/(kg/m^3)	产量/(t/hm^2)	水分利用效率/(kg/m^3)	产量/(t/hm^2)	水分利用效率/(kg/m^3)
DL2	5.38	1.68	5.36	1.50	6.04	1.56	5.47	1.48
5358	5.43	1.76	5.66	1.72	5.38	1.49	5.66	1.60
SX733	5.95	2.03	6.42	1.84	6.65	1.72	6.65	1.64
8901	5.43	1.94	5.39	1.56	5.86	1.45	5.70	1.46
6365	5.32	1.77	5.45	1.64	6.70	1.68	6.25	1.68
H6172	5.19	1.66	5.93	1.78	6.45	1.66	6.04	1.58
4185	5.06	1.60	5.57	1.53	6.78	1.77	6.48	1.74
L3279	4.72	1.57	4.83	1.48	5.44	1.58	5.30	1.48
6203	5.06	1.66	5.13	1.53	5.99	1.54	5.13	1.33
H3475	5.61	1.84	5.16	1.45	6.58	1.65	6.54	1.64
GY503	5.21	1.64	5.30	1.47	6.22	1.49	5.86	1.65
9204	5.39	1.68	5.85	1.54	6.80	1.64	5.88	1.41

灌溉制度节水又称节水灌溉技术，理论上是根据作物生长期的需水特点和降水，确定灌溉次数、灌溉时间和灌溉量。研究表明，作物对适度的水分胁迫有一定的适应性，在某些作物上适度水分亏缺有利于增产。小麦前期适度水分亏缺会改善植株群结构，改善同化物分配，提高收获指数，从而显著提高水分利用效率（表7-3，表7-4），在节水栽培体系下，通过适当增加基本苗，可以提高小麦对深层水分的利用能力，同时也提高了小麦下层土壤养分的吸收利用能力。

表7-3 不同灌水处理灌溉时间（河北吴桥）

时间	处理	起身水	拔节水	孕穗水	开花水	灌浆水
2006 年 7 月	W3	3 月 23 日	—	4 月 23 日	5 月 11 日	5 月 22 日
	W2	—	4 月 10 日	—	5 月 11 日	—
	W1	—	4 月 10 日	—	—	—
	W0	—	—	—	—	—
2005 年 6 月	W3	3 月 27 日	—	4 月 22 日	5 月 9 日	5 月 21 日
	W2	—	4 月 13 日	—	5 月 9 日	—
	W1	—	4 月 13 日	—	—	—
	W0	—	—	—	—	—

注：W 为农业灌溉可用水量；$W2 \geqslant 350$mm，一年两熟，充分灌溉；250mm$\leqslant W3 < 350$mm，一年两熟，限两到三水灌溉；120mm$\leqslant W1 < 250$mm，一年两熟，仅浇灌底墒水；$W0 < 120$mm 时，一年一熟，仅浇灌底墒水，种植一季春玉米，表7-4 同。

表7-4 不同处理水分利用特征(河北吴桥)

时间	处理	籽粒产量/ (kg/hm²)	总耗水/ (m³/hm²)	水分利用效率 /(kg/m³)	水分边际效应 /(kg/m³)
2006年7月	W3	8 191.4	5 154.0	1.59	1.32
	W2	8 435.9	4 820.5	1.75	2.72
	W1	7 778.4	4 714.2	1.65	1.76
	W0	7 101.2	4 330.0	1.64	—
2005年6月	W3	8 402	4 899.5	1.71	2.66
	W2	8 502	4 606.2	1.85	5.86
	W1	8 393.1	4 572.7	1.84	6.22
	W0	6 889.2	4 331.1	1.59	—

7.1.3 黄淮海平原耕地资源休养生息区划确定

依据黄淮海平原水土资源机理分析及地下水时空变化情况，同时结合不同区域农户耕地利用特征分析，以及不同种植制度的水分消耗特点与不同栽培模式的水分消耗特点的节水效应，将北四河下游流域、子牙河流域、徒骇马颊河流域、大清河流域、漳卫河流域、黑龙港运东流域等黄河以北的流域作为耕地资源休养生息的重点区域。由于冬小麦在全生育期内"雨热不同期"是黄淮海平原区北部耕地地下水超采的主要因素[7,8]，同时考虑区域的粮食安全，将虚拟情景方案设定为两种类型三种方式，具体包括：①改变冬小麦-夏玉米一年两熟种植制度为春玉米单作物；②冬小麦生育期只灌溉一次；③冬小麦生育期只灌溉两次。

7.2 黄淮海平原各省市耕地资源休养生息情况

根据黄淮海平原耕地资源休养生息区划，种植结构调整区面积为4.78万km²，占黄淮海平原耕地面积的21.08%，分布在河北省、山东省、河南省与天津市，其中河北省种植结构调整区面积最大，为3.13万km²，占种植结构调整区面积的65.44%；利用强度降低区面积为6.85万km²，占黄淮海平原耕地面积的30.21%，分布在北京市、天津市、河北省、河南省及山东省；潜在产量提升区面积为1.1万km²，占黄淮海耕地面积的48.71%，分布在河南省、安徽省、江苏省及山东省（图7-3）。

从省域来看（表7-5），北京市以利用强度降低区为主，面积为2537km²，分布在北京市辖区通州区、顺义区、昌平区、大兴区、平谷区；天津市以利用强度降低区为主，面积为4870km²，占黄淮海平原天津市辖区耕地面积的71.44%，主要分布在北辰区、汉沽区、东丽区、塘沽区、宁河区、武清区、宝坻区、蓟州区及天津市辖区；天津市种植结构调整

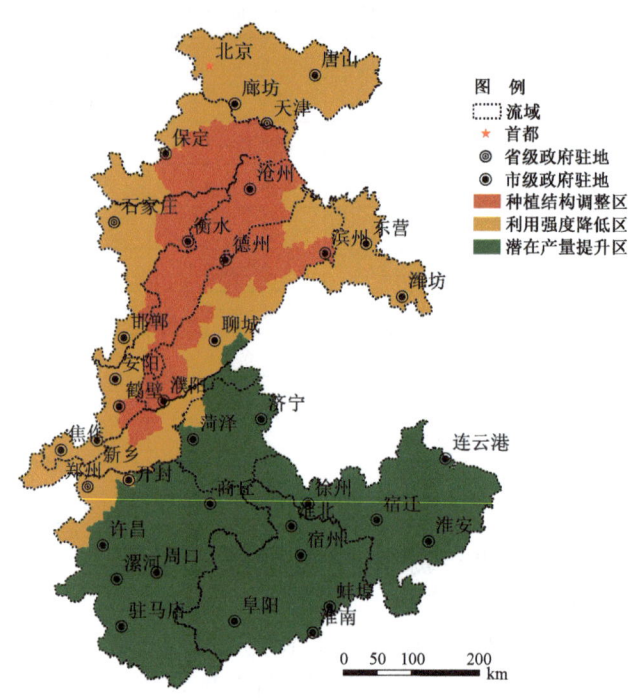

图 7-3 黄淮海平原耕地资源休养生息区划

区面积为 1947km², 占天津市辖区耕地面积的 28.56%, 分别分布在天津市西青区、津南区、大港区、静海区。

河北省辖区主要类型为种植结构调整区与利用强度降低区, 面积分别为 3.13 万 km² 与 2.43 万 km²。种植结构调整区主要分布如下: 沧州市辖区、沧县、青县、东光县、盐山县、肃宁县、南皮县、吴桥县、献县、孟村回族自治县、泊头市、任丘市、黄骅市、河间市面积为 10 689km², 占河北省辖区种植结构调整区的 34.15%; 衡水市辖区、枣强县、武邑县、武强县、饶阳县、安平县、故城县、景县、阜城县、冀州区、深州市面积为 7319km², 占河北省辖区种植结构调整区的 23.38%; 邯郸市大名县、邱县、鸡泽县、广平县、馆陶县、魏县、曲周县面积为 3448km², 占河北省辖区种植结构调整区的 11.01%; 邢台市巨鹿县、新河县、广宗县、平乡县、威县、清河县、临西县、南宫市面积为 3978km², 占河北省辖区种植结构调整区的 12.7%; 辛集市面积为 774km², 占河北省辖区种植结构调整区的 2.47%, 廊坊市大城县、文安县、霸州市面积为 2169km², 占河北省辖区种植结构调整区的 6.93%。利用强度降低区, 主要分布如下: 唐山市辖区、丰润区、滦州市、滦南县、乐亭县、玉田县、曹妃甸区、丰南区面积为 5673km², 占河北省辖区利用强度降低区的 23.32%; 石家庄市辖区、正定县、栾城区、行唐县、高邑县、深泽县、无极县、元氏县、赵县、藁城区、晋州市、新乐市、鹿泉区面积为 5605km², 占河北省辖区利用强度降低区的 19.86%; 邯郸市、邢台市、保定市、廊坊市耕地面积分别在河北省辖区利用强度降低区占 12.5%、10.04%、17.72%、11.27% (图 7-4), 其中邯郸市

表 7-5 黄淮海平原各省市耕地资源休养生息分布表

(单位:km²)

省(直辖市)	地区	种植结构调整区	利用强度降低区	潜在产量提升区	种植结构调整区面积	利用强度降低区面积	潜在产量提升区面积
北京市	—	—	北京市辖区、通州区、顺义区、昌平区、大兴区、平谷区	—	—	2537	—
天津市	—	西青区、津南区、大港区、静海区	天津市辖区、北辰区、汉沽区、东丽区、塘沽区、宁河县、武清区、宝坻区、蓟州区	—	1947	4870	—
河北省	石家庄市	辛集市	石家庄市辖区、深泽县、正定县、栾城区、行唐县、高邑县、无极县、元氏县、赵县、藁城区、晋州市、新乐市、鹿泉区	—	774	4831	—
	唐山市	—	唐山市辖区、丰润区、滦南县、滦州市、乐亭县、玉田县、曹妃甸区、丰南区	—	—	5673	—
	秦皇岛市	—	昌黎县	—	—	736	—
	邯郸市	大名县、邱县、鸡泽县、广平县、馆陶县、魏县、曲周县	邯郸市辖区、邯郸县、临漳县、成安县、磁县、肥乡区、永年区	—	3448	3040	—
	邢台市	巨鹿县、新河县、广宗县、平乡县、威县、清河县、临西县、南宫市	柏乡县、隆尧县、任县、南和县、宁晋县	—	3976	2443	—
	保定市	清苑区、高阳县、容城县、安新县、蠡县、博野县、雄县	保定市辖区、定兴县、徐水区、曲阳县、涿州市、定州市、安国市、高碑店市、望都县	—	2928	4311	—
	沧州市	沧州市辖区、沧县、青县、东光县、盐山县、肃宁县、南皮县、吴桥县、献县、孟村回族自治县、泊头市、任丘市、黄骅市、河间市	海兴县	—	10689	550	—
	廊坊市	大城县、文安县、霸州市	廊坊市辖区、固安县、永清县、香河县、大厂回族自治县、三河市	—	2169	2741	—

续表

省(直辖市)	地区	种植结构调整区	利用强度降低区	潜在产量提升区	种植结构调整区面积	利用强度降低区面积	潜在产量提升区面积
河北省	衡水市	衡水市辖区、枣强县、武强县、饶阳县、安平县、故城县、景县、阜城县、冀州区、深州市	—	—	7319	—	—
江苏省	徐州市	—	—	徐州市辖区、丰县、沛县、铜山区、睢宁县、新沂市、邳州市	—	—	7613
	连云港市	—	—	连云港市辖区、赣榆区、东海县、灌云县、灌南县	—	—	4674
	淮安市	—	—	淮阴市辖区、淮阴县、涟水县、盱眙县、淮安市、阜宁县	—	—	4533
	盐城市	—	—	响水县、滨海县、阜宁县	—	—	3328
	宿迁市	—	—	宿迁市、沭阳县、泗阳县、泗洪县	—	—	5024
安徽省	蚌埠市	—	—	蚌埠市辖区、怀远县、五河县、固镇县	—	—	4587
	淮南市	—	—	淮南市辖区、凤台县	—	—	1535
	淮北市	—	—	淮北市辖区、濉溪县	—	—	2064
	阜阳市	—	—	阜阳市辖区、临泉县、太和县、阜南县、颍上县、界首市	—	—	8008
	亳州市	—	—	涡阳县、蒙城县、利辛县、亳州市	—	—	7017

续表

省(直辖市)	地区	种植结构调整区	利用强度降低区	潜在产量提升区	种植结构调整区面积	利用强度降低区面积	潜在产量提升区面积
安徽省	宿州市	—	—	宿州市辖区、宿州市市区、砀山县、萧县、灵璧县、泗县	—	—	7678
山东省	济南市	济阳县	商河县	—	1015	—	—
	淄博市	—	桓台县、高青县	—	—	914	—
	东营市	—	东营市辖区、垦利县、利津县、广饶县	—	—	1139	—
	潍坊市	—	潍坊市辖区、寿光市、昌邑市	—	—	3987	—
	济宁市	—	—	济宁市辖区、鱼台县、嘉祥县、汶上县、梁山县、兖州区	—	3483	4368
	泰安市	—	—	东平县	—	—	774
	德州市	德州市、陵城区、宁津县、临邑县、平原县、武城县、乐陵市	庆云县、齐河县、夏津县、禹城市	—	5391	3297	—
	聊城市	冠县、临清市	聊城市辖区、阳谷县、莘县、茌平县、高唐县	东阿县	1686	4299	613
	滨州市	滨州市、惠民县	阳信县、无棣县、沾化区、博兴县	—	1788	3426	—
	菏泽市	—	菏泽市、曹县、定陶县、成武县、单县、巨野县、郓城县	鄄城县、东明县	—	1828	7680
河南省	郑州市	—	郑州市辖区、中牟县、新郑市	—	—	2026	—
	开封市	—	开封市辖区	杞县、通许县、尉氏县、开封新区、兰考县	—	198	4765
	平顶山市	—	—	叶县	—	—	1100
	安阳市	滑县、内黄县	安阳市辖区、安阳县、汤阴县	—	2390	1591	—

续表

省（直辖市）	地区	种植结构调整区	利用强度降低区	潜在产量提升区	种植结构调整区面积	利用强度降低区面积	潜在产量提升区面积
河南省	鹤壁市	浚县	鹤壁市辖区、淇县	—	928	491	—
	新乡市	—	新乡市辖区、新乡县、获嘉县、原阳县、延津县、封丘县、长垣县、卫辉市	—	—	4914	—
	焦作市	—	焦作市辖区、修武县、博爱县、武陟县、温县、沁阳市、孟州市	—	—	2619	—
	濮阳市	濮阳市辖区、清丰县、南乐县	范县、濮阳县	台前县	1382	1586	301
	许昌市	—	禹州市	许昌市辖区、建安区、鄢陵县、襄城县、长葛市	—	970	2807
	漯河市	—	—	漯河市辖区、舞阳县、临颍县、郾城区	—	—	2081
	商丘市	—	—	商丘市辖区、商丘市民权县、睢县、宁陵县、柘城县、虞城县、夏邑县、永城市	—	—	8367
	信阳市	—	—	淮滨县、息县	—	—	2494
	周口市	—	—	周口市辖区、项城市、扶沟县、西华县、商水县、大康县、鹿邑县、郸城县、淮阳县、沈丘县	—	—	9580
	驻马店市	—	—	确山县、遂平县、西平县、上蔡县、汝南县、平舆县、新蔡县、正阳县	—	—	9484

利用强度降低区主要分布在邯郸市辖区、邯郸区、临漳县、成安县、磁县、肥乡区、永年区，邢台市主要分布在柏乡县、隆尧县、任县、南和县、宁晋县，保定市主要分布在保定市辖区、徐水区、定兴县、望都县、曲阳县、涿州市、定州市、安国市、高碑店市，廊坊市主要分布在廊坊市辖区、固安县、永清县、香河县、大厂回族自治县、三河市。

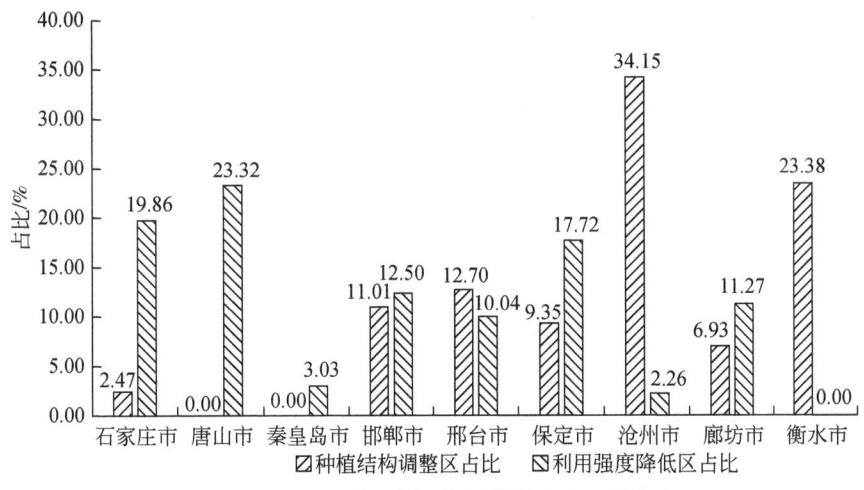

图 7-4 河北省辖区耕地资源休养生息区划占比

河南省辖区以潜在产量提升区为主，面积为 4.10 万 km²，其约占河南省辖区面积的 68.21%。潜在产量提升区主要分布如下：周口市下辖的项城市、扶沟县、西华县、商水县、太康县、鹿邑县、郸城县、淮阳县、沈丘县面积为 9580km²，占河南省辖区潜在产量提升区的 23.38%；驻马店市确山县、遂平县、西平县、上蔡县、汝南县、平舆县、新蔡县、正阳县面积为 9484km²，占河南省辖区潜在产量提升区的 23.14%；商丘市民权县、睢县、宁陵县、柘城县、虞城县、夏邑县、永城市面积为 8367km² 占河南省辖区潜在产量提升区的 20.42%；开封市杞县、通许县、尉氏县、开封新区、兰考县面积为 4765km² 潜在产量提升区为 11.63%。利用强度降低区主要分布如下：新乡市丰新乡县、获嘉县、原阳县、延津县、封丘县、长垣县、卫辉市面积为 4914km²，占河南省辖区利用强度降低区的 34.14%；焦作市修武县、博爱县、武陟县、温县、沁阳市、孟州市面积为 2619km²，占河南省辖区利用强度降低区的 18.19%；郑州市、安阳市、濮阳市耕地面积分别在河南省辖区利用强度降低区占 14.07%、11.05%、11.02%（图 7-5），其中郑州市利用强度降低区主要分布在中牟县、新郑市，安阳市主要分布在安阳县、汤阴县，濮阳市主要分布在范县、濮阳县。种植结构调整区河南省分布较少，仅占辖区内耕地面积的 7.82%，面积为 4700km²，其中安阳市安阳县、汤阴县种植结构调整区面积为 2390km²，鹤壁市淇县面积为 928km²，濮阳市范县、濮阳县面积为 1382km²。

山东省辖区以利用强度降低区为主，面积为 2.24 万 km²，其占山东省辖区面积的 48.97%。利用强度降低区分布最多的是聊城市阳谷县、莘县、茌平县、高唐县，面积为 4299km²，占山东省辖区用强度降低区的 19.22%；其次是东营市垦利县、利津县、广饶

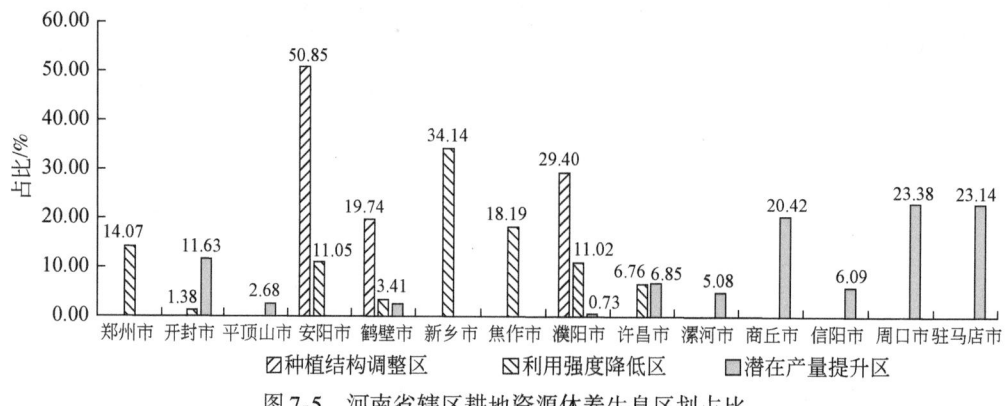

图 7-5 河南省辖区耕地资源休养生息区划占比

县。面积为 3987km²，占山东省辖区利用强度降低区的 17.82%；潍坊市、德州市、滨州市耕地面积分别在山东省辖区利用强度降低区占 15.57%、14.74%、15.31%（图 7-6），其中潍坊市利用强度降低区主要分布在寿光市、昌邑市，德州市主要分布在庆云县、齐河县、夏津县、禹城市，滨州市主要分布在阳信县、无棣县、沾化区、博兴县。潜在产量提升区面积为 1.34 万 km²，占山东省辖区面积的 29.4%。潜在产量提升区分布最多的是济宁市鱼台县、金乡县、嘉祥县、汶上县、梁山县、兖州区，面积为 4368km²，占山东省辖区潜在产量提升区的 32.51%；其次是泰安市东平县，面积为 774km²，占山东省辖区潜在产量提升区的 5.76%；聊城市阳谷县、莘县、茌平县、高唐县占黄淮海平原山东省辖区潜在产量提升区的 4.56%，面积为 613km²；种植结构调整区，面积为 9880km²，占山东省辖区内耕地总面积的 21.62%，其中德州市陵城区、宁津县、临邑县、平原县、武城县、乐陵市种植结构调整区面积为 5391km²，占山东省辖区种植结构调整区面积的 54.556%，其次是滨州市惠民县面积为 1788km²，聊城市冠县、临清市面积为 1686km²，济南市济阳区种植结构调整区面积为 1015km²。

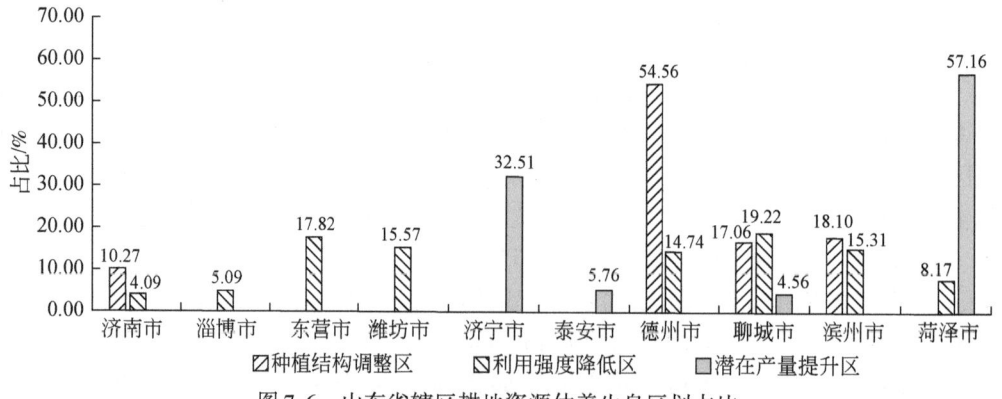

图 7-6 山东省辖区耕地资源休养生息区划占比

江苏省辖区以潜在产量提升区为主，面积为 2.52 万 km²。其主要分布在徐州市丰县、沛县、铜山区、睢宁县、新沂市、邳州市，潜在产量提升区面积为 7613km²，占江苏省辖区潜在产量提升区的 30.24%；其次是宿迁市沭阳县、泗阳县、泗洪县，潜在产量提升区面积为 5024km²，占江苏省辖区潜在产量提升区的 19.96%。连云港市赣榆区、东海县、灌云县、灌南县潜在产量提升区面积为 4674km²，淮安市淮阴区、涟水县、盱眙县、淮安市、响水县、滨海县、阜宁县潜在产量提升区面积为 4533km²，分别占江苏省辖区潜在产量提升区的 18.57% 与 18.01%，而盐城市响水县、滨海县、阜宁县潜在产量提升区面积为 3328km²，占江苏省辖区潜在产量提升区的 13.22%（图 7-7）。

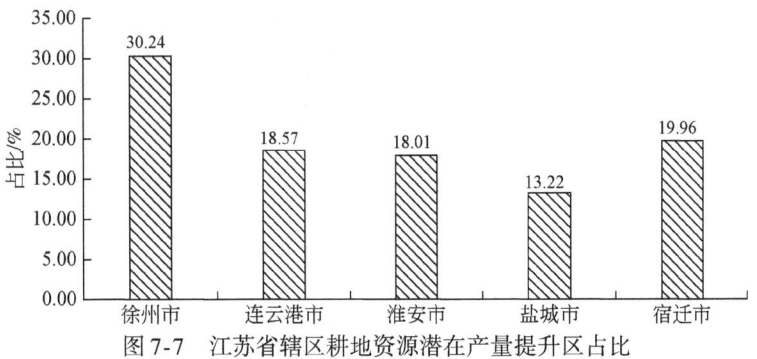

图 7-7　江苏省辖区耕地资源潜在产量提升区占比

安徽省辖区以潜在产量提升区为主，面积为 3.09 万 km²。其主要分布在阜阳市临泉县、太和县、阜南县、颍上县、界首市，潜在产量提升区面积为 8008km²，占安徽省辖区潜在产量提升区的 25.93%；其次是宿州市砀山县、萧县、灵璧县、泗县，潜在产量提升区面积为 7678km²，占安徽省辖区潜在产量提升区的 24.86%。亳州市涡阳县、蒙城县、利辛县潜在产量提升区面积为 7017km²，占安徽省辖区潜在产量提升区的 22.72%。蚌埠市怀远县、五河县、固镇县潜在产量提升区面积为 4587km²，占安徽省辖区潜在产量提升区的 14.85%（图 7-8）。淮南市与淮北市占安徽省辖区潜在产量提升区比例均低于 10%，其中淮南市凤台县潜在产量提升区面积为 1535km²，占安徽省辖区潜在产量提升区的 4.97%；淮北市濉溪县在产量提升区面积为 2064km²，占安徽省辖区潜在产量提升区的 6.68%。

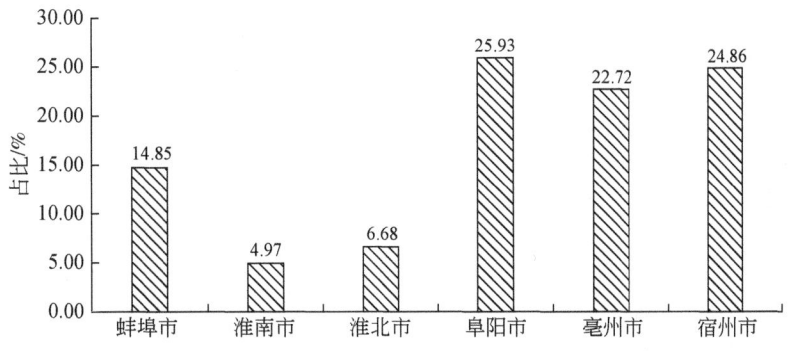

图 7-8　黄淮海平原安徽省辖区耕地资源潜在产量提升区占比

7.3 本章小结

基于以上主要研究成果,本书建议将黄淮海平原耕地资源休养生息调整划分为三大分区(表7-6)。

表7-6 黄淮海平原耕地资源休养生息战略不同分区的调整对策

分区	范围	调整对策	预期生态效果	对粮食产量影响
种植结构调整区	河北省保定、石家庄、衡水、沧州、邢台、邯郸的51个县(市、区);天津市的4个区;山东省德州、聊城、滨州的12个县(市、区);河南省安阳、鹤壁、濮阳的6个县(市、区)。共73个县(市、区)	改变当前的"冬小麦-夏玉米"一年两熟制为"春玉米单作"一年一熟制	深层地下水位埋深不再下降	冬小麦播种面积减少,玉米产量上升
利用强度降低区	北京市的6个区;天津市的9个区;河北省石家庄、唐山、秦皇岛、邯郸、邢台、保定、沧州、廊坊的50个县(市、区);山东省济南、淄博、东营、潍坊、德州、聊城、滨州、菏泽的25个县(市、区);河南省郑州、开封、安阳、鹤壁、新乡、焦作、濮阳、许昌的27个县(市、区)。共117个县(市、区)	保持当前的"冬小麦-夏玉米"一年两熟制种植制度不变,对于冬小麦减少灌溉次数,足墒播种,拔节期灌溉一次	浅层地下水采补平衡	冬小麦单产下降15%~30%
潜在产量提升区	江苏省的徐州、连云港、淮安、盐城、宿迁、蚌埠、阜阳、亳州、宿州的49个县(市、区);山东省的济宁市、泰安、菏泽的16个县(市、区);河南省开封、平顶山、许昌、漯河、商丘、信阳、周口、驻马店的45个县(市、区)。共110个县(市、区)	增加冬小麦播种面积,提高冬小麦单产水平	适度适量开采地下水资源,维持水位稳定	冬小麦总产稳步提升

1)种植结构调整区,主要分布在黑龙港运东流域,包括河北沧州、衡水、邢台、邯郸及山东德州和河南北部的部分地区,其主要特点是灌溉用水以深层地下水为主,补给潜力很小,因此建议该区实施"一年两熟变成一年一熟"的调整方案,降低耕地利用程度。

2)利用强度降低区,主要分布在燕山和太行山山前平原,以及黄河沿岸北部和胶东半岛地区,这部分地区的主要特点是灌溉用水以浅层地下水为主,具有一定的补给潜力,因此建议该区实施"减少灌溉次数"的调整方案,逐步实现地下水采补平衡。

3)潜在产量提升区,包括黄河以南的大部分淮北平原,由于该地区降水相对充沛,地下水开采程度较小,且耕地生产能力具有一定的潜力,建议这部分地区实施"耕地产能提升"的政策,进行土地整治提升耕地潜力。

参 考 文 献

[1] Sabatier P A. Top-down and bottom-up approaches to implementation research: A critical analysis and suggested synthesis [J]. Journal of Public Policy, 1986, 6 (1): 21-48.

[2] Feist G J, Bodner T E, Jacobs J F, et al. Integrating top-down and bottom-up structural models of subjective well-being: A longitudinal investigation [J]. Journal of Personality and Social Psychology, 1995, 68 (1): 138.

[3] 杨晓琳. 华北平原不同轮作模式节水减排效果评价 [D]. 北京: 中国农业大学, 2015.

[4] Stanhill G. Water use efficiency [J]. Advances in Agronomy, 1986, 39: 53-85.

[5] 陈素英, 张喜英, 邵立威, 等. 华北平原旱地不同熟制作物产量、效益和水分利用比较 [J]. 中国生态农业学报, 2015, 23 (5): 535-543.

[6] 张喜英, 裴冬, 胡春胜. 太行山山前平原冬小麦和夏玉米灌溉指标研究 [J]. 农业工程学报, 2002, (6): 36-41.

[7] 胡实, 莫兴国, 林忠辉. 冬小麦种植区域的可能变化对黄淮海地区农业水资源盈亏的影响 [J]. 地理研究, 2017, 36 (5): 861-871.

[8] 莫兴国, 林忠辉, 刘苏峡. 黄淮海地区冬小麦生产力时空变化及其驱动机制分析 [J]. 自然资源学报, 2006, (3): 449-457, 502.

第四部分

黄淮海平原耕地资源休养生息战略效应研究

这部分内容是实现耕地资源休养生息从战略到保障机制的过渡与衔接研究，是战略与保障机制合理实施的科学基础。立足于保障耕地资源休养生息战略实施后"生态、粮食、权益"三个安全，对第三部分确定的耕地资源休养生息战略分区与战略方案在生态恢复与效益、粮食产量影响、农户受偿意愿这三个方面的效应进行定量化的评估。耕地资源休养生息战略是为解决耕地利用的负面生态问题而提出的，因此需要科学分析和评价战略实施对生态问题、农田环境、水土资源的改善效果，并基于资源经济学，价值化生态环境改善的经济效益。

第 8 章首先利用虚拟休耕水量平衡方程，对地下水资源涵养效果恢复水量及时间进行评估；然后基于市场价值法、影子工程法及效益转移法对地下水资源涵养的水文调节、空气净化、气体调节等生态效益进行评估，研究不同耕地休养生息分区的生态效益。

第 9 章对深层地下水超采区及浅层地下水区农户进行有针对性的问卷调查、实地调研，通过多元有序 Logistic 回归，对农户休耕政策满意度及影响因素进行研究。

第 10 章根据耕地可持续粮食生产能力定义，基于黄淮海平原耕地资源休养生息战略分布图，在水资源补给量与开采量基本达到平衡时，以目前先进灌溉管理制度和确定的农业灌溉用水量限制为条件，确定粮食作物或粮食作物组合所能达到的最高产量，分析黄淮海平原耕地资源休养生息战略实施对粮食产能变化的影响。

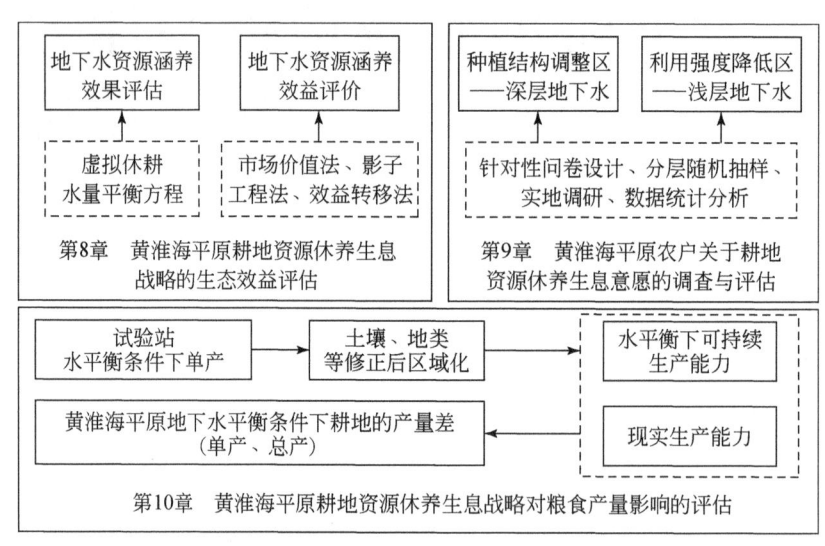

黄淮海平原耕地资源休养生息战略效应研究概念图

第8章 黄淮海平原耕地资源休养生息战略的生态效益评估

8.1 地下水严重超采区虚拟耕地资源休养生息效果

8.1.1 黄淮海平原耕地资源休养生息类型划分

黄淮海平原作为冬小麦、夏玉米的高产区,开采地下水是本区农业灌溉的基本途径。根据1957~2013年黄淮海平原40个气象站的数据,冬小麦全生育期需水量均值为480.78mm,夏玉米全生育期平均需水量为394.31mm[1]。而黄淮海平原北部流域降水为500~700mm,降水量无法满足小麦-玉米一年两熟作物生长的需要,必须补充灌溉,灌溉主要靠开采地下水。特别是冬季生长的小麦,冬小麦全生育期有效降水量为106.8mm,水分亏缺需要地下水灌溉,冬小麦在全生育期内"雨热不同期"是黄淮海平原区北部耕地地下水超采的主要因素。

黄淮海平原耕地资源休养生息类型依据冬小麦耗水特点进行划分,主要分为两种类型,三种方式。其中,种植结构调整是指在部分流域将作物种植制度从"一年两熟"调整为"一年一熟",将原来冬小麦-夏玉米的种植模式改成种植春玉米,根据试验站数据[2],种植春玉米全生育期多年平均耗水为456.75mm。耕地熟制从"一年两熟"调整为"一年一熟"后,在秋冬季耕地会有4~5个月的休耕期,而裸地或者荒草地会蒸发一定量的水分,根据遥感数据对黄淮海平原不同地表覆盖蒸散量监控[3],将熟制从"一年两熟"调整为"一年一熟"后,休耕期地会蒸发75~95mm的水量,所以种植结构的调整会消耗水量531~551mm。耕地利用强度降低是根据冬小麦的灌溉特点,冬小麦全生育期灌溉四次,分为越冬期、返青—拔节期、抽穗期、灌浆期,其中返青—拔节期为冬小麦水分最敏感时期,其次为抽穗期[4]。耕地利用强度降低中的调整方式为灌溉一水(返青—拔节期),消耗水量为130~150mm,灌溉两水(返青—拔节期及抽穗期),消耗水量为200~220mm[5]。夏玉米全生育期的需水量为394.31mm,所以耕地利用强度降低中小麦灌溉一水的需水量为525~545mm,小麦灌溉两水的需水量为595~615mm(表8-1)。

表 8-1　黄淮海平原耕地资源休养生息类型　　　　　　　　　　（单位：mm）

调整类型	调整方式	需水量
种植结构调整	"一年两熟"变"一年一熟"	531～551
利用强度降低	小麦灌溉一水	525～545
	小麦灌溉两水	595～615

8.1.2　地下水严重超采区虚拟耕地资源休养生息效果

(1) 春玉米模式

在地下水严重超采区实施春玉米种植,进行耕地资源休养生息。从图 8-1 春玉米种植模式地下水水量盈余分布可知,黄淮海平原地下水严重超采区年均地下水蓄变量均大于零,说明地下水水量均有回升。地下水蓄变量盈余水量最多的流域是徒骇马颊河流域,年地下水蓄变量盈余 42.1 亿 m^3,地下水蓄变量盈余水量最少的流域为漳卫河流域,年地下

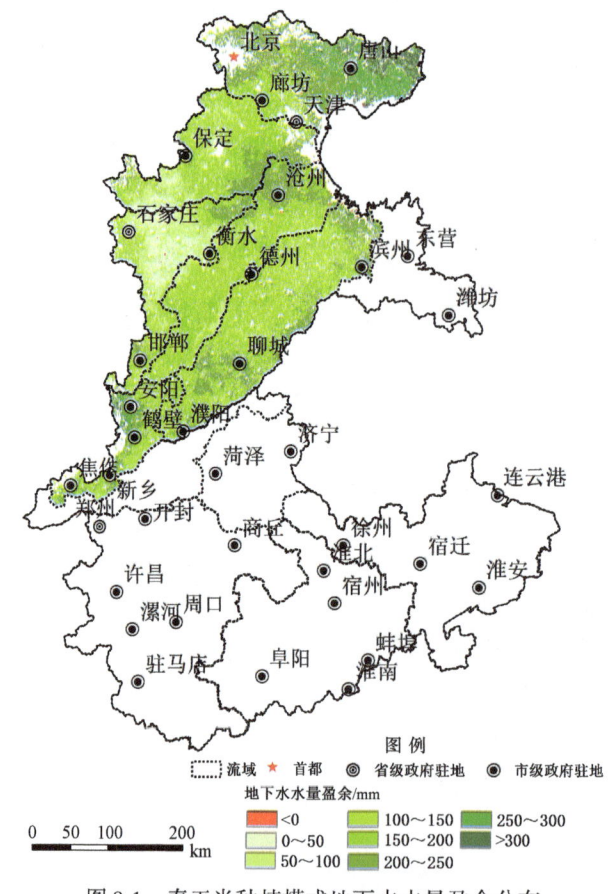

图 8-1　春玉米种植模式地下水水量盈余分布

水蓄变量盈余12.7亿 m³。春玉米调整模式下年平均单位网格地下水水量恢复162.99mm，单位网格平均水量恢复速度最快是北四河下游流域，年平均恢复水量为237.04mm，子牙河流域年平均恢复水量为105.69mm，是所有地下水严重超采区水量恢复最慢的区域（表8-2）。

表8-2 春玉米种植模式下各流域水量盈余情况

地下水严重超采区	年地下水蓄变量盈余/亿 m³	年平均恢复水量/mm
北四河下游流域	37.7	237.04
子牙河流域	14.8	105.69
徒骇马颊河流域	42.1	173.68
大清河流域	24.5	146.30
黑龙港运东流域	29.5	154.53
漳卫河流域	12.7	141.48

（2）小麦灌溉两水

在地下水严重超采区实施小麦灌溉两水，进行耕地资源休养生息。从图8-2小麦灌溉两水地下水水量盈余分布可知，黄淮海平原地下水严重超采区年均地下水蓄变量均大于零，

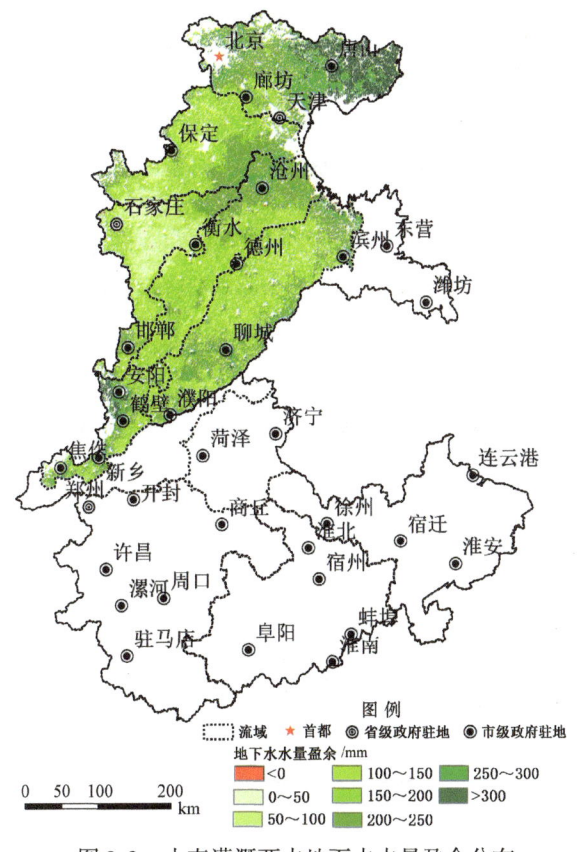

图8-2 小麦灌溉两水地下水水量盈余分布

说明这些区域局部地下水水量未能回升。从流域上看,地下水蓄变量盈余水量最多的流域是徒骇马颊河流域,年地下水蓄变量盈余为 36.5 亿 m^3,地下水蓄变量盈余水量最少的流域为漳卫河流域,年地下水蓄变量盈余为 11.5 亿 m^3(表 8-3)。小麦灌溉两水调整模式下年平均单位网格地下水水量恢复 146.75mm,单位网格平均水量恢复速度最快是北四河下游流域,年平均恢复水量为 226.43mm,子牙河流域年平均恢复水量为 83.29mm,是所有地下水严重超采区水量恢复最慢的区域。

表 8-3 小麦灌溉两水各流域水量盈余情况

地下水严重超采区	年地下水蓄变量盈余/亿 m^3	年平均恢复水量/mm
北四河下游流域	36.0	226.43
子牙河流域	11.7	83.29
徒骇马颊河流域	36.5	150.50
大清河流域	22.3	133.44
黑龙港运东流域	27.2	142.23
漳卫河流域	11.5	128.97

(3) 小麦灌溉一水

在地下水严重超采区实施小麦灌溉一水,进行耕地资源休养生息。从图 8-3 小麦灌溉一水地下水水量盈余分布可知,黄淮海平原地下水严重超采区年均地下水蓄变量均大于零,说明地下水水量均有回升。从流域上看,地下水蓄变量盈余水量最多的流域是徒骇马颊河流域,年地下水蓄变量盈余为 47.0 亿 m^3,地下水蓄变量盈余水量最少的流域为漳卫河流域,年地下水蓄变量盈余为 14.1 亿 m^3。小麦灌溉一水调整模式下年平均单位网格地下水水量恢复 184.09mm,单位网格平均地下水量恢复速度最快是北四河下游流域,年平均恢复地下水量为 261.96mm,子牙河流域年平均恢复地下水量为 123.67mm,是所有地下水严重超采区水量恢复最慢的区域(表 8-4)。

表 8-4 小麦灌溉一水各流域水量盈余情况

地下水严重超采区	年地下水蓄变量盈余/亿 m^3	年平均恢复地下水量/mm
北四河下游流域	41.7	261.96
子牙河流域	17.3	123.67
徒骇马颊河流域	47.0	191.90
大清河流域	28.4	169.88
黑龙港运东流域	34.1	178.59
漳卫河流域	14.1	157.57

第 8 章 | 黄淮海平原耕地资源休养生息战略的生态效益评估

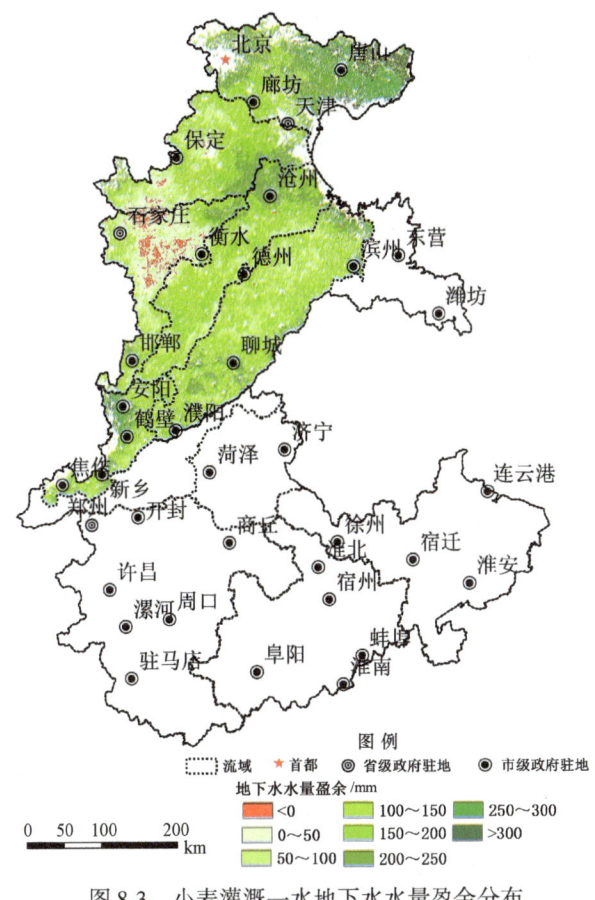

图 8-3 小麦灌溉—水地地下水水量盈余分布

8.2 生态效益评估概述

8.2.1 生态效益和生态系统服务

生态效益是指生态环境中的各种物质要素在满足人类社会生产和生活过程中所发挥的效用，它也是地球生命保障系统的重要组成部分及社会与环境可持续发展的基本元素。在学界的相关研究中，生态效益可以视为生态系统服务的各种功能产生的效用[6]。针对生态系统服务功能的定义有许多种，例如，Daily[7]对生态系统服务功能的定义为生态系统与生态过程形成和维持的人类生产所需的生态环境条件与效用；千年生态系统评估（millennium ecosystem assessment，MA）把生态系统服务功能定义为人类社会从生态系统中获得的效益。生态系统不仅为人类的生存和发展提供了食品、医药及其他生产生活原料，同时还创造、维持着地球生命保障系统，从而形成了人类生存所需的环境条件。生态系统服务功能的内涵包括生物多样性的产生与维持、自然有机质的合成与生产、气候调节、土壤肥力的更新和维持、营养物质储存和循环、环境净化和有毒有害物质的降解、有害生物的控制、植物花粉的传播和种子的扩散、减轻自然灾害等很多方面[8]。

生态系统服务要有效用价值必须满足以下两个条件：一是生态系统服务对人类社会有效用，二是生态系统服务有一定的稀缺性。因为人类社会的发展对生态环境造成了破坏，所以生态系统服务正逐渐成为一种稀缺性的资源，同时科学研究也证明生态系统服务对人类的生存和发展具有重要作用，越来越多的研究者和决策者都承认生态系统服务对人类的生存和发展发挥了极为重要的作用，因此生态系统服务具有效用价值[9]。人类正确认识生态系统效益价值的本质就是需要把生态保育和经济社会发展结合起来。经过一定科学经济价值标度的生态系统与生态功能的效益，有可能在市场经济体系中，通过设定合理的投入和支出而得到人们的正确认识、合理经营和利用，从而奠定可持续利用与发展的基础[6]。

8.2.2 生态系统服务的分类

评估生态系统效益的基础是对于生态系统服务的各种功能要有明确的认识，因此，国内外学者尝试进行了多种生态系统服务分类。例如，MA 把生态系统服务划分为四大类，包括供给服务（如食物和水）、调节服务（如疾病和干旱、调控洪涝、土地退化）、支持服务（如养分循环和土壤形成）、文化服务（如宗教、消遣、其他方面的非物质受益）；de Groot[10]将生态服务分为调节服务、承载服务、生产服务和信息服务四大类；Costanza 等[11]在 Nature 上发表了 The valve of the word's ecosystem sevices and natural capital 一文，使全球生态系统服务价值估算方法得以明确，他们将全球生物圈划分为 16 种生态系统类型，并将生态系统服务划分为气候调节、气体调节、水调节、水供给、控制侵蚀和保持沉积物、土壤形成、养分循环、废物处理、传粉、生物控制、避难所、食物生产、原材料、基因资源、休闲、文化等服务类型，并列举了生态系统功能与生态系统服务之间的对应关系；生态系统与生物多样性经济学（the economics of ecosystems and biodiversit，TEEB）分类也将生态系统服务分为供给服务、调节服务、栖息服务和文化服务四大类和 22 小类，这 22 小类生态系统服务又被具体的分为 90 种更具体的次级服务，因此相比 MA 的分类提供了关于生态系统服务更详细的信息。

国内学者也提出了自己的分类方法，例如：欧阳志云等[8]将生态系统服务划分为有机质的生产、维持大气 CO_2 与 O_2 的平衡、营养物质的循环与储存、水土保持、涵养水源、对环境污染的净化 6 类；谢高地等根据中国民众和决策者对生态服务的理解，在 MA 四大类划分下，又列出二级分类，把生态系统服务划分为气候调节、气体调节、水源涵养、土壤形成和保护、废物处理、生物多样性维持、原材料生产、食物生产、休闲娱乐 9 类[12]。结合黄淮海平原耕地资源休养生息战略的生态效益特点，在本研究的生态效益评估中将采用谢高地等的分类方法。与针对退耕还林（还草）的相关研究相比，黄淮海平原耕地资源休养生息战略的情景设定主要是基于节约地下水和耕地资源保护的目的，并没有产生从耕地到林地（或草地）的土地利用类型转变。因此，黄淮海平原耕地资源休养生息战略预期所能产生的生态效益主要包括减少地下水资源农业开采而产生的水文调节价值；减少冬小麦秸秆焚烧而产生的空气净化价值（废物处理价值）；减少化肥施用，减少了温室气体排放，进而产生的气体调节价值。

8.2.3　生态系统服务价值的评估方法

对于生态系统服务价值评估的方法可以分为直接评价方法和间接评价方法。其中，直接评价方法基于个人的经济偏好，可以划分为三类：直接市场评价法、揭示偏好法（替代市场法）、陈述偏好法（假想市场）。其中，直接市场评价方法将环境质量视为一个生产要素。直接市场评价方法利用市场价格（如果市场价格不能正确反映产品或服务的稀缺特性，就使用影子价格进行相应调整），赋予环境损害相应的价值（环境成本）或评估环境改善可带来的效益[13]。其常用方法包括计量反应法、疾病成本法、生产率变动法、机会成本法等。

揭示偏好法考察人们与市场相关的经济行为，特别是在与环境联系紧密的交易市场中人们所支付的价格或获得的利益，间接估计出人们对环境的偏好，进而估算环境变化的经济价值[13]。其包括资产价值法（房地产与周围环境的舒适性）、旅行费用法（travel cost method，TCM）。其核心是通过替代物市场价格评估没有现成市场价格的环境物品的价值。

陈述偏好法主要包括意愿调查法（contingent valuation method，CVM）和选择实验法（choice experiments，CE）。其中，意愿调查法是对当前没有市场交易和实际市场价格的生态系统产品与服务，人为地构造假想的市场来衡量生态系统服务和生态资源的价值[13]。意愿调查法是唯一能够揭示环境物品存在价值的方法，因为其他评估方法都是考虑估算使用者的各种直接和间接的成本与效益[14]。选择实验法可以通过配对分级、条件排序、离散选择等形式，列出生态系统服务产品的不同属性及不同属性水平的组合，让受访者选择其最偏好的组合，再由受访者选择的组合偏好推算生态系统服务的价值。选择实验法不同于CVM直接询问受访者的最大支付意愿，而是根据受访者的决策和选择来推算价值。

间接评价法是指通过对前人相关实证研究的结果进行直接引用、简单均值、统计模型与函数分析，以估计研究地的生态系统服务价值。直接评价法需要利用一手数据估算生态效益，但是由于受成本、时间及其他各种约束条件的限制，许多情况下研究者和决策者不可能通过使用一手材料对每一处资源的价值进行实证研究。因此，随着资源价值评估理论和方法的不断创新及大量资源价值评价实证研究结果的积累，间接评价法也逐渐得到了学术界的重视。

效益转移法（benefit transfer method，BTF）作为一种典型的间接评价法，主要利用统计学和计量经济学方法，将已有研究中资源价值的评价结果（通常被称为研究地，study site）转移到待研究区域（通常被称为政策地，policy site），从而得到政策地资源的价值。

当前这种方法已经成为国外资源价值评价领域的热点，并已出现了大量基于该方法的实证研究。相关研究表明，效益转移方法可以作为资源价值评估的有效参考，并对自然资源和环境的开发与保护起到重要的指导作用[15]。目前我国学者广泛使用的参照 Costanza 的成果进行转移评估我国不同区域的生态系统服务价值，实质上就是一种效益转移法。单位效益转移需要研究地与政策地之间生态系统服务价值评估内容与社会经济发展状况的相似性；效益转移需要收集政策地研究案例中的基本社会经济情况、政策地特征、分析中采用的模型等信息情况，允许研究地和政策地之间的状况存在差异，其差异可以通过函数进行调整[14]。

合理评估黄淮海平原耕地资源休养生息战略所能产生的生态效益，对于全面了解耕地资源休养生息战略的成效、合理确定耕地资源休养生息战略的生态补偿标准具有重要意义。在黄淮海平原耕地资源休养生息战略的生态效益评估中，需要根据所评估的生态效益的特点及数据可得性，综合运用市场价值法、影子工程法和效益转移法对黄淮海平原耕地资源休养生息战略产生的水文调节、空气净化、气体调节的生态效益进行评估。

8.3 黄淮海平原耕地资源休养生息战略的水文调节生态效益

生态系统的水文调节功能是指淡水过滤、持留、储存及供给淡水的生态功能[14]。如前所述，黄淮海平原正面临严峻的地下水超采危机，耕地资源休养生息战略的首要目标是维护地下水生态安全，水文调节生态效益也是耕地资源休养生息战略所提供的各项生态系统服务的主体部分。根据相关研究，地下水资源具有对地表植被存活和生长的支持作用（根系汲水）、对地表生态环境系统相对稳定的支持作用（防止地面沉降、地表土壤的沙化及盐碱化）、对附存于地下的生态环境系统的支持作用（地下生物的营养供给、防止土壤次生盐碱化、调节潜水矿化度）等[16]。

$$Q_{\text{total}} = w_i \times S_i \tag{8-1}$$

测算黄淮海平原耕地资源休养生息战略预期所能产生的水文调节生态效益，需要测算不同情境下，该战略所能节约的地下水总量。式（8-1）中，Q_{total} 为黄淮海平原耕地资源休养生息战略预期能够节约的地下水总量；w_i 为 i 情景下单位面积农田所能预期实现的节水量；S_i 为情景 i 所涉及的农田总面积。以式（8-1）结合之前章节的情景设定，可知黄淮海平原耕地资源休养生息战略预期能够实现的地下水资源节约量（表8-5）。其中，休养调整区预期可以节约地下水 200m³/亩，节约地下水总量 77.28 亿 m³；强度降低区预期可以节约地下水 100～150m³/亩，节约地下水总量 31.83 亿～47.74 亿 m³。黄淮海平原耕地资源休养生息战略区预期可以节约的地下水总量为 109.11 亿～125.02 亿 m³。

第8章 | 黄淮海平原耕地资源休养生息战略的生态效益评估

表 8-5 黄淮海平原耕地资源休养生息战略的节水效果

分区	冬小麦播种面积/(万 hm²)	水资源节约量/(m³/亩)	水资源节约总量/亿 m³
休养调整区	257.603 06	200	77.28
强度降低区	212.162 47	100~150	31.83~47.74
生态保护区	193.137 09	0	0

采用点对点转移（point estimate transfer）方法进行效益转移估算黄淮海平原耕地资源休养生息战略所产生的节水生态效益，用式（8-2）表示，即直接通过搜集与政策地在自然地理特征、社会人口统计特征和资源属性等方面极为相似的研究地的实证评价结果来估算政策地资源的单位价值 V_{pj}。

$$V_{pj}/Q_{pj} = V_{sj}/Q_{sj} \tag{8-2}$$

式中，V_{sj} 为黄淮海平原耕地资源休养生息战略实施区域的水源涵养生态价值；Q_{sj} 为战略实施区域的水源涵养总量；V_{pj} 为已有研究地的水源涵养生态价值；Q_{pj} 为该研究地生态系统的水源涵养总量。效益转移法的基本原理决定了原创研究和政策目标地点之间的研究设计、评估方法、社会人口特征、当地环境保护态度及地点自然环境间的差异，都会影响转移后的效益估计值。因此，在选择用以参考的已研究地区时，应该充分考虑已研究地区和待研究地区之间的生态系统商品、市场背景和福利测量措施具有一致性，这样能在最大限度上保证效益转移结果的可靠性和正确性。通过综合分析相关研究，本研究选取吕翠美针对郑州市地区的地下水价值的研究结果[17]。首先，从区位来看，郑州市毗邻本研究的研究区域，在自然气候、社会经济状况上高度相似；其次，郑州市平原区地下水超采现象较为严重，2005 年郑州市平原区浅层地下水开采量已占可开采量的 110.8%，超采率为 10.8%，中深层地下水超采率达 102.8%，地下水总体超采率为 39.1%[18]。该研究采用的是能值分析方法，即以能值为基准，将生态系统中不同种类、不能比较的能量转换为同一标准下的能值进行衡量与分析，进而评价其在整个生态系统中的作用，综合分析整个生态系统中的各种生态经济流（能物流、人口流、货币流及信息流），最后可得到一系列的能值综合指标，可以定量分析生态系统的结构功能特征和生态经济效益[19]。

$$V_w = \frac{J \times \rho}{W \times D} \tag{8-3}$$

式中，V_w 为每立方米地下水资源的价值；J 为地下水总化学能；ρ 为地下水能值转化率；W 为地下水年集水量；D 为地下水能值货币比率。各项参数的取值见表 8-6。

表 8-6 郑州市地下水能值价值估算的相关参数[17]

年集水量/亿 m³	地下水总化学能/10¹⁴ J	地下水能值转化率/(10⁵ sej/J)	能值货币比率/(10¹¹ sej/元)
1.31	6.33	3.01	7.44

注：sej，solar emijoules，太阳能焦尔。

参照该研究结果，并结合居民消费价格指数（consumer price index，CPI）进行调整，得到黄淮海平原地下水价格约为 2.5631 元/m³。据此估算的黄淮海平原耕地资源休养生息战略的水文调节生态效益如表 8-7 所示。其中，休养调整区预期所能产生的水文调节生态效益约为 198.08 亿元，强度降低区预期所能产生的水文调节生态效益为 81.57 亿～122.35 亿元，整个项目区预期所能产生的水文调节生态效益为 279.65 亿～320.43 亿元。

表 8-7 黄淮海平原耕地资源休养生息战略的水文调节生态效益

分区	冬小麦播种面积/万 hm^2	预期水文调节生态效益/亿元
休养调整区	257.60306	198.08
强度降低区	212.16247	81.57～122.35
生态保护区	193.13709	279.65～320.43

8.4 黄淮海平原耕地资源休养生息战略的空气净化生态效益

近年来"秸秆禁焚"的话题引发了社会各界的广泛关注。秸秆露天焚烧造成了大量的生物资源浪费，并且在焚烧密集季节产生的大量烟雾影响交通安全，同时存在的火灾隐患，威胁生产和公共设施安全。更为重要的是，秸秆焚烧所产生的大量烟雾、CO、CO_2、SO_2 等污染物质，使局部大气环境质量明显恶化，可能诱发呼吸道、肺部和眼部等疾病。根据相关估算，早在 2004 年我国各省份的秸秆焚烧造成的大气污染损失已经高达 196.5 亿元[20]。

作为我国重要的产粮大省，山东、河北、河南等地的秸秆产量与焚烧量也一直居高不下，使黄淮海平原成为我国秸秆焚烧的重灾区。黄淮海平原耕地资源休养生息战略的实施，将明显减少冬小麦秸秆产量，进而减少小麦秸秆焚烧。减少相关污染物排放，将产生空气净化的生态效益。估算黄淮海平原耕地资源休养生息战略预期能够减少的各项污染物排放量的公式如下：

$$E_i = Q \times r \times m_i \qquad (8-4)$$

式中，E_i 为黄淮海平原耕地资源休养生息战略所实现的各项污染物减排量；Q 为黄淮海平原耕地资源休养生息战略预期所减少的秸秆产量；r 为该区域产生的农业秸秆被农户露天焚烧的比例；m_i 为污染物的排放系数。根据黄淮海平原耕地资源休养生息战略的情景设置，结合我国小麦的秸秆粮食比，黄淮海平原实施耕地资源休养生息战略后将减少的秸秆产量 1801.08 万～2025.98 万 t（表 8-9）[21]。进一步根据表 8-8 中黄淮海平原各省市 2010 年秸秆产量和焚烧量，可知黄淮海平原的秸秆焚烧率约为 23.53%，因此黄淮海平原实施耕地资源休养生息战略预期能够减少秸秆焚烧 423.79 万～476.71 万 t。

表 8-8 黄淮海平原各省市 2010 年秸秆产量和焚烧量

省（直辖市）	秸秆产量/万 t	焚烧量/万 t	焚烧率/%
北京	146.73	0	0

续表

省（直辖市）	秸秆产量/万 t	焚烧量/万 t	焚烧率/%
天津	196.00	0	0
河北	3 444.41	688.88	20.00
山东	4 940.65	1 482.20	30.00
河南	6 031.00	1 206.20	20.00
江苏	3 237.02	971.11	30.00
安徽	3 221.72	644.34	20.00
合计	21 217.53	4 992.73	23.53

资料来源：李飞跃等，2013。

表 8-9 黄淮海平原实施耕地资源休养生息战略后小麦秸秆减产量（单位：万 t）

分区	冬小麦减产量	小麦秸秆减产量
休养调整区	1 530.28	1 576.19
强度降低区	218.34~436.69	224.89~449.79
生态保护区	0	0

根据小麦秸秆焚烧的各项污染物排放因子，表 8-10 计算出了黄淮海平原耕地资源休养生息战略实施情境中由于减少秸秆焚烧所产生的各项污染物减排量。

表 8-10 黄淮海平原耕地资源休养生息战略实施情境中秸秆焚烧各项染物减排量

污染物	排放因子/(g/kg)[20]	污染物减排量/万 t
TSP	11.00	3.57~4.02
SO_2	0.40	0.17~0.19
NO_x	2.50	1.06~1.19
CO_2	151.50	64.20~72.22

注：TSP（total suspended particulate）为总悬浮颗粒物。

张凤林和杨晓[22]运用 APEEP 模型估算出西安市大气污染导致的经济损失，该方法主要关注特定时点（如某一年）的大气污染，通过使用代表性物质来模拟环境变化过程并对环境状况进行评估，进而估算污染损害量及其造成的社会总成本损失。据其估算，2013 年西安市因为大气污染导致的经济损失约为 42.56 亿元[22]。西安市 2013 年的烟（粉）尘、SO_2 和氮氧化物的排放量总计为 17.02 万 t[23]。如表 8-11 所示，根据上述三项污染物的比例折算，黄淮海平原耕地资源休养生息战略中，由于减少小麦秸秆焚烧污染物排放而产生的空气净化生态效益为 15.41 亿~17.32 亿元。

表 8-11　黄淮海平原耕地资源休养生息战略的空气净化生态效益

分区	冬小麦播种面积/万 hm²	减少秸秆焚烧的空气净化生态效益/亿元
休养调整区	257.603 06	13.48
强度降低区	212.162 47	1.93~3.84
生态保护区	193.137 09	0

8.5　黄淮海平原耕地资源休养生息战略的气体调节生态效益

全球气候变暖影响各国经济社会的可持续发展，而温室气体特别是人类活动对化石能源消耗等活动造成的温室气体排放是全球变暖的主因。农业作为一国国民经济的基础部门，其生产过程中产生的温室气体在人类活动所产生的全部温室气体中所占的比例较大[23]。联合国粮食及农业组织（FAO）通过相关研究指出全球种植业和畜牧业排放的温室气体分别占全球人为温室气体排放的30%和18%[24]。

根据相关研究，我国农业源温室气体排放主要包括水稻种植造成的 CH_4 排放、施肥引起的 N_2O 排放、反刍动物的 CH_4 排放及畜禽废弃物管理过程中所引起的 CH_4 和 N_2O 排放[25]。其中，N_2O 是一种比较重要的温室气体，与其他温室气体（CO_2、CH_4）相比，其具有较强的增温潜势，且在空气中滞留的时间约为150年。另外，大气中的许多光化学反应 N_2O 也会参与其中，破坏大气中的 O_3 层，增强紫外线辐射，从而影响人类的身体健康[26]。因此，旱地施肥是导致温室效应的一个重要原因。黄淮海平原实施耕地资源休养生息战略，在休养调整区实施种植结构调整减少了一季小麦种植，减少了化肥使用量，从而减少了 N_2O 排放，因此耕地资源休养生息的减排效益是其生态效益中重要组成部分。

根据在河北省地下水超采治理综合试点地区的实地调研数据，不同耕作模式下的化肥使用量情况如表 8-12 所示，相较于一年两熟的传统耕作模式，种植结构调整区亩均少使用氮肥47.21kg，亩均少使用复合肥41.89kg。表 8-13 为黄淮海平原耕地资源休养生息战略预期减少的化肥使用量。

表 8-12　不同耕作模式下化肥使用量情况　　　　　（单位：kg）

项目	一年两熟		一年一熟
	冬小麦	夏玉米	春玉米
亩均氮肥使用量	40.01	15.27	8.07
亩均复合肥使用量	45.66	46.24	50.01

表 8-13 黄淮海平原耕地资源休养生息战略预期减少的化肥使用量（单位：万 t）

项目	小麦氮肥减少量	玉米氮肥减少量	小麦复合肥减少量	玉米复合肥减少量
休养调整区	154.95	27.82	176.43	-14.57

注：此处只针对休养调整区，因为强度降低区只是针对水的利用降低，认为还是一样用肥。

$$E_{N_2O} = M_i \times N_i \times q \tag{8-5}$$

式中，E_{N_2O} 为黄淮海平原耕地资源休养生息战略减少的 N_2O 释放总量；M_i 为减少的第 i 种肥料施用量；N_i 为第 i 种肥料的含氮量；q 为旱地施用氮肥的 N_2O 排放因子。黄淮海平原耕地资源休养生息战略预期减少的化肥使用量情况如表 8-13 所示。根据实地调研，市面上使用范围最广泛的氮肥总氮含量一般大于 46%，小麦使用的复合肥氮、磷、钾元素含量一般均占 15%，玉米使用的复合肥中一般氮含量较高，氮、磷和钾分别占 28%、8% 和 8%。据此估算，减少使用的肥料中含氮 106.30 万 t，含磷 25.30 万 t，含钾 25.30 万 t。

估算农田 N_2O 排放的方法主要有排放因子法、试验推断法、过程模型法和经验公式法，其中，排放因子法中应用较为广泛的是 IPCC 方法。该方法基于氮素输入量和排放系数，将各种肥料中消耗的含氮量和以 N_2O 形式排放出来的系数作为基础进行计算。当前 IPCC 采用的水田 N_2O 排放因子默认值为 0.3%，旱地为 1%[26]。本研究采用 1% 作为排放系数，据此可知黄淮海平原耕地资源休养生息每年将减少 N_2O 排放 1.0630 万 t。

$$V_C = E_{N_2O} \times \alpha_{GWP} \times C_{f-CO_2} \tag{8-6}$$

式中，α_{GWP} 为增温趋势指数，表示相同质量的不同温室气体对温室效应增强的相对辐射效应，以 CO_2 的增温趋势作为参照；C_{f-CO_2} 是固定 CO_2 的造林成本。参照肖玉等[27]的相关研究，此处 N_2O 的增温趋势指数取 320，并据此将 N_2O 折算成 CO_2。进一步根据造林成本法，取固定 CO_2 的造林成本为 0.2069 元/kg。并根据 CPI 进行调整，可知在黄淮海平原耕地资源休养生息战略中因为减少化肥施用而产生的气体调节生态效益约为 2.42 亿元[27]。

由表 8-14 可知，黄淮海平原耕地资源休养生息战略通过减少小麦秸秆焚烧，还直接减少了 CO_2 排放 64.20 万~72.22 万 t（表 8-10），仍按照上述造林成本法进行估算并结合 CPI 进行调整，可知黄淮海平原耕地资源休养生息战略中，由于减少小麦秸秆焚烧而产生的气体调节生态效益为 2.29 亿~2.57 亿元，其中休养调整区约为 2.00 亿元，强度降低区为 0.29 亿~0.57 亿元。

表 8-14 黄淮海平原耕地资源休养生息战略的气体调节生态效益

分区	冬小麦播种面积/万 hm²	气体调节生态效益/亿元
休养调整区	257.603 06	4.42
强度降低区	212.162 47	0.29~0.57
全区	193.137 09	5

8.6 黄淮海平原耕地资源休养生息战略的生态效益

根据上述分析，表 8-15 汇总了黄淮海平原耕地资源休养生息战略所产生的各种生态环境效益。在不同的情景设定中，以生态保护区作为基线，估算出休养调整区的生态效益约为 215.98 亿元，强度降低区的生态效益约为 83.79 亿~126.76 亿元。相对于强度降低区，由于休养调整区实施种植结构调整，直接减少了一季冬小麦种植，因此节约了大量地下水，避免了大量的化肥施用和秸秆焚烧，产生的生态效益明显较高。

表 8-15 黄淮海平原耕地资源休养生息战略的生态效益

分区	播种面积/万 hm²	水文调节/亿元	空气净化/亿元	气体调节/亿元	合计/亿元
休养调整区	257.603 06	198.08	13.48	4.42	215.98
强度降低区	212.162 47	81.57~122.35	1.93~3.84	0.29~0.57	83.79~126.76
生态保护区	193.137 09	0	0	0	0
合计	469.765 53	279.65~320.43	15.41~17.32	4.71~4.99	299.77~342.74

从不同的生态效益类型来看，黄淮海平原耕地资源休养生息战略预期所能产生的水文调节生态效益为 279.65 亿~320.43 亿元，占生态效益总体的 94% 左右；空气净化生态效益为 15.41 亿~17.32 亿元，占生态效益总体的 5% 左右；气体调节生态效益为 4.71 亿~4.99 亿元，占生态效益总体的 1% 左右（图 8-4）。

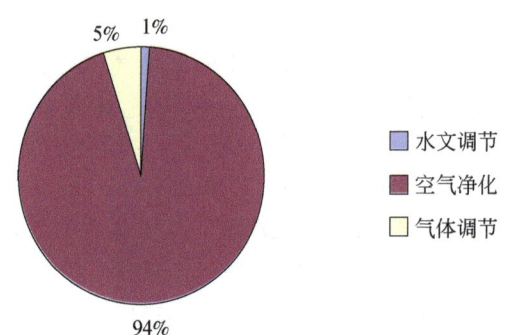

图 8-4 黄淮海平原耕地资源休养生息战略的各类生态效益占比

8.7 生态效益评估与生态补偿标准的关系

根据 Pagiola 等[28]所提出的 PES 逻辑框架，黄淮海平原耕地资源休养生息战略中生态补偿的逻辑框架可以由图 8-5 表示。黄淮海平原耕地资源利用现状下，农户的生产经营行为增加了自身收益，但导致了生态效益损失。如果在没有农业生态补偿的情况下强制实施耕地资源休养生息战略可以改善生态效益，但也将直接降低农户收益。而通过农业生态补偿机制可以在增加社会总体福利的情况下，协调耕地资源休养生息中各相关方的利益，使农户和生态效益的其他受益者的境况都得到改善。

进一步分析可知，生态补偿标准应该高于生态环境服务提供者的机会成本，低于所提供生态环境服务的价值。因为，如果生态补偿标准低于生态环境服务提供者的机会成本，

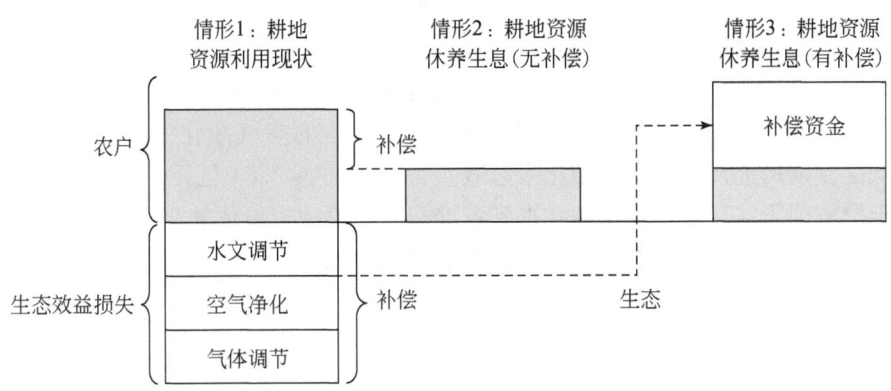

图 8-5　黄淮海平原耕地资源休养生息战略中生态补偿的逻辑框架

则生态环境服务提供者将承受损失；如果生态补偿标准高于所提供生态环境服务的价值，则会导致对生态环境服务提供者的"过度补偿"，无法产生社会总体上的福利改进。这一确定生态补偿标准的原则也已在现有研究中被许多学者认可[29-31]。表 8-16 为黄淮海平原耕地资源休养生息战略不同情境下单位面积耕地的生态效益。其中，休养调整区的单位面积耕地生态效益约为 558.95 元/亩，强度降低区的单位面积耕地生态效益为 263.29 ~ 398.31 元/亩。

表 8-16　黄淮海平原耕地资源休养生息战略不同情境下单位面积耕地的生态效益

分区	冬小麦播种面积/万 hm²	单位面积耕地生态效益/(元/亩)
休养调整区	257.603 06	558.95
强度降低区	212.162 47	263.29 ~ 398.31
生态保护区	193.137 09	—

8.8　本 章 小 结

单元网格水量平衡法计算的结果表明，三种调整方式下，各个流域耕地地下水蓄变量均为正值，未出现整体性地下水超采。其中，春玉米调整模式年平均地下水水量恢复 162.99mm，小麦灌溉两水调整模式年平均地下水水量恢复 146.75mm，小麦灌溉一水调整方式年平均地下水水量恢复 184.09mm。耕地资源休养生息调整能涵养地下水，对黄淮海平原水资源短缺的生态问题具有缓解作用。

通过采用点对点转移方法进行效益转移对黄淮海平原耕地资源休养生息战略所产生的节水生态效益进行估算，得到整个项目区预期所能产生的水文调节生态效益为 279.65 亿 ~ 320.43 亿元，其中，休养调整区预期所能产生的水文调节生态效益约为 198.08 亿元，强度降低区预期所能产生的水文调节生态效益为 81.57 亿 ~ 122.35 亿元。

通过黄淮海平原耕地资源休养生息战略预期所减少的秸秆产量、研究区域产生的农业秸秆被农户露天焚烧的比例及利用效益转移法获得的污染物排放系数，得到黄淮海平原耕地资源休养生息战略中，由于减少小麦秸秆焚烧污染物排放而产生的空气净化生态效益为15.41亿~17.32亿元，其中休养调整区预期所能产生的空气净化效益约为13.48亿元，强度降低区预期所能产生的空气净化生态效益为1.93亿~3.84亿元。

基于排放因子法、造林成本法，得到黄淮海平原耕地资源休养生息战略中，由于减少小麦秸秆焚烧而产生的气体调节生态效益为2.29亿~2.57亿元，其中休养调整区预期所能产生的气体调节生态效益约为2.00亿元，强度降低区预期所能产生的气体调节生态效益为0.29亿~0.57亿元，此外休养调整区由于减少化肥施用而产生的气体调节生态效益为2.42亿元。

将黄淮海平原耕地资源休养生息战略所产生的各种生态环境效益汇总后，以生态保护区作为基线，估算出休养调整区的生态效益约为215.98亿元，强度降低区的生态效益为83.79亿~126.76亿元。相对于强度降低区，由于休养调整区实施种植结构调整，直接减少了一季冬小麦种植，因此节约了大量地下水，避免了大量的化肥施用和秸秆焚烧，产生的生态效益明显较高。

另外，从不同的生态效益类型来看，黄淮海平原耕地资源休养生息战略预期所能产生的水文调节生态效益为279.65亿~320.43亿元，占生态效益总体的94%左右；空气净化生态效益为15.41亿~17.32亿元，占生态效益总体的5%左右；气体调节生态效益为4.71亿~4.99亿元，占生态效益总体的1%左右。

基于黄淮海耕地资源休养生息战略中生态补偿机制的逻辑框架，可得到休养调整区的单位面积耕地生态效益（该区域内生态补偿标准的上限值）约为558.95元/亩，强度降低区的单位面积耕地生态效益（该区域内生态补偿标准的上限值）为263.29~398.31元/亩。

参 考 文 献

[1] 黄会平，曹明明，宋进喜，等．黄淮海平原主要农作物全生育期水分盈亏变化特征[J]．干旱区资源与环境，2015，(8)：138-144．

[2] 杨晓琳，黄晶，陈阜，等．黄淮海农作区玉米需水量时空变化特征比较研究[J]．中国农业大学学报，2011，16(5)：26-31．

[3] 何延波，王石立．遥感数据支持下不同地表覆盖的区域蒸散[J]．应用生态学报，2007，18(2)：288-296．

[4] 孙宏勇，张喜英，陈素英，等．亏缺灌溉对冬小麦生理生态指标的影响及应用[J]．中国生态农业学报，2011，19(5)：1086-1090．

[5] 张喜英，裴冬，胡春胜．太行山山前平原冬小麦和夏玉米灌溉指标研究[J]．农业工程学报，2002，18(6)：36-41．

[6] 陈仲新，张新时．中国生态系统效益的价值[J]．科学通报，2000，45(1)：17-22．

[7] Daily G C. 1997. Natures Services: Societal Dependence on Natural Ecosystems [M]. Washington D C: Island Press.

[8] 欧阳志云，王如松，赵景柱．生态系统服务功能及其生态经济价值评价［J］．应用生态学报，1999，10（5）：635-640．

[9] 谢高地，曹淑艳．发展转型的生态经济化和经济生态化过程［J］．资源科学，2010，32（4）：782-789．

[10] de Groot R S. Functions of nature: Evaluation of nature in environmental planning, management and decision making［J］. Ecological Economics, 1995, 14（3）: 211-213.

[11] Costanza R, Arge R, Groot R, et al. The value of the word's ecosystem services and natural capital［J］. Nature, 1997, 386: 253-260.

[12] 谢高地，鲁春霞，肖玉，等．青藏高原高寒草地生态系统服务价值评估［J］．山地学报，2003，21（1）：50-55．

[13] 马中．环境与自然资源经济学概论［M］．北京：高等教育出版社，2006．

[14] 魏同洋．生态系统服务价值评估技术比较研究——以修水流域为例［D］．北京：中国农业大学，2015．

[15] 赵玲，王尔大．基于Meta分析的自然资源效益转移方法的实证研究［J］．资源科学，2011，33（1）：31-40．

[16] 倪红珍．基于绿色核算的水资源价值与价格研究［D］．北京：中国水利水电科学研究院，2004．

[17] 吕翠美．区域水资源生态经济价值的能值研究［D］．郑州：郑州大学，2009．

[18] 胡瑞，左其亭．淮河流域水资源现状分析及承载能力研究意义［J］．水资源与水工程学报，2008，19（5）：65-68．

[19] 蓝盛芳，钦佩，陆宏芳．生态经济系统能值分析［M］．北京：化学工业出版社，2002．

[20] 王丽，李雪铭，许妍．中国大陆秸秆露天焚烧的经济损失研究［J］．干旱区资源与环境，2008，22（2）：170-175．

[21] 韩鲁佳，闫巧娟，刘向阳，等．中国农作物秸秆资源及其利用现状［J］．农业工程学报，2002，18（3）：87-91．

[22] 张凤林，杨晓．转轨期中国空气污染的社会经济损失评估［J］．河北经贸大学学报，2015，36（4）：87-94．

[23] 尚杰，杨果，于法稳．中国农业温室气体排放量测算及影响因素研究［J］．中国生态农业学报，2015，（3）：354-364．

[24] 新能源与低碳行动课题组．低碳之家［M］．北京：中国审计出版社，2011．

[25] 董红敏，李玉娥，陶秀萍，等．中国农业源温室气体排放与减排技术对策［J］．农业工程学报，2008，24（10）：269-273．

[26] 高春雨，王立刚，李虎，等．区域尺度农田N_2O排放量估算研究进展［J］．中国农业科学，2011，44（2）：316-324．

[27] 肖玉，谢高地，鲁春霞．稻田生态系统气体调节功能及其价值［J］．自然资源学报，2004，19（5）：617-623．

[28] Pagiola S, Ramírez E, Gobbi J, et al. Paying for the environmental services of silvopastoral practices in Nicaragua［J］. Ecological Economics, 2007, 64（2）: 374-385.

[29] Wunder S. Payments for Environmental Services: Some Nuts and Bolts［R］. Jakarta: CIFOR, 2005.

[30] Tacconi L. Redefining payments for environmental services［J］. Ecological Economics, 2012, 73: 29-36.

[31] 严立冬，麦瑜翔，潘志翔，等．农地整治项目农户满意度及影响因素分析［J］．资源科学，2013，35（6）：1143-1151．

第 9 章 黄淮海平原农户关于耕地资源休养生息意愿的调查与评估

农户作为耕地经营的主体，他们是否愿意进行耕地休养生息，直接影响着耕地资源休养生息战略的落地实施，并对耕地休养生息的实现途径、运行机制及模式的选择存在着根本性的作用[1,2]。此外，耕地资源休养生息战略直接影响农户的土地利用类型或强度，这必然会造成农户土地经营效益的下降。因此，对农户耕地休养生息意愿的研究，有助于推动耕地资源休养生息战略的有序进行，实现黄淮海平原的生态安全保障和可持续发展。

9.1 农户对休养生息政策的认知与响应

9.1.1 农户对休养生息政策的认知

农户对休养生息政策的认知主要包括农户对地下水下降的认识、对于耕地权属的认识及对休养生息政策内容的认识。具体的分析结果如图 9-1 所示。

对于"您认为目前地下水下降的程度如何？"问题中，有 81.15% 的农户认为目前地下水下降严重，14.56% 的农户认为地下水下降程度一般，仅有 4.19% 的农户认为不严重。这说明黄海平原河北地区与太行山麓平原河北地区大多数农户已认识到地下水严重下降的现实，其中太行山麓平原河北的比例略微比黄海平原河北高。

对于"您认为地下水下降的趋势是否会对生态环境产生不良影响？"问题中，78.34% 的农户认为地下水下降会对生态环境产生不良影响，15.29% 的农户认为不会对生态环境产生影响，6.37% 的农户对于此问题并不清楚，说明农户对于地下水下降可能产生的生态影响具有正确的认知。

对于"您是否听说过为减少地下水超采而调整土地利用（休养生息）的政策？"问题中，约有 46.15% 的农户听说过，53.85% 的农户未听说过，其中黄海平原河北听说过的农户比例高于太行山麓平原河北地区。

对于"您村如有人率先进行耕地休养生息，您是否会考虑进行土地利用的调整？"问题中，72.15% 的农户选择会考虑进行土地利用的调整，只有不超过 1/3（27.85%）的农户不会改变土地利用类型或投入。黄海平原河北农户会考虑调整的比例达 75%，比太行山麓平原河北高约 7%。该问题可表明农户对于政策的执行具有良好的仿效特征。

此外，农户对于政策实施效果持积极的态度，这有助于政策的顺利推行，实现预期目标。

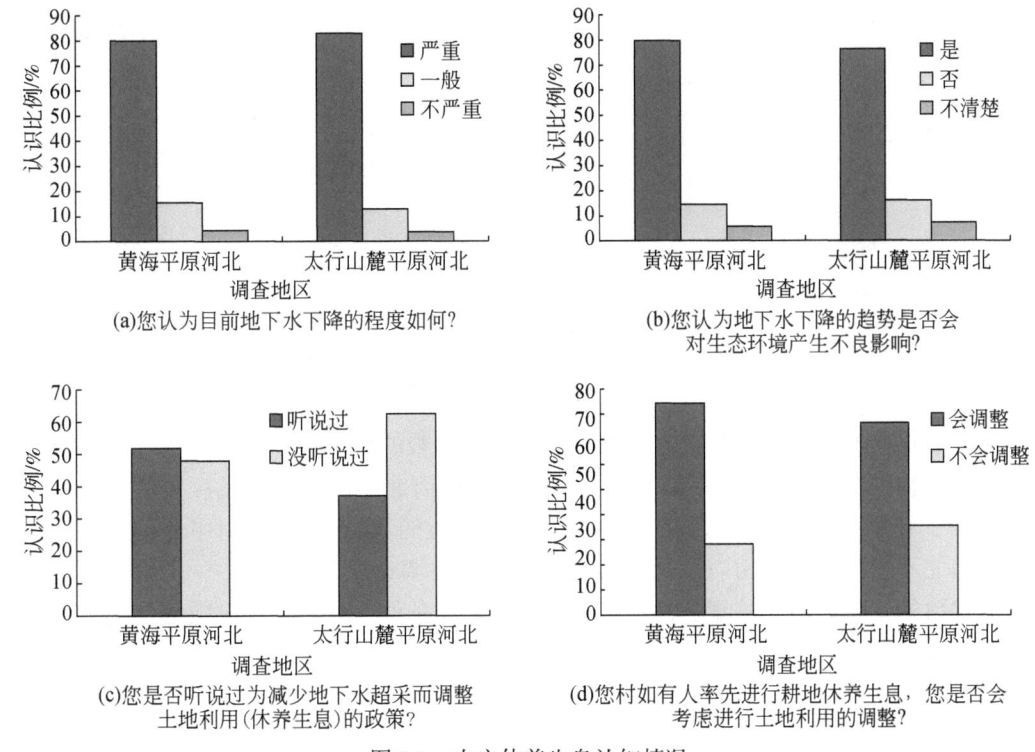

图 9-1 农户休养生息认知情况

9.1.2 农户对休养生息政策的响应

本研究休养生息策略主要包括调整作物种植结构及降低灌溉强度两方面。其中，调整作物种植结构为春玉米一年一熟模式，降低灌溉强度为减少灌溉次数模式。针对以上两种模式，本研究对农户意愿进行了分析，具体分析结果如下。

通过对调查结果的统计显示（图9-2），样本数据中愿意种植春玉米的农户占到调查总数的19.21%，其中黄海平原河北中愿意种植春玉米的农户比例为22.12%，太行山麓平原河北愿意种植春玉米的农户比例为15.07%；样本数据中不愿意种植春玉米的农户占到调查总数的14.13%，其中黄海平原河北中不愿意种植春玉米的农户比例为16.34%，太行山麓平原河北中不愿意种植春玉米的农户比例为10.96%，比黄海平原河北高5.39%；样本数据中种植春玉米要视损失而定的农户占到调查总数的66.67%，其中黄海平原河北中该比例达61.54%，太行山麓平原河北中该比例为73.97%。根据分析可知，损失金额的多少是农户种植春玉米与否的重要依据，黄海平原河北整体上种植春玉米的意愿情况比太行山麓平原河北好一些。农户愿意种植春玉米的原因主要是政府可提供小麦损失的补偿款，省去了小麦种植的人力、物力投入，且农户可选择外出打工或做其他副业，增加收入。农户不愿意种植春玉米主要顾虑到不种小麦会造成粮食减产，难以保证家庭口粮需要，有些农户以耕作为主要经济来源，不种小麦情况下会损失部分经济来源且认为政府补偿不稳定。

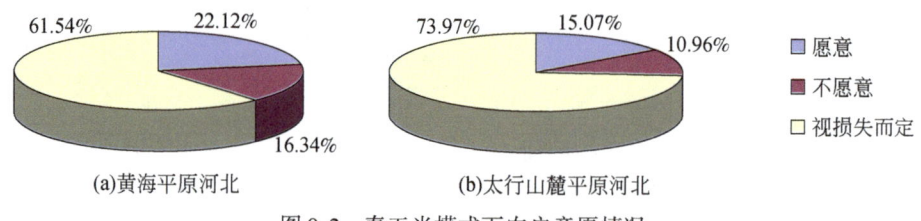

图 9-2　春玉米模式下农户意愿情况

根据调查结果（图 9-3），减少灌溉次数是农户愿意比例最低、不愿意比例最高的模式。样本数据中愿意减少灌溉次数的农户占到调查总数的 9.70%，其中黄海平原河北愿意减少灌溉次数的农户比例为 11.83%，太行山麓平原河北愿意减少灌溉次数的农户比例仅为 6.94%；不愿意减少灌溉次数的农户占到调查总数的 30.91%，黄海平原河北与太行山麓平原河北不愿意的比例相当；视补偿而定的农户占调查总数的 59.39%。农户不愿意减少灌溉次数的主要原因为灌溉是粮食产量保证的重要条件，减少灌溉次数必然会造成粮食减产，而农户对于减产水平估计过大甚至认为造成绝产，此种情况下种植小麦无疑是"做无用功"。

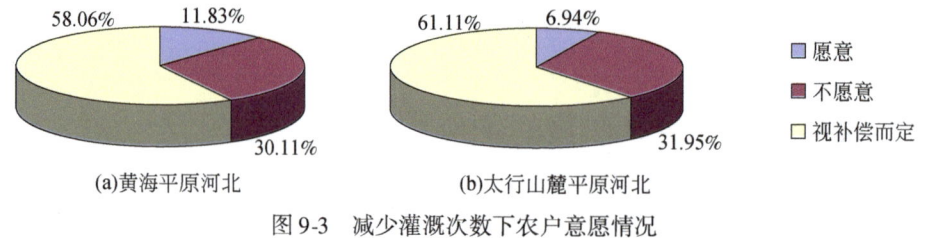

图 9-3　减少灌溉次数下农户意愿情况

通过农户对休养生息模式的意愿排序可以看出，种植春玉米是黄海平原河北和太行山麓平原河北农户首选的模式，其中黄海平原河北种植春玉米的意愿比例达 86.45%，比太行山麓平原河北高 23.95%。选择减少灌溉次数的农户较少，尤其在黄海平原河北地区，其比例仅为 13.55%，而太行山麓平原农户选择减少灌溉次数的农户比例在 1/3 以上（图 9-4）。

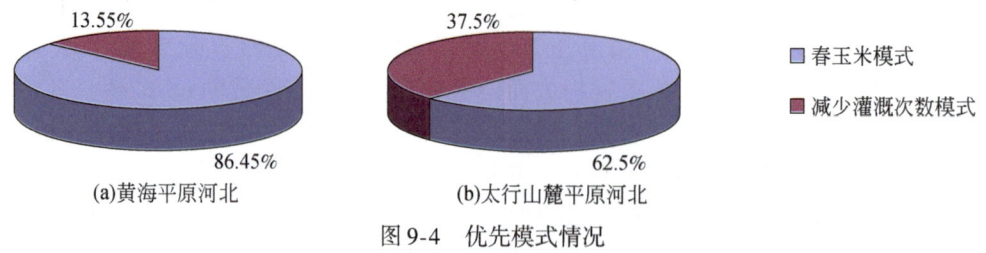

图 9-4　优先模式情况

综合以上分析，以达到生态环境效益最高的目标下，兼顾农户意愿，黄海平原河北与太行山麓平原河北种植春玉米模式是最适宜选择。若考虑粮食安全,太行山麓平原河北则可减少灌溉次数,其一在于农户选择减少灌溉次数的比例比黄海平原河北高,其二在于太行山麓平原河北采用的为浅层地下水,与黄海平原河北采用的深层地下水相比,可补给性相好,深层地下水可补给性差。

9.1.3 农户休养生息运行机制意愿分析

关于补偿支付年限形式的回答(表9-1),62.43%的农户选择一年一次支付,35.91%的农户选择一次性支付,仅有1.66%的农户对于支付年限形式认为均可以。一年一支付的形式具有灵活性,符合市场经济变化形式,大多数农户选择一年一次支付。农户选择一次性支付,更多是出于对补偿款落实与政策不稳定性的担忧。

表9-1 农户休养生息运行机制意愿

指标	选项	比例/%
补偿支付年限	一年一次	62.43
	一次性	35.91
	以上均可	1.66
耕地休养生息年限	1~5年	21.29
	5~10年	21.29
	10年以上	39.35
	以上均可	18.07
休养生息后家庭收入变化	减少	38.01
	不变	55.56
	增加	4.68
	视补偿而定	1.75
希望政府提供的帮助和支持	提供社会保障	32.62
	增加就业机会	21.89
	完善基础设施	13.30
	选择抗旱品种	12.02
	提高耕地质量	11.38
	其他	8.79

对于耕地休养生息年限的回答中,有21.29%的农户选择1~5年,21.29%的农户选择5~10年,39.35%的农户选择10年以上,18.07%的农户认为都可以。从现实来讲耕地休养生息年限越长,对于地下水涵养与恢复的效果越好,但是对于粮食安全来说也是巨大挑战。如何选择年限,除了取决于农户的态度外,还要结合地下水涵养与粮食安全目标、国家战略规划等。

对于农户对耕地休养生息后家庭收入变化的预想中，38.01%的农户认为家庭收入会减少，55.56%的农户认为家庭收入会不变，仅有4.68%的农户认为家庭收入会增加，另有1.75%的农户认为要视补偿而定。由此可见，大多数人对于耕地休养生息政策持平淡的态度，认为政策实施不会对家庭收入产生影响，另有相当一部分人持悲观态度，认为政策实施会造成家庭收入减少。认为家庭收入会增加的农户主要是考虑政策实施后会外出打工或发展副业。农户对家庭收入的预期对于政策推行的可行性与可操作性具有重要指示作用，持悲观态度一定程度上反映了农户对于政策的排斥与阻碍作用，相反持乐观态度一定程度上反映了农户对于政策的激励作用。

对于耕地休养生息农户希望政府能够提供的帮助和支持的回答中，32.62%的农户选择提供社会保障，21.89%的农户选择增加就业机会，13.30%的农户选择完善基础设施，12.02%的农户选择提供抗旱品种，选择提高耕地质量的占11.38%，其他占8.79%。由此可见，建立完善的社会保障体系是进行耕地休养生息中政府需要执行的最重要方面，同时注重为适当的劳动力提供其他就业机会。根据调研，种地的农户主体大多为中年及老年人，年龄段为45～65岁，年轻一辈的大多外出打工，因中年及老年劳动力无其他社会技能，只能依靠种地为基本经营手段，减少种地投入情况下只能依靠社会保障维持家庭生活，此外一些中年劳动力也会寻求靠自身体力外出打工机会。

9.2 典型区农户满意度及影响因素分析

9.2.1 满意度评价及影响因素分析方法

为了突出研究的代表性，本章选取了河北省衡水市作为研究区域。首先衡水市地下水漏斗区已覆盖衡水市全境，中心埋深为119m，并与周边的德州、邢台、沧州等地的漏斗区相连，形成一个面积达4万km²的世界罕见的复合型漏斗[3]；其次，衡水市也是河北省休耕面积最多的区域。如表9-2所示，衡水市2014年休耕40万亩，2015年新增休耕9.1万亩，2016年新增休耕20.5万亩，三年累计休耕69.6万亩，约占河北省休耕土地总面积的35%。

表9-2 衡水市2014~2016年休耕情况

项目	2014年休耕	2015年新增休耕	2016年新增休耕	总计
河北省/万亩	76	24	96.7	196.7
衡水市/万亩	40	9.1	20.5	69.6
占比/%	53	38	21	35

样本的基本特征如表9-3所示。样本农户中，男性占71.4%。从年龄分布上看，45岁以上的农民是主体，占90.7%。样本农户平均受教育程度较低，初中及以下文化程度占

77.1%。农户家庭规模分布最多的是 3~5 人,占 54.3%,平均每户家庭人口数为 4.04 人。在样本农户中,7.9% 的农户的家庭耕地面积在 6 亩以下,19.3% 的农户的家庭耕地面积在 18 亩及以上,多数农户的家庭耕地面积为 6~18 亩,占 72.8%,平均每户的家庭耕地面积为 13.68 亩。样本农户的农业种植作物以冬小麦、夏玉米为主,实施休耕补偿政策后,只种植雨热同季的春玉米。

表 9-3 受访农户基本情况

指标	选项	样本数	比例/%
性别	男	100	71.4
	女	40	28.6
年龄	15~35 岁	2	1.4
	36~45 岁	11	7.9
	46~55 岁	49	35.0
	55~65 岁	54	38.6
	65 岁以上	24	17.1
受教育程度	小学以下	2	1.4
	小学	45	32.1
	初中	61	43.6
	高中	29	20.7
	高中以上	3	2.2
家庭人口数	1~2 人	39	27.9
	3~5 人	76	54.3
	6 人以上	25	17.8
耕地面积	6 亩以下	11	7.9
	6~12 亩	30	21.4
	12~18 亩	72	51.4
	18 亩及以上	27	19.3

农户对休耕政策的满意度,是指农户在参与休耕政策后对休耕政策的主观接受程度,按照程度不同,细分为不满意、一般、满意三种情形。

将农户对休耕政策的满意度作为因变量,"$y=1$" 表示 "不满意","$y=2$" 表示 "一般","$y=3$" 表示 "满意",随着数值的增大,农户对休耕政策的满意程度增加。采用多元有序 Logistic 模型来分析农户对休耕政策的满意度的影响因素。模型形式如下:

$$P(y \leqslant j) = \frac{\exp\left(\alpha_j + \sum_{i=1}^{n} \beta_i x_i\right)}{\left[1 + \exp\left(\alpha_j + \sum_{i=1}^{n} \beta_i x_i\right)\right]}, \quad j = 1, 2, 3 \quad (9\text{-}1)$$

对式（9-1）进行对数变换，得多元有序 Logistic 回归模型线性表达式如下：

$$\ln\left(\frac{P(y \leq j)}{1 - P(y \leq j)}\right) = \alpha_j + \sum_{i=1}^{n} \beta_i x_i, \quad j = 1, 2, 3 \quad (9-2)$$

式中，P 为概率；α_j 为截距项；β_i 为自变量 x_i 的系数；n 为自变量的个数。

借鉴相关研究[4,5]，结合地下水超采区实际情况，本章对潜在影响因素进行整理，并将其分为农户个体特征、家庭特征、农业经营特征、主观评价四大类共16个变量。模型变量说明、统计描述及预期影响方向见表9-4。初步预期：①个体特征中，男性对休耕政策的满意度可能高于女性，年龄的影响方向不确定，受教育程度越高，满意度可能越高。②家庭特征中，家庭总收入越高、非农收入占比越高、外出打工半年以上人数越多的农户，对于农业的依赖程度较低，对休耕政策的满意度可能越高；家庭总人口越多，劳动力越充裕，对休耕政策的满意度可能越低；60岁以上老人的劳动能力在降低，预期60岁以上人数越多，对休耕政策的满意度可能越高。③农业经营特征中，耕地承包面积越多，农户更愿意从事农业生产，对休耕政策的满意度可能越低；小麦亩均纯收入是农户参与休耕政策的机会成本，预期小麦亩均纯收入越高，农户对休耕政策的满意度可能越低。④主观评价中，对政策目的的认知越清楚、对当前补偿标准的评价越高、受偿意愿越低、自愿参与休耕政策、认为补贴发放及时、参与休耕政策后收入有所提高的农户，对休耕政策的满意度可能就越高。

表9-4 模型变量说明、统计描述及预期影响方向

变量名称		变量含义及赋值	平均值	标准差	预期影响方向
满意度		受访农户对休耕政策的满意度（不满意=1；一般=2；满意=3）	2.28	0.75	
个体特征	性别	受访农户性别（男=1；女=0）	0.71	0.45	+
	年龄	受访农户实际年龄（岁）	57.31	8.99	+/-
	受教育程度	受访农户受教育程度（小学以下=1；小学=2；初中=3；高中=4；高中以上=5）	2.90	0.82	+
家庭特征	家庭总收入	受访农户2015年总收入（万元）	5.11	3.50	+
	非农收入占比	受访农户2015非农收入占家庭总收入的比例	0.49	0.30	+
	家庭总人口	受访农户家庭总人口（人）	4.04	1.75	-
	60岁以上人数	受访农户家庭60岁以上人数（人）	0.96	0.92	+
	外出打工半年以上人数	受访农户家庭半年以上外出打工人数（人）	0.86	1.03	+
农业经营特征	耕地承包面积	受访农户耕地承包面积（亩）	13.68	5.65	-
	小麦亩均纯收入	受访农户小麦每亩纯收入（元）	744.62	131.21	-

续表

变量名称		变量含义及赋值	平均值	标准差	预期影响方向
主观评价	政策目的的认知	受访农户是否清楚休耕政策目的（是=1；否=0）	0.90	0.30	+
	当前补偿标准的评价	受访农户对补偿标准的评价（很低=1；较低=2；一般=3；较高=4；很高=5）	2.22	0.62	+
	受偿意愿	受访农户参与休耕的受偿意愿金额[元/（亩·a）]	530.54	70.71	−
	是否自愿参与	受访农户是否自愿参与休耕政策（是=1；否=0）	0.71	0.46	+
	补贴发放是否及时	休耕补贴的发放是否及时（是=1；否=0）	0.89	0.31	+
	收入变化的评价	受访农户参与休耕政策后的收入变化（降低=0；不变=1；提高=2）	0.37	0.70	+

注：+表示正向相关，−表示负向相关，+/−表示不确定；参与休耕政策后，农户实际未种植冬小麦，故调研中采用让农户回忆参与休耕政策前冬小麦种植的投入和产出情况，从而计算出农户的小麦亩均纯收入。

9.2.2 满意度评价

农户对休耕政策的满意度评价结果见表9-5。在140户受访农户中，64户农户对休耕政策的态度为满意，占到样本总量的45.7%；51户农户对休耕政策的态度为一般，占到样本总量的36.4%；25户农户对休耕政策的态度为不满意，占到样本总量的17.9%。不满意、一般、满意的相应赋值为1、2、3，那么农户对休耕政策的总体满意度为2.28，处于一般与满意之间。

表9-5 农户对休耕政策的满意度和主观评价

指标	类别	样本数/户	比例/%
满意度	不满意	25	17.9
	一般	51	36.4
	满意	64	45.7
政策目的的认知	否	14	10.0
	是	126	90.0
补偿标准的评价	很低	14	10.0
	较低	82	58.6
	一般	43	30.7
	较高	1	0.7

续表

指标	类别	样本数/户	比例/%
受偿意愿	500元及以下	68	48.6
	500~600元（含600）	54	38.6
	600元以上	18	12.8
是否自愿参与	否	41	29.3
	是	99	70.7
补贴发放是否及时	否	15	10.7
	是	125	89.3
收入变化的评价	减少	106	75.7
	不变	16	11.4
	增加	18	12.9

本章还着重调查了农户对休耕政策的主观评价，主要包括政策目的的认知、补偿标准的评价、受偿意愿、是否自愿参与、补贴发放是否及时、收入变化的评价6个方面，评价结果见表9-5。对于政策目的的认知，90.0%的受访农户清楚休耕政策目的，即"减少超采地下水"，说明农户对休耕政策的目的认识清楚。对于补偿标准的评价，10.0%的受访农户认为补偿标准很低，58.6%的受访农户认为补偿标准较低，30.7%的受访农户认为补偿标准一般，仅有0.7%的受访农户认为补偿标准较高，68.6%的受访农户认为补偿标准很低或较低，说明农户普遍认为休耕的补偿标准偏低。对于休耕的受偿意愿，相较于实际的补偿标准500元/(亩·a)，48.6%的受访农户的受偿意愿在500元及以下，51.4%的受访农户的受偿意愿在500元以上，平均受偿意愿为531元/(亩·a)，高于实际补偿标准。对于是否自愿参与，因为休耕政策的实施要求适度的集中连片，所以存在部分农户不是自愿参与休耕政策，其中29.3%的受访农户表示不是自愿参与休耕政策。对于补贴发放是否及时，89.3%的受访农户认为补贴发放及时，说明休耕的补贴发放比较及时。对于收入变化的评价，75.7%的受访农户认为参与休耕政策后的收入变化为减少，只有24.3%的受访农户认为参与休耕政策后的收入变化为不变或增加，说明多数农户认为参与休耕政策后的收入变化为减少，该结果与多数农户认为休耕的补偿标准偏低存在一致性。

9.2.3 满意度影响因素分析

应用Stata13.0软件进行多元有序Logistic回归，分析农户对休耕政策的满意度的影响因素，回归结果见表9-6。在模型估计之前，通过计算方差膨胀因子检查多重共线性问题，显示模型不存在严重的多重共线性问题。模型的似然比统计量在1%的统计水平上显著，说明模型整体拟合效果较好。

表 9-6 影响因素的模型回归结果

项目	变量	系数	标准误	z 值	发生比率
个体特征	性别	1.180**	0.530	2.23	3.256
	年龄	-0.013	0.030	-0.43	0.987
	受教育程度	0.456*	0.273	1.67	1.577
家庭特征	家庭总收入	0.223*	0.137	1.62	1.250
	非农收入占比	-1.414	1.306	-1.08	0.243
	家庭总人口	-0.628***	0.235	-2.67	0.534
	60 岁以上人数	0.650**	0.305	2.13	1.915
	外出打工半年以上人数	0.883**	0.387	2.28	2.418
农业经营特征	耕地承包面积	-0.024	0.044	-0.55	0.976
	小麦亩均纯收入	-0.003**	0.002	-1.92	0.997
主观评价	政策目的认知	1.958***	0.816	2.40	7.087
	当前补偿标准的评价	0.737*	0.416	1.77	2.089
	受偿意愿	-0.007*	0.004	-1.65	0.993
	是否自愿参与	2.279***	0.616	3.70	9.767
	补贴发放是否及时	1.516**	0.729	2.08	4.554
	收入变化的评价	0.701**	0.369	1.90	2.015
调整的 R^2		0.406			
LR（似然比统计量）		117.46***			
对数似然比		-85.939			

*、**、***分别表示在10%、5%、1%的统计水平上显著。

由表9-5可以看出，显著影响农户对休耕政策的满意度的因素有13个，包括受访者性别、受教育程度、家庭总收入、家庭总人口、60岁以上人数、外出打工半年以上人数、小麦亩均纯收入、政策目的的认知、当前补偿标准的评价、受偿意愿、是否自愿参与、补贴发放是否及时、收入变化的评价。

（1）个体特征的影响

性别在5%的统计水平上对农户的休耕政策满意度有显著的正向影响，说明男性的休耕政策满意度要高于女性。受教育程度在10%的统计水平上对农户的休耕政策满意度有显著的正向影响，说明农户受教育程度越高，对休耕政策的满意度越高，可能是因为受教育程度越高的农户，家庭收入、政策的认知程度、接受程度等各方面要更高一些。年龄对农户的休耕政策满意度没有显著的影响。

（2）家庭特征的影响

家庭总收入在10%的统计水平上对农户的休耕政策满意度有显著的正向影响，与预期相符，说明家庭总收入越高的农户，对休耕政策的满意度越高。家庭总人口在1%的统计水平上对农户的休耕政策满意度有显著的负向影响，说明家庭人口数越多，对政策的满意度越低,可能的原因是当前华北平原的小麦种植机械化程度较高,对劳动力数量和质量的依赖性低,家庭人口数越多就越有足够的劳动力分配到农业生产中,从而休耕政策的参与意愿较低,进而对休耕政策的满意度较低。60 岁以上人口数在 5% 的统计水平上对农户的休耕政策满意度有显著的正向影响,主要原因可能是老年人体力下降,劳动能力降低,休耕政策可以减小老人从事农业劳动的负担,同时又能获得补偿,因此 60 岁以上人数越多,对休耕政策的满意度越高。外出打工半年以上人数在 5% 的统计水平上对农户的休耕政策满意度有显著的正向影响,休耕可以减少具有外出打工能力的农户在农业种植上的精力和时间投入,其将更多的时间投入到外出务工上以获取更高的收入,因此,外出打工半年以上人数越多,对休耕政策的满意度越高。非农收入占比对农户的休耕政策满意度没有显著的影响。

(3) 农业经营特征的影响

小麦亩均纯收入在 5% 的统计水平上对农户的休耕政策满意度有显著的负向影响,小麦亩均纯收入越高,农户对休耕政策的满意度越低,该结果与理论预期相符。小麦亩均纯收入是农户参与休耕政策的机会成本,不同的农户因为多种因素的影响,其小麦亩均纯收入存在一定差异,小麦亩均纯收入越高的农户,种植效益越好,当实施休耕政策的时候,会提出更高的受偿标准,从而面对统一的补偿标准时,对休耕政策的满意度越低。耕地承包面积对农户的休耕政策满意度没有显著的影响。

(4) 主观评价的影响

6 个主观评价变量均对农户的休耕政策满意度有显著的影响,且影响方向符合理论预期。对政策目的越清楚的农户,对休耕政策的满意度越高。对当前补偿标准的评价越高的农户,对休耕政策的满意度越高。受偿意愿越低的农户,对休耕政策的满意度越高。相比于不自愿参与休耕政策的农户,自愿参与休耕政策的农户对休耕政策的满意度越高。认为补贴发放及时的农户对休耕政策的满意度较高。参与休耕政策后收入提高的农户,对休耕政策的满意度较高。

9.3 本章小结

依据农户调研数据和统计分析,采用多元有序 Logistic 回归模型,研究了华北地下水超采区农户对休耕政策的满意度及其影响因素。得出以下结论:第一,农户对休耕政策的总体满意度为 2.28,处于一般与满意之间,其中 45.7% 的受访农户对休耕政策的态度为满意。第二,小麦亩均纯收入和受偿意愿,作为农户参与休耕政策的机会成本的代理变量,均对农户的休耕政策满意度有显著的负向影响,即小麦亩均纯收入越高,受偿意愿越高,农户对休耕政策的满意度越低。第三,个体特征和家庭特征都显著影响农户的休耕政策满意度,受教育程度越高,家庭总收入越高,60 岁以上人数越多,外出打工半年以上人数越多,农户对休耕政策的满意度越高;家庭总人口越多,农户对休耕政策的满意度越低;男性的休耕政策满意度要高于女性。第四,主观评价变量均对农户的休耕政策满意度有显著的影响，对政策目的的认知越清楚、对当前补偿标准的评价越高、受偿意愿越低、自愿参与休耕政策、认为补贴发放及时、参与休耕政策后收入有所提高的农户，对休耕政策的满意度越高。

参 考 文 献

[1] 翟辉，杨庆媛，焦庆东，等. 农户土地流转行为影响因素分析——以重庆市为例 [J]. 西南师范大学学报（自然科学版），2011，36（2）：175-181.

[2] 王磊. 基于农户视角的山地丘陵区耕地流转意愿及决策行为探讨——以重庆市涪陵区和綦江区为例 [D]. 重庆：西南大学，2012.

[3] 唐丙元，杨连云，赵巍. 河北省水资源可持续发展研究 [J]. 经济论坛，2003（8）：7-8.

[4] 柯水发，赵铁珍. 农户参与退耕还林意愿影响因素实证分析 [J]. 中国土地科学，2008，22（7）：27-33.

[5] 刘燕，董耀. 后退耕时代农户退耕还林意愿影响因素 [J]. 经济地理，2014，34（2）：131-138.

第10章 黄淮海平原耕地资源休养生息战略对粮食产量影响的评估

可持续的粮食生产能力，是指在不危害生态环境健康的投入水平下，一定区域、一定时期内，由当地的自然资源禀赋条件和当前的技术经济水平决定的栽培管理水平下，粮食作物或粮食作物组合所能达到的最高产量，是可持续发展下的粮食生产能力。本章节根据耕地可持续粮食生产能力定义，基于黄淮海平原耕地资源休养生息战略分布图，在水资源补给量与开采量基本达到平衡时，以目前先进灌溉管理制度和确定的农业灌溉用水量限制为条件，确定粮食作物或粮食作物组合所能达到的最高产量，分析黄淮海平原耕地休养生息战略实施对粮食产能变化的影响。

10.1 耕地可持续生产能力计算

10.1.1 耕地可持续生产能力计算方法

借鉴农业生态区法（agricultural ecology zone，AEZ）中农业生态区划的思想[1,2]，将黄淮海平原区划分为多个自然条件、社会经济条件相对均一农业生态类型区，并依据不同农业生态类型区内近5年不同灌溉水平下具有代表性的实验站粮食作物品种试验，采用等同或略高于当地大田生产的投入管理水平所实现的作物品种产量，作为一定农业生态类型区内农业作物的可实现单产能力，然后逐级对影响作物产量形成的光、温、水、土等因素进行修正，估算出农业生态分区耕地可持续生产能力。

（1）农业生态分区与种植制度确定

通过收集整理黄淮海平原区内农业实验站点关于高产节水的粮食作物数据，按照在每个农业生态区域内，至少一个实验站点的原则，通过筛选比较，最终确定了12个数据完善的实验站（表10-1和图10-1）。

表10-1 黄淮海平原分区和实验站的确定结果

二级区	三级区	代表实验站
河北平原	京津唐平原	东北旺
	黑龙港地区	吴桥
	漳卫河地区	曲周

续表

二级区	三级区	代表实验站
河北平原	鲁北平原	桓台
	鲁西平原	禹城
	豫北平原	封丘
	太行山北麓平原	栾城
	太行山南麓平原	新乡
淮北平原	胶西黄泛平原	济宁
	徐淮低平原	苏北
	皖北平原	新马桥
	豫东平原	商丘

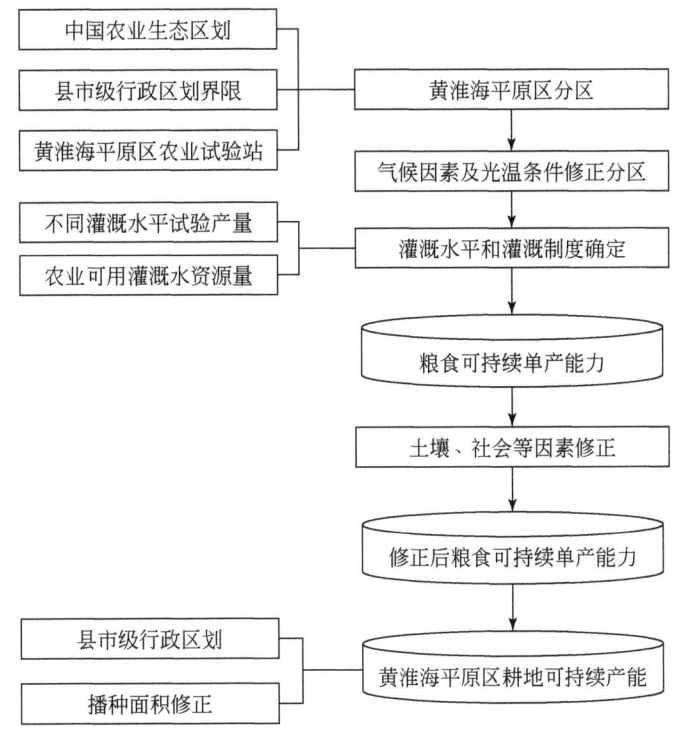

图 10-1 水平衡下耕地可持续生产能力计算流程图

种植制度是指一个地区或生产单位的作物组成、熟制与种植方式（间作、套种、轮作）的综合[3]；农业生态分区内种植制度的确定是计算耕地粮食可持续产能的前提。考虑到不同区域的农业用水资源量各有差异，需要根据不同区域的水资源禀赋设定不同的标准种植管理模式，对农业生态三级区进一步细分。通过代表实验站在不同灌溉管理水平下的粮食产量数据集，在农业生态区内部根据农业用水资源量确定种植制度及灌溉管理水平，形成农业生态三级区内部更为精细的单产计算单元。

(2) 农业灌溉可用水资源量的确定

水资源可利用总量是在统筹生活、生产、生态环境用水的基础上,通过经济合理、技术可行的措施在当地水资源量中可资一次性利用的最大水量[4]。农业灌溉可用水资源量是黄淮海平原粮食可持续生产的基础,对黄淮海平原尤其是河北平原深层地下水的资源属性的判定,直接关系到可持续的水资源可用量的计算。由于深层地下水的年平均更新强度小于0.12%[5],更新相对缓慢,而且深层地下水作为重要的战略资源,不宜作为灌溉水源。所以,本书采用的可持续地下水开采量中不包含深层地下水资源,关于农业灌溉可用水资源量的计算按照如下公式进行:

$$W_{农业灌溉可用总量} = W_{地表水可利用量} + W_{地下水可开采量} \times k - W_{重复量} \quad (10\text{-}1)$$

$$W_{重复量} = \rho \times W_{入渗量} \quad (10\text{-}2)$$

农业灌溉可用水资源量的估算是地表水资源可利用量与浅层地下水资源可开采量的农业用水相加再扣除两者之间的重复计算量。其中,k 为农业地下水用水比例,ρ 为可开采系数,是地下水资源可开采量与地下水资源量的比值。

(3) 逐级修正方法

为了计算结果更贴近现实粮食单产,大多数研究采用逐级修正法进行耕地生产能力的研究[6,7]。依据作物生产力形成的机理、作物能量转化及粮食生产形成过程,考虑光、温、水、土等自然因子及灌溉、耕作等生产条件因子,逐步衰减估算耕地可持续单产能力,可用下式表达:

$$Y_S = Y_I \times f(N) \times f(W) \times f(S) \times f(M) \quad (10\text{-}3)$$

式中,Y_S 为可持续粮食单产;Y_I 为农业灌溉可用水资源量下的产量;$f(N)$ 为光温生产潜力有效系数;$f(W)$ 为水分有效系数;$f(S)$ 为土壤有效系数;$f(M)$ 为社会有效系数,主要是灌溉条件。因为以农业生态分区中农业实验站点的限水灌溉产量作为逐级修正的基础,农业生态分区已经考虑区域光温生产潜力及降水量的差异,各个农业生态分区的内部差异主要是土壤条件及基础设施水平。所以,黄淮海平原区可持续粮食单产主要通过对实验站点的限水灌溉产量进行土壤有效系数及社会有效系数修正。

(4) 熵值法

在逐级修正方法中,有效系数计算的过程涉及的因子众多,如土壤有效系数 $f(S)$ 受到生物、物理及化学性质的影响,各个性质在土壤内部对作物生产力的贡献度不同。所以,在测算有效系数时需要综合考虑不同因子的影响,计算出不同因子的影响权重。多指标赋值的常用方法有主成分分析法、因子分析法、复相关系数法、变异系数法、专家经验法等,而基于信息熵理论的熵值赋权法根据评价指标的变异信息量确定权数,相对传统的主客观赋权法而言,更能真实地反映系统内部各因子间挟带的信息量,评价结果也更加科学合理[8]。熵值法设有 m 项影响因子,n 个年份,形成原始数矩阵 $X = (x_{ij})_{m \times n}$,对于某项因子 x_j,若因子值 x_{ij} 之间的离散程度越大,信息熵就越大,该项因子权重也应越大;反之,信息熵就越小,该项因子权重也就越小。本书采用熵值法确定有效系数中多因子的权重,可以有效克服多因子变量间信息的重叠和人为确定权重的主观性[9]。

10.1.2 水平衡下粮食单产能力计算

(1) 农业灌溉可用水量计算

黄淮海平原地下水中微咸水（矿化度为1~3g/L）资源丰富，虽然微咸水灌溉使土壤盐分积累会产生压产效应，但微咸水灌溉较不灌的产量增加15%~40%[10,11]。因此，黄淮海平原区的地下水可开采量可认为是浅层地下淡水与微咸水的可开采量。根据各流域及省市水资源公报上收集的地表水农业使用量，以及《中国地下水资源与环境图集》地下水资源量水量，最后得到农业可持续灌溉用水资源量。黄淮海平原区农业可持续灌溉用水资源量呈现南高北低的情形，其中黄河以北的京津唐平原、黑龙港地区农业可持续灌溉用水资源量小于100mm，黄河以南的皖北平原、徐淮低平原水资源量均大于100mm（图10-2）。

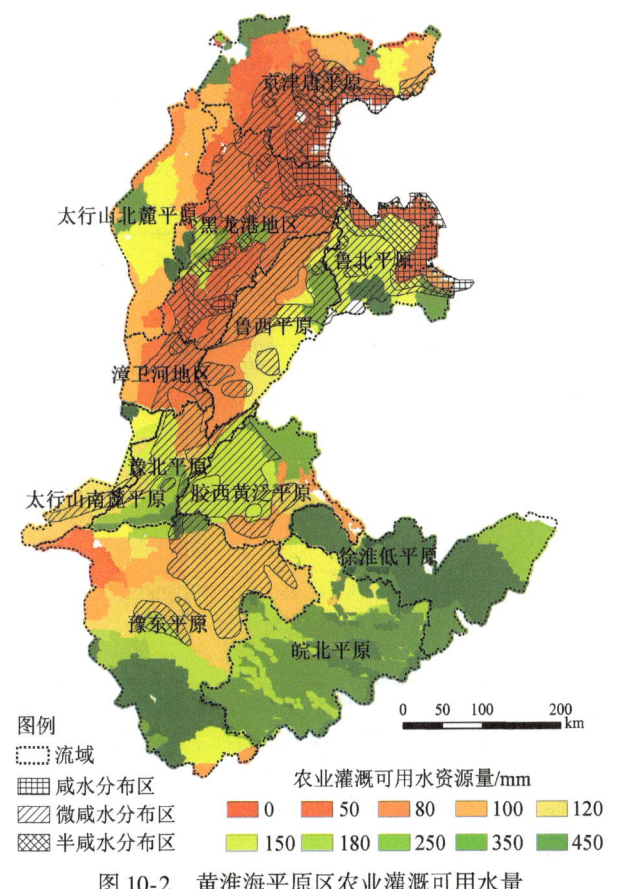

图10-2 黄淮海平原区农业灌溉可用水量

(2) 种植制度确定

因为农业生态区内农业灌溉可用水资源量不同，所以需要根据不同区域的水资源禀赋设定不同的标准种植管理模式，对农业生态区进一步细分到评价单元。考虑到黄淮海平原区作为中国重要的小麦产区，在保证水资源可持续利用的前提下，各区域种植制度最大限度地利用光热资源，保证一年两熟，提高资源利用潜力。并在水资源紧缺的情况下，优先保证冬小麦的生产，满足冬小麦的水分需求。此外，灌溉方式的不同会在用水效率上产生差异，尽量在保障数据完整的情况下，选择实验站目前最为先进的灌溉管理制度。通过全面搜集每个农业生态三级区代表实验站不同灌溉制度下的管理水平和产量，采用水资源可用量来确定不同区域种植模式和灌溉制度，具体见表10-2。

表10-2 黄淮海平原种植模式与灌溉制度确定依据

实验站	灌溉方式	种植方式选择（W 为农业灌溉可用水量）
东北旺	滴灌	$W \geq 250$mm，一年两熟，充分灌溉；100mm$\leq W<250$mm，一年两熟，限两到三水灌溉；$W<100$mm，一年一熟，仅浇灌底墒水，种植一季春玉米
吴桥	滴灌	$W \geq 350$mm，一年两熟，充分灌溉；250mm$\leq W<350$mm，一年两熟，限两到三水灌溉；120mm$\leq W<250$mm，一年两熟，仅浇灌底墒水；$W<120$mm，一年一熟，仅浇灌底墒水，种植一季春玉米
曲周	滴灌	$W \geq 250$mm，一年两熟，充分灌溉；100mm$\leq W<250$mm，一年两熟，仅浇灌底墒水；$W<100$mm，一年一熟，仅浇灌底墒水，种植一季春玉米
禹城	畦灌	$W \geq 250$mm，一年两熟，充分灌溉；180mm$\leq W<250$mm，一年两熟，限两到三水灌溉；120mm$\leq W<180$mm，采用两年三熟模式，限两到三水灌溉；$W<120$mm，一年一熟，仅浇灌底墒水，种植一季春玉米
桓台	畦灌	$W \geq 350$mm，一年两熟，充分灌溉；250mm$\leq W<350$mm，一年两熟，限两到三水灌溉；100mm$\leq W<250$mm，一年两熟，仅浇灌底墒水；$W<100$mm，一年一熟，仅浇灌底墒水，种植一季春玉米
封丘	滴灌	$W \geq 350$mm，一年两熟，充分灌溉；250mm$\leq W<350$mm，一年两熟，限两到三水灌溉；80mm$\leq W<250$mm，一年两熟，仅浇灌底墒水；$W<80$mm，一年一熟，仅浇灌底墒水，种植一季春玉米
栾城	喷灌	$W \geq 250$mm，一年两熟，充分灌溉；180mm$\leq W<250$mm，一年两熟，限两到三水灌溉；80mm$\leq W<180$mm，一年两熟，采用限量灌溉仅一水模式；$W<80$mm，一年一熟，仅浇灌底墒水，种植一季春玉米
新乡	喷灌	$W \geq 350$mm，一年两熟，充分灌溉；180mm$\leq W<350$mm，一年两熟，限两到三水灌溉；100mm$\leq W<180$mm，一年两熟，仅浇灌底墒水；$W<100$mm，一年一熟，仅浇灌底墒水，种植一季春玉米
济宁	喷灌	水资源基本无限制，直接比照实验站选择种植模式和管理水平
苏北	喷灌	水资源基本无限制，直接比照实验站选择种植模式和管理水平
新马桥	喷灌	$W \geq 250$mm，一年两熟，充分灌溉；180mm$\leq W<250$mm，一年两熟，限两到三水灌溉；80mm$\leq W<180$mm，一年两熟，仅浇灌底墒水；$W<80$mm，一年两熟，雨养模式

续表

实验站	灌溉方式	种植方式选择（W为农业灌溉可用水量）
商丘	畦灌	$W \geq 350mm$，一年三熟，充分灌溉；$100mm \leq W < 350mm$，一年两熟，限两到三水灌溉；$W < 100mm$，一年两熟，仅浇灌底墒水

（3）粮食可持续单产能力计算

在黄淮海平原区农业灌溉可用水量基础上，依据12个农业生态区在不同可用水资源量下的种植制度及单产能力，得到黄淮海平原区粮食可持续单产能力（图10-3）。其中，冬小麦产量分布的纬度差异明显，可持续单产能力在黄淮海平原区小麦平均生产水平以上（2015年黄淮海平原区小麦平均单产为5948kg/hm²）的农业生态区主要集中在黄河以南的胶西黄泛平原、皖北平原及徐淮低平原区域；黄河以北的区域可持续单产能力均在区域平均水平以下，京津唐平原及黑龙港地区的可持续单产能力水平较低，农业生态区内部分地区已不适应种植冬小麦。对于夏玉米的可持续单产，黄河南北地区差异不大；但由于玉米种植对涝害较为敏感，因而水量丰富的徐淮低平原夏玉米产量偏低。黄河以北的京津唐平原及黑龙港地区主要采用春玉米种植模式，春玉米平均可持续单产能力为8000kg/hm²，因为一年一熟的种植模式，略高于夏玉米平均可持续单产能力。

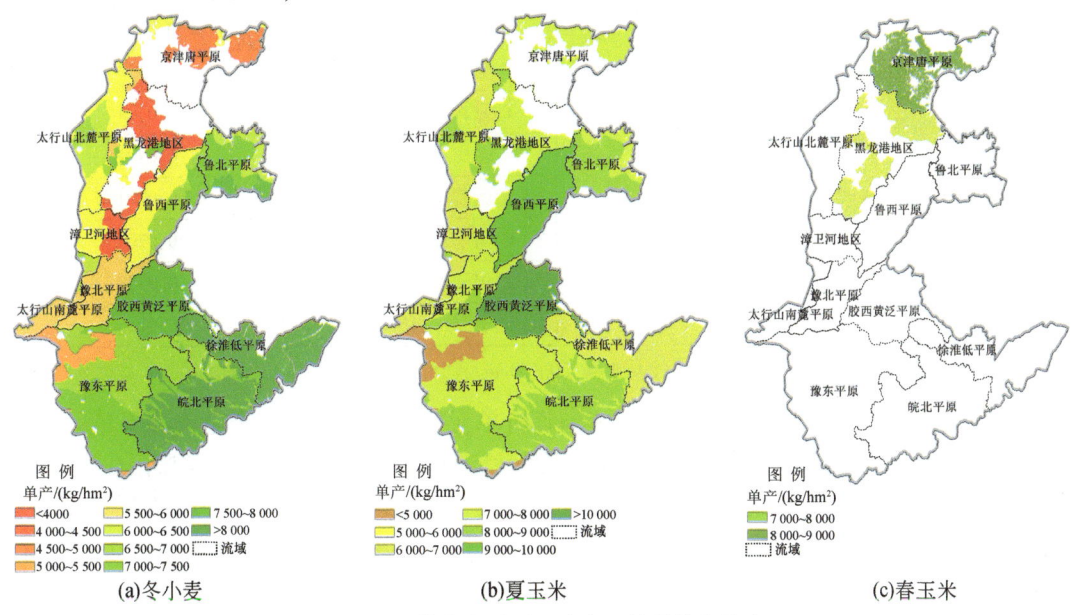

图10-3 黄淮海平原区粮食可持续单产能力

10.1.3 粮食可持续单产能力修正

（1）土壤有效系数修正

耕地粮食生产能力与土壤有着密切的关系，土壤的理化性质及养分丰缺程度是耕地粮食生产的基础。因为粮食生产能力是某个地区一定时期相对稳定的参考值，而时空变异强烈的土壤属性，其性状不稳定，会干扰粮食生产能力的计算，使结果的准确性降低。所以在进行大尺度的土壤修正系数计算过程中，需要考虑土壤的属性性状的时间变异特征和空间变异特征，选择土壤属性作为粮食生产能力土壤修正系数的计算依据[12,13]。因此在以往该区域土壤生产潜力研究的基础上，参考土壤学专家的意见及数据的可获取性，围绕土壤肥力、土壤供肥水平和土壤潜在的供肥能力，本书选取土壤上部有机碳含量1个生物学因素，土壤上部阳离子交换能力、盐基饱和度、钠碱化量和电导率4个化学性质，土壤上部和下部的黏粒含量、田间持水量、凋萎系数6个物理性质，共同组成了11个土壤因素作为计算土壤修正系数的基础（表10-3）。通过熵值法形成土壤有效系数，对耕地粮食生产能力进行修正。

表10-3 土壤因素熵值赋权重结果

指标层	综合指标权重	评价指标	权重
生物性质	0.2295	T_有机碳含量	0.2295
化学性质	0.4055	T_阳离子交换量	0.1037
		T_盐基饱和度	0.1062
		T_钠碱化量	0.0812
		T_电导率	0.0553
物理性质	0.3650	T_黏粒含量	0.0709
		S_黏粒含量	0.0704
		T_凋萎系数	0.0704
		S_凋萎系数	0.0705
		T_田间持水量	0.0708
		S_田间持水量	0.0711

注：根据世界土壤数据库划分，"T_"为上层土壤（0~30cm），"S_"为下层土壤（30~100cm）。

在确定土壤因素权重的基础上，对耕地评价单元进行计算得到整个黄淮海平原的土壤修正系数。从图10-4可以看出，黄淮海平原绝大部分耕地的土壤修正系数都在0.7以上，土壤修正系数低于0.7的区域分布相对零散，在黑龙港地区、鲁西平原、胶西黄泛平原及豫东平原等区域土壤修正系数有一定差异，以此土壤修正系数对粮食可持续单产能力进行修正，使其更贴近现实水平。

（2）社会有效系数修正

根据《中国统计年鉴2015》解释，有效灌溉面积是地块比较平整，有一定水源、灌溉设施配套，在一般年景下当年能进行正常灌溉的农田面积。有效灌溉率是有效灌溉面积与耕地面积的比值，可以反映区域耕地灌溉基础设施的差异，从而影响耕地产量。因此，将有效灌溉率作为社会有效系数，对生产能力进行修正。采用近5年（2011~2015年）的黄淮海平原303个县（市、区）的有效灌溉率的平均值$\bar{I}$（$\bar{I} \in [0, 1]$），所有的县

第 10 章 | 黄淮海平原耕地资源休养生息战略对粮食产量影响的评估

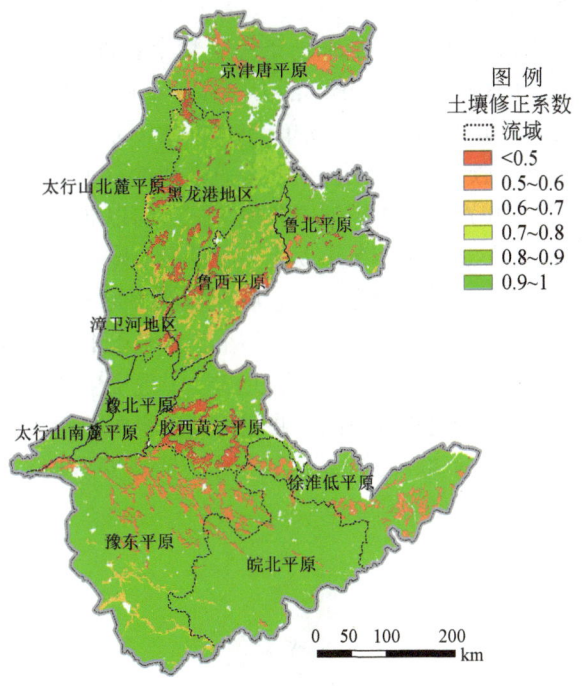

图 10-4 黄淮海平原的土壤修正系数分布

(市、区)有效灌溉率均在 0.5 以上,其中分布在 0.8~0.85 的县(市、区)最多,占总县(市、区)的 27.72%(图 10-5)。依据各个县(市、区)的有效灌溉率,在土壤因素修正的基础,对黄淮海平原区粮食可持续单产能力进行修正。

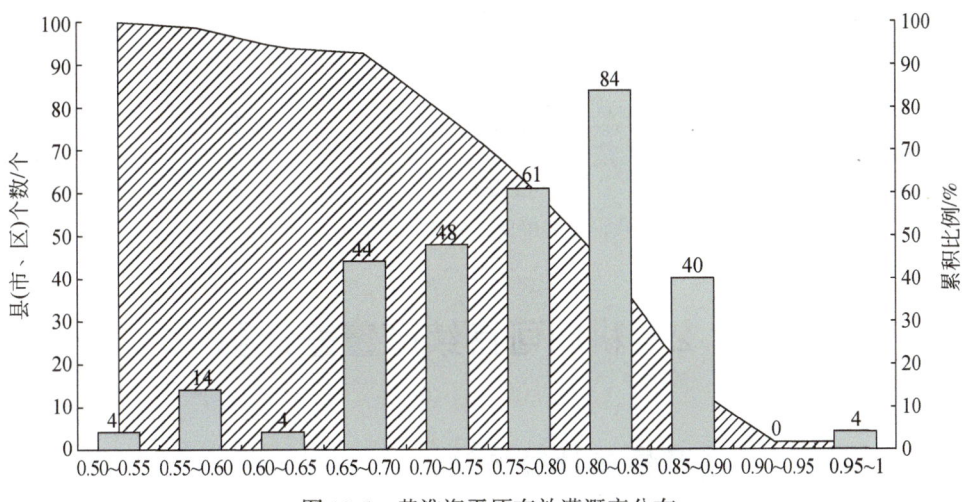

图 10-5 黄淮海平原有效灌溉率分布

(3) 可持续粮食单产能力

根据以上修正，可以得到 2015 年水平衡条件下整个黄淮海平原修正后的耕地可持续单产水平。相对于未修正的耕地可持续单产能力图，修正后的耕地可持续单产能力在农业生态区内差异显著，更加反映出耕地可持续单产能力的空间变异性（图 10-6）。修正后的冬小麦主要的高产区域仍在胶西黄泛平原、皖北平原和徐淮低平原区域等黄河以南地区，黄河以南地区小麦的可持续单产仍高于黄河以北地区，黄河以北的京津唐平原南部及黑龙港地区由于水资源的匮乏，已不适合种植冬小麦；关于夏玉米修正后的可持续单产能力，由于土壤及有效灌溉率修正，黄河以南的豫东平原、胶西黄泛平原及徐淮低平原 9% 耕地面积的夏玉米可持续单产能力降到黄淮海平原夏玉米平均单产水平以下（2015 年黄淮海平原区玉米平均单产为 5597kg/hm²），修正后的夏玉米产量更贴近于现实生产水平，同时也说明这些区域土壤条件及灌溉条件仍有一定的提高空间。修正后春玉米可持续单产能力空间上差异更为明显，其平均可持续单产能力为 7000kg/hm²，相比修正前减少了 1000kg/hm²。

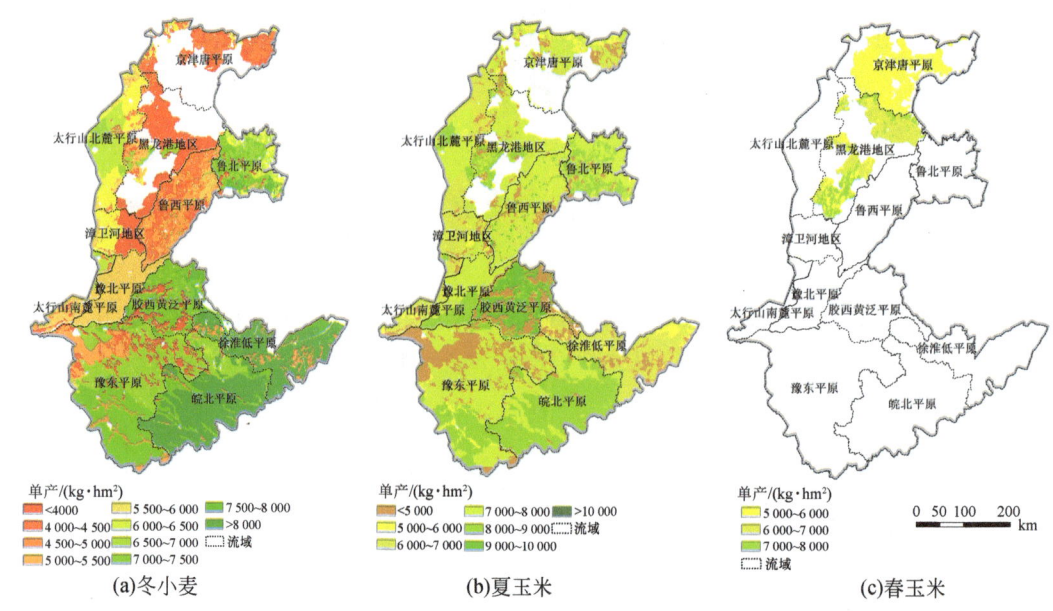

图 10-6 修正后的粮食可持续单产能力空间分布

10.2 耕地可持续产量差计算

10.2.1 耕地可持续产量差计算方法

（1）单产产量差

根据对耕地可持续产量差定义（图 10-7），耕地可持续产量差 YG_S 是耕地可持续生产能力Y_S与实际产量Y_R的差[式（10-4）]。因为黄淮海平原区耕地可持续生产能力是基于水资源平衡，可认为黄淮海平原区的可持续生产能力是通过"以水定产"，所以耕地可持续产量差YG_S还出现负值。若$YG_S \leq 0$，表明耕地实际产量大于该地区水资源平衡下的可持续生产能力，耕地的利用强度超过了该区域的水资源承载力，出现了超采，需要进行利用强度调整；若$YG_S \geq 0$，可认为该地区实际产量小于水资源平衡下的可持续生产能力，有一定的增产潜力。

$$YG_S = Y_S - Y_R \tag{10-4}$$

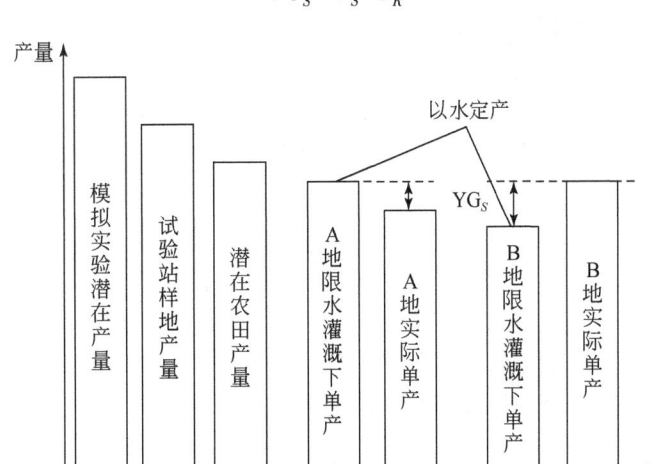

图10-7 黄淮海平原区耕地可持续产量差概念图

（2）总产产量差

为了更加全面地刻画水资源限制下的耕地可持续生产能力，在耕地可持续单产的基础上，对区域内耕地可持续总产汇总。因为不能确定实际中每个地块采用何种熟制及种植何种作物，所以在假设所有适宜耕种的耕地都种植作物i的基础上，通过作物i播种面积占耕地总面积的比例得到修正系数，最后得到县（市、区）耕地可持续总产及可持续总产产量差。具体公式如下：

$$\alpha_{ij} = \frac{A_{G_{ij}}}{A_{Pi}} \times 100\% \tag{10-5}$$

$$TY_{Si} = \alpha_i \cdot \sum_{j=1}^{n} Y_{S_{ij}} \tag{10-6}$$

$$TYG_{Si} = TY_{Si} - TY_{Ri} \tag{10-7}$$

式（10-5）中，α_{ij}为i县（市、区）内j作物修正系数；$A_{G_{ij}}$为该县（市、区）j作物播种面积；A_{Pi}为该县（市、区）的耕地总面积。式（10-6）中，TY_{Si}为县（市、区）内i作物的可持续总产；α_i为该县（市、区）的j作物修正系数；$Y_{S_{ij}}$为i作物在第j评价单元的可持续单产；n为县（市、区）内评价单元的个数。根据式（10-7）计算出县（市、区）内的可持续总产TY_{Si}，那么县（市、区）内i作物的可持续总产产量差TYG_{Si}可通过可持续总产TY_{Si}与实际总产TY_{Ri}相减而得。

10.2.2 产量差计算与分析

(1) 单产产量差

本书中单产产量差是修正后耕地可持续单产能力与现实产量的差值,由于缺少单位平方千米的现实产量数据,以黄淮海平原各个县(市、区)的粮食单产水平与县(市、区)内现实产量进行对比,得到黄淮海平原粮食可持续单产产量差(图10-8)。冬小麦主要的压产区为黑龙港地区、京津唐平原、鲁西平原及豫东平原,其中黑龙港地区及京津唐平原的大部分区域冬小麦单产产量差为负数,绝对值等于实际产量,说明该区域冬小麦可持续单产为零,不再适合种植冬小麦;而在太行山北麓平原和鲁北平原产量差几乎为0,表明限水灌溉下的产能与现状统计产量基本持平;冬小麦的潜力提升区域主要集中在徐淮低平原、豫东平原及胶西黄泛平原,冬小麦可持续单产仍有1000~3000kg/hm²提升空间。因为统计数据中未作夏玉米和春玉米的区分,所以将修正后的夏玉米与春玉米可持续单产能力进行叠加,并与现实的玉米产量水平进行对比,可以看出:玉米的压产区域主要集中在太行山南北麓平原及鲁西北平原,玉米的潜力提升区域主要集中在京津唐平原、胶西黄泛平原及皖北平原,其中京津唐地区在可持续产能下种植春玉米,仍有3000~5000kg/hm²提升空间。

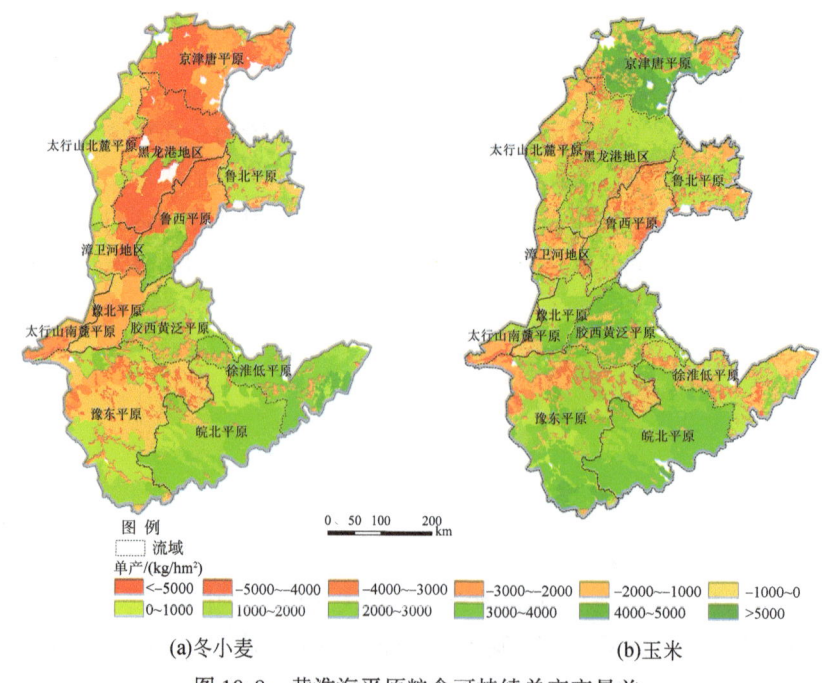

图10-8 黄淮海平原粮食可持续单产产量差

(2) 总产产量差

根据作物播种面积修正,得到了可持续粮食总产及总产产量差。从表10-4中可以看出,水平衡条件下,黄淮海平原耕地的可持续粮食生产能力为11 640.03万t/a,玉米的生产能力基本能够保证和现状水平持平甚至还会有增产,小麦存在331.84万t的压产。黄河以北区域小麦总产产量差主要是负值,其中黑龙港地区压产最多,高达331.39万t,其次是鲁西平原、豫东平原及京津唐平原,分别压产258.02万t、244.09万t及114.47万t;增产潜力集中在徐淮低平原、皖北平原及胶西黄泛平原,分别增产457.88万t、346.70万t和163.32万t;玉米整体可持续增产为264.01万t,主要增产区域为皖北平原、京津唐平原以及胶西黄泛平原,分别增产179.27万t、146.96万t和107.72万t,其中京津唐平原由于水资源限制,将熟制从"冬小麦-夏玉米"一年两熟改为春玉米一年一熟,熟制的变化使玉米产量提高,玉米压产区主要集中在太行山南北麓平原及鲁西和鲁北平原,分别压产164.92万t和82.50万t。

表10-4 黄淮海平原农业生态区产量差测算结果 （单位：万t）

农业生态三级分区	小麦实际产量	玉米实际产量	小麦可持续产能	玉米可持续产能	小麦总产产量差	玉米总产产量差
京津唐平原	209.27	567.21	94.80	714.17	-114.47	146.96
黑龙港地区	514.96	641.59	183.57	652.47	-331.39	10.88
漳卫河地区	222.61	238.58	144.15	182.11	-78.46	-56.47
鲁北平原	229.56	271.88	223.35	229.81	-6.21	-42.07
鲁西平原	647.06	665.80	389.05	625.37	-258.02	-40.43
豫北平原	442.78	206.00	342.24	246.09	-100.54	40.09
太行山北麓平原	500.03	569.65	407.59	454.89	-92.44	-114.76
太行山南麓平原	241.08	205.07	166.96	154.91	-74.12	-50.16
胶西黄泛平原	367.63	332.87	530.95	440.59	163.32	107.72
徐淮低平原	458.72	136.94	916.60	194.59	457.88	57.65
皖北平原	990.00	353.51	1 336.70	532.77	346.70	179.27
豫东平原	1 809.73	885.34	1 565.64	910.66	-244.09	25.33
总计	6 633.43	5 074.44	6 301.60	5 338.43	-331.84	264.01

10.3 本章小结

从可持续理论和水平衡条件出发,以水定产,黄淮海平原休养生息实施后,测算出水平衡条件下黄淮海平原耕地可持续生产力为11 640.03万t/a。将黄淮海平原耕地可持续粮食生产能力与统计数据代表的现状产量作对比,得到黄淮海平原由于限水灌溉造成的粮食产能损失为小麦331.84万t/a,玉米不存在产能损失,粮食总产产量差为-67.83万t/a。

参 考 文 献

[1] Foley J A, Ramankutty N, Brauman K A, et al. Solutions for a cultivated planet [J]. Nature, 2011, 478 (7369): 337-342.
[2] Licker R, Johnston M, Foley J A, et al. Mind the gap: How do climate and agricultural management explain the "yield gap" of croplands around the world [J]. Global Ecology and Biogeography, 2010, 19 (6): 769-782.
[3] 刘巽浩. 农作制与中国农作制区划 [J]. 中国农业资源与区划, 2002, 23 (5): 14-18.
[4] 王建生, 钟华平, 耿雷华, 等. 水资源可利用量计算 [J]. 水科学进展, 2006, 17 (4): 549-553.
[5] 陈宗宇, 皓洪强, 卫文, 等. 华北平原深层地下水的更新与资源属性 [J]. 资源科学, 2009, 31 (3): 388-393.
[6] 陈百明. 未来中国的农业资源综合生产能力与食物保障 [J]. 地理研究, 2002, 21 (3): 294-304.
[7] 韩荣青, 郑度, 戴尔阜, 等. 中国粮食主产区生产潜力对气候波动响应研究 [J]. 资源科学, 2014, 36 (12): 2611-2623.
[8] Shannon C E. A mathematical theory of communication [J]. ACM SIGMOBILE Mobile Computing and Communications Review, 2001, 5 (1): 3-55.
[9] 程启月. 评测指标权重确定的结构熵权法 [J]. 系统工程理论与实践, 2010, 30 (7): 1225-1228.
[10] 陈素英, 张喜英, 邵立威, 等. 微咸水非充分灌溉对冬小麦生长发育及夏玉米产量的影响 [J]. 中国生态农业学报, 2011, 19 (3): 579-585.
[11] 曹彩云, 郑春莲, 李科江, 等. 不同矿化度咸水灌溉对小麦产量和生理特性的影响 [J]. 中国生态农业学报, 2013, 21 (3): 347-355.
[12] 陈树人, 肖伟中, 朱云开, 等. 土壤养分和小麦产量空间变异性与相关性分析 [J]. 农业机械学报, 2008, 39 (10): 140-143.
[13] 张贝尔, 黄标, 张晓光, 等. 近30年华北平原粮食主产区土壤肥力质量时空演变分析——以山东禹城市为例 [J]. 土壤, 2012, 44 (3): 381-388.

第五部分

黄淮海平原耕地资源休养生息相关保障机制

本部分内容从人地关系战略转为进行具体实施的中央与地方、国家与部门、国家与农户关系的利益保障战略，是形成政策建议的制度和政策保障机制的关键。一项战略的配套保障机制决定了该战略是否具有可执行性和生命力，因此本部分内容充分结合前四大部分的核心结果，基于资源安全和公平角度，从耕地利用强度控制保障机制、农业生态补偿机制、小麦市场国际贸易保障机制、农业政策保障机制等层面建立可保障战略实施的政策系统。保障机制的有效建立，是耕地资源利用转向"生态、粮食、权益"三个安全平衡的有力保障，如下图所示。

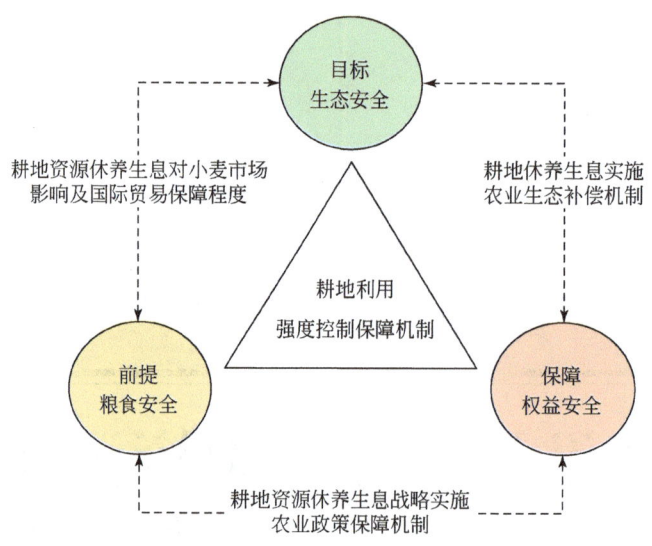

黄淮海平原耕地休养生息相关保障机制概念图

第 11 章为缓解黄淮海平原地下水水位持续下降带来的生态安全危机，以及耕地休养生息政策实施后区域粮食安全，提出黄淮海平原耕地利用强度控制保障机制、调整耕地占补平衡策略及实施黄淮海平原山水林田湖综合整治策略。

第 12 章选择地下水超采综合治理试点区域作为案例区，通过核算耕地资源休养生息战略中各项地下水压采措施的机会成本、农户的受偿意愿，结合地下水压采的生态效益来合理确定生态补偿标准；通过实地调研数据分析政策试点区地下水压采措施的监管效果，以冬小麦春灌节水为例，结合运用博弈分析法研究黄淮海平原地下水超采区各种压采措施实施中监督管理问题产生的原因，并提出监管的政策建议；采用有无项目对比法，以实地调研数据为基础，以政策试点区的节水量和价值成本比为主要指标，分析研究区域地下水压采措施的效果，进而评价地下水农业生态补偿的效率。

第 13 章利用 GTAP 模型模拟分析了黄淮海平原地区小麦减产 5%、7% 和 10% 情景下的耕地变动情况，以及不同情景下我国小麦贸易的变动情况，进而测算不同粮食需求和自给率情景下黄淮海平原耕地资源休养生息规模的安全范围。

第 14 章分析黄淮海平原各相关利益主体，明确相关利益主体的责、权、利，从私人成本和社会成本的角度对耕地资源休养生息战略进行经济分析，以委托-代理模型分析耕地资源休养生息战略对相关利益主体的影响机理和传导机制，探讨政府在不同目标取向如何影响休耕政策的激励相容性。

第 11 章 黄淮海平原耕地利用强度控制保障机制

11.1 "超采区休耕，潜力区提产"的耕地利用调整对策

11.1.1 地下水超采威胁区域生态安全和国家粮食安全

根据之前的研究，黄淮海平原地下水平均下降速度为：浅层地下水（0.46±0.37）m/a，深层地下水（1.14±0.58）m/a，与世界上另外两大地下水漏斗区域相比（北美平原约为 0.3m/a[1]，印度西北平原约为 0.8m/a[2]），是世界上面积最大、下降速度最快的地下水漏斗。1980~2010 年，黄淮海平原地下水损失总量达到 249.64~322.56km^3，相当于约 5 倍黄河水量。黄淮海平原从中华人民共和国成立初旱、涝、碱严重，贫穷缺粮的地区变为我国最主要的粮食产区，经历了综合治理、种植制度的改变、水浇地面积的增加及高强度的农业利用。但是，从 20 世纪 80 年代开始，作物种植由一年一熟制和两年三熟制改为一年两熟制，虽然大幅度提高了粮食产量，但是由于黄淮海平原的气候和水资源特征，在冬小麦生长发育期（需水 490mm）平均降水量只有 88mm，其余水分来自于不断抽取地下水灌溉。在黄淮海平原，平均粮食产量每增长 1t，就会引起地下水位下降 0.03~0.05m，地下水量损失 0.70~1.50km^3。

农用地高强度利用导致的地下水超采已引起的地面沉降、地面塌陷、海水入侵和湿地枯竭等生态危机，而这甚至不可修复。与其他灾害相比较，人们很难察觉到这种以毫米为单位计算的"缓变性生态灾害"，但是根据水文模拟结果，如果继续保持当前的利用强度，黄淮海平原地下水将会在 45~100 年枯竭（其中太行山前平原浅层地下水会在 22~45 年枯竭，滨海平原深层地下水会在 45~70 年枯竭），这会造成全国 30% 的平原面积无水可用，全国 34% 的人口无水可喝，丧失大面积生产生活家园的后果。

为了防止以上生态危机发生，如果减少 20%~40% 的地下水灌溉强度，黄淮海平原小麦产量将会减少 8.64%~12.36%，玉米产量减少 2.30%~3.11%，从而使我国小麦进口量在全球的份额由现在的 7.12% 增长到 14.83%，增长 1 倍多。到 2030 年，我国人口总数将会增至 14.6 亿人，这意味粮食总量要增加近 30% 才能保证全国人民温饱。人口的压力，生态的压力，将会威胁国家的粮食安全。

11.1.2 地下水超采区部分耕地适度休耕

1）严重缺水区降低熟制。通过前面章节的分析，针对深层地下水严重超采的河北省51个县（市、区）、天津4个区；山东12个县（市、区）和河南的6个县（市、区），共73个县（市、区），涉及耕地面积4.88万 km^2，改变当前的"冬小麦-夏玉米"一年两熟制为一年一熟制。考虑到黄淮海平原在我国小麦供应方面的重要性及冬小麦秋播后可形成有效的地表覆盖层，对减少冬春沙尘风险有重要作用，可实施冬小麦一年一熟种植，或者实施足墒播种条件下其他生育期不灌溉的小麦-玉米半旱地农业种植，维持小麦-玉米农田年耗水量在550~600mm，可实现这些区域深层地下水位不再下降。在此背景下，该地区粮食产量水平会降低220亿 kg，意味着黄淮海平原粮食将减产约15.7%，相当于全国粮食总产量减产约3.6%。

2）缺水区降低灌溉用水强度。减少种植面积和熟制，将增加土壤无效蒸发损失，对产量影响大，而节水效果小于单位面积减少灌溉水量的效果，减少单位面积灌溉量对冬小麦产量影响较小，有限灌溉水用于扩大灌溉面积比单位面积增加灌溉用水量对产量的影响更小，降低单位面积灌溉用水强度优于压缩灌溉面积。针对浅层地下水超采的北京市6个区、天津市9个区（县）、河北省50个县（市、区）、山东省25个县（市、区）、河南27个县（市、区），共117个县（市、区），涉及耕地面积7.13万 km^2，可保持当前的"冬小麦-夏玉米"一年两熟制种植制度不变，实施冬小麦减少灌溉次数，足墒播种，拔节期灌溉一次，干旱年在开花期追加一次灌水，夏玉米产量保持不变，冬小麦生育期减少耗水70~90mm，冬小麦产量会降低86亿 kg，约占黄淮海平原粮食产量的6.1%，可基本实现浅层地下水采补平衡。

11.1.3 水资源潜力区挖掘产能

1）在水资源富裕区充分挖掘粮食增产潜力。黄淮海平原水资源严重短缺区粮食生产降低可通过黄河和淮河流域水资源富裕区的粮食生产得到弥补，通过在水资源相对丰富的江苏省49个县（市、区）、山东省16个县（市、区）、河南省南部的45个县（市、区），共110个县（市、区），涉及耕地面积11.28万 km^2，通过技术进步提升冬小麦和夏玉米单产并适度扩大小麦、玉米种植面积，可适当弥补由于严重缺水区和缺水区粮食生产减少带来的小麦、玉米产量降低。

2）建设集中连片高标准基本农田。在地下水补给源丰富，具有开采潜力的黄河冲积平原建设土地规模较大、田间基础设施完善、农田水利高效的集中连片绿色高标准基本农田保护区。一方面，创新机制模式，解决耕地田块极度细碎化，推广农用地规模化经营；另一方面，根据原国土资源部农用地分等成果，分析黄淮海平原耕地质量空间特征，在质量等别较差的耕地区域，采取多种措施提升耕地质量，提高粮食产量，坚持土地整治，深挖耕地潜力，增加耕地数量。

3）加强中低产田改造，增强抵抗灾害能力。黄淮海平原中的淮北平原地区中低产田比例较高，其原因在于该区自然灾害频繁，而基础设施落后，抵御自然风险的能力薄弱，不能稳定粮食产量，甚至造成粮食绝收。众多研究表明，农田水利、农村电力和农村公路等公共设施投入对于粮食增产农业增长具有正向促进作用。所以想要实现粮食的增产潜力就必须加强基础设施建设，尤其是农田水利设施及配套设施，形成旱涝保丰收的基础条件。加强基础设施建设要以提高水资源的利用效率为前提。通过修建水库、河塘等蓄水形式增加对地表水、降水的利用度，尽可能地减少地下水的利用，规避地下水资源下降可能带来的危害性。大力加强农田基础设施建设，实施土壤有机质提升等项目，建立耕地质量监测与评价网络体系，全面提高耕地的质量与粮食生产潜力。

11.2 调整耕地占补平衡策略

我国耕地资源占补平衡政策始于1997年，至今已经执行了20多年。耕地资源占补平衡政策在保护国家耕地资源安全、支撑国家粮食安全，特别是保障国家粮食产量"十二连增"方面取得了显著的成效。但是，耕地占补平衡政策在控制优质耕地减少、保障粮食安全和土地资源生态安全保护和区域协调发展等方面的作用越来越小，甚至产生了巨大的负面作用。这一政策已经不能适应我国经济转型和国家生态文明建设的要求，只有进行政策调整，才能切实起到保护优质耕地资源，支撑国家粮食安全和生态安全的作用。

11.2.1 耕地占补平衡政策的客观评价

1）守住耕地数量底线。通过实施耕地资源占补平衡策略，守住了耕地数量红线。依据原国土资源部第二次调查的数据，2009年全国耕地为13 538.5万hm^2，比基于第一次调查逐年变更到2009年的耕地数据多出1358.7万hm^2。这表明，耕地资源占补平衡策略守住了耕地资源数量的底线。

2）支撑了国家的城市化和工业化。1997~2015年，我国的城市化水平显著提升，从1978年的17.9%提高到2012年的52.6%。我国也成为公认的世界工厂，成为世界最大的贸易国家。耕地占补平衡在支撑我国城市化和工业化过程中的提供了有力的用地保障。

3）未能守住优质耕地资源。研究表明，1990~2010年，我国至少有2785万hm^2的优质耕地转化为城市用地和建设用地，远远超过了实际城市化和工业化的需求。耕地占补平衡政策已经演变为地方扩大城市用地规模和工业用地的有力工具，地方政府通过"占优补劣、占多补少、占而不补、进行挂账"等方式，甚至通过农村居民点减少与城市规模挂钩等政策结合，导致了土地的过度城市化和产业用地的低效利用，未能守住我国宝贵的优质耕地资源。

4）加重了我国东西、南北、城乡失衡态势。胡焕庸线东部约45%的国土空间承载了

90%的人口和产业。在20世纪50~80年代的"三线"建设时期,我国成功地进行人口和产业的转移,推动人口资源在空间上的均衡。而"耕地占补平衡"未起到空间均衡发展,反而加剧了我国南方和北方、东部和西部、城市和乡村的发展空间上的严重失衡。南方、东部和城市,通过区域内部和外部的占补平衡,不断获得城市、产业的发展空间,致使人口、产业和资本聚集度不断提高;与此相反,我国的北方、西部和乡村的人口、产业与资本转出速度不断加快,我国东部区域成为世界范围内最大的城市和产业用地聚集区。

5) 耕地数量得到了平衡而耕地质量和生态恶化。我国的耕地资源数量和质量重心从水土资源匹配好的南方地区向干旱的北方和西部转移。1985~2005年,我国耕地的重心沿西北方向移动了45.63km,形成了以湿地和生态用地消失为代价的三江平原北方水稻产商品区和新疆以草原消失为代价的棉花种植区。优质耕地消失和耕地重心向北转移导致了耕地的过度集约利用:我国每年的化肥用量达到6000万t,成为世界化肥施用量最高的国家;农业用水量达到3600亿m^3,约占全国总用水量的62%。优质耕地减少和耕地过度集约利用导致了历史上的"南粮北运"被现在的"北粮南运"所取代;黄淮海平原北部的地下水位以每年1m速度下降,新疆、内蒙古和东部的地下水位也呈现快速下降趋势。

11.2.2 黄淮海平原耕地占补平衡的替代对策

1) 实现从耕地资源保护到整个生态空间保护的转变。万物土中生,土地作为重要的自然资源,不仅具有粮食生产功能,还具备缓解气候变化、水质净化、二氧化碳固持、传统文化维持等多功能。而生态文明提出的构建"山、水、田、城、林、草、人"生命共同体的核心就是要激发土地资源各个系统要素的生产、生态、生活功能。因此,摒弃过去的"耕地、林地、水域、城市、草地、后备资源"厚此薄彼的保护模式,尊重区域水土资源禀赋特征,以区域"城市和乡村","东、中、西"协调,"人口、产业和土地资源"协调为目标,构建整个土地资源系统生态空间安全的保护、恢复和建设的新型土地资源保护体系。

2) 建立基于生态系统安全的土地资源保护新管理系统。区域的"山、水、林、城、乡、田",本来是一个整体的生态系统,而目前的管理则是呈现碎片化管理模式,土地资源生态空间安全的保护功能被分散到国家不同部门和机构,形成了碎片化、单一化、部门化、权利化的土地资源保护模式。自然资源部门重点进行耕地数量和质量保护,而不进行林地、草地和后备资源的管护;农业农村部门作为耕地资源利用的重要部门,长期以来弱化了对耕地利用强度的控制和管理;而林业部门只是重点保护林地和湿地资源;水利部门只重点进行水土保持的保护;住房和城乡建设部门忽视城市扩张导致的环境和生态问题;而生态环境部门将重点放到了对企业用地的监管上。区域地理空间本来是连续的生命共同体,被切割成耕地、建设用地、林地、湿地、农村居民点等一个个碎片化的地类,分属于不同的部门,导致部门管理冲突和片面化。例如,耕地质量保护涉及自然资源部门、农业农村部门、林业部门、水利部门及发展和改革部门等多个部门。这种土地资源保护模式远远不能适应我国日益突出的资源和环境问题。因此,迫切需要组建一个高效运行的基于整个生态空间安全管理的新的部门(已经组建自然资源部)。

3)实现资源保护的中央管理模式向地方管理模式转变。长期以来,我国重视国家宏观层面的资源保护模式,而忽视和弱化了地方的资源与环境保护的主动性、积极性及创造性。因此,未来的资源保护模式要建立起尊重区域差异、文化传统、产权主体的新模式,要形成中央与地方、计划与市场结合,总体控制与局部创新、资源安全和产权主体结合的新模式。

4)建立起以永久保护优质耕地资源为目标的新策略和补偿机制。永久优质耕地资源是保障国家粮食永久安全的基石,从我国城市化和工业化发展战略、我国主体功能区功能定位、国家优质耕地资源现状分布和大宗粮食作物生产分布区域,优先划定优质耕地资源永久保护区。永久基本农田这一空间格局的划定要由国家成立单独的机构在国家层面独立完成。划定以永久优质耕地资源为核心整体性综合性的保护区,实现以耕地数量为核心的保护模式向建立优质农产品空间总体保护的策略转移。优质耕地资源永久保护区内,不仅包括区域内的优质耕地资源,还包括区域内的农村居民点、山川、河流、村落等为永久优质耕地资源配套的其他用地类型,实施总体保护,并与国家确定的主体功能分区结合起来。建立以"优质、绿色、低碳、高效"为目标的"综合性、整体性"和谐人地生态空间保护模式,并建立与之相适应的永久基本农田保护的考核和激励机制。

5)优质耕地资源的严格保护与生态系统恢复和重建结合。国家层面强化优质耕地资源保护及集中进行资源管理的优势,缩小管理环节和约束目标,切实地实现最严格的耕地资源保护制度。充分发挥我国土地资源的区域特征,实施以区域生态恢复和重建为目标的土地整治模式。土地整治要以系统恢复和重建区域生态系统功能为核心目标,改变以补充耕地数量、提升粮食生产能力为单一目标;土地整治要因地制宜,切实解决区域土地功能失衡问题,促进区域城乡协调发展。

11.3 实施黄淮海平原山水林田湖综合整治

11.3.1 黄淮海平原"山、水、林、田、湖"综合整治需求

1)区域多尺度下"山、水、林、田、湖"要素间流动耦合过程与重构。从流域尺度来看,组成了一个由"山、水、林、田、湖"构成的整体和平衡的系统。在自然的系统下,整个生态综合体是以四水(降水、地表水、地下水、土壤水和农田蒸发)、碳、氮及其他生产要素的"源和汇"和谐统一的生态综合体。但是,由于经济、行政等原因,整个系统被农户、村、乡镇等人为切割成独立部分,土地利用被切割为农业、水利、环保、国土等不同部门来管理,致使区域土地利用部门化和本地化,每个部门管理只侧重土地的一个功能的管理,甚至是一个地类的管理。例如,在上游修建的水库,导致了下游地表水的

断流；片面实施农村居民点挂钩，导致城市过快增长，农村生产空间城市化。这些碎片化、分割的管理，导致整个区域气、水、碳、氮等物质循环的受阻和切割。这种长期的土地利用是致使系统的"源""汇"功能丧失的根本原因。"山、水、林、田、湖"要素构成了耕地利用系统水平空间的重要格局，耕地资源的可持续利用离不开"山、水、林、田、湖"要素间流动耦合过程与要素重构研究。

2）区域多尺度下与水土安全格局下的土地与人口承载力达到极限。黄淮海平原中西部的太行山和北部的山脉的山前形成了一个上风上水的山前冲积平原，沿着山前的冲积平原，分别分布着秦皇岛、唐山、廊坊、北京、涿州、保定、石家庄、邢台和邯郸等重要的城市；在山前和滨海之间，则是整个泛洪平原；天津处在滨海平原，处在下风和下水的位置。山前的冲积平原、泛洪平原和滨海平原组成一个整体的生态系统，分别处在黄淮海平原的上部、中部和底部，从而形成一个自然的风向和水系的转化的梯度通道。整个区域的发展不平衡，特别是山前平原、泛洪平原和滨海平原的建设用地的无序扩展，已经严重阻隔了大气运移的通道，也阻隔了地表水和地下水的通道，是形成地下水下降和雾霾的重要因素。

北京等山前大城市的黑洞效应，城市边界不断扩展，城市周边的农田被大量的建设用地所替代，建设用地不仅在范围上扩大，而且在建筑密度和体量上不断增加，这样，就阻止了山前的空气和水系的向下流动；而处在滨海平原的天津的建设规模、密度和强度也不断增加，使原本有利通风的压力差消失了。整个区域建设用地无序扩张和强度的增加导致了上游的地表水和地下水无法有效对下游的有效补给，从而促进了河北中部沧州区域形成了巨大的地下漏斗群；区域分割发展，城乡分化发展，已有发展模式难以为继，迫切需要区域统筹，城乡一体化发展，进行区域多尺度下与水土安全格局下的土地与人口承载力极限与重构机制研究。

11.3.2 建立黄淮海平原"山、水、林、田、湖"综合整治科技支撑平台

1）建立多学科交叉平台。尽管土地整治工程实践涉及土地资源学、土地管理学、农田水利工程、农田栽培、农田信息化和智能化等众多学科。但是，这些学科都只是从一个方面进行土地人才的培养，而土地整治工程的整体性、系统性和实践性，迫切需要进行土地工程人才的培养，特别是高层次人才的培养。因此，亟须加强高校合作，特别是在土地学、工程学、信息学、农学、生物技术等具有研究优势的大学，加强多学科融合，建立支撑土地整治工程的科技支撑平台，为实施重大科技创新和高层次人才培养提供条件。

2）建立跨部门（国内外合作、政产学研究结合）合作平台。土地资源整治涉及多项要素，这些要素的管理和科技创新工作分散在自然资源部门、农业农村部门、水利部门和生态环境部门等众多部门，因此，要实施土地整治创新，必须实现多部门联动。要实现土地科学、工程、技术和管理的创新，必须进行政、产、学、研究的结合，发挥各自优势，

才能实现科学、工程、技术与管理的真正融合。实施土地整治重大科技创新,必须吸收借鉴国外的先进理念和模式,在这个方面,要充分借鉴美国、德国、日本等土地整治的理论和实践,必须借助全球一体化的优势,建立好国际科研合作。

11.3.3 黄淮海平原"山、水、林、田、湖"综合整治试点

"山、水、林、田、湖"综合整治应落实到土地上,所以应选择具有代表性的区域进行试点研究。位于南拒马河东部的涿州市,属于大清河流域的山前平原地区,是黄淮海平原浅层地下水位下降最为严重的县(市、区)之一。1990年以来,由于高强度的农田灌溉需求,涿州市浅层地下水位的平均下降速度达到了1m/a。因此,涿州市是黄淮海平原浅层地下水过度利用的代表性县(市、区),在该市展开耕地利用方式调整的研究、示范和工程,对于缓解太行山山前平原浅层地下水濒临枯竭的危机具有重要的意义。而南拒马河起源于太行山系,流经林地和草地后山前冲洪积扇地区流入涿州市域;涿州市域内大部分地区为平原地区,高程在23~77m,耕地面积占土地面积的75%左右,是该流域的典型传统农区之一;涿州市沿拒马河下游约55km处为黄淮海平原最大的湖泊——白洋淀。因此,涿州市及其毗邻的拒马河上下游地区,构成了大清河流域内具有"山、水、林、田、湖"景观的代表性区域(图11-1)。

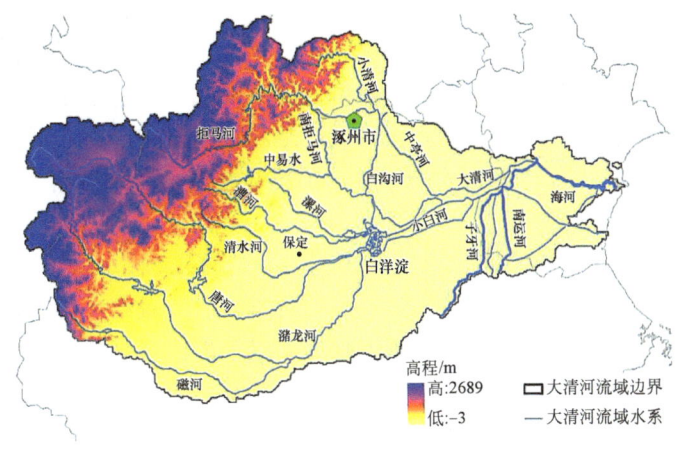

图 11-1 大清河流域土地利用现状

大清河流域作为黄淮海平原山水林田湖综合整治示范区,针对区域特点,编制综合治理规划和实施方案,及时开展"山、水、林、田、湖"生命共同体综合整治工程,集成包括太行山生态敏感地带山体修复、山前平原浅层地下水漏斗区治理工程、生态过渡带建设工程、生态良田工程、白洋淀保护治理工程等节水型山水林田湖综合整治示范工程体系。在规划期内,实现耕地产能及生态服务功能的"占补平衡",提高耕地多功能质量,区域地下水资源采补平衡,提高耕地生产效率。

1)"山、水、林、田、湖"综合整治理论技术集成。基于合作平台的基础，进行符合黄淮海平原节水型"山、水、林、田、湖"综合整治理论技术研究。第一，大清河流域水土空间的背景是耕地利用系统垂直方向出现了问题，为保障区域耕地可持续利用，应加强区域水土资源匹配差异演变过程与水土空间重构机理的研究；第二，长期的碎片化、分割的土地单一化管理，导致整个区域气、水、碳、氮等物质循环的受阻和切割，应加强耕地要素水平方向流动耦合过程与重构研究；第三，区域内城乡分化发展，处于环京津贫困带，已有发展模式难以为继，迫切需要区域统筹，城乡一体化发展，应进行水土安全格局下的多尺度土地与人口承载力极限与重构机制研究。第四，开发运用对地观测、物联网、云计算、大数据、移动互联等现代新兴信息技术，提高耕地资源调查、评价、监测及预警的精度、广度及时效性，实现"山、水、林、田、湖"要素信息"智能感知→实时传输→云端管理→分析挖掘→快速可视化→智能决策"的全工作流管理。

2）太行山生态敏感地带山体修复工程。实施矿山复绿项目，重点对生态保护区及周边矿山进行复绿；开展优化生态景观人工再造、山区采矿遗址生态重建升级等生态修复关键技术项目，降低山区耕地利用强度，重点对太行山区25°以上陡坡耕地及严重沙化耕地实施退耕还林，规划期内完成退耕还林100万亩；加强上游地区水源地保护工作，实施坡改梯、营造水土保持林、发展经果林、封禁治理、新建谷坊坝等项目。规划期内治理水土流失面积500万亩。

3）山前平原浅层地下水漏斗区治理工程。开展农业节水灌溉工程，加快实施低压管道输水、喷灌、微灌、膜下滴灌等农业节水灌溉工程，完善现代农业用水信息管理体系，抓好大中型灌区续建配套和节水改造；采取调整种植模式、农艺节水、水利工程建设、节水压产等措施，力争新增节水灌溉面积占区域耕地面积的80%，减少地下水开采；充分利用外来运水、人工增雨（雪）及集水技术，增加耕地灌溉水资源运输与保存设施，提高用水效率。

4）生态过渡带建设工程。充分实施好国家重点造林工程，在农田周围建立点线面相结合，层次多样的绿色生态林带，提升耕地系统防风固沙、涵养水源、保持水土、减灾防灾、美化环境等绿色生态屏障功能；实施退化林改造工程，对衰死、濒死、生长不良的防护林进行采伐更新、择伐补造、抚育改造，对生长较好的防护林进行全面管护。

5）生态良田工程。实施高标准农田建设工程，以2000万亩粮食生产核心区为重点，实施土地整治、农田水利、田间工程、良种繁育、农技推广、农业机械化、测土配方施肥等项目建设。规划期力争建成旱涝保收、高产稳产的高标准农田1500万亩；开展耕地多功能质量提升工程，在耕地生产功能的基础上，提升耕地多功能质量，发展耕地水土涵养、气候调节、文化景观功能，促进耕地多功能复合利用及协调发展，增加耕地经济生态价值；组织实施农用地土壤污染治理修复试点示范工程，充分利用现有的生物修复、植物修复、钝化修复等技术，因地制宜集成土壤重金属污染解决方案，建设土壤污染治理修复示范区。

6）白洋淀保护治理工程。重视湿地、湖泊涵养水源的生态功能，积极研究编制与生态用地相协调的耕地利用规划，强调生态用地周围农田沟渠的美化设计，配置优美田间林荫小路，合理搭配乔-灌-草-花，营造设计农田景观小品，增强观赏性，发挥耕地的景观功能，提高农业附加值。

11.4 本章小结

为缓解黄淮海平原地下水水位持续下降带来的生态安全危机，以及耕地休养生息政策实施后区域粮食安全，本章提出黄淮海平原耕地利用强度控制保障机制。

首先是"超采区休耕，潜力区提产"的耕地利用调整对策，地下水超采区部分耕地适度休耕。针对深层地下水严重超采的河北省51个县（市、区）、天津4个区；山东12个县（市、区）和河南的6个县（市、区），共73个县（市、区），涉及耕地面积4.88万 km^2，改变当前的"冬小麦-夏玉米"一年两熟制为一年一熟制；针对浅层地下水超采的北京市6个区、天津市9个县（市、区）、河北省50个县（市、区）、山东省25个县（市、区）、河南27个县（市、区），共117个县（市、区），涉及耕地面积7.13万 km^2，可保持当前的"冬小麦-夏玉米"一年两熟制种植制度不变，实施冬小麦减少灌溉次数；并提出水资源潜力区挖掘产能，通过在水资源相对丰富的江苏省49个县（市、区）、山东省16个县（市、区）、河南省南部的45个县（市、区），共110个县（市、区），涉及耕地面积11.28万 km^2，通过技术进步提升冬小麦和夏玉米单产并适度扩大小麦、玉米种植面积，可适当弥补由于严重缺水区和缺水区粮食生产减少带来的小麦、玉米产量降低，在地下水补给源丰富，具有开采潜力的黄河冲积平原建设土地规模较大、田间基础设施完善、农田水利高效的集中连片绿色高标准基本农田保护区。黄淮海平原中的淮北平原地区中低产田比例较高，其原因在于该区自然灾害频繁，而基础设施落后，抵御自然风险的能力薄弱，不能稳定粮食产量，甚至造成粮食绝收，建议加强中低产田改造，增强抵抗灾害能力。

其次是提出调整耕地占补平衡策略，应实现从耕地资源保护到整个生态空间的保护转变，以区域"城市和乡村"，"东、中、西"协调，"人口、产业和土地资源"协调为目标的，建立整个土地资源系统生态空间安全的保护、恢复和建设的新型土地资源保护体系。同时，需要组建一个高效运行的基于整个生态空间安全管理的新的部门，建立基于生态系统安全的土地资源保护新管理系统。另外，实现资源保护的中央管理模式向地方管理模式转变，建立起以永久保护优质耕地资源为目标的新策略和补偿机制，将优质耕地资源的严格保护与生态系统恢复和重建结合。

最后是实施黄淮海平原"山、水、林、田、湖"综合整治策略，建立多学科交叉平台及跨部门（国内外合作、政产学研究结合）合作平台，进行大清河山水林田湖综合整治试点研究，形成包括太行山生态敏感地带山体修复、山前平原浅层地下水漏斗区治理工程、生态过渡带建设工程、生态良田工程、白洋淀保护治理工程等节水型山水林田湖综合整治示范工程体系。在规划期内，实现耕地产能及生态服务功能的"占补平衡"，提高耕地多功能质量，区域地下水资源采补平衡，提高耕地生产效率。

参 考 文 献

[1] Scanlon B R, Faunt C C, Longuevergne L, et al. Groundwater depletion and sustainability of irrigation in the US High Plains and Central Valley [J]. Proceedings of the National Academy of Sciences of the United States of America, 2012, 109 (24): 9320-9325.

[2] Rodell M, Velicogna I, Famiglietti J S. Satellite-based estimates of groundwater depletion in India [J]. Nature, 2009, 460: 999.

第 12 章　耕地资源休养生息战略实施的农业生态补偿机制

12.1　耕地资源休养生息战略实施的农业生态补偿机制设计

12.1.1　农业生态补偿的主体

生态补偿主体一般包括生态补偿的卖方和买方。生态补偿的卖方是环境服务的提供者，由于不同的土地利用方式会影响环境服务的供给，为了保障环境服务的有效供给，卖方按照合约的要求采取特定的土地利用方式。生态补偿的买方既可能是环境服务的使用者，也可能是代表环境服务使用者的第三方［如政府、非政府组织（Non Governmental Organisations，NGO）等］，Engel 和 Pagiola[1]将前者称为"使用者补偿"，后者称为"政府补偿"。"政府补偿"是一种大范围的、更加有效的补偿方式，实践中大多数生态补偿项目是"政府补偿"[2]。

在耕地资源休养生息战略实施的农业生态补偿中，卖方是农民，买方是政府。农民对于土地不同的使用方式，如一年两熟或一年一熟的耕作模式、减少灌溉强度等，会影响环境服务的供给；政府以补贴的形式购买农民提供的环境服务，并监管农民是否有效提供环境服务，以及监督生态补偿项目是否有效运行。

12.1.2　农业生态补偿的客体

生态补偿的客体一般是指活动类型和环境服务。活动类型是指特定的土地利用方式或者协定的自然资源管理规定，用来确保环境服务的产生。环境服务是由特定的土地利用方式或者协定的自然资源管理规定而产生。活动类型和环境服务之间的因果关联是存在不确定性的，探析环境服务形成和供给机制是生态补偿的科学基础。

在生态补偿实践中，活动类型既可以是基于一种既定的事实，促进土地利用方式的转变来增加环境服务的供给，又可以是基于环境服务损失的风险，避免土地利用方式的转变而减少环境服务的供给。一般情况下，对改变土地利用方式的补偿标准高于保持原有的土地利用方式的补偿标准。

在农业生态补偿中，农民有不同的活动类型，在休养调整区表现为一年两熟变为一年一熟的熟制调整（不生产冬小麦），在强度降低区表现为减少灌溉强度的调整（冬小麦一般浇3水，减少1~2水）。在耕地资源休养生息战略实施的农业生态补偿中，农民的主要活动类型是提供了水温调节、空气净化、气体调节等生态系统服务，在第8章中有详细阐述，在此不做赘述。

12.1.3 农业生态补偿的标准

生态补偿标准是生态补偿研究中的核心问题和难点问题，由于生态补偿的复杂性，学术界尚未形成统一的生态补偿标准的确定方法。

一般来说，生态补偿标准要大于环境服务提供者的机会成本，小于环境服务对受益者的价值。只有机会成本小于环境服务价值，存在福利改善的空间，才能构建生态补偿机制，机会成本和环境服务价值构成生态补偿标准的合理区间。环境服务价值可作为补偿标准的理论上限，而不作为现实的补偿标准，现实的生态补偿标准、补偿水平以机会成本为主是较为普遍接受的[3]。

制定耕地资源休养生息战略实施的农业生态补偿标准，采用机会成本法和意愿调查法相结合的方法，以机会成本法为主，以意愿调查法为辅。实施各项地下水压采措施所产生的机会成本是制定耕地资源休养生息战略中各项补偿标准的主要依据。黄淮海平原地下水超采区的种植结构调整等政策对农户的农业生产经营产生了明显影响，冬小麦春灌节水导致冬小麦产量降低，这些政策的实施都增加了农户承担的机会成本。本研究将基于课题组实地调研数据，合理估算农户所承担的机会成本。种植结构调整是一种相对明显的农业生产经营模式的变化，农户对于这种变化带来的经济收益及其他福利变化具有较为明确的感知，本研究将运用条件价值评估法（contingent valuation method，CVM）的意愿调查，研究农户种植结构调整的受偿意愿，为合理制定种植结构调整政策的补偿标准提供参考。

12.1.4 农业生态补偿的条件性

生态补偿的条件性是指只有环境服务的提供者提供了环境服务，或者采取了特定的土地利用方式，或者采取了协定的自然资源管理规定才付费。如果生态补偿项目缺乏条件性，环境服务的提供者是否采取了特定的土地利用方式或者是否提供了相应的环境服务就不确定。

生态补偿的条件性可以分为基于环境服务的支付和基于活动类型的支付两种类型。实践中大多数生态补偿项目是基于活动类型进行支付的[4]。基于活动类型的支付将增加监管成本，需要监管卖方是否按照合约的规定采取了特定的土地利用方式，监管卖方采取特定的土地利用方式之后，是否产生了预期的环境服务。

耕地资源休养生息战略实施的农业生态补偿属于基于活动类型的支付。农民对土地的利用方式发生了改变，如种植结构调整或春灌节水。种植结构调整政策一年两熟改为一年一熟,属于比较明显的改变,是相对容易观察和监管的;而春灌节水政策是在春季少浇灌一次水,是不易于观察和监管的。因为农民和政府之间存在信息不对称,所以基于活动类型的支付,会使监管成本增加。因此,需要监管农民是否按照合约的规定,采取了特定的土地利用方式,并产生了预期的环境服务。

12.1.5 农业生态补偿的效率

生态补偿的效率就是评估生态补偿的实施效果,即在多大程度实现了政策目标。衡量生态补偿效率的指标通常有两个,一是额外性(additionality),二是成本有效性(cost-effectiveness),又可以称为预算效率。额外性是指通过支付费用购买的环境服务,也就是生态补偿干预后产生的环境服务。成本有效性是指在给定的预算约束下所能获得的环境服务,即每单位支付所获取的环境服务。明确的基线是测度生态补偿额外性的基础,合理的瞄准有助于提升生态补偿的效率。生态补偿基线是指一个地区在没有生态补偿项目干预下的情况下,环境服务供给情况。只有建立生态补偿基线,才能测度生态补偿项目干预而产生的环境服务。生态补偿的瞄准是指在一定的生态补偿预算资金约束下,如何在生态补偿的卖方之间进行选择以使生态补偿项目的财务效率(即每单位支付所获取的环境服务)最大[5]。

在耕地资源休养生息战略背景下实施的农业生态补偿,额外性指"项目实施后,农户农业灌溉用水节水量",成本有效性指"单位补偿资金所实现的节水量"。将无政策覆盖农户的农业灌溉用水量设定为基线,通过比较农业生态补偿政策覆盖农户的农业灌溉用水量和非政策覆盖农户的农业灌溉用水量,以两者用水量的差值为指标来评估项目产生的环境服务增量,各项节水政策实现的节水量与补偿资金的比值来衡量各政策补贴资金的使用效率。

12.2 研究方法与案例区域概况

12.2.1 农业生态补偿方法

本研究采用定性与定量相结合的方法,研究黄淮海平原耕地资源休养生息战略的农业生态补偿机制。通过文献研究,对农业生态补偿的基础理论进行了系统梳理,并搜集分析我国黄淮海平原地下水超采综合治理的相关政策法规,全面研究地下水超采区的农业结构、耕作制度和地下水压采措施。

通过核算耕地资源休养生息战略中各项地下水压采措施的机会成本、农户的受偿意愿,结合地下水压采的生态效益来合理确定生态补偿标准。休养调整区的种植结构调整等政策对农户的农业生产经营产生了明显影响,强度降低区冬小麦春灌节水导致的冬小麦产量降低,都增加了农户承担的机会成本,基于实地调研数据,运用机会成本法估算农户所承担的机会成本；此外，种植结构调整是一种相对明显的农业生产经营模式的变化，农户对于这种变化带来的经济收益及其他福利变化具有较为明确的感知，本研究将运用 CVM 等方法研究农户种植结构调整的受偿意愿，对种植结构调整政策的补偿标准制定提供参考。

结合实地调研数据分析政策试点区地下水压采措施的监管效果，运用博弈分析法研究华北平原地下水超采区各种压采措施实施中监督管理问题产生的原因，并提出监管的政策建议。冬小麦春灌节水是覆盖范围最广的农业生态补偿政策，目前在河北省试点区域已过千万亩。春灌节水的主要目的是选择蓄水保墒能力较好的麦田，推广节水抗旱小麦品种，使小麦在生育期内减少浇水 1~2 次，突出浇好拔节水，适墒浇灌孕穗灌浆水。要实现预期的压采效果，监督管理是关键，本研究将分析目前冬小麦春灌节水政策监督管理的正式制度，进而根据实地调研状况，分析正式制度的有效性。进而通过监管的博弈分析，探讨监管失灵的主要原因，并提出冬小麦春灌节水监管的政策建议。

本研究通过实地调研，采用有无项目对比法，将无政策覆盖农户的农业灌溉用水量设定为基线，通过比较农业生态补偿政策覆盖农户的农业灌溉用水量和非政策覆盖农户的农业灌溉用水量，以两者用水量的差值为指标，衡量项目产生的环境服务增量，研究农业生态补偿项目是否满足了条件性和额外性，进而评价农业生态补偿是否有效。为进一步研究各项农业生态补偿政策的实施效率，本研究以价值成本比[6]，即实施各项节水政策实现的节水量与补偿资金的比值来衡量各政策补贴资金的使用效率，以间接评价农业生态补偿实施的效率水平。

12.2.2 实地调研情况

根据河北省公布的平原区地下水超采区、禁采区和限采区范围，将超采区范围划分为浅层地下水一般超采区和严重超采区，深层地下水一般超采区和严重超采区，总面积为 66 779km²，占全省平原区面积的 91% 以上。其中，浅层地下水超采区面积为 33 811.5km²，深层地下水超采区面积为 42 101.5km²，重叠面积 9134km²。本研究选择了河北省衡水市桃城区、深州市、邯郸市曲周县、邢台市任县和石家庄市藁城区作为样本区域进行了实地调研，其中，衡水市桃城区、深州市和邯郸市曲周县位于黑龙港低平原，邢台市任县和石家庄市藁城区位于太行山山前平原。

衡水市是河北省地下水超采状况最严重的地区之一，全市除安平县大部、冀州区西部以外的全部县（市、区）均属于地下水深层严重超采区，面积达 8076.6km²。同时，非农作物替代农作物政策试点项目区也全部位于衡水市境内，包括压采还林项目区 9 万亩和压采还湿项目区 3000 亩。衡水市桃城区和深州市全部乡镇均属于深层地下水严重超采区，调整种植结构项目区面积较大，压采还湿项目区全部位于桃城区境内。

邯郸市也是河北省地下水超采状况最为严重的地区之一，其中深层地下水严重超采区面积为 3796.5km²，深层地下水一般超采区面积为 1298.5km²。邯郸市曲周县全部乡镇均属于浅层地下水一般超采区和深层地下水严重超采区的交叉地带。在 2014 年试点项目中调整种植结构项目和冬小麦春灌节水项目面积较大。

邢台市地下水超采状况较为复杂，包括四种类型的超采区。其中，任县的全部乡镇均属于浅层地下水一般超采区，部分乡镇属于深层地下水一般超采区，相对于深州市、曲周县，其地下水超载程度相对较低，对应的超采综合治理试点项目以冬小麦春灌节水、保护性耕作和水肥一体化为主。

石家庄市大部分地区属于浅层地下水严重超采区或一般超采区，藁城区全部乡镇属于浅层地下水一般超采区，2014年未被纳入试点项目区，在2015年项目区试点范围扩大后被纳入试点范围，以冬小麦春灌节水项目为主。

课题组于2015年7月及2015年12月先后展开了两次实地调研，走访了深州市农业局、水务局，曲周县农牧局、曲周县水利局，任县农业局、任县水利局，藁城区农业局、藁城区水务局及衡水市林业局，并进行了深入座谈，了解当地农业、水利基本状况，以及地下水超采综合治理试点情况，并获取了大量资料。

课题组分层抽样抽取了15个乡（镇）的28个样本村，采用随机抽样的方式，进行问卷调查，先后发放调查问卷840份，其中有效问卷814份，问卷有效率96.9%，样本村情况见表12-1，样本基本特征见表12-2。

表12-1 样本村基本情况

县（市、区）	乡镇	样本村	2014年主要政策类型
深州市	榆科镇	郝庄村	冬小麦春灌节水
		下博村	种植结构调整
		榆科村	无政策村
	护驾迟镇	东王庄村	种植结构调整
		南黄龙村	无政策村
		莲花池村	无政策村
	乔屯乡	大吕邑村	种植结构调整
		蔡园村	种植结构调整
		西吕邑村	冬小麦春灌节水
曲周县	侯村镇	吕洞固村	种植结构调整
	第四疃镇	王庄村	冬小麦春灌节水
	槐桥乡	西漳头村	无政策村
	依庄乡	东来村	种植结构调整
		曹庄村	种植结构调整
		东路庄村	冬小麦春灌节水
		西路庄村	冬小麦春灌节水

续表

县（市、区）	乡镇	样本村	2014年主要政策类型
任县	永福庄乡	永福庄三村	冬小麦春灌节水、保护性耕作
		永福庄二村	无政策村
	任城镇	张家庄	无政策村
	西固城乡	南留寨村	无政策村
	骆庄乡	骆二村	冬小麦春灌节水
		骆一村	无政策村
藁城区	南孟镇	韩家洼村	水肥一体化
	西关镇	丰上村	水肥一体化
	南董镇	北洼村	无政策村
桃城区	邓庄镇	张泡庄村	其他政策
		东军卫村	其他政策
		西军卫村	其他政策

表12-2 受访农户基本特征

项目	类别	样本数	比例/%
性别	男	550	67.57
	女	264	32.43
年龄	35岁以下	27	3.32
	35~50岁	257	31.57
	51~60岁	270	33.17
	60岁以上	260	31.94
教育程度	小学以下	117	14.37
	小学	295	36.24
	初中	301	36.98
	高中	91	11.18
	高中以上	10	1.23
家庭人数	2人及以下	153	18.80
	3~5人	398	48.89
	6人及以上	263	32.31
政策类型	种植结构调整	199	24.44
	冬小麦春灌节水	206	25.30
	其他政策类型	51	6.27
	无政策	358	43.98

12.3 农业生态补偿标准：基于机会成本法

12.3.1 生态补偿标准与机会成本法

目前，生态补偿标准的确定方法主要有机会成本法、条件价值法、生态系统价值评估法等。其中，机会成本法被认为是目前较为合理且常用的确定生态补偿标准的方法，在国际上被普遍接受[7]。因此，机会成本法被广泛应用多个领域的生态补偿。例如，李晓光等[8]应用机会成本法估算了海南中部山区进行森林保护的总机会成本约为2.37亿元，同时探讨了时间因子、风险因子对机会成本的额影响；秦艳红和康慕谊[9]根据机会成本法计算了吴起县的退耕还林补偿标准大约是900元/(亩·a)，并提出应当根据农户调整生产生活模式的需要，将补偿金在补偿期限内逐年递减发放或者分阶段发放；戴其文和赵雪雁[10]在草地生态系统生态补偿标准的估算中同样用到了机会成本法，估算了甘南藏族自治州草地生态系统中的补偿标准下限约为621.3元/(hm²·a)；段靖等[11]建立了流域生态补偿中直接成本核算的一般性框架和核算方法，提出了基于分类核算的机会成本计算方法；张乐勤和荣慧芳[12]通过机会成本法估算出2009年秋浦河上游石台县保护河流的机会成本为60 016.35万元；李国平等[13]在探讨生态功能区生态补偿机制时也提到了机会成本法在补偿标准制定中的使用。针对农业生态补偿，谭秋成[14]针对丹江口水库库区农田进行生产函数回归，计算出农户在休耕或退耕下的产量损失，利用机会成本法估算生态补偿标准；余亮亮和蔡银莺[15]以湖北省京山县为例，计算环境友好型农业生产的机会成本，以机会成本作为估算农田生态补偿的基础，同时结合农户的受偿意愿，确定出农田生态补偿额度。目前学界关于农业生态补偿的研究涉及农业地下水开采的相对较少，王玲[16]分析了我国实施地下水补偿的现实意义并对补偿资金筹措方式做出了相关探讨；庞爱萍和孙涛[17]针对流域农业需水和生态需水之间的矛盾，提出了基于生态需水保障的农业生态补偿标准计算方法。

2014年以来，河北省开展了"地下水超采综合治理"工作，主要项目有：种植结构调整、冬小麦春灌节水、节水技术推广、压采还林及压采还湿。其中，种植结构调整、冬小麦春灌节水是黄淮海平原耕地资源休养生息战略重要的压采措施。在实施这些项目的过程中，农民无法按照既有的习惯进行种植，承担了一定的机会成本。本研究采用机会成本法，估算各项补偿政策下农民所承担的损失，对于研究和完善地下水超采区农业生态补偿政策都具有重要意义。

12.3.2 估算方法

机会成本是指因采用某一行动方案而失去的来自其他可供选择的行为方案的最大潜在

效益。其产生源于资源具有稀缺性，人们必须在方案之间做出决策。从河北省实施地下水超采综合治理的角度来看，地下水作为一种稀缺资源必须得以保护，因此人们只能选择放弃一部分高耗水作物的种植（如小麦等），进而选择采取休耕或者种植低耗水作物的行动。其间农户为进行地下水保护遭受了一定的经济损失，其在政策实施前所能获得的收益与政策实施后所能获得的收益之差就是农户在地下水压采政策下所承担的机会成本。

$$C = \pi_1 - \pi_2 \tag{12-1}$$

式中，π_1为政策实施之前农户所能获得的亩均纯收益；π_2为政策实施之后农户所能获得的亩均纯收益；C为农户的机会成本。由于具体政策的实施方式有所不同，本书将根据具体情况设定对应的机会成本估算方法。

(1) 种植结构调整

实地调研发现，气候和农产品销售价格波动等因素对农户种植收益影响较大，如果根据农户2014年及2015年种植收益直接进行计算可能产生较大误差。因此，采用政策区与非政策区同年份对比的方法进行估算。种植结构调整政策因各区域实施方式不同而有所差异。

在深州市实施整体种植结构调整，即区域内全部耕地都进行种植结构调整，针对于此，本书选取与政策区相邻的非政策区作为对照组进行机会成本估算。具体估算方法如下：

$$C_{ZS} = \pi_D - \pi_X \tag{12-2}$$

式中，C_{ZS}为深州市种植结构调整机会成本；π_D为对照组一年两熟亩均纯收益；π_X为项目组一年一熟亩均纯收益。

曲周县实施部分种植结构调整，即区域内部分耕地都进行种植结构调整。在该区域受访农户家的部分耕地位于政策区，部分耕地位于非政策区，自身形成良好的对比，因此，机会成本估算方法如下：

$$C_{ZQ} = \pi_{FQ} - \pi_{ZQ} \tag{12-3}$$

式中，C_{ZQ}为曲周县种植结构调整机会成本；π_{FQ}为非政策区一年两熟亩均纯收益；π_{ZQ}为政策区一年一熟亩均纯收益。

(2) 冬小麦春灌节水

对于冬小麦春灌节水区，机会成本的估算主要针对农户对冬小麦少灌溉一水或者两水引起的小麦减产量，进而估算少灌溉条件下农户所要承担的机会成本。因此，相应的机会成本估算方法如下：

$$C_J = \Delta Q \times P_{XM} - C_G \tag{12-4}$$

式中，C_J为冬小麦春灌节水的机会成本；ΔQ为减少灌溉对应的小麦减产量；P_{XM}为小麦销售价格；C_G为相应的灌溉成本。

12.3.3 数据来源

本小节研究所用数据主要来源于课题组2015年12月在河北省的实地调研，以衡水市深州市，邯郸市曲周县及邢台市任县为样本区，样本既包含种植结构调整、冬小麦春灌节水等政策试点区，也包含无政策覆盖的种植区。课题组通过分层随机抽样的方法，选取5个乡（镇）15个样本村进行随机抽样问卷调查，发放调查问卷413份，有效问卷340份，问卷有效率为82.3%。受访农户基本特征见表12-3。

表12-3 受访农户基本特征

项目	类别	样本数	比例/%
性别	男	219	64.41
	女	121	35.59
年龄	35岁以下	4	1.18
	35~45岁	47	13.82
	46~60岁	166	48.82
	60岁以上	123	36.18
教育程度	小学以下	48	14.12
	小学	125	36.76
	初中	121	35.59
	高中	41	12.06
	高中以上	5	1.47
家庭人数	2人及以下	64	18.82
	3~5人	172	50.59
	6人及以上	104	30.59

12.3.4 农业生态补偿的机会成本估算结果

1. 休养调整区：种植结构调整

（1）深州种植结构调整

本研究以东王庄、大吕邑和蔡园村三个村为项目组，以相邻的西吕邑村和莲花池为对照组。据式（12-2），整体种植结构调整的机会成本为：小吕邑和莲花池两村2015年的一年两熟亩均纯收益均值减去东王村、大吕邑村和蔡园村2015年的一年一熟亩均纯收益均值。表12-4和表12-5给出了对照组和项目组的收入、成本及纯收益。

表12-4 对照组收入、成本及纯收益 （单位：元/亩）

项目	小吕邑	莲花池	均值
冬小麦收入	1192.41	1141.97	1167.19
夏玉米收入	1063.76	1056.24	1060.00

续表

项目	小吕邑	莲花池	均值
一年两熟收入	2256.16	2198.21	2227.19
冬小麦成本	662.97	668.28	665.63
夏玉米成本	459.67	443.55	451.61
一年两熟成本	1122.64	1111.83	1117.24
一年两熟纯收益	1133.53	1086.38	1109.96
样本数	49	29	

表12-5 项目组收入、成本及纯收益 （单位：元/亩）

项目	东王庄	大吕邑	蔡园村	均值
春玉米收入	1104.94	1002.94	1010.17	1039.35
春玉米成本	501.63	539.11	527.37	522.70
一年一熟纯收益	603.31	463.83	482.80	516.65
样本数	32	32	6	

根据表12-4和表12-5的计算结果可以看出：一年两熟（对照组）的纯收益大约为1109.96元/亩，一年一熟（项目组）的纯收益大约为516.65元/亩。由此，可以得到进行整体种植结构调整农户所要承担的机会成本为593.31元/亩。与深州市目前实施的补偿标准400元/亩[①]相比，机会成本大于补偿标准，对农户自愿参与政策的激励性不足。

（2）曲周种植结构调整

邯郸市曲周县实施部分种植结构调整，选取东来村和曹庄作为样本村进行机会成本估算。根据式（12-3），该区域机会成本，即用样本农户2015年的一年两熟纯收益减去其2015年一年一熟的纯收益，进而获得该区域的机会成本均值。在表12-6中，给出了部分种植结构调整区机会成本核算的相关指标，包括一年两熟的收入、成本和纯收益及一年一熟的收入、成本与纯收益。

表12-6 部分种植结构调整区种植收入、成本和纯收入 （单位：元/亩）

项目	东来村	曹庄村	均值
一年两熟收入	1863.26	1910.00	1886.63
一年两熟成本	1176.87	1373.14	1275.00
一年两熟纯收益	686.39	536.86	611.63
春玉米收入	870.37	810.71	840.54
春玉米成本	593.35	672.57	632.96

---

① 政策补偿标准在项目周期内进行平均处理，种植结构调整为期5年，前三年为500元/(亩·a)，后两年减半，平均400元/(亩·a)。冬小麦春灌节水（为期3年），平均78元/(亩·a)。压采还林（为期5年），平均900元/(亩·a)。

续表

项目	东来村	曹庄村	均值
春玉米纯收益	277.02	138.14	207.58
机会成本	409.37	398.71	404.04
样本数	27	7	

在表12-6的基础上，可以计算得出：曲周县种植结构调整区一年两熟纯收益的均值为611.63元/亩，一年一熟纯收益的均值为207.58元/亩。由此，可以得到该区域的机会成本大约为404.04元/亩。与深州市种植结构调整对比可以看出，曲周县机会成本仅为404.04元/亩，低于深州市的593.31元/亩。与曲周县目前实施的补偿标准400元/亩比较，补偿标准仍然偏低，存在激励性不足问题。

2. 强度降低区：冬小麦春灌节水

冬小麦春灌节水机会成本估算以衡水市、邯郸市和邢台市的四个村为例。通过相关数据核算，获得各村冬小麦的相关指标（表12-7）。

表12-7 各村冬小麦相关指标

项目	西吕邑村	东路庄村	西路庄村	骆二村
亩产量/斤①	1 046.94	934.21	959.38	853.70
销售价格/(元/斤)	1.14	1.09	1.07	1.14
灌溉费用/(元/次)	54.74	32.11	88.83	44.51

结合课题组测算的冬小麦减少灌溉所引起的产量下降程度，利用式（12-4）进行机会成本估算，得出各区域的相应机会成本和平均机会成本（表12-8）。

表12-8 冬小麦春灌节水机会成本估算

项目		西吕邑村	东路庄村	西路庄村	骆二村	均值
产量下降值/斤	少灌溉一水	157.04	140.13	143.91	128.06	142.29
	少灌溉两水	314.08	280.26	287.81	256.11	284.57
收入下降值/元	少灌溉一水	179.03	152.89	153.98	145.98	157.97
	少灌溉两水	358.02	305.78	307.96	291.97	315.86
灌溉费用/(元/次)		54.74	32.11	88.83	44.51	55.05
机会成本/元	少灌溉一水	124.29	120.78	65.15	101.47	102.92
	少灌溉两水	248.54	241.26	130.30	202.95	205.76
样本数		49	19	32	43	

① 1斤=500g。

可以看出，冬小麦春灌节水区域的机会成本与小麦的产量、售价及当地水价都有关系。2015年天气较为干旱，小麦的亩产较低，因此可能会导致机会成本的低估。但是在正常年份，小麦的亩产和售价可以在一段时间内维持稳定。因此，春灌节水区域的机会成本估算差异主要与当地的水价关系较为紧密且水价与机会成本呈现出负相关关系。最后根据项目村的计算数据，给出冬小麦春灌节水少灌溉一水和少灌溉两水的机会成本分别为102.92元/亩和205.76元/亩。目前，河北省针对冬小麦春灌节水的补贴标准为78元/亩，可以看出该补偿标准小于机会成本。实地调研发现，因为目前对于该压采措施缺乏相应监管，所以农户整体表现为愿意参与该政策。

12.4 农业生态补偿标准：基于意愿调查评估法

12.4.1 生态补偿标准与意愿调查评估法

种植结构调整是一种相对明显的农业生产经营模式的变化，农户对于这种变化带来的经济收益及其他福利变化具有较为明确的感知。为实现地下水压采而进行"农业种植结构调整"政策，会对农民生计产生一定的影响，所以要对相应地区的农户因参与政策而造成的经济发展受限进行一定的经济补偿。在实施耕地休养生息战略的过程中，引入、建立并完善农业生态补偿机制，使其充分发挥协调生态环境保护与农户收益间利益关系的作用，是非常必要的，而建立农业生态补偿机制中核心和难点就是制定合理的补偿标准。测算生态补偿标准常用的方法有机会成本法、意愿调查法、生态系统服务功能价值法、经济学模型法、市场法等，并逐渐被应用于各研究领域[18]。意愿调查法通过模拟及构建假想市场，直接调查利益相关者的支付意愿或受偿意愿，是确定生态补偿标准中的重要的方法之一。

在国内使用意愿调查法对受偿意愿的研究中，从研究方法上看，大多数使用开放式[19]、支付卡式[20]的询价方式，然后使用算数平均法测算研究对象的受偿意愿，也有少量学者使用单边界二分式选择法[21]、双边界二分式选择法[22]，通过建立计量模型，对受偿意愿进行研究。意愿调查法相对成熟，简单易用，已经被广泛应用到草原禁牧、湿地保护、流域居民生态服务、城市内河生态系统服务、农田生态系统等多个领域。目前使用较为科学并被广泛使用的意愿调查法为双边界二分式选择模型[23]，且多应用于非市场价值评估和支付意愿的研究中[24]，应用于受偿意愿的研究较少。

本小节试图通过河北省4个县（市、区）380户农户的实地调研数据，分别使用单边界和双边界二分式的意愿调查评估法研究农民对种植结构调整政策的受偿意愿（willingness to accept，WTA），并探究其影响因素。

12.4.2 问卷设计和数据来源

(1) 问卷设计

问卷设计主要包括三个部分:第一部分基本情况,了解调查对象的人口特征、家庭基本特征、收支情况、农业和其他生产生活情况;第二部分认知水平,主要是调查对象对农业灌溉、地下水状况、种植结构调整政策的认知;第三部分受偿意愿,采用双边界二分式选择法,了解不同农户个体的受偿意愿。

本研究的意愿调查评估法体现在第三部分当中,核心问题设置如下。

1)(假如)让您改为"一年一熟"制(不种冬小麦),每亩补贴 t_1 元,您愿意吗?Y 愿意,N 不愿意(政府补助资金有限,如果您要求的补贴太高,政府可能不会将您纳入项目区)。

2) A 愿意,那么补贴 t_2 元,您愿意吗?Y 愿意,N 不愿意;B 不愿意,那么补贴 t_2 元,您愿意吗?Y 愿意,N 不愿意。

t_1 为初始标的值,t_2 是第二个标的值。当调查对象第一个问题的回答是"愿意",那么他就要回答第二个中的 A 问题,其中 $t_2<t_1$;反之,回答第二个中的 B 问题,其中 $t_2>t_1$。根据预调研中机构访谈的情况和开放式受偿意愿的调研结果,结合 2015 年 500 元/(亩·a)的补偿标准,课题组预估了农户受偿意愿,将本次初始标的值范围为 500~1000 元/(亩·a),并最终设定 6 个在所有问卷中均匀分布的标的值,金额分别为 500 元、600 元、700 元、800 元、900 元、1000 元,第二个标的值 t_2 以 100 元幅度递增和递减。

(2) 数据来源

课题组在河北省展开了两次实地调研,分别为 2015 年 7 月的预调研和 2015 年 12 月的正式调研,本研究的数据全部来源于正式调研。

综合考虑各地市水资源自然禀赋、不同超采区类型,以及种植结构调整项目区的分布等因素,课题组选取了衡水市深州市和桃城区、邯郸市曲周县、邢台市任县 4 个县(市、区)作为样本区。

采取分层随机抽样的方法,抽取 16 个村庄为样本村,随机发放调研问卷 420 份,获得有效问卷 380 份。样本村在各县(市、区)的分布情况见表 12-9。

表 12-9 样本村在各县(市、区)的分布情况

样本区	样本区描述	种植结构调整政策	样本数
深州市	深层地下水严重超采区	种植结构调整项目区面积很大 样本村的全部耕地纳入政策项目区	181
曲周县	浅层地下水一般超采区和深层地下水严重超采区的交叉地带	种植结构调整项目区面积较大 样本村的部分耕地纳入政策项目区	103

续表

样本区	样本区描述	种植结构调整政策	样本数
任县	包含浅层地下水一般超采区和深层地下水一般超采区	无种植结构调整政策	56
桃城区	深层地下水严重超采区	无种植结构调整政策	40
合计	涵盖多种类型地下水超采区	涵盖政策项目区和非项目区	380

在有效的380份样本中，男性占62.49%；受访者的年龄段大多数集中在51~65岁，占样本的52.49%；受访者的受教育程度普遍不高，文化程度多为初中及以下，占样本的88.71%；受访者家庭人数集中在2~5人，占样本的73.23%；耕地面积在5~15亩的较多，约占样本的64.3%。

12.4.3 变量描述性统计

在380份有效样本中，所有标的值下共有312人选择愿意参与项目，频率为0.82。样本总体每种标的值对应的受偿意愿的频数和频率，见表12-10。其中，各个初始标的值的频数大致相同，分布比较均匀。从受访者的回答来看，随着标的值的提高，每种标的值对应的受偿意愿的被接受频率也在不断地提高，并逐渐接近于1。也就是说补偿标准越高，农民参与项目的意愿越强，这符合公众倾向于高额受偿意愿的一般规律。

表12-10 样本总体每种标的值对应的受偿意愿的频数和频率

标的值		500元	600元	700元	800元	900元	1000元	合计
愿意（Y）	频数	37	42	59	60	47	67	312
	频率	0.58	0.64	0.92	0.88	0.92	1.00	0.82
不愿意（N）	频数	27	24	5	8	4	0	68
	频率	0.42	0.36	0.08	0.12	0.08	0.00	0.18
总频数		64	66	64	68	51	67	380

本次调查中总共设计了6种补偿方案，不同标的值下双边界二分式选择的4种结果"愿意-愿意（Y-Y）""愿意-不愿意（Y-N）""不愿意-愿意（N-Y）""不愿意-不愿意（N-N）"的频率不同，其统计情况见表12-11。标的值越高，回答为"愿意-愿意"的频率就越高并趋近于1，回答为"不愿意-不愿意"的频率越低并趋近于0；反之，标的值越低，回答为"不愿意-不愿意"的频率就越高，回答为"愿意-愿意"的频率越低。在较低的补偿标准下，也有一些农民有意愿参与种植结构调整政策，说明少部分农民有放弃一些机会成本来实现节水目的的意识。

表 12-11 双边界二分式选择提问选择结果频数和频率

支付方案		Y-Y	Y-N	N-Y	N-N	合计
(400, 500, 600)	频数	12	25	7	20	64
	频率	0.19	0.39	0.11	0.31	1.00
(500, 600, 700)	频数	27	15	16	8	66
	频率	0.41	0.23	0.24	0.12	1.00
(600, 700, 800)	频数	43	16	3	2	64
	频率	0.67	0.25	0.05	0.03	1.00
(700, 800, 900)	频数	47	13	3	5	68
	频率	0.69	0.19	0.05	0.07	1.00
(800, 900, 1000)	频数	36	11	3	1	51
	频率	0.70	0.22	0.06	0.02	1.00
(900, 1000, 1100)	频数	63	4	0	0	67
	频率	0.94	0.06	0.00	0.00	1.00
合计	频数	228	84	32	36	380
	频率	0.60	0.22	0.08	0.10	1.00

为分析影响农民受偿意愿的原因，参考已有研究，确定了可能的影响因素变量，分别包括地区、性别、年龄、受教育程度、耕地面积、收入、支出、有无种植结构调整政策、对"耕种模式对地下水的影响"的认知等。各主要变量的定义和描述性统计汇总见表 12-12。其中，在调查的 4 个县（市、区）当中，深州市为种植结构调整政策项目重要试点区，设立地区虚拟变量，深州市为 1，其他为 0，用于分析该地样本与其他县（市、区）样本之间在受偿意愿上的差别；受访者性别男性比例较大为 62.4%，平均年龄为 55 岁；受教育程度普遍比较低，以小学和初中为主；年总收入和总支出两项指标各个家庭之间差异较大；有无种植结构调整，是根据样本村的种植结构调整政策覆盖状况定义的定序变量，0 表示无政策，1 表示部分耕地政策，2 表示全部耕地有政策；"耕种模式对地下水的影响"为表示受访者对地下水水位下降的认知情况，此处选取了受访者对"当前一年两熟且采用地下水灌溉的耕种模式对地下水水位下降的影响"的认知，作为一个定序变量，平均值为 3.468，说明农民对当前的耕种模式对地下水水位下降影响有一定的认知。

表 12-12 主要变量的定义和描述性统计

变量名称	变量定义	平均值	标准偏差	最小值	最大值
地区	虚拟变量，1=深州，0=其他	0.476	0.500	0	1
性别	虚拟变量，1=男，0=女	0.624	0.485	0	1
年龄	连续变量，2015 年实际年龄	55.116	10.093	25	80

续表

变量名称	变量定义	平均值	标准偏差	最小值	最大值
受教育程度	定序变量，1=小学以下，2=小学，3=初中，4=高中，5=高中以上	2.471	0.911	1	5
耕地	连续变量，家庭自有耕地面积（亩）	9.849	5.415	0	33
收入	连续变量，家庭年总收入（万元）	3.894	3.901	−0.228	8.028
支出	连续变量，家庭年总支出（万元）	2.207	1.635	0.23	12.8
有无种植结构调整政策	定序变量，0=无政策，1=部分耕地有政策，2=全部耕地有政策	0.5	0.781	0	2
"耕种模式对地下水的影响"的认知	定序变量，1=没有影响，2=较小，3=较大，4=很大	3.468	0.763	1	4

12.4.4 模型原理

本研究假设受访者的受偿意愿 WTA 可以用下列线性函数模型表示：

$$\text{WTA}_i(z_i, u_i) = z_i\beta + u_i \tag{12-5}$$

式中，z_i 为代表受访者的不同特征和属性的解释变量向量；β 为解释变量的参数向量；u_i 为服从均值为 0 方差为 σ^2 的独立且均匀正态分布的误差项。

把农民参与种植结构调整政策的意愿决策过程看作是一个二元选择模型，y_i 这一因变量代表受访者在对应标的值下，参与种植结构调整项目的决策，$y_i=1$ 表示回答"愿意"，$y_i=0$ 表示回答"不愿意"，t_i 为事前给定的标的值。WTA 是无法直接观察到的，但是可以通过受访者的选择而判断出取值范围。面对标的值 t_i，当受访者的回答是"愿意"时，他的实际受偿意愿是低于标的值的，即 $\text{WTA}_i < t_i$。因此，在此标的值下，给出肯定答案的概率为

$$\begin{aligned}P_r(y_i=1 \mid z_i) &= P_r(\text{WTA}_i < t_i) \\ &= P_r(z_i\beta + u_i < t_i) \\ &= P_r(u_i < t_i - z_i\beta)\end{aligned}$$

假设随机误差项 $u_i \sim N(0, \sigma^2)$，则

$$P_r(y_i=1 \mid z_i) = \varphi\left(\frac{t_i - z_i'\beta}{\sigma}\right) \tag{12-6}$$

$$P_r(y_i=0 \mid z_i) = 1 - \varphi\left(\frac{t_i - z_i'\beta}{\sigma}\right)$$

式中，$\varphi(x)$ 为标准正态累积分布函数。

(1) 单边界二分式选择模型原理

单边界二分式选择模型，只用询问的标的值 t_i 和受访者的回答 y_i 来估计受访者的受偿意愿。建立一个 Probit 模型，y_i 为被解释变量，t_i 可视为在原有的一系列解释变量的基础上

新增加的一个变量。

利用 Probit 模型得到 α 和 δ 的估计值,其中,$\hat{\alpha} = \dfrac{\hat{\beta}}{\hat{\sigma}}$,$\hat{\delta} = -\dfrac{1}{\hat{\sigma}}$,则 β 的估计值为 $\hat{\beta} = -\dfrac{\hat{\alpha}}{\hat{\delta}}$。由式(12-5)可得 WTA 的期望值为

$$E(\text{WTA} \mid z, \beta) = \tilde{z}'\hat{\beta} \tag{12-7}$$

即

$$E(\text{WTA} \mid z, \beta) = \tilde{z}'\left[-\dfrac{\hat{\alpha}}{\hat{\delta}}\right] \tag{12-8}$$

(2)双边界二分式选择模型原理

使用单边界二分式选择模型有一个缺陷,就是它确定受访者受偿意愿的范围非常大。假设受访者对标的值 t_i 的回答为"愿意",则 $0 \le \text{WTA}_i \le t_i$;如果回答为"不愿意",则 $t_i < \text{WTA}_i < \infty$。因此,要得到准确的估计结果,需要很大的样本量。

Hanemann[25] 提出了双边界二分式选择法计算 WTA 的模型。当受访者面临的第一个标的值为 t^1 的回答是"愿意",那么他就要面临第二个略低的标的值 t^2;如果回答是"不愿意",则面临第二个略高的标的值 t^2。第一个标的值是外生的,而第二个标的值是内生的,它的大小取决于受访者第一个问题的回答[26]。每个受访者在一次受访过程中两个回答有 4 种情况:"愿意–愿意"(Y-Y)、"愿意–不愿意"(Y-N)、"不愿意–愿意"(N-Y)、"不愿意–不愿意"(N-N),概率分别为 $P_r(y, y)$、$P_r(y, n)$、$P_r(n, y)$、$P_r(n, n)$。

$$P_r(y, y) = \varphi\left(\dfrac{t^2 - z_i'\beta}{\sigma}\right) \tag{12-9}$$

$$P_r(y, n) = \varphi\left(\dfrac{t^1 - z_i'\beta}{\sigma}\right) - \varphi\left(\dfrac{t^2 - z_i'\beta}{\sigma}\right) \tag{12-10}$$

$$P_r(n, y) = \varphi\left(\dfrac{t^2 - z_i'\beta}{\sigma}\right) - \varphi\left(\dfrac{t^1 - z_i'\beta}{\sigma}\right) \tag{12-11}$$

$$P_r(n, n) = 1 - \varphi\left(\dfrac{t^2 - z_i'\beta}{\sigma}\right) \tag{12-12}$$

运用对数似然函数模型可以得到 σ 和 β 的估计值:

$$\sum_{i=1}^{N} \left[d_i^{yy} \ln\left[\varphi\left(\dfrac{t^2 - z_i'\beta}{\sigma}\right)\right] + d_i^{yn} \ln\left[\varphi\left(\dfrac{t^1 - z_i'\beta}{\sigma}\right) - \varphi\left(\dfrac{t^2 - z_i'\beta}{\sigma}\right)\right] + \\ d_i^{ny} \ln\left[\varphi\left(\dfrac{t^2 - z_i'\beta}{\sigma}\right) - \varphi\left(\dfrac{t^1 - z_i'\beta}{\sigma}\right)\right] + d_i^{nn} \ln\left[1 - \varphi\left(\dfrac{t^2 - z_i'\beta}{\sigma}\right)\right] \right] \tag{12-13}$$

式中,d_i^{yy}、d_i^{yn}、d_i^{ny}、d_i^{nn} 为取值 0 或 1 的变量,如果回答为"愿意–愿意",则 $d_i^{yy} = 1$,否则 $d_i^{yy} = 0$,依次类推。求得 $\hat{\sigma}$ 和 $\hat{\beta}$,将 $\hat{\beta}$ 代入式(12-13)可求得 WTA 的期望值。

12.4.5 计量模型估计结果

根据 Cameron 和 Quiggin[27] 的研究,如果仅关注受访者的受偿意愿均值(WTA)和尺

度参数（σ），那么仅以常数项为唯一解释变量，就可以估计出WTA和σ。本研究将双边界二分式选择模型结果分成为两个部分：第一部分使用单边界二分式选择方法，将标的值t_i^1和回答y_i^1作为单边界的结果，通过Probit模型进行受偿意愿估计，第二部分使用双边界二分式选择方法，将两个标的值t_i^1和t_i^2与两次回答y_i^1、y_i^2作为双边界结果，通过最大似然估计模型式（12-9）进行受偿意愿估计；并将单边界二分式选择模型与双边界二分式选择模型的估计结果进行对比分析。鉴于双边界二分式选择模型估计结果更为精准，使用双边界二分式选择方法将个体社会经济特征的各变量加入WTA模型，进行影响因素分析。

使用单边界二分式选择方法模型估计结果见表12-13，各系数估计结果均在1%的统计水平上显著，对整个方程拟合优度进行似然比检验，拟合优度服从χ^2分布，其值为60.25，模型整体拟合效果良好。模型估计显示，WTA均值点估计值为462.809元/(亩·a)，在95%置信区间WTA上限值为532.56元/(亩·a)，下限值为393.06元/(亩·a)，置信区间范围为139.50元/(亩·a)。

表12-13 单边界二分式选择方法模型估计结果

估计结果	系数	标准偏差	z值
t^1	0.004	0.001	6.910***
常数项	−1.838	0.390	−4.720***
受偿意愿[元/(亩·a)]	462.809	35.585	13.010***

*** 表示在1%的统计水平上显著。

使用双边界二分式选择方法模型估计结果见表12-14，各系数估计结果均在1%的统计水平上显著，对整个方程拟合优度进行似然比检验，拟合优度服从χ^2分布，其值为91.94，模型整体拟合效果良好。模型估计显示，WTA均值点估计值为551.848元/(亩·a)，在95%置信区间WTA上限值为579.39元/(亩·a)，下限值为524.30元/(亩·a)，置信区间范围为55.09元/(亩·a)。

表12-14 双边界二分式选择方法模型估计结果

估计结果	系数	标准偏差	z值
$\hat{\beta}$	551.848	14.055	39.260***
$\hat{\sigma}$	194.500	12.512	15.540***
受偿意愿[元/(亩·a)]	551.848	14.055	39.260***

*** 表示在1%的统计水平上显著。

将单、双边界二分式选择方法模型估计结果对比可以发现，受偿意愿的双边界二分式选择方法点估计值为551.848元/(亩·a)，大于单边界二分式选择方法点估计值462.809元/(亩·a)；两种方法下的WTA估计值均高于当前种植结构调整政策的实际补偿标准400元/(亩·a)。双边界二分式选择方法95%的置信区间范围为55.09元/(亩·a)，小于单边界二分式选择方法95%的置信区间范围139.50元/(亩·a)，这也印证了双边界二分式选择方法模型估计结果更为精准的判断。

把个体社会经济特征的各变量加入 WTA 模型，使用双边界二分式选择方法模型估计结果见表 12-15。对整个方程拟合优度进行似然比检验，拟合优度服从 χ^2 分布，其值为 63.45，拟合效果良好。模型估计显示，WTA 均值点估计值为 584.3659 元/(亩·a)，在 95% 置信区间 WTA 上限值为 607.49 元/(亩·a)，下限值为 561.24 元/(亩·a)，置信区间范围为 46.25 元/(亩·a)。

表 12-15 加入解释变量后双边界二分式选择方法模型估计结果

项目	系数	标准偏差	z 值
地区	−69.492	23.941	−2.900***
性别	15.769	22.054	0.720
年龄	−0.345	1.077	−0.320
受教育程度	−9.949	11.773	−0.850
耕地面积	−4.120	2.134	−1.930**
收入	3.669	2.860	1.280
支出	17.555	7.008	2.500***
有无种植结构调整政策	−29.228	13.089	−2.230**
对"耕种模式对地下水的影响"的认知程度	−34.784	13.654	−2.550***
常数项	774.032	83.472	9.270***
受偿意愿[元/(亩·a)]	584.3659	11.79697	49.54***

、* 分别表示在 5% 和 1% 的统计水平上显著。

从表 12-15 可知，地区、耕地面积、支出、有无种植结构调整政策、受访者对"耕种模式（一年两熟制和地下水灌溉的耕作模式）对地下水的影响"的认知程度等变量，对受访者对于种植结构调整政策的受偿意愿有非常显著的影响。其中，地区与受偿意愿在 1% 水平上显著负相关，说明深州地区比其他地区受偿意愿低，深州市是深层地下水严重超采区，灌溉成本相较于其他地区较高，且深州市为政策重要试点区，因此受偿意愿略低；耕地面积和与受偿意愿在 5% 水平上显著负相关，耕地面积越大，家庭农业总收入越高，受偿意愿就越低一点；支出与受偿意愿在 1% 水平上显著正相关，也就是说家庭各方面总支出越大，对于家庭收入的要求就越高，受偿意愿也就越高；有无种植结构调整政策与受偿意愿在 5% 水平上显著负相关，说明深州市的受偿意愿略低，在一定程度上，这与政策试点区的地下水现状和政策宣传有关；对"耕种模式对地下水的影响"的认知程度和与受偿意愿在 1% 水平上显著负相关，受访者对于当前地下水下降的状况，以及对耕种模式对地下水下降会产生较大影响这一现实情况的认知程度越高，那么他们对地下水的保护意识就越高，对政策的参与意愿越高，就会愿意放弃一定的机会成本去保护地下水，因此受偿意愿就越低。

12.5　农业生态补偿的条件性：监督管理

12.5.1　农业生态补偿中监督管理的重要性

耕地资源休养生息战略在河北省主要体现为地下水压采，以种植结构调整和冬小麦春灌节水为主。河北省自2014年起开始实施地下水超采综合治理试点工作，农业压采措施主要包括种植结构调整、非农作物替代农作物、冬小麦春灌节水和水肥一体化技术等。其中，冬小麦春灌节水是覆盖面最广的地下水压采补贴政策，2014~2015年，河北省冬小麦春灌节水实施面积1000万亩，占到了农业压采实施总面积的84%，压采目标为5亿m^3，占到了农业压采总目标的62%。冬小麦春灌节水是指通过选择蓄水保墒能力较好的麦田，大力推广节水抗旱小麦品种，使小麦在生育期内减少浇水1~2次，突出浇好拔节水，适墒浇灌孕穗灌浆水，项目实施后，预期每亩可节水50m^3，3年累计补助每亩50元物化种子和265元现金。

我国的农业环境政策，无论是农业面源污染治理，还是农业水资源综合管理，都存在明显的实施困境，其主要原因是广泛分散的小农，高交易费用，有效监测技术的缺乏。命令控制型手段存在实施困境，污染者付费原则难以实施，经济激励型手段还处于探索阶段，农业生态补偿、农业水价改革和水权交易等创新制度设计还在起步阶段。生态补偿机制在我国被视为保护生态环境、平衡上下游利益关系、贯彻《全国主体功能区规划》的新政策工具。我国积极探索生态补偿实践，在重点生态功能区、森林、草原、湿地、流域等领域已经建立相应的生态补偿机制，农业生态补偿机制尚不健全。农业生态补偿机制是协调生态环境保护与农户收益间利益关系的重要政策工具，地下水超采区农业生态补偿意在建立和完善农业生态补偿机制来促进黄淮海平原地下水超采区水安全，核心在于通过生态补偿机制研究完善耕地资源休养生息/压采政策。

生态补偿具有3个重要的属性，分别是自愿性、额外性和条件性，其中条件性是指"只有提供了环境服务才付费"[1]。就冬小麦春灌节水的农业生态补偿而言，为了保证支付的条件性，必须满足的情况是冬小麦春灌期间真的减少了灌溉次数，而这需要通过有效的监管和一定的约束机制来完成。深入研究冬小麦春灌节水的监督管理以保证农业生态补偿支付条件性对实现地下水压采政策目标具有重要意义。

地下水压采区农业生态补偿开始实施的时间不长，关于农业生态补偿的监督管理，尤其是冬小麦春灌节水政策的监督管理，已有文献少有提及。本研究试图通过笔者在河北省的实地调研系统地分析冬小麦春灌节水政策的监督管理问题，对监督管理的现状给出明确的判断，对弱监管的原因进行详细的讨论，从而就改进耕地资源休养生息战略农业生态补偿中冬小麦春灌节水政策的监督管理提出一些有针对性的政策建议。

12.5.2 数据来源

为了突出研究的代表性,本书研究选取了河北省衡水市、邯郸市、邢台市作为研究区域,衡水市、邯郸市、邢台市都是河北省地下水超采状况最为严重的几个地区。本书分析所用资料来自于调研组于 2015 年 12 月对衡水市深州市、邯郸市曲周县、邢台市任县 3 个县(市)的 9 个样本村共 236 户农户的实地调研。调查以问卷调查为主,采取调研员和农户面对面交谈的方式,并与每个样本村的村干部进行了村级访谈,同时调研组还与深州市农业局、水务局,曲周县农牧局、水利局,任县农业局、水利局相关负责人进行了深入访谈。

此次调研共发放问卷 251 份,有效问卷 236 份,其中深州市 114 份,曲周县 66 份,任县 56 份,冬小麦春灌节水政策项目区 117 份,非项目区 119 份。样本户中,平均每户耕地面积为 9.11 亩,平均家庭人口数为 4.64 人,平均每户家庭劳动力数量为 3.03 人,平均每户外出打工人数为 1.04 人。表 12-16 显示了受访农户基本情况。

表 12-16 受访农户基本情况

指标	选项	人数/人	比例/%
性别	男	150	63.6
	女	86	36.4
年龄	25~35 岁	10	4.2
	36~45 岁	36	15.3
	46~55 岁	76	32.2
	56~65 岁	79	33.5
	65 岁以上	35	14.8
受教育程度	文盲	38	16.1
	小学	87	36.8
	初中	88	37.3
	高中	19	8.1
	高中以上	4	1.7
家庭人口数	2 人及以下	41	17.4
	3~5 人	128	54.2
	6 人及以上	67	28.4
耕地面积	6 亩以下	94	39.8
	6~10 亩	52	22.1
	10 亩以上	90	38.1

12.5.3 监督管理的现状：弱监管

监督管理存在两种状态，一种是弱监管，另一种是强监管。在弱监管下，大家普遍倾向于违反政策规定，而在强监管下，大家普遍倾向于遵守政策规定[28]。在地下水压采区农业生态补偿中，冬小麦春灌节水政策的监督管理同样存在弱监管和强监管之分。冬小麦春灌节水政策的强监管，是指农民普遍倾向于遵守政策规定，即抗旱冬小麦春灌期间相比于普通冬小麦真的减少了灌溉次数。冬小麦春灌节水政策的弱监管，是指农民普遍倾向于不遵守政策规定，即抗旱冬小麦春灌期间相比于普通冬小麦并没有减少灌溉次数。

为了分析样本户抗旱冬小麦春灌期间是否减少灌溉次数，本研究采用有无项目对比法来进行分析。原则上，可以选择同一个农户"项目实施前"和"项目实施后"的灌溉次数进行比较，但是考虑到，不同年份的降水和气温情况不同，自然风险不同，因此农户的灌溉情况可能存在较大差异。为了减弱降水、气温等气候因素的影响，本研究采用的是同一时间同一地点项目农户和非项目农户的对比，而不是采用同一地区同一农户项目实施前和项目实施后的对比。

根据 2015 年的实地调研数据，项目农户抗旱冬小麦灌溉次数和非项目农户普通冬小麦灌溉次数对比见表 12-17。总体而言，119 户非项目农户普通冬小麦平均每亩灌溉次数为 3.08 次，117 户项目农户抗旱冬小麦平均每亩灌溉次数为 3.21 次，根据项目农户和非项目农户的有无项目对比法可知，相比于普通冬小麦，抗旱冬小麦平均每亩灌溉次数并没有减少，反而略有增加。深州市 67 户非项目农户普通冬小麦平均每亩灌溉次数为 2.75 次，47 户项目农户抗旱冬小麦平均每亩灌溉次数为 3.02 次，抗旱冬小麦平均每亩灌溉次数没有减少，反而增加每亩 0.27 次。曲周县 38 户非项目农户普通冬小麦平均每亩灌溉次数为 3.74 次，28 户项目农户抗旱冬小麦平均每亩灌溉次数为 3.64 次，抗旱冬小麦平均每亩灌溉次数减少 0.1 次，但远未达到预期目标"平均每亩减少灌溉次数 1 次"。任县 14 户非项目农户普通冬小麦平均每亩灌溉次数为 2.93 次，42 户项目农户抗旱冬小麦平均每亩灌溉次数为 3.14 次，抗旱冬小麦平均每亩灌溉次数没有减少，反而增加每亩 0.21 次。

表 12-17 项目农户抗旱冬小麦灌溉次数和非项目农户普通冬小麦灌溉次数对比

项目	单位	深州市	曲周县	任县	总计
非项目农户户数	户	67	38	14	119
非项目农户普通冬小麦平均每亩灌溉次数	次	2.75	3.74	2.93	3.08
项目农户户数	户	47	28	42	117
项目农户抗旱冬小麦平均每亩灌溉次数	次	3.02	3.64	3.14	3.21
非项目农户减去非项目农户：平均每亩减少灌溉次数	次	-0.27	0.10	-0.21	-0.13
平均每亩减少灌溉次数的目标值	次	1	1	1	1
目标达成程度	%	-27	10	-21	-13

注：按照冬小麦春灌节水的政策要求，这里假定平均每亩减少灌溉次数的目标值设定为1。

实地调研结果显示，项目农户与非项目农户冬小麦的亩均灌溉次数的差异并不十分显著，这说明"冬小麦春灌节水"的农业生态补偿政策，几乎是没有起到预期的效果，而政策"缺乏效果"，与"冬小麦春灌节水的农业生态补偿"的弱监管有很大的关系；"相比于普通冬小麦，抗旱冬小麦平均每亩灌溉次数并没有减少，反而略有增加"，这一研究结果更加印证了"冬小麦春灌节水"的农业生态补偿呈现出弱监管。然而，冬小麦春灌节水是覆盖面最广的地下水压采补贴政策，冬小麦春灌节水的农业生态补偿的弱监管将极大地限制地下水压采的政策目标的实现。

12.5.4 弱监管的原因

弱监管背后的原因，分两个阶段五个方面来进行解析，分别是政策实施试点阶段的政策宣传不到位、监督管理正式制度的缺失，政策实施正式阶段的补偿标准偏低、违约成本太低、监管概率偏低。在政策实施试点阶段，政策刚刚开始实施，可能存在着政策宣传不到位的问题，政策监督管理正式制度也是一个逐步建立的过程，可能存在着监管管理正式制度缺失的问题。政策宣传不到位，农民不清楚冬小麦春灌节水补贴政策（目的、区别、影响等）。政策监督管理正式制度存在缺失，没有人对农民在使用抗旱冬小麦品种后是否减少春季灌溉次数进行监督管理。在政策实施正式阶段，要进一步强化政策宣传和构建政策监督管理的正式制度，在这个阶段，弱监管的背后原因可能来自于三个方面，一是补偿标准偏低，二是违约成本太低，三是监管概率偏低。

（1）政策宣传不到位

以117户冬小麦春灌节水补贴政策项目农户为研究对象，就政策相关的一些问题进行询问，统计结果见表12-18～表12-25。

表12-18 近十年地下水位下降的评价

近十年地下水位下降	不明显	较明显	很明显
农户数/户	0	10	107
比例/%	0.0	8.5	91.5

表12-19 现有耕作模式对地下水影响的评价

现有耕作模式对地下水的影响	没有影响	较小	较大	很大	不清楚
农户数/户	6	5	33	71	2
比例/%	5.1	4.3	28.2	60.7	1.7

表 12-20 参加农业节水培训情况

是否参加过农业节水培训	有	没有
农户数/户	3	114
比例/%	2.6	97.4

表 12-21 冬小麦灌节水补贴政策的了解情况

是否清楚冬小麦春灌节水补贴政策的目的	清楚	不清楚
农户数/户	49	68
比例/%	41.9	58.1

表 12-22 抗旱冬小麦品种和普通冬小麦品种的了解情况

是否知道抗旱冬小麦品种和普通冬小麦品种的区别	清楚	不清楚
农户数/户	43	74
比例/%	36.8	63.2

表 12-23 抗旱冬小麦品种春季少灌溉一次对小麦产量影响

春季少灌溉一次对小麦产量影响	没有影响	较小	较大	很大	不清楚
农户数/户	14	21	44	12	26
比例/%	12.0	17.9	37.6	10.3	22.2

表 12-24 抗旱冬小麦品种灌溉行为变化的评价

灌溉行为变化的评价	有，减少一次	没有
农户数/户	26	91
比例/%	22.2	77.8

表 12-25 是否有人对抗旱冬小麦春季灌溉次数进行监督管理的评价

是否有人对抗旱冬小麦春灌溉次数进行监督管理	有	没有
农户数/户	24	93
比例/%	20.5	79.5

项目农户对近十年地下水位下降的评价及现有耕作模式对地下水影响的评价的统计结果见表 12-18 和表 12-19。91.5%的项目农户都认为近十年地下水位下降很明显，88.9%的项目户认为现有耕作模式对地下水的影响较大或很大。说明农户已经普遍认识到地下水严重超采以及现有的耕作模式对水安全产生了不利影响的现实。

项目农户对冬小麦春灌节水补贴政策的了解情况见表 12-20~表 12-22。97.4%的农户没有参加过农业节水培训，58.1%的农户不清楚冬小麦春灌节水补贴政策的目的，63.2%的农户不清楚抗旱冬小麦品种和普通冬小麦品种的区别。这说明项目农户对冬小麦春灌节水补贴政策的了解程度不够，政策宣传很不到位。

项目农户对抗旱冬小麦品种春季少灌溉一次对小麦产量影响及灌溉行为变化的评价见表 12-23 和表 12-24。37.6% 的农户认为对小麦产量影响较大，10.3% 的农户认为对小麦产量影响很大，22.2% 的农户认为不清楚对小麦产量影响会如何，将近 70% 的农户认为对小麦产量影响较大、很大或不清楚。这说明农户普遍认为抗旱冬小麦品种春季少灌溉一次对小麦产量存在不利的影响。基于"农户普遍认为抗旱冬小麦品种春季少灌溉一次对小麦产量存在不利的影响"的担忧，同等天气条件下，相比普通冬小麦品种，77.8% 的农户认为在使用抗旱冬小麦品种后，灌溉行为没有发生变化，22.2% 的农户认为在使用抗旱冬小麦品种后，灌溉行为发生了变化，灌溉次数减少一次。这说明在使用抗旱冬小麦品种之后，农户的灌溉行为普遍没有发生变化。这里的主观评价结果，和表 12-17 项目农户抗旱冬小麦灌溉次数和非项目农户普通冬小麦灌溉次数的对比结果，得出了一致的结论。

（2）监督管理正式制度的缺失

因为处于试点阶段，2015 年是试点的第二年，冬小麦春灌节水的监督管理的正式制度是缺失的，在河北省的地下水超采综合治理试点方案及各个试点县（市）的节水实施方案中，都并未提及冬小麦春灌节水的监督管理和谁来监督及怎么监督。

项目农户对是否有人对抗旱冬小麦春季灌溉次数进行监督管理的评价结果见表 12-25。79.5% 的农户表示在使用抗旱冬小麦品种后没有人对抗旱冬小麦春季灌溉次数进行监督管理，20.5% 的农户表示在使用抗旱冬小麦品种后有人对抗旱冬小麦春季灌溉次数进行监督管理。这说明在具体政策实施中，的确存在冬小麦春灌节水的监督管理正式制度的缺失。

政策监督管理正式制度存在缺失，没有人对农户在使用抗旱冬小麦品种后是否减少春季灌溉次数进行监督管理。而在具体实施实施中，相比于普通冬小麦，农户在使用抗旱冬小麦品种后，平均每亩灌溉次数的确没有减少，反而略有增加。政策监督管理正式制度的缺失，导致冬小麦春灌节水补贴政策的地下水压采效果大打折扣。

个别项目区存在着政策监督管理的制度创新，如深州市乔屯乡西昌邑村。该村采用了开关井的方式来限制抗旱冬小麦春季灌溉次数。按照规定，每年 3 月 15 日开井，5 月 15 日关井，因为井通常是几十户联户共用，每浇一轮需要 20 天左右，所以在这段时间内一般只能浇两水，在一定程度上起到了限制灌溉次数的作用。

（3）补偿标准偏低

冬小麦春灌节水的生态补偿标准应该大于农户减少一次灌溉次数的机会成本。如果补偿标准小于机会成本，农户遵守政策规定，即减少一次灌溉次数，实际上会带来净损失，因此农户不愿意参与该政策。

参照《河北省地下水超采综合治理试点方案（2014 年度）》《河北省地下水超采综合治理试点方案（2015 年度）》及各个试点县的节水实施方案，当前冬小麦春灌节水的生态补偿标准为每亩补助 50 元物化种子和 98 元现金，即补偿标准为第一年补助 148 元/亩，第二年补助 98 元/亩。

项目农户对冬小麦春灌节水的生态补偿标准的评价结果见表 12-26。76.1% 的农户认为冬小麦春灌节水的生态补偿标准很低、较低或一般。这表明多数农户认为补偿标准偏低，应当适当提高。

表12-26 项目农户对冬小麦春灌节水的生态补偿标准的评价

项目	很低	较低	一般	较高	很高	不清楚
农户数/户	5	40	44	10	15	3
比例/%	4.3	34.2	37.6	8.5	12.8	2.6

农户在使用抗旱冬小麦品种之后减少一次灌溉次数的机会成本体现为因产量降低而带来的收入损失和因减少一次灌溉而产生的灌溉成本降低，跟产量减少量、小麦价格及灌溉成本相关。产量减少量和小麦价格都存在不确定性，前者跟自然相关，后者跟市场相关。农户在使用抗旱冬小麦品种之后均未减少灌溉次数，因此不能运用实际调研数据来分析减少一次灌溉次数的机会成本。

参照2015年实地调研数据的平均，冬小麦的产量约为1000斤/亩，冬小麦的价格约为1.1元/亩，灌溉一次的成本约为50元/亩，不同减产比例下减少一次灌溉的机会成本模拟见表12-27。保守估计，假定减产比例为15%，那么抗旱冬小麦减少一次灌溉次数的机会成本为115元/亩，高于实际补助标准98元/亩。98元/亩的生态补偿标准对应的减产比例为13.5%。

表12-27 不同减产比例下减少一次灌溉的机会成本模拟 （单位：元/亩）

减产比例	不变	5%	10%	15%	20%	30%
机会成本	−50	5	60	115	170	280

注：参照2015年实地调研数据的平均，冬小麦的产量约为1000斤/亩，冬小麦的价格约为1.1元/亩，灌溉一次的成本约为50元/亩。

(4) 违约成本太低

当冬小麦春灌节水的生态补偿标准大于农户减少一次灌溉的机会成本时，农户自愿参与该政策。但农户是否愿意遵守该政策规定，即减少一次灌溉，还跟违约成本相关。冬小麦春灌节水的违约成本应该大于农户减少一次灌溉的机会成本。如果违约成本小于机会成本，那么农户参与该政策但不遵守该政策规定，实际上能够带来净收益，农户普遍倾向于不减少一次灌溉。

冬小麦春灌节水的违约成本通常可以包括两个方面，一是全部扣除或部分扣除生态补偿资金，二是因违反政策规定而受到的罚款。该政策刚刚开始实施，监督管理的正式制度还未建立，甚至没有人去监督管理农户在使用抗旱冬小麦品种后是否减少灌溉次数，因此冬小麦春灌节水的违约成本太低甚至为零。

违约成本太低甚至为零，显著小于机会成本，农户参与该政策，不管是否遵守该政策规定，都能获得同样的生态补偿资金，农户普遍倾向于不减少一次灌溉。

(5) 监管概率偏低

监管概率是一个农户违反政策规定而被监管者发现并施以一些处罚措施的概率。当考虑监管概率时，农户参与该政策而不遵守该政策规定，只是有一定概率受到处罚，受到处罚的期望值为违约成本和监管概率的乘积。因此只有当冬小麦春灌节水的违约成本和监管概率的乘积大于农户减少一次灌溉的机会成本时，农户才愿意遵守该政策规定。其具体含义是，当监管概率偏低时，即便冬小麦春灌节水的违约成本大于农户减少一次灌溉的机会成本，农户也倾向于不遵守该政策规定。进一步地可表述为，存在一个最低有效监管概率，当实际监管概率大于最低有效监管概率时，冬小麦春灌节水的违约成本和实际监管概率的乘积大于农户减少一次灌溉次数的机会成本，农户才愿意遵守该政策规定。

关注实际监管概率，分析哪些因素导致了实际监管概率的偏低。实际监管概率由两部分组成，一部分是农户被监管者监管到的概率，另一部分是当农户被监管者监管后，其违反政策规定的行为被发现的概率，两部分相乘即为实际监管概率。第一部分，通常与监管的资金投入呈正相关，与农户的监管成本呈负相关。如果简单地认为监管成本与距离呈正相关，那么距离越远的农户，监管成本越高，被监管者监管到的概率越低。第二部分，和具体的监管内容有关，即便一个农户违反了政策规定，也并不容易被界定。如何界定一个农户在使用抗旱冬小麦品种后是否减少了灌溉次数是存在一定难度的，难度体现在三个方面，一是需要考虑气温、降水等自然因素尤其是高温、干旱等极端天气对农业灌溉行为的影响，二是需要明确地规定抗旱冬小麦品种每亩允许灌溉的次数和每次灌溉的水量，三是需要能够清晰地记录每个农户在使用抗旱冬小麦品种后的每亩实际灌溉的次数和每次灌溉的水量。前两个方面困难的解决依赖于构建综合考虑气候因素的农业地下水权使用的分配制度，第三个方面困难的解决依赖于构建农户层面地下水灌溉行为的监测体系。

因为没有建立农业地下水权的分配制度、没有构建农户层面地下水灌溉行为的监测体系，所以实际监管概率偏低，即便一个农户违反了政策规定，也很不容易被界定。

12.6 农业生态补偿的效率：节水效果分析

12.6.1 农业生态补偿效率评价的意义和方法

生态补偿机制作为一种新的环境政策工具，在我国正在逐步应用于协调生态环境保护和经济发展矛盾的实践中，其目的是希望通过生态补偿这个政策工具集实现在资金有限条件下获取最大环境效益的目的[29]。如何将现有的资源条件用得最好，即生态补偿的效率问题，是生态补偿机制的核心内容，它是衡量生态补偿可行性的重要前提条件[30]。基于此，近年来生态补偿机制的效率评估问题已成为国内外生态补偿研究学者和政策制定者的关注焦点[31]。

在对生态补偿机制效率的评估实践中，使用若干个生态环境指标值的变化量来对生态补偿的效果进行评价是较为普遍的一种做法[32]，也有学者认为生态补偿计划往往存在"漏出"效益，所以在评估效率时，应该将生态环境指标和经济社会指标同时纳入评估体系中,才能得到较为全面客观的结果[33]。此外,其他一些方法也被应用于生态补偿效率评估研究中,如 Wunder[34]提出采用动态基线评估法则来评价生态补偿效率;Morris 等[35]通过对政策实行可能产生的影响进行情景分析的方法对生态补偿的效率进行评估,研究发现不同补偿对象的利益偏好和补偿可行性往往不同,这会造成同一政策在不同地区实施效率不一致的情况;李云驹[30]在对松华坝流域生态补偿项目的效率评价中,使用单位面积的补偿资金与所提供生态服务的比值来表示效率水平,其研究表明种植结构调整具有最高的生态补偿效率,而平地退耕还林的生态补偿效率最低;宋晓谕等[36]使用单位成本投入产生的新碳固定量作为效率系数对环青海湖四县生态补偿的效率水平进行了排序;聂倩[37]使用 Malmquist-DEA 方法对流域生态补偿资金使用效率进行研究,结果表明我国大部分省份流域生态补偿资金的使用效率随着科技进步而提高。

综合来看,关于生态补偿效率问题的现有研究中评价方法较多,不同的方法是在不同的场景下,从不同的维度来反映生态补偿机制的效率水平。由于生态服务功能核算的不确定性及各个补偿项目具体的条件不同,在考虑使用哪一种效率评价方法时,需要结合项目实际进行综合考虑。因此,本研究试图通过河北省地下水超采治理试点项目中可获取的农业灌溉节水量指标,结合相对应的补偿标准,对某个特定生态补偿措施补贴资金的使用效率进行评估,以间接评价各项政策实施的效率水平,进而提出相关的政策建议,这对黄淮海平原耕地资源休养生息农业生态补偿的理论研究和政策完善都具有一定意义。

12.6.2 评估方法

按照 Wunder 的定义,生态补偿具有三个重要的属性,分别是自愿性(voluntary)、条件性(conditionality)和额外性(additionality),其中条件性是指只有受偿主体提供了生态服务才能付费,额外性是指实施生态补偿后新增加的环境服务数量,它们是生态补偿机制的内在要求,是生态补偿机制能否产生效果的前提条件[34]。具体到黄淮海平原耕地资源休养生息战略的农业生态补偿中,条件性可以被认为是农户是否按照项目要求减少了农业灌溉用水量,额外性是指项目实施前后,农户农业灌溉用水量减少的数量。基线调查是评估条件性和额外性的前提条件,只有通过建立基线确定未进行生态补偿项目干预下的环境服务供给初始情况,才能进一步结合项目实施后的"后评估"来比较生态补偿干预前后,受偿主体是否按规定提供了相应的环境服务,提供的具体数量。

基于此,本研究采用有无项目对比法,将无地下水压采政策覆盖农户的农业灌溉用水量设定为基线,通过比较地下水压采政策覆盖农户农业灌溉用水量与非政策覆盖农户农业灌溉用水量情况,将两者用水量的差值作为衡量项目所能提供环境服务增量的指标,以研究生态补偿的条件性和额外性要求是否得到满足,进而评价农业生态补偿是否有效。在分析了项目的条件性和额外性基础上,为进一步研究各个地下水压采政策的实施效率,参照 Tacconi[6]将生态补偿效率定义为价值成本比的方法,本书选择各政策实施所实现的节水量与补偿资金的比值来评估各政策补贴资金的使用效率,以间接评价各政策实施的效率水平。

黄淮海平原耕地资源休养生息战略农业生态补偿的目的是通过改变项目区内农户的种植行为，达到减少农业用水的效果，通过比较地下水压采政策试点项目区中政策覆盖农户和非政策覆盖农户的农业灌溉用水量差值，可得到农户在地下水压采政策下减少使用的地下水数量。

$$S = Q_1 - Q_2 \tag{12-14}$$

式中，Q_1 为政策覆盖农户农业灌溉的亩均耗水量；Q_2 为非政策覆盖农户农业灌溉的亩均耗水量；S 为政策实施后农户农业灌溉用水量减少值。因为具体政策的实施方式有所不同，所以本书将根据具体情况设定对应的节水量估算方法。

(1) 休养调整区：种植结构调整

种植结构调整是指在无地表水替代的深层地下水严重超采区，适当压减依靠地下水灌溉的冬小麦种植面积，将冬小麦、夏玉米一年两熟制，改为种植玉米、棉花、花生、杂粮等农作物一年一熟制，实现"一季休耕，一季雨养"。种植结构调整政策节水量的估算选择深州市和曲周县数据，两个区域项目实施的方式有所不同。深州市以行政村为单位确定项目实施区域，所以本书选择与项目覆盖村相邻的无政策覆盖村为对照组进行节水量估算。曲周县以压采需求为标准确定项目实施区域，所以存在行政村内，部分区域在项目区，部分区域不在项目区的情况，因此，节水量的估算值通过对比政策覆盖农户和非政策覆盖农户用水量得到。

具体估算方法为

$$S_{zJ} = Q_D - Q_S \tag{12-15}$$

式中，S_{zJ} 为种植结构调整政策的节水量；Q_D 为对照组一年两季亩均耗水量；Q_S 为项目组一年一熟亩均耗水量。

(2) 强度降低区：冬小麦春灌节水

冬小麦春灌节水项目指选择蓄水保墒能力较好的麦田，大力推广节水抗旱小麦品种和农艺节水技术，实现冬小麦春季减少灌溉 1~2 次[17]。冬小麦春灌节水政策节水量估算选择深州市、曲周县、任县的调研数据，深州市和任县以行政村为单位确定项目实施区域，曲周县以压采需求为标准确定项目实施区域，存在耕地部分在项目区情况，所以进行节水量的估算时要进行区分。

具体估算方法为

$$S_{DJ} = Q_{SN} - Q_{SY} \tag{12-16}$$

式中，S_{DJ} 为冬小麦春灌节水政策的节水量；Q_{SN} 为对照组一年两熟亩均耗水量（1~2 次灌溉）；Q_{SY} 为项目组一年两熟亩均耗水量。

(3) 补偿资金使用效率评估

根据式（12-16）估算出的节水量数值，对应于相应的补偿标准，通过式（12-17）计算各政策补偿资金的使用效率。

$$\beta = S / F \tag{12-17}$$

式中，S 为政策实行可达到的节水量；F 为政策的补偿金额；β 为该政策补贴资金的使用效率水平，即价值成本比。

12.6.3 数据来源与样本特征

本研究所用数据来源于课题组 2015 年 12 月在河北省地下水超采综合治理试点项目区展开的实地调研。课题组选取了项目区内的衡水市深州市、桃城区，邯郸市曲周县，邢台市任县作为样本县（市、区），样本涵盖了实行农业种植结构调整、冬小麦春灌节水、非农作物替代农作物等压采措施的项目政策实施区，以及无政策覆盖的非项目区。课题组采取分层随机抽样的方法选取了 5 个乡（镇）的 15 个样本村进行随机抽样问卷调查，样本村情况见表 12-28。每个村随机调查 28~32 户农户，采用调研员与农户面对面访谈的方式，先后发放调查问卷 413 份，获得有效问卷 377 份，其中深州市 153 份，桃城区 43 份，曲周县 126 份，任县 55 份，问卷有效率为 91.28%。样本户中，受访农户中男性比例较高，年龄主要集中在 45 岁以上，受访农户受教育程度为初中及以下的占 88.06%，家庭规模以 3~5 人为主。表 12-29 显示了受访农户的基本特征。

表 12-28 样本村基本情况

县（市、区）	乡（镇）	样本村	2015 年主要政策类型
深州市	护驾迟镇	东王庄村	种植结构调整
		南黄龙村	无政策村
		莲花池村	无政策村
	乔屯乡	大吕邑村	种植结构调整
		蔡园村	种植结构调整
		西吕邑村	冬小麦春灌节水
曲周县	依庄乡	东来村	种植结构调整
		曹庄村	种植结构调整
		东路庄村	冬小麦春灌节水
		西路庄村	冬小麦春灌节水
任县	骆庄乡	骆二村	冬小麦春灌节水
		骆一村	无政策村
桃城区	邓庄镇	张泡庄村	其他政策
		东军卫村	其他政策
		西军卫村	其他政策

表 12-29 受访农户基本特征

项目	类别	样本数/人	比例/%
性别	男	232	61.54
	女	145	38.46
年龄	35 岁以下	10	2.65
	35~45 岁	52	13.79
	46~60 岁	193	51.2
	60 岁以上	122	32.36
教育程度	小学以下	57	15.12
	小学	136	36.07
	初中	139	36.87
	高中	39	10.35
	高中以上	6	1.59
家庭人数	2 人及以下	77	20.42
	3~5 人	194	51.46
	6 人及以上	106	28.12

12.6.4 节水效果评估

1. 不同压采政策的节水量估算结果及分析

(1) 休养调整区：种植结构调整

深州市种植结构调整节水量估算，选取东王庄村、大吕邑村和蔡园村为项目组数据，以深州市的南黄龙村和莲花池村两个无政策覆盖的行政村为对照组数据。按照公式整体种植结构调整的节水量就是：南黄龙村和莲花池村农户 2015 年的一年两熟亩均浇水量均值减去东王庄村、大吕邑村和蔡园村农户 2015 年的一年一熟亩均浇水量均值。

曲周县实施部分种植结构调整，选取东来村、曹庄村的政策覆盖农户为项目组数据，以东来村、曹庄村、东路庄村和西路庄村的无政策覆盖农户为对照组数据。按照公式该区域种植结构调整的节水量就是：无政策覆盖农户 2015 年的一年两熟亩均浇水量均值减去政策覆盖农户 2015 年的一年一熟亩均浇水量均值。

表 12-30 给出了深州市与曲周县的项目组和对照组年浇水量均值，以及根据估算出的节水量数据，以 2015 年两县（市）各自的种植结构调整项目实施总面积为权重，计算得到种植结构调整政策实施的节水量。

表12-30 种植结构调整政策的节水量

地区	项目组		对照组		节水量均值 /(m³/亩)	整体节水量均值 /(m³/亩)
	年浇水量均值 /(m³/亩)	样本数	年浇水量均值 /(m³/亩)	样本数		
深州市	138.40	71	322.60	35	184.20	222.99
曲周县	255.00	59	593.30	40	338.30	

注：据调研数据估算，深州市农户每次灌溉的亩均耗水量约为 $61.25m^3/亩$，曲周县农户每次灌溉的亩均耗水量约为 $85m^3/亩$。

（2）强度降低区：冬小麦春灌节水

深州市和任县实施整体冬小麦春灌节水政策，所以节水量的估算，选取选取项目覆盖村为项目组数据，以无政策覆盖村为对照组数据。根据式（12-16）冬小麦春灌节水的整体节水量为：无政策覆盖村农户2015年的一年两熟亩均浇水量均值减去政策覆盖村农户2015年的一年两熟亩均浇水量均值。

曲周县部分区域实施冬小麦春灌节水政策，根据政策实施的范围，选取调研村的政策覆盖农户为项目组数据，以调研村的无政策覆盖农户为对照组数据。根据式（12-16）该区域冬小麦春灌节水的节水量为：无政策覆盖农户的2015年亩均浇水量均值减去政策覆盖农户的亩均浇水量均值。

表12-31给出了深州市、曲周县与任县的项目组和对照组年浇水量均值，以及根据估算出的节水量数据，以2015年3县（市）的冬小麦春灌节水项目实施的总面积为权重，计算得到的冬小麦春灌节水政策实施的整体节水量均值。

表12-31 冬小麦春灌节水政策实施的整体节水量

地区	项目组		对照组		节水量均值 /(m³/亩)	整体节水量均值 /(m³/亩)
	年浇水量均值 /(m³/亩)	样本数	年浇水量均值 /(m³/亩)	样本数		
深州市	312.21	47	332.59	35	20.38	2.99
曲周县	595.00	27	593.30	40	-1.70	
任县	512.00	42	492.00	13	-20.00	

注：据调研数据，深州市农户每次灌溉的亩均耗水量约为 $61.25m^3/亩$，曲周县农户每次灌溉的亩均耗水量约为 $85m^3/亩$，任县农户每次灌溉的亩均耗水量约为 $100m^3/亩$。

从表12-31的数据可以发现：曲周县和任县实施冬小麦春灌节水政策以后，节水量均值为负值，说明政策实施以后，不但没有达到节水的效果，反而增加了地下水的使用量，违反项目实施的条件性要求，没有实现压采地下水的目的。将3县（市）节水量数据加权平均后，得到整体节水量均值为 $2.99m^3/亩$，数值非常小，节水效果不明显，这说明政策整体实施效果不理想。

2. 各政策节水目标达成程度分析

根据表12-30和表12-31的估算结果，可把各项农业生态补偿政策的实际节水量汇总如下（表12-32），并分别与《河北省地下水超采综合治理试点方案（2015年度）》中设定的目标值进行对比。

表12-32　各项农业生态补偿政策的实际节水量和目标值对比

压采政策	节水量/(m³/亩)	目标值/(m³/亩)	目标达成程度/%
种植结构调整	222.99	180	123.88
冬小麦春灌节水	2.99	50	5.98

如表12-32中所示，各项农业生态补偿措施的节水量均大于零，意味着两种压采措施在一定程度上都达到了压采地下水的目的，且均产生了一定的生态效益。但是两项农业生态补偿措施的节水量与预期设定的目标值的偏离程度各异，种植结构调整政策超额完成了目标任务，满足地下水农业生态补偿中的条件性要求，而且产生的额外性最多；冬小麦春灌节水政策则基本没有产生效果，与该政策要求偏离甚远，且项目区内部分区域的节水量甚至为负值，即项目农户的灌溉水量非但没有减少，反而高于非项目农户，违反了项目的条件性要求，所提供的额外性几乎为零。

这说明种植结构调整政策能产生的环境服务增量最多，冬小麦春灌节水政策产生的环境服务增量最少，政策的实施效果不好。作为改变农业种植活动类型的措施，种植结构调整和非农作物替代农作物彻底改变了农户的种植活动类型，而冬小麦春灌节水政策只是在农户原有种植行为基础上，进行一定的节水约束，农户的农业种植行为没有发生比较大的改变，要想达到预期的目的，监管问题非常重要。冬小麦春灌节水政策效率低下，就可能与政策实施过程中，相关宣传不到位及缺乏有效的监管手段有关，致使项目区处于弱监管状态，补偿资金的投入不能达到预期的节水效果。

3. 各政策补偿资金使用效率分析

根据表12-30和表12-31的估算结果，把各项农业生态补偿政策的价值成本比汇总如下（表12-33）。

表12-33　各项农业生态补偿政策的价值成本比

压采政策	节水/(m³/亩)	补偿标准/(元/亩)	价值成本比/(m³/元)
种植结构调整	222.99	400	0.557
冬小麦春灌节水	2.99	78	0.038

如表12-33中所示，根据两种措施实现的地下水压采量数据，通过参照试点方案中制定的补偿标准，可得到两项政策实行的价值成本比，可以发现，调整种植结构政策的价值

成本比较高,即单位补偿资金能提供的环境服务增量最多,补偿资金的使用效率高;冬小麦春灌节水政策的价值成本比较低,所提供的环境服务增量微乎其微,补偿资金的使用效率低。

12.7 政策建议

1)提高黄淮海平原种植结构调整和灌溉用水强度降低的补偿标准。休养调整区种植结构调整的估算标准为498.68元/亩,实际标准为400元/亩,种植结构调整的补偿标准偏低,建议种植结构调整的第四年,补偿标准不减半,继续维持500元/亩,可以保证在补助周期内,年均补偿标准由实际的400元/亩提高到500元/亩。强度降低区冬小麦春灌节水的估算标准为少灌溉一水和少灌溉两水分别为102.92元/亩和205.76元/亩,实际标准为78元/亩,冬小麦春灌节水的补偿标准偏低,建议冬小麦春灌节水的补偿标准由78元/亩提高到103.8元/亩。

2)增强耕地资源休养生息政策实施的监管力度。目前部分地区已经展开耕地休养生息试点存在弱监管问题的研究,建议加大政策宣传力度,让农户了解政策的目的、内容和影响;构建政策监督管理的正式制度,合理制定减少农田灌溉次数的违约成本,建立农业地下水权的分配制度和农户层面地下水灌溉行为的监测体系,因地制宜地选择单位补偿资金所能提供生态效益更高的政策,以实现政策实施的"精准化"。

3)加大政策宣传力度。为改善冬小麦春灌节水补贴政策的弱监管,提升该政策的地下水压采实施效果,建议加大政策宣传力度,让农户了解政策的目的、内容和影响;构建政策监督管理的正式制度,明确监管主体和监管内容;合理制定冬小麦春灌节水的生态补偿标准;合理制定冬小麦春灌节水的违约成本;建立农业地下水权的分配制度、农户层面地下水灌溉行为的监测体系。

12.8 本章小结

农业生态补偿机制是协调生态环境保护与农户收益间利益关系的重要政策工具,本研究意在探讨通过建立和完善农业生态补偿机制来推进黄淮海平原耕地资源休养生息战略。以黄淮海平原地下水超采区的政策性压采政策为研究对象,通过研究该区域的农业结构、耕作制度及现有压采政策分析,构建生态补偿机制的基础条件;通过分析各种压采政策实施的机会成本、农户的受偿意愿及预计能够产生的生态环境效益,合理确定地下水压采中的生态补偿标准;通过政府部门与农户之间的博弈分析,研究耕地资源休养生息战略的农业生态补偿中的监督管理机制。基于上述研究,得出如下研究结论。

(1)明确生态补偿目标和活动类型

在黄淮海平原地下水严重超采的政策背景下,通过建立和完善农业生态补偿机制来推进耕地资源休养生息战略开展,其生态补偿目标为水安全,其生态补偿活动类型为压采政策。

农业压采政策主要包括两种，一是在休养调整区实施种植结构调整，二是在强度降低区实施冬小麦春灌节水。2014~2015年农业压采政策的实施面积和地下水压采目标见表12-34。

表12-34 2014~2015年农业压采政策的实施面积和地下水压采目标

压采政策	种植结构调整	冬小麦春灌节水	其他	总计
2014~2015年实施面积总计/万亩	100	1000	90.3	1190.3
2014~2015年地下水压采目标总计/亿 m^3	1.8	5	1.27	8.07

资料来源：《河北省地下水超采综合治理试点方案（2014年度）》《河北省地下水超采综合治理试点方案（2015年度）》。

休养调整区种植结构调整是指在无地表水替代的深层地下水严重超采区，适当压减依靠地下水灌溉的冬小麦种植面积，将冬小麦、夏玉米一年两熟制，改为种植玉米、棉花、花生、油葵、杂粮等农作物一年一熟制，实现"一季休耕，一季雨养"，充分挖掘秋粮作物雨热同期的增产潜力，最大限度地降低因小麦面积减少对粮食产量的影响。

强度降低区冬小麦春灌节水是指在深层地下水严重超采区，选择蓄水保墒能力较好的麦田，大力推广节水抗旱品种，实行农机农艺良法结合，配套推广土壤深松、秸秆还田、播后镇压等综合节水保墒技术，减少浇水次数，实现小麦稳产。

（2）合理制定生态补偿标准

通过分析各种压采措施实施的机会成本、农户的受偿意愿及预计能够产生的生态环境效益，合理确定地下水压采政策中的生态补偿标准。不同压采政策的机会成本和生态环境效益见表12-35，不同压采政策的实际补偿标准见表12-36。

表12-35 不同压采政策的机会成本和生态环境效益 （单位：元/亩）

压采政策	机会成本	受偿意愿	生态环境效益	环境价值是否大于机会成本
种植结构调整	498.68	584.37	558.95	是
冬小麦春灌节水	102.92~205.76	—	263.29~398.31	是

资料来源：2015年的实地调研数据。

表12-36 不同压采政策的实际补偿标准

压采政策	补偿标准/[元/(亩·a)]	补助总额/(元/亩)	补助周期/年	第一年/(元/亩)	第二年/(元/亩)	第三年/(元/亩)	第四年/(元/亩)	第五年/(元/亩)
种植结构调整	400	2000	5	500	500	500	250	250
冬小麦春灌节水	78	234	3	85	75	75	—	—

资料来源：参照《河北省地下水超采综合治理试点方案（2015年度）》。

由表12-35可知，不同压采政策的补偿标准估算结果为：种植结构调整498.68元/亩，冬小麦春灌节水少灌溉一水和少灌溉两水分别为102.92元/亩和205.76元/亩；种植结构调整政策农民受偿意愿为 584.37 元。不同压采政策的实际补偿标准见表 12-36，不同压采政策的实际补偿标准为：种植结构调整 400 元/亩，冬小麦春灌节水 78 元/亩。

生态环境效益可以作为生态补偿标准的理论上限，而不作为现实的生态补偿标准，受偿意愿具有一定的参考意义。现实的生态补偿标准，普遍接受的补偿水平以机会成本为主，国内的退耕还林项目、草原生态保护补助奖励机制，国外的很多 PES 项目，都主要以机会成本作为生态补偿标准制定的依据。

通过将不同压采政策生态补偿的机会成本和农民受偿意愿与实际补偿标准相比较可知：第一，种植结构调整的估算标准为 498.68 元/亩，实际标准为 400 元/亩，实际标准比估算标准偏低 97 元/亩。为了确保休耕政策的有效实施，确保农户参与休耕政策后收入不降低，应该合理制定并适当提高休耕的补偿标准[3]。在具体操作上的建议是，种植结构调整的第四年，补偿标准不减半，继续维持 500 元/亩，可以保证在补助周期内，年均补偿标准由实际的 400 元/亩提高到 500 元/亩。第二，冬小麦春灌节水的估算标准为减少一水灌溉和减少两水灌溉分别为 102.92 元/亩和 205.76 元/亩，实际标准为 78 元/亩，实际标准比估算标准分别偏低 24.92 元/亩和 127.76 元/亩。在具体操作上的建议是，冬小麦春灌节水的补偿标准分别由 78 元/亩提高到 102.92 元/亩和 205.76 元/亩。

(3) 生态补偿的监督管理

冬小麦春灌节水是耕地资源休养生息战略中的重要措施，也是地下水压采项目中覆盖面最广的地下水压采补贴政策，深入研究冬小麦春灌节水的监督管理以保证农业生态补偿支付的条件性对于实现地下水压采政策目标具有重要意义。基于 2015 年河北省深州市、曲周县、任县 3 个县（市）的实地调研，研究结果显示：冬小麦春灌节水的农业生态补偿呈现出弱监管，农民普遍倾向于不遵守政策规定，即抗旱冬小麦春灌期间相比于普通冬小麦并没有减少灌溉次数。造成弱监管的原因来自于两个阶段五个方面，分别是政策实施试点阶段的政策宣传不到位、监督管理正式制度的缺失、政策实施正式阶段的补偿标准偏低、违约成本太低、监管概率偏低。

在政策实施试点阶段，政策刚刚开始实施，可能存在着政策宣传不到位的问题，政策的监督管理正式制度也是一个逐步建立的过程，可能存在着监管管理正式制度缺失的问题。政策宣传不到位，农民不清楚冬小麦春灌节水补贴政策（目的、区别、影响等）。政策监督管理正式制度存在缺失，没有人对农户在使用抗旱冬小麦品种后是否减少春季灌溉次数进行监督管理。

在政策实施正式阶段，弱监管的背后原因可能来自于三个方面，一是补偿标准偏低，二是违约成本太低，三是监管概率偏低。冬小麦春灌节水的生态补偿标准应该大于农户减少一次灌溉次数的机会成本，否则农户将不愿意参与该政策。当冬小麦春灌节水的违约成本大于农户减少一次灌溉次数的机会成本时，农户在参与该政策后，才有可能愿意遵守该政策规定。当考虑监管概率时，农户参与该政策而不遵守该政策规定，只是有一定概率受到处罚，受到处罚的期望值为违约成本和监管概率的乘积。只有当冬小麦春灌节水的违约成本和监管概率的乘积大于农户减少一次灌溉次数的机会成本时，农户才愿意遵守该政策规定。当监管概率偏低时,即便冬小麦春灌节水的违约成本大于农户减少一次灌溉次数的机会成本,农户也倾向于不遵守该政策规定。监管概率跟监管投入、监管成本、监管内容等相关,其中"如何界定一个农户在使用抗旱冬小麦品种后是否减少了灌溉次数"是难点所在,与农业地下水权的分配制度、农户层面地下水灌溉行为的监测体系密切相关。

(4) 提高生态补偿的效率

因为不同地区自然条件、社会经济发展状况不同,所以环境服务的分布存在空间异质性,环境服务损失的风险存在空间异质性,以及项目参与者参与生态补偿项目的成本也存在异质性。

根据各项政策不同的节水效果,结合各区域的实际压采需求,因地制宜地选择单位补偿资金所能提供生态效益更高的政策,将有助于提高补贴资金的使用效率,以实现政策实施的"精准化"。同时也需结合国家的粮食安全因素和农民的生计问题整体进行考虑,避免一刀切的政策[38]。

参 考 文 献

[1] Engel S, Pagiola S, Wunder S. Designing payments for environmental services in theory and practice: An overview of the issues [J]. Ecological Economics, 2008, 65 (4): 663-674.

[2] Schomers S, Matzdorf B. Payments for ecosystem services: A review and comparison of developing and industrialized countries [J]. Ecosystem Services, 2013, 6: 16-30.

[3] 柳荻, 胡振通, 靳乐山. 华北地下水超采区农户对休耕政策的满意度及其影响因素分析 [J]. 干旱区资源与环境, 2018, 32 (1): 22-27.

[4] Porras I G M N. A Review of Payments for Watershed Services in Developing Countries [M]. London: International Institute for Environment and Development (IIED), 2008.

[5] 柳荻, 胡振通, 靳乐山. 生态保护补偿的分析框架研究综述. 生态学报, 2018, 38 (2): 1-13.

[6] Tacconi L. Redefining payments for environmental services [J]. Ecological Economics, 2012, 73: 29-36.

[7] 严立冬, 田苗, 何栋材, 等. 农业生态补偿研究进展与展望 [J]. 中国农业科学, 2013, 46 (17): 3615-3625.

[8] 李晓光, 苗鸿, 郑华, 等. 机会成本法在确定生态补偿标准中的应用——以海南中部山区为例 [J]. 生态学报, 2009, 29 (9): 4875-4883.

[9] 秦艳红, 康慕谊. 基于机会成本的农户参与生态建设的补偿标准——以吴起县农户参与退耕还林为例 [J]. 中国人口·资源与环境, 2011, 136 (S2): 65-68.

[10] 戴其文, 赵雪雁. 生态补偿机制中若干关键科学问题——以甘南藏族自治州草地生态系统为例 [J]. 地理学报, 2010, 65 (4): 494-506.

[11] 段靖, 严岩, 王丹寅, 等. 流域生态补偿标准中成本核算的原理分析与方法改进 [J]. 生态学报, 2010, 30 (1): 221-227.

[12] 张乐勤, 荣慧芳. 条件价值法和机会成本法在小流域生态补偿标准估算中的应用——以安徽省秋浦河为例 [J]. 水土保持通报, 2012, 32 (4): 158-163.

[13] 李国平, 李潇, 汪海洲. 国家重点生态功能区转移支付的生态补偿效果分析 [J]. 当代经济科学,

2013, 35 (5): 58-64, 126.

[14] 谭秋成. 丹江口库区化肥施用控制与农田生态补偿标准 [J]. 中国人口·资源与环境, 2012, 22 (3): 124-129.

[15] 余亮亮, 蔡银莺. 基于农户受偿意愿的农田生态补偿——以湖北省京山县为例 [J]. 应用生态学报, 2015, 26 (1): 215-223.

[16] 王玲. 我国地下水生态补偿资金筹措方式研究 [J]. 财会研究, 2012, (19): 14-16.

[17] 庞爱萍, 孙涛. 基于生态需水保障的农业生态补偿标准 [J]. 生态学报, 2012, 32 (8): 2550-2560.

[18] 余亮亮, 蔡银莺. 生态功能区域农田生态补偿的农户受偿意愿分析——以湖北省麻城市为例 [J]. 经济地理, 2015, 35 (1): 134-140.

[19] 杨光梅, 闵庆文, 李文华, 等. 基于CVM方法分析牧民对禁牧政策的受偿意愿——以锡林郭勒草原为例 [J]. 生态环境, 2006, 15 (4): 747-751.

[20] 周阿蓉, 黎元生. 基于CVM的闽江流域生态服务补偿标准探析 [J]. 云南农业大学学报 (社会科学), 2015, v9 (3): 28-33.

[21] 张翼飞. 城市内河生态系统服务的意愿价值评估 [D]. 上海: 复旦大学, 2008.

[22] 马爱慧. 基于双边界二分式条件价值法的农户耕地补偿意愿评估 [J]. 上海国土资源, 2015, (4): 19-22, 30.

[23] 屈小娥, 李国平. 意愿价值评估法: 理论基础及研究进展 [J]. 统计与决策, 2011, (7): 156-160.

[24] 韩昕儒, 陈永福. 宁波市农村环境治理农民支付意愿探讨 [J]. 浙江农业科学, 2012, (9): 1327-1330.

[25] Hanemann W M. 1991. Valuing the environment through contingent valuation [J]. Journal of Economic Perspectives, 1994, 8 (4): 19-43.

[26] Lopez-Feldman A. Introduction to contingent valuation using Stata [R/OL]. https://mpna.ub.unimuenchen.de/41081/[2019-7-10].

[27] Cameron T A, Quiggin J. Estimation using contingent valuation data from a "dichotomous choice with follow-up" questionnaire [J]. Journal of Environmental Economics and Management, 1994, 27: 218-234.

[28] 胡振通, 孔德帅, 靳乐山. 草原生态补偿: 弱监管下的博弈分析 [J]. 农业经济问题, 2016, (1): 95-102.

[29] Alix-Garcia J, de Janvry A, Sadoulet E. The role of deforestation risk and calibrated compensation in designing payments for environmental services [J]. Environment and Development Economics, 2008, 13 (3): 375-394.

[30] 李云驹, 许建初, 潘剑君. 松华坝流域生态补偿标准和效率研究 [J]. 资源科学, 2011, 33 (12): 2370-2375.

[31] Wünscher T, Engel S, Wunder S. Spatial targeting of payments for environmental services: A tool for boosting conservation benefits [J]. Ecological Economics, 2008, 65 (4): 822-833.

[32] 韩鹏, 黄河清, 甄霖, 等. 内蒙古农牧交错带两种生态补偿模式效应对比分析 [J]. 资源科学, 2010, 32 (5): 838-848.

[33] Clements T, Rainey H, An D, et al. An evaluation of the effectiveness of a direct payment for biodiversity conservation: the bird nest protection program in the Northern Plains of Cambodia [J]. Biological Conservation, 2013, 157: 50-59.

[34] Wunder S. Payments for Environmental Services: Some Nuts and Bolts [R]. Occasional Paper No. 42. Bogor:

CIFOR, 2005.

[35] Morris J, Gowing D J G, Mills J, et al. Reconciling agricultural economic and environmental objectives: The case of recreating wetlands in the Fenland area of eastern England [J]. Agriculture, Ecosystems and Environment, 2000, 79 (2/3): 245-257.

[36] 宋晓谕, 徐中民, 祁元, 等. 青海湖流域生态补偿空间选择与补偿标准研究 [J]. 冰川冻土, 2013, 35 (2): 496-503.

[37] 聂倩. 我国流域生态补偿财政政策研究 [D]. 南昌: 江西财经大学, 2015.

[38] 吴乐, 孔德帅, 李颖, 等. 地下水超采区农业生态补偿政策节水效果分析 [J]. 干旱区资源与环境, 2017, 31 (3): 38-44.

第13章 黄淮海平原耕地资源休养生息政策与国际小麦市场保障程度

13.1 黄淮海平原的小麦生产情况

13.1.1 黄淮海平原地区小麦产量分析

表13-1给出了2005~2015年黄淮海平原地区的小麦产量数据。2005年黄淮海平原地区小麦总产量占全国的73.26%，此后该占比不断上升，小麦生产开始向黄淮海平原地区集中，截至2015年，黄淮海平原地区的小麦产量一直稳定在全国产量的76%左右，是全国最为重要的小麦产区。具体到省（市）来看，山东、河北、河南的小麦年产量一直大于1000万t，而安徽和江苏也先后于2007年和2009年超过1000万t，成为黄淮海平原地区五大小麦主要产区。

表13-1 2005~2015年黄淮海地区的小麦产量

年份	黄淮海地区/万t							全国/万t	占比/%
	北京	天津	山东	河北	河南	江苏	安徽	总和		
2005	26.7	47.4	1 800.5	1 150.3	2 577.7	728.5	808.1	7 139.2	9 744.5	73.26
2006	30.0	52.0	1 889.8	1 149.5	2 822.7	817.8	966.8	7 728.6	10 846.4	71.25
2007	20.4	50.6	1 995.6	1 193.7	2 980.2	973.8	1 111.3	8 325.6	10 929.8	76.17
2008	32.7	52.5	2 034.2	1 221.9	3 051.0	998.2	1 167.9	8 558.4	11 246.4	76.10
2009	31.0	54.0	2 047.3	1 229.8	3 056.0	1 004.4	1 177.2	8 599.7	11 511.5	74.71
2010	28.4	53.2	2 058.6	1230.6	3 082.2	1 008.1	1 206.7	8 667.8	11 518.1	75.25
2011	28.4	54.2	2 103.9	1 276.1	3 123.0	1 023.2	1 215.7	8 824.5	11 740.1	75.17
2012	27.4	55.8	2 179.5	1 337.7	3 177.4	1 048.8	1 294.0	9 120.6	12 102.4	75.36
2013	18.7	57.3	2 218.8	1 387.2	3 226.4	1 101.3	1 332.0	9 341.5	12 192.5	76.62
2014	12.2	58.5	2 263.8	1 429.5	3 329.0	1 160.4	1 393.6	9 647.5	12 620.8	76.44
2015	11.1	59.8	2 346.6	1 435.0	3 501.0	1 174.0	1 411.0	9 938.5	13 018.5	76.34

资料来源：2006~2016年《中国统计年鉴》：农业，主要农产品产量[1]。

图 13-1 给出了 2015 年黄淮海平原地区小麦产量占全国小麦总产量的比例，黄淮海平原地区总产量占到了全国小麦总产量的 76.34%。我国的小麦生产主要集中在黄淮海平原的河北、山东、河南、江苏、安徽五省，其中河南比例最大，占到 35.23%，其次是山东省，占到 23.61%。2007~2015 年黄淮海平原地区的小麦总产量都有逐年增加，但占全国小麦总产量的比重几乎没有变化。从以上图表可以看出，我国小麦生产格局变化的一个重要趋势就是小麦生产越来越向黄淮海平原地区集中，并且格局趋于稳定。

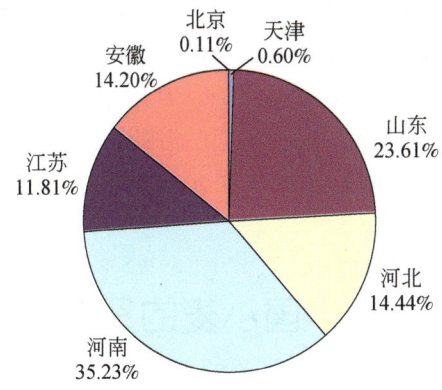

图 13-1　2015 年黄淮海地区小麦产量的地区结构

资料来源：2006~2015 年《中国统计年鉴》：农业，主要农产品产量[1]

13.1.2　我国小麦需求市场规模预测

我国是世界上最大的小麦生产国和消费国。在我国，小麦产量和消费量均居所有粮食品种第三位，约占全国粮食总产量和总消费量的 20%。20 世纪 80 年代以后我国对优质小麦的需求增长迅速，但大部分优质小麦需求需依赖进口来满足。90 年代中期以前我国优质小麦几乎全部依靠进口，90 年代中期以后，尽管国产优质小麦在全部小麦产量中所占的比例在逐渐增加，但仍不能满足国内需求。同时，普通小麦已经供大于求。随着人们生活水平的提高及城乡居民消费偏好的差异，短期内对小麦的需求量虽不会有太大变动，但对优质专用小麦的需求量将呈不断上升趋势。

国内目前对小麦市场需求预测的代表性研究已有很多：陈永福[2]分高位需求、中位需求、低位需求对我国小麦生产和需求做了预测，2020 年我国小麦产量将达到 0.945 亿 t，需求量则达到 1.028 亿 t。因此，我国小麦产需缺口 2020 年将为 830 万 t。廖永松[3]在基准方案下，通过 WATERSIM 模型预测 2020 年和 2030 年我国小麦需求量将达到 1.49 亿 t 和 1.50 亿 t，届时我国需要通过小麦进口填补较大的产需缺口。

吴乐[4]构建小麦需求模型后，从定性的角度预测了我国小麦中长期需求的发展趋势，认为我国的小麦需求发展将有如下特点：需求总量持续下降，但趋向平稳；饲用需求和工业需求将成为主要增长点;专用化趋势增强,更加注重消费品质。

张玉梅等[5]建立了中国多市场多部门模型(China economy-wide multimarket model, CEMM),并运用该模型模拟预测了未来中国小麦的消费需求情况,结果表明这些年份小麦市场需求将分别达到 10 054 万 t、10 225 万 t 和 10 392 万 t。李志强等[6]基于 CEMM 模型对我国未来小麦消费趋势进行了预测,认为小麦的消费需求量增长较为缓慢,预计 2015 年以后小麦的消费需求量基本维持在 1 亿 t 且主要用于口粮消费,2020 年和 2030 年口粮用小麦占小麦总消费量的比例分别为 75.12% 和 74.20%,总体维持在 70% 以上。

罗其友等[7]通过时间序列分析确立了 2030 年和 2050 年中国小麦需求量将分别为 11 265 万~11 701 万 t 和 9696 万~10 363 万 t。尹靖华和顾国达[8]采用时间序列 ARMA (autoregressive and moving average model,自回归滑动平均模型)模型等方法,基于多种人口增速假设,预测我国小麦需求量在 2020 年和 2030 年将分别达到 17 163 万 t 和 22 360 万 t,与张玉梅等的预测相比涨幅更大[5]。

13.2 中国小麦的贸易情况

13.2.1 中国小麦进出口贸易分析

中国小麦贸易总量呈上升趋势,贸易总量波动较大。从 2006~2015 年的贸易总量来看,受国际金融危机影响,2008 年贸易量降低到 38.2 万 t,之后 5 年贸易量逐年攀升,2013 年达到 591.5 万 t,2014 年以来,贸易量逐渐回落(表 13-2 和图 13-2)。

表 13-2 中国小麦贸易统计　　　　　　(单位:万 t)

年份	贸易总量	进口数量	出口数量	贸易平衡
2006	214.8	61.8	153.0	91.2
2007	320.2	10.3	309.9	299.6
2008	38.2	4.6	33.6	29.0
2009	119.3	90.6	28.7	-61.9
2010	156.3	123.2	33.1	-90.1
2011	165.7	126.0	39.7	-86.3
2012	408.6	370.3	38.3	-332.0
2013	591.5	553.7	37.8	-515.9
2014	331.8	300.6	31.2	-269.4
2015	328.3	300.9	27.4	-273.5

资料来源:根据 UN COMTRADE[9]。

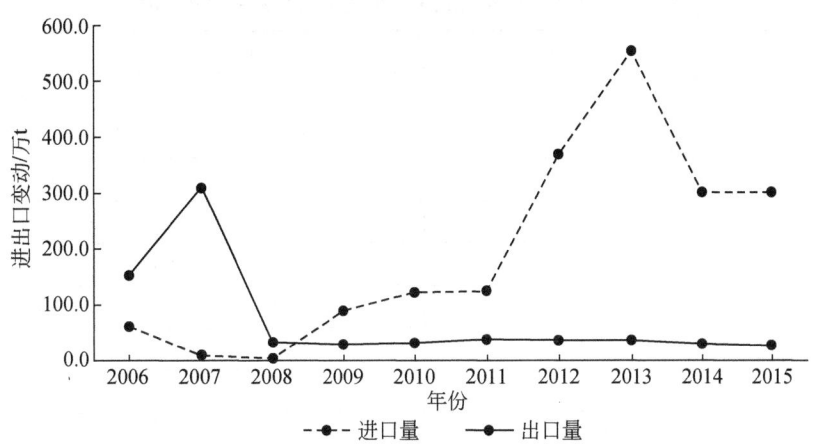

图 13-2　中国小麦进出口贸易变动趋势
资料来源：根据 UN COMTRADE[9]

小麦进口总量大，增长趋势明显。中国小麦进口从 2009 年以来逐年增加，2013 年达到近十年峰值 553.7 万 t。2014 年和 2015 年进口额有所回落，两年均保持在 300 万 t 左右。

小麦出口总量小，增长缓慢。2008 年以前中国小麦出口量均在 100 万 t 以上，2007 年为近十年小麦出口量最大的一年，出口量为 309.9 万 t。自 2008 年至今，出口量常年保持在 30 万~40 万 t。

小麦贸易逆差呈现扩大趋势。2006 年到 2008 年中国小麦贸易顺差，2009 年至今处于贸易逆差。2013 年贸易逆差达到 515.9 万 t，2014 年和 2015 年逆差有所减少，保持在 270 万 t 左右。

13.2.2　中国小麦贸易伙伴分析

从贸易角度来看，中国小麦的进口来源主要集中在美国、澳大利亚和加拿大。中国 2013~2015 年从这三个国家进口小麦总计 1082.9 万 t，占总进口量的 93.8%。其中，45.8% 自美国进口，2013~2015 年累计从美国进口 528.6 万 t；28.3% 自澳大利亚进口，2013~2015 年累计从澳大利亚进口 327.2 万 t；19.7% 自加拿大进口，2013~2015 年累计从加拿大进口 227.1 万 t。从进口趋势来看，中国从加拿大进口小麦增长相对平稳，2014~2015 年从美国进口小麦数量有所减少。2013 年从美国进口小麦 382 万 t，达到 2006~2015 年峰值。此外，中国也从哈萨克斯坦、法国进口小麦，但数量和比例均不高（表 13-3，图 13-3 和图 13-4）。

表 13-3　中国 2013～2015 年小麦进口贸易主要伙伴国

年份	国家	进口/万 t	占比/%
2013	美国	382.0	69.00
	加拿大	86.7	15.70
	澳大利亚	61.6	11.10
	法国	11.6	2.10
	其他国家	11.7	2.10
2014	澳大利亚	139.6	46.40
	美国	86.3	28.70
	加拿大	41.1	13.70
	哈萨克斯坦	25.2	8.40
	其他国家	8.5	2.80
2015	澳大利亚	126.0	41.90
	加拿大	99.3	33.00
	美国	60.3	20.00
	哈萨克斯坦	11.9	3.90
	其他国家	3.4	1.10

资料来源：根据 UN COMTRADE[9]。

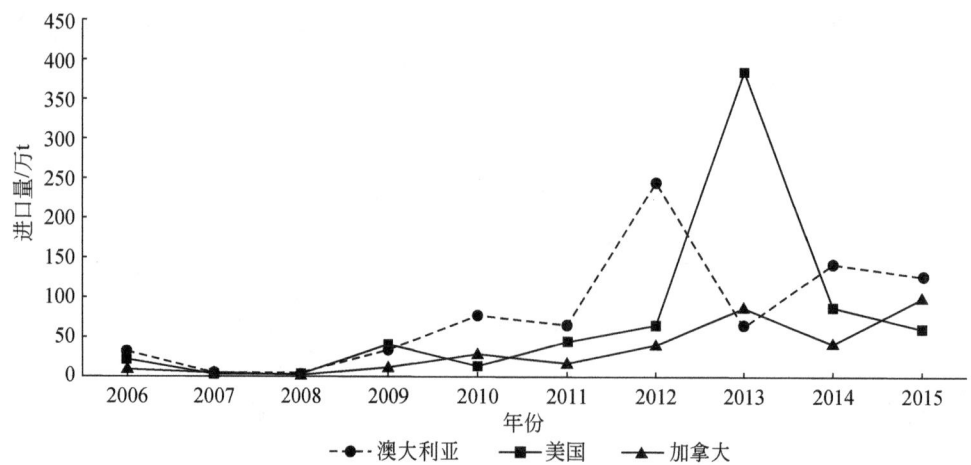

图 13-3　中国小麦主要进口国别趋势

资料来源：根据 UN COMTRADE[9]

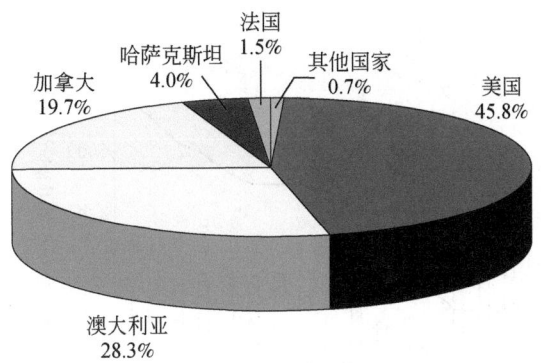

图 13-4　中国 2013~2015 年小麦进口国别结构

资料来源：根据 UN COMTRADE[9]

13.2.3　中国小麦进口依存度分析

从产量角度来看，中国小麦产量 1996~2015 年呈现"V"字形增长，增长率波动较大。2015 年小麦产量达到 13 018.7 万 t，是 20 年以来的峰值。2003 年之前，小麦产量一度出现负增长，2003 年产量不足 9000 万 t。2003~2007 年保持着年均 6.1% 的增长率，2008 年至 2015 年均增长率保持在 2.2%。对比小麦种植面积可以发现，1997~2003 年小麦产量下降的原因主要是种植面积减少。2004 年中国小麦种植面积从 1997 年的 30 056.7×10^3hm^2 减少至 21 626.0×10^3hm^2。1996~2015 年以来中国小麦的种植面积保持在 24 000×10^3hm^2 左右。种植面积变化不大，但是由于单位面积产出效率提高，近年来中国小麦产量逐年增长（图 13-5 和图 13-6）。

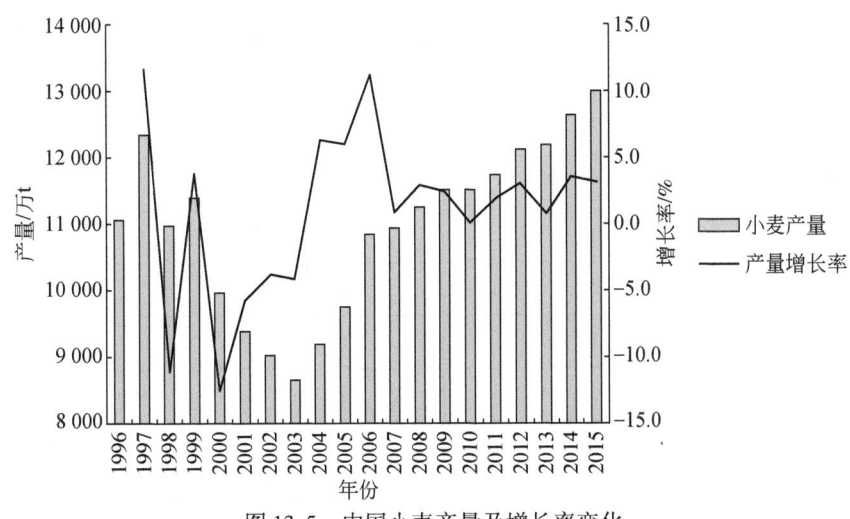

图 13-5　中国小麦产量及增长率变化

资料来源：国家统计局[1]

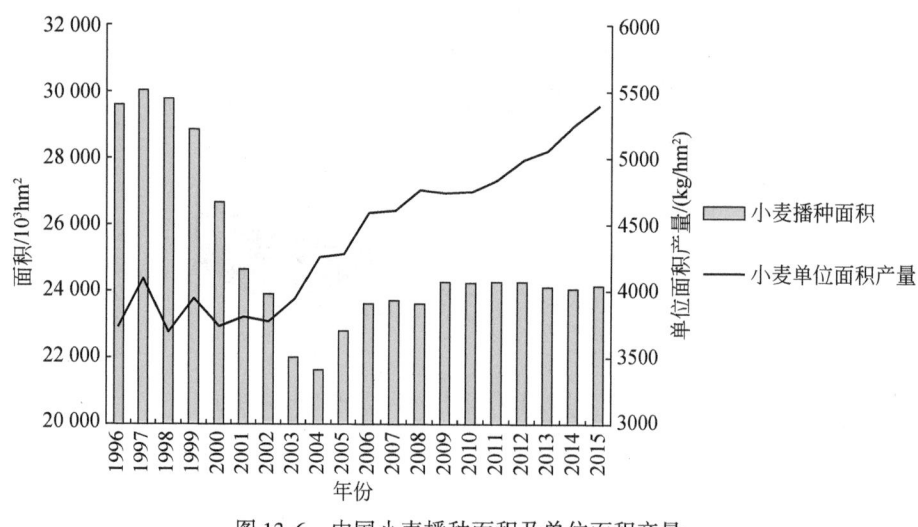

图 13-6 中国小麦播种面积及单位面积产量

资料来源：国家统计局[1]

中国进口依存度上升趋势明显。2010 年以前，中国小麦进口依存度在 1% 以下。王秀丽和孙君茂[10]指出，近年来，小麦饲料与工业消费比例增加，国内小麦产量增长缓慢，进口依存度上升趋势明显，2014 年进口依存度达到 1996~2015 年最高[10]。小麦消费以口粮为主，其次是工业用粮和饲料用粮。虽然进口依存度不大，但是进口依存度上升趋势至少表明了中国当前国内小麦产量及库存与消费之间存在一定差距（表 13-4）。

表 13-4 中国小麦进口依存度

年份	进口量/万 t	消费量/万 t	进口量/消费量
2006	61.8	10 286.8	0.60
2007	10.3	10 355.0	0.10
2008	4.6	10 355.0	0.04
2009	90.6	10 625.0	0.85
2010	123.2	11 070.0	1.11
2011	126.0	12 375.0	1.02
2012	370.3	12 500.0	2.96
2013	553.6	11 375.0	4.87
2014	300.6	11 375.0	2.64
2015	300.9	10 935.0	2.75

资料来源：进口资料来源于 UN COMTRADE，消费量资料来源于中华粮网。

13.3 黄淮海平原不同休养生息情景下的小麦国际市场变化模拟

为了对黄淮海平原不同耕地资源休养生息情景下我国与各主要贸易伙伴的粮食贸易变动情况进行计算，本研究采用全球贸易分析（Global Trade Analysis Project，GTAP）模型进行模拟分析。与计量模型分析历史数据之间关系的方法不同，一般均衡模型主要用来做政策模拟分析和冲击，可以模拟未施行政策的可能影响，GTAP 模型是由美国 Purdue 大学的 Hertel 及其团队开发的，能够灵活的分析关税削减、地区贸易安排（自由贸易区、关税同盟等）和贸易及补贴政策调整等带来的国际贸易价格与数量的变化[11]。

13.3.1 GTAP 模型介绍

本研究采用 GTAP 模型的基本框架如图 13-7 所示。国家与国家之间通过商品贸易（图 13-7 中的世界其他地区）和资本流动（图 13-7 中的世界银行）建立联系，因此 GTAP 模型中设立了两个国际部门，国际运输部门和世界银行。GTAP 模型假设每个国家对应一

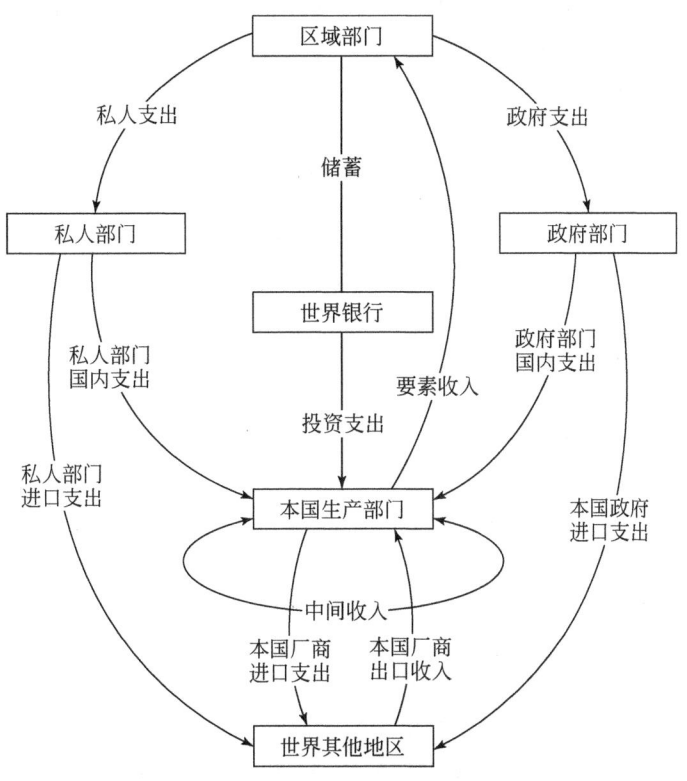

图 13-7 GTAP 模型的基本框架

个区域账户，本国的税收和要素（资本、土地、劳动力）收入均先汇集到区域账户，再由区域账户按照科布-道格拉斯生产函数（Cobb-Douglas production function）将全部收入分配给居民、政府和储蓄到虚拟的世界银行。GTAP模型假设本国市场存在国产产品和来自不同国家的进口产品，两者之间存在Armington替代。本国居民可以选择消费国产品和进口产品。本国企业的产出一部分由本国居民和政府购买，一部分通过国际贸易进入国际市场。世界银行主要描述国家之间的资本流动，也就是投资流向。

（1）生产模块

生产模块包括生产部门的投入决策和产出分配两部分。企业依据成本最小化原则决定生产中各类投入的最佳投入量；根据利润最大化原则，将产出分配到国内市场和出口市场。

生产的投入决策是一个三层的嵌套结构。顶层嵌套是各种中间投入复合品、增加值部分和其他投入基于Leontief关系合成部门总产出，如式（13-1）所示：

$$X1\mathrm{TOT}_j = \min\left(\frac{X1\_S_{1j}}{A1\_S_{1j} \times A1\mathrm{TOT}_j}, \cdots, \frac{X1\_S_{ij}}{A1\_S_{ij} \times A1\mathrm{TOT}_j}, \cdots, \frac{X1\mathrm{PRIM}_j}{A1\mathrm{PRIM}_j \times A1\mathrm{TOT}_j}, \frac{X1\mathrm{OCT}_j}{A1\mathrm{OCT}_j \times A1\mathrm{TOT}_j}\right)$$

(13-1)

式中，$X1\mathrm{TOT}_j$为部门j的总产出；$X1\_S_{ij}$为部门j的生产过程中对国产来源和进口来源合成的中间投入品i的投入量；$X1\mathrm{PRIM}_j$为增加值投入；$X1\mathrm{OCT}_j$为其他投入；$A1\mathrm{TOT}_j$代表中性技术进步，其他有偏的技术进步通过$A1\_S_{ij}$实现。

第二层嵌套是在顶层嵌套基础上决定各投入品的国产和进口比例。GTAP模型假定国内市场的供给包括国产产品和进口产品两种，两者之间存在不完全替代关系[12]。部门j使用的i中间投入品的进口和国产最佳比例根据成本最小化原则确定：

$$\min P1_{ij}^{\mathrm{dom}} X1_{ij}^{\mathrm{dom}} + P1_{ij}^{\mathrm{imp}} X1_{ij}^{\mathrm{imp}} \tag{13-2}$$

$$\mathrm{s.t.}\ X1\_S_{ij} = \left[\left(\frac{X1_{ij}^{\mathrm{dom}}}{A1_{ij}^{\mathrm{dom}}}\right)^{\rho_i} + \left(\frac{X1_{ij}^{\mathrm{imp}}}{A1_{ij}^{\mathrm{imp}}}\right)^{\rho_i}\right]^{1/\rho_i} \tag{13-3}$$

式中，上标dom和imp分别为国产和进口来源；$P1\cdot$为用于j部门生产过程的i中间投入品价格；$X1\cdot$为对应的投入量；$A1\cdot$为对应的技术；$\sigma_{mi} = 1/(1-\rho_i)$为进口品与国产品的替代弹性。第二层嵌套还包括劳动-资本-土地基于CES函数合成增加值投入，仍然采用成本最小化原则确定三类要素的最佳投入量。第三层嵌套是不同工种基于CES函数合成劳动。

在产出方面，GTAP模型假设厂商可以生产不止一种产品。厂商根据利润最大化原则采用CET函数决定总产出中不同产品的比例，同时决定产品在国内市场和出口市场的最佳分配。国内产出在国内市场和出口市场的分配决策如下：

$$\max PE_i X4_i + P0\mathrm{DOM}_i X0\mathrm{DOM}_i \tag{13-4}$$

$$\mathrm{s.t.}\ X0\mathrm{COM}_i = (X4_i^{\rho_{ei}} + X0\mathrm{DOM}_i^{\rho_{ei}})^{1/\rho_{ei}} \tag{13-5}$$

其中，PE_i和$P0\mathrm{DOM}_i$分别为商品i的出口价格和在国内销售的价格；$X4_i$和$X0\mathrm{DOM}_i$为对应的出口销售量和国内销售量；$X0\mathrm{COM}_i$为商品i的总产量；$\sigma_{ei} = 1/(1-\rho_{ei})$是出口产品和国产产品的CET替代弹性。

(2) 需求模块

最终需求包括投资、消费、出口、流通和库存五部分。

1）投资需求。投资决策与生产投入决策类似：首先是不同投资品基于 Leontief 函数关系合成行业资本存量；再根据成本最小化原则决定各投资品中进口和国产的最佳比例。如式（13-6）所示：

$$X2\text{TOT}_j = \min\left(\frac{X2\_S_{1j}}{A2\_S_{1j} \times A2\text{TOT}_j}, \cdots, \frac{X2\_S_{ij}}{A2\_S_{ij} \times A2\text{TOT}_j}, \cdots, \frac{X2\_S_{nj}}{A2\_S_{ij} \times A2\text{TOT}_j}\right) \quad (13\text{-}6)$$

式中，$X2\text{TOT}_j$ 为部门 j 的总投资；$X2\_S_{ij}$ 为部门 j 的总投资中投资品 i 的投入量；$A2\_S_{ij}$ 为技术，定义与生产技术类似。$X2\_S_{ij}$ 中进口和国产的分配与生产类似，不再介绍。

2）消费需求。消费需求又可分为居民消费和政府支出。居民收入来自要素报酬，居民在可支配收入约束下最大化 Klein-Rubin 效用函数：

$$\max U = \frac{1}{Q}\prod_i (X3\_S_i - X3\text{SUB}_i)^{\beta_i} \quad (13\text{-}7)$$

$$\text{s. t.} \sum_i P3\_S_i \times X3\_S_i = Y \quad (13\text{-}8)$$

式中，U 为居民效用；Y 为居民可预算收入；Q 为家庭个数；$X3\_S_i$ 为居民对商品 i 的总消费量，$X3\text{SUB}_i$ 是居民对商品 i 的最低生活需求；β_i 为边际消费倾向；$P3\_S_i$ 为居民部门消费商品 i 的平均价格。优化后，可以得到如下居民消费：

$$X3\_S_i = X3\text{SUB}_i + \frac{\beta_i}{P3\_S_i}\left(Y - \sum_i P3\_S_i X3\text{SUB}_i\right) \quad (13\text{-}9)$$

上述即线性支出系统（linear expenditure system，LES），居民在满足最低生存需求 $X3\text{SUB}_i$ 之后，根据对每种商品的边际消费倾向进行额外消费选择。

模型假设政府支出跟随居民消费变动（或由基期数据外生确定）。

3）出口需求。模型存在可贸易品和非贸易品两类出口产品。可贸易品的出口需求曲线是一条向下倾斜且固定需求价格弹性的曲线：

$$X4_i = F4Q_i\left(\frac{P4_i}{\text{PHI}\times F4P_i}\right)^{\text{EXP\_ELAST}_i} \quad (13\text{-}10)$$

式中，$X4_i$ 为商品 i 的出口需求；$P4_i$ 为以本币计的国外售价；PHI 等于名义汇率；$F4Q_i$ 和 $F4P_i$ 为描述需求曲线位置变动的外生变量，分别表示价格方向和出口量方向的移动；EXP_ELAST_i 为商品 i 的出口需求价格弹性。

4）流通需求。商品从仓库到最终消费地点需要借助流通服务，如运输、仓储等。该模型考虑了 8 类流通品，包括海运、空运、铁路、公路、管道运输、保险、贸易及仓储，使用主体包括生产、居民、政府、投资及出口。模型假定流通服务均是国内生产的。流通需求取决于商品流通量和流通消耗系数，以生产部门使用流通为例，其他主体类似：

$$X1\text{MAR}_{ij}^{sm} = X1_{ij}^{s} \times A1\text{MAR}_{ij}^{sm} \quad (13\text{-}11)$$

式中，$X1\text{MAR}_{ij}^{sm}$ 为生产部门 j 使用来源为 s（进口、国产）的 i 商品所消耗的 m 流通量；$X1_{ij}^{s}$ 是商品 j 的生产过程中来源为 s 的 i 商品投入量；$A1\text{MAR}$ 为对应的流通消耗系数。

5）库存。模型对库存的处理有两种：一是假定库存由基期数据外生确定；二是假定库存跟随国内产出变动。

（3）均衡和闭合模块

在均衡状态下，市场存在两个条件：一是市场出清，即总供给等于总需求，包括商品市场和要素市场；二是零利润，即商品总收入要等于商品生产投入、税费及流通费用。

1）市场出清条件。对国产产品来说，国内生产要等于中间使用、投资需求、居民消费、出口、政府消费、库存，以及流通需求的加总，如式（13-12）所示：

$$X0COM_i = \sum_{j=1}^{n} X1_{ij}^{dom} + \sum_{j=1}^{n} X2_{ij}^{dom} + X3_i^{dom} + X4_i + X5_i^{dom} + X6_i^{dom} + \sum_{j=1}^{n}\sum_{i=1}^{n}\sum_{s=1}^{2} X1MAR_{ij}^{sm}$$
$$+ \sum_{j=1}^{n}\sum_{i=1}^{n}\sum_{s=1}^{2} X2MAR_{ij}^{sm} + \sum_{i=1}^{n}\sum_{s=1}^{2} X3MAR_i^{sm} + \sum_{i=1}^{n} X4MAR_i^{m} + \sum_{i=1}^{n}\sum_{s=1}^{2} X5MAR_i^{sm}$$

（13-12）

对进口产品来说，总进口要等于中间使用、投资、居民消费、政府消费和库存需求的加总，如式（13-13）所示：

$$X0IMP_i = \sum_{j=1}^{n} X1_{ij}^{imp} + \sum_{j=1}^{n} X2_{ij}^{imp} + X3_i^{imp} + X5_i^{imp} + X6_i^{imp}$$ （13-13）

要素市场的均衡包括劳动力市场均衡、资本市场均衡及土地市场均衡，如式（13-14）~式（13-16）所示：

$$Employ = \sum_{j=1}^{n}\sum_{o=1}^{n} X1LAB_j^o$$ （13-14）

$$CAP = \sum_{j=1}^{n} X1CAP_j$$ （13-15）

$$LND = \sum_{j=1}^{n} X1LND_j$$ （13-16）

2）零利润条件。零利润意味着消费者的购买总值要等于商品的按成本价计算的生产者价值、销售过程中的税费，以及从生产地到最终消费地点的流通费用的加总。

$$P_{Ni} \times X_{Ni} = P0_i \times X_{Ni} + P0_i \times X_{Ni} \times T_i + \sum_{mar} X_{Ni}^{mar} \times P_{mar}$$ （13-17）

式中，下标 N 为消费者类型（厂商、投资、居民、出口、政府）；i 为商品；上标 mar 表示流通。等式左边是消费者购买额，P_{Ni} 为购买者价格；$P0_i \times X_{Ni}$ 为生产商的零利润销售收入；P_{Ni} 为成本价；$P0_i \times X_{Ni} \times T_i$ 为销售过程中涉及的税收；$\sum_{mar} X_{Ni}^{mar} \times P_{mar}$ 为流通支出；P_{mar} 为消耗的流通服务的价格。

（4）模型经济闭合

模型闭合包括短期闭合和长期闭合两种。在短期闭合中，资本不能自由流动，因此各行业的资本回报率是不同的，从而影响投资变动；劳动力可在部门之间自由转移且总量可变，实际工资不变。在长期闭合中，资本有足够的时间从回报率低的部门向回报率高的部门流动，从而使整个经济的回报率趋同，投资取决于资本存量；总就业水平外生，劳动可在部门之间流动,实际工资内生。

13.3.2 结合休养生息政策机制对模型进行改进

在标准的 GTAP 模型中采用的经济闭合是长期闭合,反映的是在较长时期内的经济运行模式。这种经济闭合假设一个区域内部的资本和劳动力总量固定,但是在行业间是可以自由流动的,而且劳动力的实际工资也是可变的,无法反映生产要素变动所引起的经济变动。

(1) 短期闭合的修改

黄淮海平原地区拟采取的休养生息政策涉及耕地的变动和灌溉的调整,行政性较强,对粮食生产的影响立竿见影,在短期内就会改变我国粮食的生产和贸易情况。因此,需要将模型闭合修改为短期闭合,使其对休养生息政策的模拟更为精确。基于这些考虑,本书对模型做出了两点改进:①黏性工资假定(sticky wage),受到工会等因素的影响,短期内劳动力报酬是不会任意变动的。在本模型中,劳动力的实际工资保持不变;②资本在行业中固定不变,短期内投资很难在行业间流动,因此在本模型闭合中设定资本在行业中固定不变。这样,GDP 的变动能反映生产要素变动引发的经济波动,与现实更为接近。

(2) 引入耕地变动机制

标准 GTAP 模型中,地区的耕地面积是外生给定的,也就是说耕地面积这个变量不会随模型的变动而变化。本研究的目的旨在测算"不同粮食需求和自给率情景下黄淮海平原耕地资源休养生息规模的安全范围",因此一方面,需要将耕地面积这一变量修改为内生,实现地区的耕地面积可变。这样,地区的耕地面积将根据要素的回报率变动;另一方面,需要将地区的小麦产量设定为外生,并对其进行冲击,实现模拟"小麦产量变化"导致的"耕地变动幅度",即可测算"一定粮食生产状况下所需要的土地面积",进而测算不同粮食需求和自给率情景下黄淮海平原耕地资源休养生息规模的安全范围。

13.3.3 加总 GTAP 第九版数据库

本研究使用的 GTAP 最新的第 9 版数据库中的 140 个国家和地区与 57 个部门。国家和部门分类可以根据需要随意进行加总,给贸易分析提供了很大的自由度。考虑到本研究的目的,重点关注中国的小麦产业,以及与中国小麦贸易往来密切的国家和地区,因此将 140 个国家和地区加总为 14 个地区(表 13-5)。

表 13-5 对 GTAP 数据库加总

序号	加总地区	GTAP 第 9 版数据库中的地区
1	China	中国
2	India	印度

续表

序号	加总地区	GTAP 第 9 版数据库中的地区
3	USA	美国
4	Russia	俄罗斯
5	Australia	澳大利亚
6	Canda	加拿大
7	Ukraine	乌克兰
8	EA	日本、韩国
9	SA	南亚地区
10	LA	拉丁美洲
11	EU-25	欧盟 25 国
12	MENA	中东和北非地区
13	SSA	撒哈拉以南非洲
14	ROW	世界其他国家

此外，GTAP 第 9 版数据库中包含 57 个部门，结合本研究的目的和侧重点，将这 57 个部门加总成为 12 个，分别为：大米、小麦、其他谷物、畜牧业、采掘业、加工食品、纺织服装、轻工业、重工业、建筑业、通信和运输业，以及其他服务业。

13.3.4 不同耕地休养生息情景下的小麦贸易变动情况测算

本章节的研究目的在于测算不同粮食需求和自给率情景下黄淮海平原耕地资源休养生息规模的安全范围，以及相应情景下我国的小麦贸易变动情况。根据前面研究内容的估计，初步确定以下几个黄淮海平原地区小麦总产的减产幅度（表 13-6）。

表 13-6　不同耕地休养生息情景的设定　　　　　　　　　　（单位:%）

项目	以水定产	较低程度休养生息	较高程度休养生息
黄淮海平原地区小麦总产的减产幅度	5	7	10

因此，本部分研究将根据以上三个情景，分别模拟分析黄淮海地区小麦减产 5%、7% 和 10% 情景下的耕地变动情况，以及不同情景下我国小麦贸易的变动情况。基于前文的介绍，黄淮海地区小麦产量占全国的比例已经较为稳定，近五年来均保持在 75%~76% 的水平。这里，为了方便测算，我们取近五年的均值，认为黄淮海地区的小麦产量占全国的

75.8%，因此，全国的小麦减产幅度可以近似处理为表 13-7 所示情景。

表 13-7　不同耕地休养生息情景的设定的修正处理　　　（单位:%）

项目	以水定产	较低程度休养生息	较高程度休养生息
全国小麦总产的减产幅度	4	5	8

因此，本研究将分以下三个情景测算不同粮食需求和自给率情景下黄淮海平原耕地资源休养生息规模的安全范围，以及相应情景下我国的小麦贸易变动情况。

1）S1，以水定产：小麦产量下降 4%。
2）S2，黄淮海平原地区较低程度休养生息：小麦产量下降 5%。
3）S3，黄淮海平原地区较高程度休养生息：小麦产量下降 8%。

从图 13-8 可以看出，三个情景下，虽然小麦的产量只下降了 4%、5% 和 8%，但我国的小麦进口却大幅度扩张了 24%、44% 和 81%，增长幅度较大。其中的原因，需要结合表 13-8 我国小麦的生产规模和贸易规模来看。

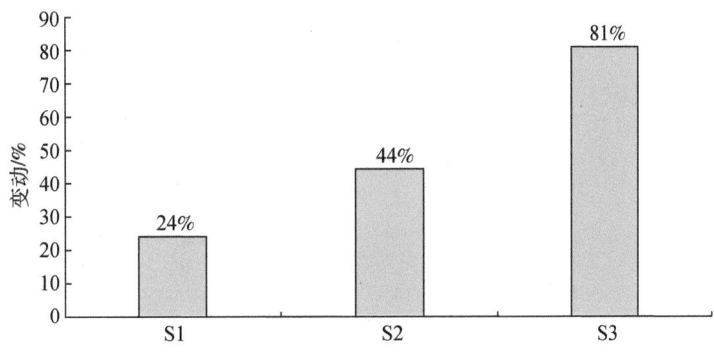

图 13-8　三个情景下我国的小麦进口变动

表 13-8　小麦生产幅度和进口幅度对比

项目	S1	S2	S3
小麦产量变动/%	4	5	8
产量缩减量/万 t	504.8	631.1	1009.7
小麦进口变动/%	24	44	81
进口量增长量/万 t	72.7	133.3	244.1

2014 年我国小麦的产量为 12 621 万 t，而进口量为 300.6 万 t，出口量仅为 31.2 万 t，我国的小麦进口幅度大于出口幅度，但进口的整体额度与生产规模相比，仍然很小。因此，从表 13-9 可以看出，三个情景下，因为国内生产的缩减，国内小麦的消费需求无法得到满足，进而加大从国际市场的进口。然而，小麦生产的削减量大于小麦进口的增长规

模,进口增长规模仅为生产缩减规模的 20% 左右,国内需求与供给之间的差距将仍然存在。这将拉高国内小麦价格,并引起下游产业产品的价格走高。

近年来,贸易逆差呈现扩大趋势。2006~2008 年中国小麦贸易顺差,2009~2015 年处于贸易逆差。2013 年贸易逆差达到 515.9 万 t,2014 年和 2015 年贸易逆差有所减少,保持在 270 万 t 左右。因此,随着休养生息政策的实施,我国的进口规模必将进一步扩大,以填补国内需求,小麦的贸易逆差恐将继续扩大。

以较为温和的情景 S2 为例,图 13-9 给出了政策施行前后我国小麦进口的地区结构变动。中国小麦主要集中从美国、澳大利亚和加拿大进口。中国 2013~2015 年从这三个国家进口小麦总计 1082.9 万 t,2013~2015 年进口占比为 93.8%。其中 45.8% 进口自美国,2013~2015 年累计从美国进口 528.6 万 t;28.3% 进口自澳大利亚,2013~2015 年累计从澳大利亚进口 327.3 万 t;19.7% 进口自加拿大,2013~2015 年累计从加拿大进口 227.1 万 t。休养生息政策的实施,将进一步扩大从美国、澳大利亚和加拿大三国的进口,国别结构变化不大。

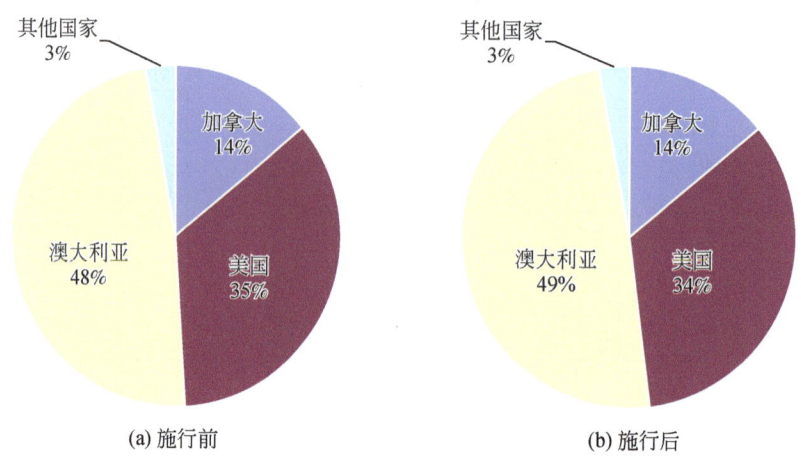

图 13-9 政策施行前后我国小麦进口的结构变动

13.4 本章小结

本章节的主要内容围绕黄淮海平原耕地资源休养生息国际小麦市场保障程度展开。可以分为研究背景、模型数据、模拟结果与讨论这三个部分。

第一部分内容集中于研究背景的介绍。梳理、分析了近年来我国的小麦生产和贸易情况,重点关注了黄淮海平原地区的生产,讨论了黄淮海平原地区在我国小麦产业中的重要地位,说明潜在的黄淮海平原休养生息政策必将对我国小麦的生产、贸易,市场需求及相关的粮食安全问题带来显著的影响。在需求侧,也讨论了我国小麦市场的需求预测,进口变动等问题。

第二部分是黄淮海平原不同休养生息情景下的小麦国际市场变化模拟。首先介绍了研究方法，本章节利用的是在国际贸易领域上被广泛用于分析贸易政策和格局变动的 GTAP 模型工具，并对该模型进行了改进：一方面，将耕地面积这一变量修改为内生，实现地区的耕地面积可变，这样，地区的耕地面积将根据要素的回报率变动；另一方面，将地区的小麦产量设定为外生，并对其进行冲击，实现模拟"小麦产量变化"导致的"耕地变动幅度"，即可测算"一定粮食生产状况下所需要的土地面积"，进而测算不同粮食需求和自给率情景下黄淮海平原耕地资源休养生息规模的安全范围。

其次对数据进行了介绍，本研究使用的 GTAP 最新的第 9 版数据库中的 140 个国家和地区与 57 个部门。考虑到本研究的目的，重点关注中国的小麦产业，以及与中国小麦贸易往来密切的国家和地区，将 140 个国家和地区加总为 14 个地区，将 57 个部门加总成为大米、小麦、其他谷物、畜牧业、采掘业、加工食品、纺织服装、轻工业、重工业、建筑业、通信和运输业，以及其他服务业 12 个行业。

最后是模拟情景：分别模拟分析了黄淮海平原地区小麦减产 5%、7% 和 10% 情景下的耕地变动情况，以及不同情景下我国小麦贸易的变动情况，发现三个情景下，因为国内生产的缩减，国内小麦的消费需求无法得到满足，进而加大从国际市场的进口。然而，小麦生产的削减量大于小麦进口的增长规模，进口增长规模仅为生产缩减规模的 20% 左右，国内需求与供给之间的差距将仍然存在。这将拉高国内小麦价格，并引起下游产业产品的价格走高。对结论进行了总结、讨论，提出了有针对性的政策建议。

第三部分是对模拟结果的讨论与分析，并从宏观到产业层面多个维度出发，提出了如执行战略调整、从提升贸易便利性的角度出发促进粮食贸易发展、施行耕地保护、提高单产减少不合理消费损耗等政策建议。

13.5 政策建议

粮食安全是一个非常敏感的议题，受到世界各国的广泛关注。为了应对粮食安全带来的挑战，我国的学者在粮食安全战略方面展开了相关讨论。

粮价的波动包括国内和国际粮价的波动。一些研究表明粮价的波动对粮食的供给有不同程度的影响。尹靖华和顾国达的研究发现，在其他条件不变的情况下，国际粮价波动会导致我国部分主粮不同程度的缺口[8]。卢锋和谢亚[14]的研究指出，受油价上涨刺激生物能源需求、国际小麦价格上涨及国内粮食供求周期变动等因素影响，我国粮价走势在短中期存在相当的不确定性。

随着城市化的发展，耕地与粮食安全的问题逐渐受到关注。傅泽强等[15]指出，我国质量差的耕地比重较大，优等粮田少，土地资源可垦殖率小，可开垦的后备耕地资源有限，农业土地资源的区域分布不均衡，水土资源匹配严重错位，这些因素将限制我国粮食的生产。封志明[16]的研究指出，随着人口增长和消费扩张，中国未来的耕地规模和人均耕地面积会进一步下降，人均粮食消费水平和粮食需求总量将进一步提高，但受耕地资源有限约束，人均粮食占有水平很难有进一步提高。基于以上讨论，参考国内农业专家的相关意见[17-20]，接合本研究的结果，提出一下应对策略。

1）从"粮食安全"观念向"食物安全"观念转变。建议中央应根据新时期我国的国情重新审视我国粮食安全面临的机遇和挑战，在新时期对国家粮食安全的目标和战略做适当的调整。实施国家食物安全新战略，从"粮食安全"观念向"食物安全"观念转变，为保障国家粮食安全提供更大的发展空间和供给渠道；从"粮食安全"向"口粮安全"转变，把中心任务转向口粮安全，切实保障在危机时可能影响国家安全的大米和小麦的国内供给能力；从"进口畜禽产品"向"进口饲料粮"转变，隐性进口"土地和水资源"，提升畜禽产品国内生产能力，增加国内农业就业和农民收入。

2）从提升贸易便利性的角度出发，促进粮食贸易发展。我国应积极改善国际粮食贸易环境，构建全球与区域食物安全治理机制，参加全球和区域的食物安全治理机制建设，促进国家间的技术转让。同时中国应合理运用全球资源，减轻国内生产压力，考虑中国的资源禀赋特点。与此同时，我国的农产品贸易，已经在关税与非关税壁垒方面做出了较大的让步，很难再通过减让关税促进小麦进口，满足国内在休养生息政策下的粮食生产短缺问题。因此，正值世界贸易组织正式开始执行《贸易便利化协定》的契机，我国应该抓住机会，加强贸易基础设施建设，同时发展物流，提升我国的贸易便利化程度，从这个角度进一步促进贸易发展，满足国内日渐提高的粮食需求，通过发展贸易保障休养生息政策背景下的小麦生产。

3）减少不合理消费损耗。目前我国粮食过度消费与浪费情况严重，粮食加工损耗大。确保粮食安全，不仅要强调生产增长，还要重视消费控制和需求管理。首先必须严格控制粮食的非食用加工转化，改进粮食收获、储藏、运输、加工方式，尽可能减少粮食产后损耗，提高粮食综合利用效率。其次，要加强节粮宣传教育，倡导科学饮食和合理消费，减少餐饮浪费。

参 考 文 献

[1] 中华人民共和国国家统计局. 中国统计年鉴 [EB/OL]. http://www.stats.gov.cn/tjsj/ndsj/[2017-2-9].
[2] 陈永福. 中国食物供求与预测 [M]. 北京：中国农业出版社，2004.
[3] 廖永松. 全球小麦供求和贸易形势分析及预测 [J]. 中国粮食经济，2009，(6)：14-17.
[4] 吴乐. 中国粮食需求中长期趋势研究 [D]. 武汉：华中农业大学，2011.
[5] 张玉梅，李志强，李哲敏，等. 基于CEMM模型的中国粮食及其主要品种的需求预测 [J]. 中国食物与营养，2012，18（2）：40-45.
[6] 李志强，吴建寨，王东杰. 我国粮食消费变化特征及未来需求预测 [J]. 中国食物与营养，2012，18（3）：38-42.
[7] 罗其友，米健，高明杰. 中国粮食中长期消费需求预测研究 [J]. 中国农业资源与区划，2014，35（5）：1-7.
[8] 尹靖华，顾国达. 我国粮食中长期供需趋势分析 [J]. 华南农业大学学报（社会科学版），2015，（2）：76-83.

[9] UNComtrade Database [EB/OL]. https：//comtrade. un. org/ [2017-12-9].

[10] 王秀丽，孙君茂. 中国小麦消费分析与未来展望 [J]. 麦类作物学报，2015，35（5）：655-661.

[11] Hertel T W. Global Trade Analysis：Modeling and Applications [M]. Cambridge：Cambridge University Press，1997.

[12] Armington P S. A theory of demand for products distinguished by place of production [J]. Staff Papers，1969，16（1）：159-178.

[13] GTAPV9 数据库 [EB/OL]. https：//www. gtap. agecon. purdue. edu/databases/v9/ [2017-12-9].

[14] 卢锋，谢亚. 我国粮食供求与价格走势（1980～2007）——粮价波动，宏观稳定及粮食安全问题探讨 [J]. 管理世界，2008，(3)：70-80.

[15] 傅泽强，蔡运龙，杨友孝，等. 中国粮食安全与耕地资源变化的相关分析 [J]. 自然资源学报，2001，16（4）：313-319.

[16] 封志明. 中国未来人口发展的粮食安全与耕地保障 [J]. 人口研究，2007，31（2）：15-29.

[17] 黄季焜，杨军，仇焕广. 新时期国家粮食安全战略和政策的思考 [J]. 农业经济问题，2012，(3)：4-8.

[18] 钟甫宁. 关于当前粮食安全的形势判断和政策建议 [J]. 农业经济与管理，2011，(1)：5-8.

[19] 吕新业，冀县卿. 关于中国粮食安全问题的再思考 [J]. 农业经济问题，2013，(9)：15-24.

[20] 张元红，刘长全，国鲁来. 中国粮食安全状况评价与战略思考 [J]. 中国农村观察，2015，1（1）：2-14，29，93.

第 14 章 耕地资源休养生息战略实施的农业政策保障机制

保障粮食安全,把"中国人的饭碗牢牢地端在自己手上",对于一个拥有 14 亿人口、经历过 1959~1961 年大饥荒的大国来说,至关重要,已经上升到我国基本国策的战略高度。21 世纪以来,中国粮食总产量总体呈现平稳增长态势。与此同时,中国粮食的供求对全球粮食市场乃至农产品市场都有着举足轻重的影响。耕地资源是保障粮食安全的基础条件。但是,漫长的小农经济社会中,人地关系始终紧张。在土地面积有限的情况下,提高土地使用频率和土地单产成为传统中国农业发展模式的核心。中华人民共和国成立以后,仍然靠提高土地生产率来支撑粮食增产。一是大量使用化肥、农药,二是提高复种指数。农业生产对耕地的长期集约使用,土壤资源和水资源被侵蚀与消耗,对生态环境带来极大的压力。在中国北方,尤其是小麦和玉米产区,这种情况更为严重。根据《2015 中国国土资源公报》,我国耕地总面积为 20.25 亿亩,人均 1.5 亩,不到世界平均水平的一半[1]。根据 2014 年《全国耕地质量等级情况公报》,全国 1~3 等耕地占 27.3%(按 10 个等级划分,质量逐级降低)、4~6 等耕地占 44.8%、质量较差的 7~10 等耕地占 27.9%[2]。由此可见,长期的高强度开发利用,已经使耕地资源不堪重负,甚至导致农业生态结构日趋脆弱,已经危及生态安全,并有可能进一步危及我国的粮食安全。

对耕地的开发和利用,既要保障我国的粮食安全,满足当代人的基本需要,也要兼顾子孙后代的利益,为长远的发展留出足够的空间。耕地资源休养生息,需要在科学研判的前提下,确定合理的次序,在节约集约利用、提高效率的基础上,在部分耕地上适当降低开发强度,进行必要保护和休整,使其恢复生态属性,以实现耕地资源的可持续发展。黄淮海平原是中国东部最大的平原,我国小麦年产量的 70%、玉米年产量的 30% 都由这里生产。但近年来,随着经济活动日趋频繁,地下水资源过量采集,黄淮海平原已经形成了巨大的漏斗区域。与此同时,黄淮海平原的土壤酸化问题也越来越严重,农业生产过量使用氮肥,是土壤酸化的主要原因。如何应对土壤资源和水资源的过度利用造成的生态危机,需要对黄淮海平原实施耕地资源休养生息战略的得失利弊进行分析与权衡,研究耕地资源休养生息战略的可行性,并明确相关利益主体的责、权、利,使其激励相容、相互制衡。

14.1 基于经济学理论的耕地休养生息战略分析

粮食是商品,但又不是普通的商品,在某种程度上可以说是一种战略物资。从粮食需求角度来看,在人口增长、城镇化加速、城乡居民饮食结构变化等因素共同影响下,近年来我国粮食需求持续增长。基于粮食安全的考虑,加强耕地保护,并保有一定规模的耕地是情理之中的事情。但既有的耕地保护政策中,往往过于重视保持耕地数量,而忽视了耕地质量尤其是不合理的耕地利用方式带来的效率损失。例如,城市扩张过程中,往往占用了大量耕地,即使中央有"占补平衡"的政策,但难免占优补劣。又如,一部分耕地被高强度地掠夺性利用,而另一部分耕地则由于各种各样的原因被农民抛荒。无论是掠夺性利用,还是无序抛荒,均是耕地利用不合理的表现,也不利于保障国家的粮食安全。合理有序休耕,让耕地休养生息的同时,保障粮食生产的能力,真正做到粮食安全"藏粮于地"。接下来,将以休耕作为耕地资源休养生息的代表性做法进行理论分析。

14.1.1 我国实行休耕制度的经济学分析

农业生产并不是生态环境恶化的主要因素,但客观地讲,农业生产确实在一定程度上造成了水土资源的紧张,甚至匮乏。尤其是对土地和水资源过渡开发利用的农业活动。为了粮食增产,不断加大化肥、农药、农膜的使用量,导致土壤退化、周边生态恶化等一系列后果。因此,农民为了自己生计看似对耕地的理性利用,在缺乏相关约束的情况下,最终引发了严重的负外部性,并导致社会整体层面的非理性结果。而实施休耕制度可以藏粮于地,保障潜在粮食生产能力,也有助于平衡粮食供求矛盾,减缓粮食收储的财政压力。所以,耕地资源休养生息才是符合社会整体理性的选择。在休耕制度下,干肥力不足的耕地在特定时期内将不再种植农作物,但不同于抛荒的是,仍对其进行一定的管理,以恢复其地力,以短期的休整换取长期的质量提升。从国际比较来看,休耕是目前欧美主要发达国家和地区的典型做法,或为保护环境,或为调控粮食供求,且都取得了一定的成效。因此,休耕制度不啻为我国保障粮食安全与生态安全的有效战略选择。

如图 14-1 所示,MR 表示边际收益,MC 表示边际成本,仅就化肥和农药的使用来讲,作为理性个体的农民,只承担私人成本,而其私人边际成本(private marginal cost, PMC)小于社会边际成本(social marginal cost, SMC),导致农民初始的化肥和农药的使用量 q_1

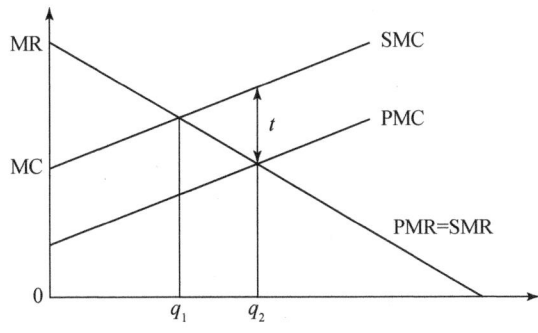

图 14-1 农民的私人成本和社会成本

大于社会最优时的化肥和农药使用量，过度使用化肥和农药造成的负外部性由全社会共同承担。对种植规模、复种指数的分析也类似。种植规模过大、复种指数过高的农民私人边际成本小于社会边际成本，导致种植规模和复种指数高于社会最优时的量。减少农业负外部性的思路是征收农业污染税（即庇古税），以增加农民掠夺性利用土地、过度使用化肥和农药的私人成本，使其降到与社会成本相等，即SMC=PMC+t，农户化肥和农药使用量（种植规模和复种指数）由q_1下降到q_2。

需要注意的是，对于全社会而言，农业污染税的征收，使农民降低了化肥和农药使用量（种植规模、复种指数），农民的利益受损，而耕地利用也未实现最优化。耕地休养生息有助于解决上述问题。具体而言，将部分地力较差的土地进行休耕管理，既可以减轻生态压力，保护并提升土地肥力，与此同时也有效降低了化肥和农药的使用量（种植规模、复种指数）。因此，耕地休养生息对全社会而言具有正外部性。当然，为确保农民能够配合休耕的实施，对因休耕而减少的收入进行适当补贴是必要的。

如图14-2所示，实施休耕农民的私人边际收益（private marginal revenue，PMR）小于社会边际收益（social marginal revenue，SMR），农民选择的休耕面积为Q_1，当国家对休耕农民进行补贴，补贴水平为XR时，使PMC+XR=SMR，农民休耕面积由Q_1增加至Q_2，此时农民的私人边际收益与社会边际收益相等。当然，休耕政策的实施应有序实施，新休耕的耕地应是地力明显降低、确实需要休耕的土地。

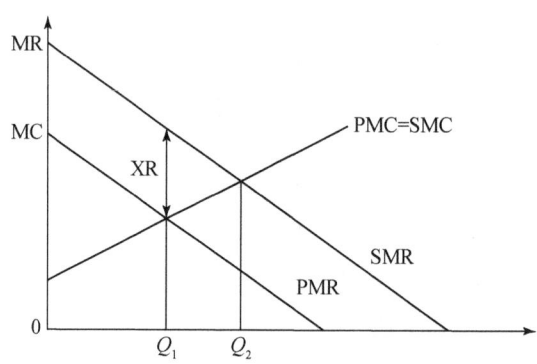

图14-2 休耕的私人边际收益与社会收益

总体来看，耕地休养生息（同时对农户进行必要补贴）有利于实现社会和农民利益的最优化。就黄淮海平原而言，实施休耕制度，还有非常紧迫的现实意义。

14.1.2 我国当前休养生息补贴政策的可行性

人多地少是我国基本的国情。基于对粮食安全的忧虑，我国实施了世界上"最严格的耕地保护制度"，坚守18亿亩耕地红线。大部分耕地得不到休整，且复种指数非常高。土地高负荷运转，粮食产量连年增加，以占世界8%的耕地，养活了占世界21%的人口，但代价是土地"越种越薄",水土流失和农业面源污染等都越来越严重。就粮食价格而言,我国也是全球粮食价格的高地:国际粮价低迷,而国内粮价高企,国内外粮食价格倒挂为粮食收储带来了巨大压力。在此背景下,《中华人民共和国国民经济和社会发展第十三个五年规划纲要》提出,"探索实行耕地轮作休耕制度试点"。

1)全社会基本形成了共识。长期以来的人地关系紧张,加之粮食供求一直处于紧平衡中,导致精耕细作成为我国农业的基本特点。开荒光荣,而抛荒则被视为影响农业稳定和粮食安全的因素,农户甚至有可能会因此受到处罚,丧失土地的承包权。随着我国粮食产量连年丰收,对粮食安全的认识上升到了更高的层次。过去以"产量安全"为主的粮食安全观下,国内粮食生产成本高于国外,依托政策性收储托市,导致粮食进口量、产量、库存量"三高并存",尤其是高库存造成了高昂的粮食储存成本。全社会向"产能安全"的新粮食安全观转变,藏粮于地,藏粮于技,依靠良种、科技、机械化等提高粮食产能。近年来,高标准农田建设呈现加速趋势,为粮食安全,尤其是产能安全提供了保障。

2)国内粮食供应充足。休耕应在保障粮食安全的基本前提下进行。之所以我国长期以来鲜有休耕,是因为担心粮食供应不足。进入21世纪以来,我国粮食产量总体呈稳步上升趋势。2000~2016年,全国粮食增产15 406.48万t,增长33.3%,如图14-3所示。值得一提的是,2004~2015年,粮食总产量实现"十二连增"。

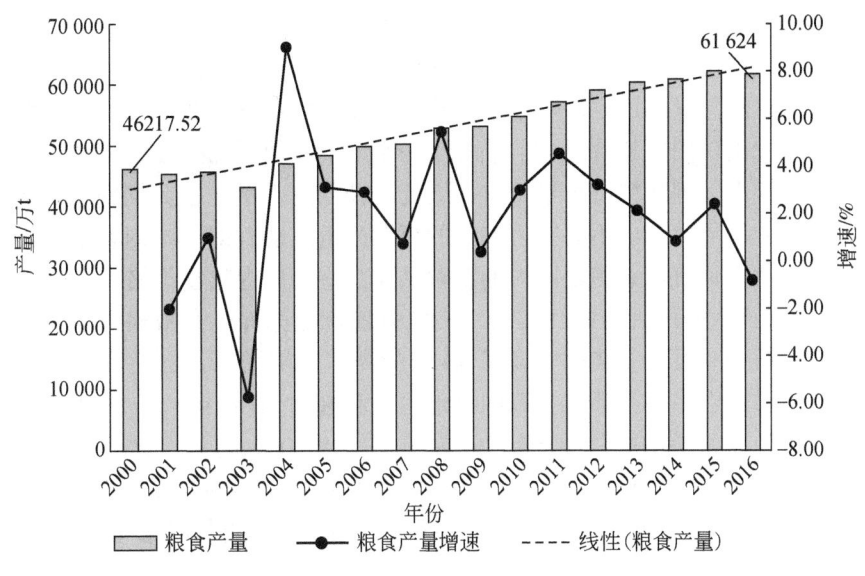

图14-3 粮食产量及增速(2000~2016年)

从粮食自给率来看,我国粮食自给率基本上保持在95%的粮食安全红线之上,仅2015年稍跌破95%,为94.59%。2016年我国谷物进口量为2199.7万t,较2015年下降1/3左右,粮食自给率为96.2%,重回粮食安全红线以上(图14-4)。粮食安全,尤其是口粮安全基本无忧。为实施休耕制度创造了良好的条件。近年来，农业供给侧改革，其发力点也主要是降低玉米播种面积，减少玉米的过量供给。

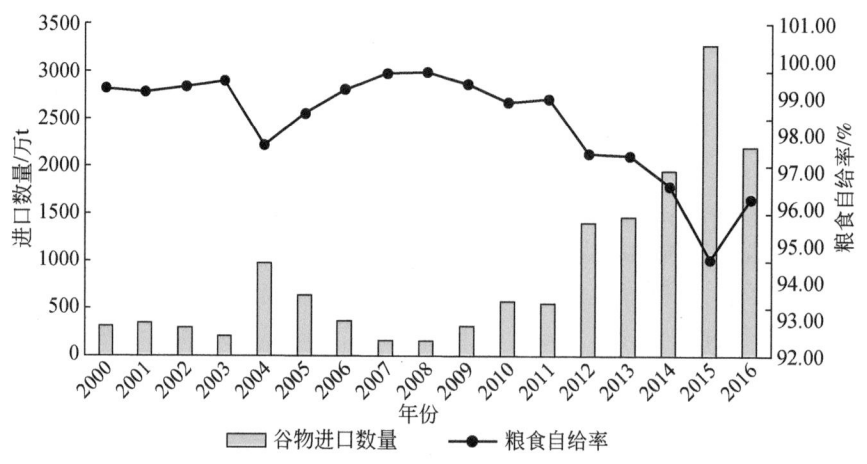

图 14-4　我国谷物进口量与粮食自给率（2000~2016 年）

3）当前国际粮食市场形势利于实行休耕。总体来看，国际市场的粮食供应较为充足，粮食价格也远低于国内，利用好国际国内两个市场保障我国粮食安全，有利于降低我国的粮食库存压力。据联合国粮食及农业组织的相关数据，2016 年全球谷物产量高达 25.7 亿 t，加上库存量，总供应量高达 32.3 亿 t[3]，而 2017 年的谷物产量很有可能超过 2016 年的历史最高水平，且供给总量超过需求水平，全球粮食库存可能进一步增加。国际粮食市场竞争非常激烈，粮食出口国争相降低粮食价格，导致国内外粮食价差进一步扩大。可以说，在未来的一段时期内，国际粮食价格仍将持续处于较低的水平。在此期间进行休耕，藏粮于地确保粮食产能的同时，也不必担心粮食的短期产量波动。即使国内粮食供需出现一定的缺口，也可通过国际市场来满足国内的粮食供应，避免国内粮食价格大幅度波动。

4）我国有进行适当休耕的经济实力。实施耕地资源休养生息战略，需要对农户进行必要的补偿。改革开放以来，我国实现了 40 年的高速经济增长，国力和政府财力都大大增强，完全有能力对农民进行补偿。我国耕地总面积超过 20 亿亩，如果对其中的 10% 进行休耕，按照每亩净收益 1000 元估算，需要的补偿达 2000 亿元。党的十九大报告提出"实施乡村振兴战略"。农业的支持和补贴政策是乡村振兴战略的重要支点。只有休耕农户得到合理的补偿，才能真正实现藏粮于地，粮食产能安全，并跳出粮食生产大起大落的怪圈。

14.1.3　不同模式的休耕

休耕作为一种合理的土地利用方式，需要有序进行，积极探索可行的休耕模式，将有利于改善耕地质量，为保障粮食安全做出卓越的贡献。从我国的现实状况出发，以下三种休耕模式较为可行。

（1）季节性休耕

过去，为了提高粮食产量，耕地往往"连轴转"，复种指数非常高。长江流域一般两熟或三熟，而华北平原则两年三熟。耕地全年几乎都在利用，土壤肥力下降。农户为保障产量，不惜大量使用化肥，造成了农业面源污染。因此，对既有复种指数过高的土地，应允许并鼓励农户进行季节性休耕。即允许农民在特定的耕作季度不再在复种指数高的土地上种粮，并根据以往的收益情况，对农民进行相应的补贴。此外，对农民在休闲季节种植豆科植物提高土地肥力的，也应进行适当的补贴。

（2）基于土地流转的休耕

农户在无力或不愿种地时，如果不允许土地进行流转，势必造成土地抛荒。但目前土地流转市场发育不完善，加之部分地块肥力低，进而流转收益微乎其微，部分农户仍然选择将土地抛荒。无序抛荒的地块往往杂草丛生，自身没有产量的同时，还会影响到周围的地块。因此，对于抛荒农户，应鼓励其将土地流转给相邻地块的农户。对于抛荒土地的流入方，也应允许并鼓励其根据合理的种植计划，将一定比例的流入土地进行休耕。这样既可以有效地恢复地力，提高粮食产能，也可以使转出方获得相应的流转收益。

（3）宏观计划休耕

与农户分散的休耕模式不同，计划休耕模式是国家意志的产物。美国和法国于20世纪80年代都曾实施过旨在生态保护的大规模的休耕计划，其核心是政府提供休耕补贴，农户根据自身情况决定是否参加休耕计划。"它山之石，可以攻玉"，我国农田休耕计划设计的实施，也完全可以借鉴美国和法国的经验。

初步分析，我国休耕计划的设计与实施应着眼于以下三类耕地：生态脆弱区的耕地、产量不高的中低产田，以及当前产量还可以但已经出现下降趋势的耕地。对于生态脆弱区的耕地，应进行长期休耕，鼓励农户种草、种树，保护生态。对于其他两类耕地，则应实施轮休，根据市场情况和土地自身情况制定合理的轮休计划。大规模的休耕计划应设定合理的休耕比例，考虑到粮食自给率95%的国际安全线，休耕土地的比率设定为5%~10%较为合适，并应根据国际、国内市场的粮食供需情况进行及时调整。

14.2 耕地资源休养生息战略相关利益主体的责、权、利分析

耕地休养生息可以藏粮于地，确保潜在粮食生产能力，也有助于平衡粮食供求矛盾，减缓粮食收储的财政压力。但是，土地为农民集体所有，耕种权在农户手上，政府想借助农户的力量实现休耕带来的生态与社会效益，必须为休耕农户提供合理的奖励，同时进行有效的约束，从而使农户在追求自身利益最大化的过程中实现政府的休耕目标。由于农户自身的利益与政府的目标存在一定的偏差，尤其是当其受到市场或政策冲击，如粮价大幅度上涨，种粮收益远大于休耕补贴，农户总有动力在应休耕的土地上继续耕种，此时，农户的行为便于政府的生态与社会目标偏离，出现激励不相容问题。

耕地资源休养生息战略的有效实施需要明确相关利益主体的责、权、利，使其相互制衡。如上所述，政府与农户是两个关键的利益主体。但由于我国幅员辽阔，仅政府就有五个层级，其中国务院为中央政府，还有包括省、市、县、乡在内的四级地方政府。而每一级政府均由众多的职能部门组成，与耕地资源休养生息战略相关的职能部门也都有各自的部门利益。与此同时，还需要充分考虑不同区域间的平衡，东部发达地区与中西部欠发达地区在耕地休养生息中的角色与定位应有区别，实现既有分工，又有合作。

14.2.1 政府与农户

从博弈的角度来看，耕地保护的参与者可以分为中央政府、地方政府、用地单位、村集体，以及农户几方。在一般分析中，最重要的三个主体是中央政府、地方政府与农户（表14-1）。它们效用可以用职责与目标的实现与否及实现程度来表示。

表14-1 各部门主体的职责与目标

部门	职责、目标
中央政府	资金划拨、粮食调配、技术支持、其他补贴
地方政府	转换种植结构、发展产业、促进生态治理
农户	寻求就业机会、增加收入

在中央政府层面，中央政府往往被认为是社会利益最大化的追求者，主要提供全国性的公共产品。在耕地休养生息问题上，中央政府的目标是包括生态效益、粮食安全等因素在内的耕地社会效益最大化。

首先，生态效益是中央政府实施耕地休养生息战略的重要考虑。良好的、可持续的生态环境是我国经济、社会发展的基本保障，同时也是迈入中等收入国家序列后广大人民的普遍诉求。经济越发达，生态效益的价值就越凸显。耕地不仅可以种植粮食，也是可以调节生态环境的湿地。耕地资源休养生息战略能够使一部分生态脆弱、污染严重或者耕种强度过大的土地得以休整，或退耕还林还草，或进行积极的生态治理，使土地的生态效益更加彰显。

其次，我国目前实施"世界上最严格的耕地保护制度"，18亿亩的耕地红线不能破，确保粮食安全也是我国的国家战略之一。耕地休养生息战略有利于培养土壤肥力，提高产量，对于确保粮食安全具有重要意义。

在地方政府层面，我国地方政府包含省（自治区、直辖市）、市、县（县级市）、乡镇四个层级。省级政府在地方政府中处于最高层次，在中央和省以下政府间扮演着承上启下的角色。地市级的政府职能并不统一，主要由各省（自治区、直辖市）自行确定。县级政府是政府组织的基础，县域也是耕地资源休养生息战略实施的主要范围。乡镇政府是基层政府组织，农村税费改革后，主要承担农村的公共服务职能。为避免使分析过于复杂，在下面的讨论中将上述四级地方政府统称为地方政府,作为连接中央政府与农户之间的纽带。

改革开放以来,随着市场的扩张与政府在特定领域有选择地退出,在不改变政治结构的前提下,中央政府与地方政府实行经济上的分权。地方政府既是中央政府政策的执行者,同时也有自身相对独立的利益,也就是说,地方政府具有中央政府代理者与自利者双重身份。在信息不对称的情形下,政策实施效果仅有当地居民能够感受到,因为户籍等多种制度性限制,当地居民并不能完全实现"用脚投票",其对中央政策的主观感受需要很大程度上需要通过地方政府向上传递。地方政府的双重角色使其目标与行为和中央政府不尽一致。中央为确保地方政府有效地执行中央政策,通过各种量化指标来考核地方政府。在以经济增长与GDP为主的政绩评价体系下,地方政府往往更加重视经济效益,而忽视生态效益与社会效益。地方政府之间的恶性横向竞争,又会使上述倾向进一步加强,这与耕地休养生息是矛盾的。目前,地方政府尤其是中西部的地方政府仍然主要依靠低价征收农地、大建工业园区和城市新区推高政绩。耕地休养生息战略的一项重要内容是建设高标准基本农田,而高标准基本农田一旦建成,未来的城市建设便不能占用。虽然高标准基本农田的建设使耕地质量提升,地方政府也能获得一定的生态效益,但生态效益的评估较为困难,且短期内难以显现出来,因此地方政府的积极性不是很高。即使是占用非基本农田,在目前的政策框架下,占补平衡要求占一亩耕地就必须补一亩耕地,势必造成本应休养生息的土地被开荒等与中央政府目标不一致的机会主义行为。

在农户层面,经典的农户理论认为包括小农在内的农户都是理性的,小农如同企业家一样,追求个人或家庭的利润最大化。在耕地资源保护中,理性农户的利益最大化追求是否符合社会利益最大化?对于一个典型农户而言,选择继续按照既有条件进行耕种还是配合政府实施耕地资源休养生息战略,取决于两者收益的大小。按照既有条件进行耕种,农户可以获得粮食或者经济作物种植收益,种粮农户还可以同时获得一定的政府补贴。如果将耕地进行休养生息,无论是退耕还林还草,还是进行为肥力培育而进行休耕,农户不再有种植收益及种粮相关补贴。此时,只有政府的休耕补贴大于农户的种植收益及粮食补贴之和,农户才会选择配合政府实施耕地资源休养生息战略。因为存在信息不对称,若政府不能实施有效地监督,农户可能拿了政府的休耕补贴,但并不遵守休耕契约,仍偷偷进行种植。另外,当农户面临市场冲击时,如粮食或经济作物价格大涨,农户将有可能放弃休耕补贴,重新将本应休耕的土地用于种植。整个问题确实如王小龙[4]所说,农户的自利性经营行为无法产生足够的外部性,从而实现社会的生态环境总体目标。

综上,在中央政府-地方政府-农户的协调与制衡中,中央政府主要负责耕地资源休养生息战略宏观政策与补贴标准的制定,但因为中央政府并不直接与农户打交道,所以只能制定相关的补贴标准,并通过相应的指标监督并考核地方政府。而地方政府具有代理者与自利者双重角色,在我国对上负责的特定体制下,地方政府会执行中央的政策,但出于对地方政府自身利益尤其是经济利益的考虑,其行为又会偏离中央政府的政策目标,使耕地资源休养生息战略在政策执行中有所打折。农户作为理性的主体,由于生态效益的外部性高,其行为决策主要取决于继续种植所获收益与政府休耕补贴的大小。信息不对称使无论是中央政府监督地方政府,还是地方政府监督农户都要付出较高的制度成本,中央政府需要通过相应的制度建设降低监督成本,同时为地方政府监督农户提供有效的激励措施。

14.2.2 政府不同职能部门间责权利划分

耕地休养生息的主体是过度开发的农业资源,使其得到休整或起码回到常态,为子孙后代留下发展空间。耕地资源休养生息战略的实施不仅需要处理好中央与地方政府间的"块块"关系,也需要处理好同一政府层级内部不同职能部门间的关系——"条条"关系。具体而言,与耕地资源休养生息战略紧密相关的主要有农业农村部门、自然资源部门、水利部门及生态环境部门。

(1) 农业农村部门

农业农村部门是农村产业与经济发展的重要协调部门。一方面,农业农村部门承担农业资源区划工作,制定耕地与基本农田质量保护工作和改良政策;另一方面,农业农村部门也负有提升农产品质量、数量安全水平的责任。在耕地农村休养生息战略实施中,农业农村部门首先要在农业资源区划中识别过度开发的耕地,对于遭受严重的重金属污染、化肥与农药过度使用的耕地应建议并指导农户进行适当改种,而对于超过25°的陡坡地,则应在农业资源区划时将其规划为林地,并结合中央的退耕还林政策将其逐步退耕。

上述措施中,重金属污染耕地退出食用农产品生产是第一步要做的,事关农产品质量安全,兹事体大,迫在眉睫!需要指出的是,长期耕种的农户对所种植品种形成了一定的路径依赖,改种新品种面临技术与市场的双重不确定性,因此,为确保重金属污染土地能够顺利改种,农业农村部门不仅要进行非常细致的技术指导,必要时还需联合其他部门,为改种农户争取必要的改种补贴。

农产品尤其是粮食的数量安全,除了在耕地数量上下工夫,更重要的是选育良种、提高土壤肥力,以进一步提高单产,从而确保在既有耕地数量水平下,农产品尤其是粮食数量安全得以充分保障。农业科研部门是农业优良品种选育的重要基地,因地制宜地培育优质、高产品种,不仅有利于缓解粮食安全压力,同时也能有效地提高农户的务农收入。与此同时,农业技术推广部门应及时有效地推广优良品种,缩短良种从研发到试验再到田间地头的时间。在土壤肥力培育方面,农业农村部门应积极推广测土配方施肥等先进技术,针对不同的土壤和地块,进行科学测试,确定最佳施肥量、最佳施肥时间和最佳施肥方法,这既可以有效地节约肥料,降低成本,又可以避免因化学肥料过度使用造成土壤污染与退化。此外,农业农村部门还应依靠科技创新,在水源保护区、水体严重污染流域和高污染风险脆弱地区,推动环境友好型的相关替代技术的运用,对环境造成严重影响的不规范生产行为,应及时进行监督和惩罚。

(2) 自然资源部门

自然资源部门是我国的土地管理部门,在耕地保护尤其是防止耕地非法转变为非农用途方面职责重大。例如，城市发展与基本建设占了耕地，也应通过占一补一政策，实现耕地数量和质量供给与需求的动态平衡。在耕地资源休养生息战略的实施中，一方面自然资源部门需要与农业农村部门一道，共同做好耕地保护工作，完善基本农田保护制度；另一方面，自然资源部门的工作侧重点应是确保耕地占补平衡中新增耕地数量有保障、质量不降低。

我国正处在快速的城市化进程中，人口城市化与空间城市化都在迅速推进，城市建设与工业开发有时将不可避免地占用耕地。城市与工业园区一般都位于平原地带，一般说来，占用的基本都是良田，"占一补一"政策通过工矿用地复垦、宅基地复垦等可以较好地实现耕地数量上的平衡，质量上的平衡往往会有所打折。首先，工矿用地或宅基地一般较为分散，而且坡度较大，很多并不适合耕种，虽然经过复垦与一定的土地整理，可以基本满足耕种条件，但其肥力仍无法与常年耕种的熟地相比。从土地休养生息的角度来看，这些复垦的土地可能更适合进行还林还草，但这与占补平衡的政策是冲突的。其次，宅基地复垦需要使农民上楼，实际操作中容易发生违背农民意愿的现象，引发社会矛盾。为完成占补平衡的要求，一些地方采取开荒等方式新增耕地。事实上，千百年来，人多地少一直是我国的基本矛盾，适宜耕种的土地往往一般都已经被开拓出来，剩下的往往都是不适合耕种的土地，将其开荒与耕地休养生息政策的本质是有所冲突的。

(3) 水利部门

水利部门在耕地休养生息中主要承担地下水漏斗区耕地的休养生息与山水林湖田的生态保护与修复工作。

地下水漏斗区是因集中开采地下水而导致地下水水位明显下降的区域。黄淮海平原地区城市、工矿较为密集，多年的超采地下水已经使其成为全世界最大的地下水漏斗区，其中最大的一个漏斗面积达 $8800km^2$，已经严重影响耕地资源的持续利用。对于地下水漏斗区，水利部门应与农业、自然资源部门一道，做好相关耕地的休耕、退耕工作，进行综合治理，以便更好地涵养水源。

山水林田湖的生态保护与修复，有利于提高森林覆盖率与湿地比率，而森林覆盖率的提高也有利于水土保持。水利部门通过重点开展退耕还湿工作，提高生态效益。具体而言，可以通过土地置换、生态补偿等方式使农户退出潜在湿地的耕种，同时也应加大执法与监督力度，防治已经退耕的湿地再次被开荒。

(4) 生态环境部门

生态环境部门在耕地资源休养生息战略中主要承担水体与土壤污染防治工作。如前所述，水体与土壤污染已经对我国的生态环境、食品安全等构成了重大威胁，尤其是土壤遭受重金属污染后，有毒金属离子进入农产品，后果不堪设想。而将被重金属污染的耕地进行改种，已经成为耕地休养生息政策的头号任务。生态环境部门积极开展土壤污染防治将有效地支撑耕地资源休养生息战略的实施。具体而言，生态环境部门应从立法与标准制定实施、污染者付费机制两个方面加强土壤污染治理。

目前，土壤污染防治虽然已经进入立法议程，但相关的技术标准和指引等还不完善，存在严重的短板。土壤污染防治的核心是清晰的责、权、利关系,在治理中坚持污染者付费原则,清晰界定损害责任。土壤修复治理责任主体也要明确。对于历史遗留的污染性土壤修复治理要一分为二,生态环境部门要起到主导和引导功能。在土壤污染防治尚未取得成效前,首先应引导并监督被污染的耕地退出食用农产品尤其是粮食和蔬菜的种植。

(5) 部门间的博弈

在我国当前的行政体制中,职能部门会受到来自横向和纵向两方面的制约,即所谓的"条块关系"。"块块"是指某职能部门在横向上辖地行政机构的管理,"条条"是指该职能部门受纵向上的上一级部门的领导。行政机构的目标与上级职能部门的目标不一致。地方政府倾向于把经济发展当作首要目标,而各职能部门有各自的利益驱动。

例如,农业农村部门会把粮食产量、农业 GDP 当作重要目标,而生态环境部门则考虑生产对环境的破坏,要求对产量的限制。部门间的博弈实际上就是对中央配给资源的竞争,在这个竞争中获得优势,就意味着在财政、人事等方面得到了更为充分的资源。当然,部门之间也可能处于最大化自身利益的考虑而进行合谋,从而从中央政府得到更多收益。

14.2.3 地区间的平衡

中国幅员辽阔,区域之间差异较大。首先,耕地资源休养生息战略的有效实施需要协调东部沿海地区与中西部地区的利益;其次,具体到黄淮海平原,各省市之间的利益也需要平衡。东部沿海地区经济发达,而中西部地区则较为欠发达,黄淮海平原各省市之间的情况也不尽一致。耕地资源休养生息战略的实施,应充分考虑区域间与区域内部发展水平的差异,因地制宜,甚至考虑利用土地发展权转移等政策工具,实现经济发展、耕地休养生息、农户利益的和谐统一。

经济发展水平一定程度上反映了耕地休养生息的机会成本。东部沿海发达地区,尤其是大城市周边的农村,由于可以为大城市供应新鲜的农副产品,农户的务农收入较高,耕地休养生息的机会成本较高。即使土壤遭受了重金属污染,因为信息不对称,地方政府不能及时发现的情形下,农户很难按照耕地休养生息战略所要求的那样改种非食用农产品,相对于蔬菜瓜果等,非食用农产品一般周期较长,经济效益较低。如果想农户配合耕地资源休养生息战略的实施,则应充分评估农户的潜在损失,并实施有效监督。如果将东部沿海地区的耕地退耕还林还草,则其代价将更高。

在中西部欠发达地区,耕地的机会成本相对较低。尤其在生态脆弱地区,耕地的种植收益实际上非常有限,而退耕还林还草后其生态效益将有效彰显。因此,政府较少的补贴就能使农户配合其耕地资源休养生息战略的实施。

更重要的是,在不同的区域之间,不应搞一刀切,而是要适当利用市场机制,建立跨区域的合作与补偿机制。耕地休养生息机会成本较大的地区通过上缴一部分费用,由中央政府进行转移支付,中西部地区利用这一费用更加有效地实施耕地资源休养生息战略。更重要的是，耕地休养生息作为全国性的发展战略，中央政府应该承担起区域之间平衡的作用。一个可供考虑的办法是，由中央政府建立耕地休养生息专项转移支付，主要用于中西部地区过度开发耕地的休养生息与土壤污染地区的土壤改良或改种。同时加强对耕地资源休养生息战略实施效果的定期评估，以及时发现问题，并进行修正。

而在黄淮海平原内部，包括京、津、冀、鲁、豫、皖、苏7个省（直辖市），也应在耕地资源休养生息战略的实施中进行有效的协调与合作。其中，京、津为直辖市，经济最为发达；冀、鲁、苏为东部省份，经济较为发达；豫、皖则为典型的中部省份，通过跨区域合作，实现耕地休养生息外部性的内部化，核心是建立生态补偿与利益共享机制。除了上面提到的中央层面的耕地休养生息专项转移支付外，黄淮海平原内部也可尝试更为直接的横向转移支付模式。一个可供选择的方案是，黄淮海平原各省市可通过协商确定各自在耕地资源休养生息战略实施中的目标与份额，明确对休耕、退耕、改种等不同类别农户的补偿标准，并充分评估各省市在对应份额内进行耕地休养生息的实施成本与生态效益正外部性范围，从而明确各省市的出资份额。

除此之外，黄淮海平原内部各省市还可以通过统一编制与耕地休养生息相关的耕地保护规划、湿地修复规划、水土保持规划等，围绕耕地休养生息这一核心战略，有效协调相关工作的实施，提高区域协调与合作的效率。

14.3 耕地资源休养生息战略对相关利益主体的影响机理和传导机制

在当前的农业生产技术水平下，任何的土地政策都面临粮食产量和耕地质量的权衡。因为利益诉求的不同，各相关主体显示出来的偏好也各不相同。对于社会来说（可以认为中央政府代表了社会利益），对耕地质量会赋予更高的权重，也就是说，社会的效用函数中，耕地质量的弹性系数更大，这也体现了可持续发展的要求。而对于更关注粮食产量的主体，如农户，其对耕地质量赋予权重低于社会赋予的水平。这样显示出的偏好可称为短期偏好，如图14-5所示。

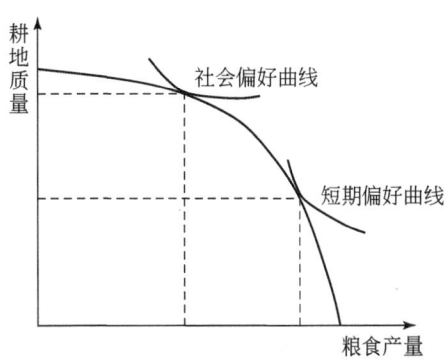

图14-5 社会偏好和短期偏好

在黄淮海平原实施耕地资源休养生息战略，本质上就是通过奖补政策，激励那些显示出短期偏好的主体采取行动，最终获得接近社会偏好均衡的结果。

14.3.1 委托-代理关系

博弈论和信息经济学的兴起，使委托-代理关系成为一个非常有力的分析框架。因为信息不对称是广泛存在的，拥有信息优势的人可能出于极大化个体利益的目的而使处在信息劣势的人利益受损。因此，后者需要设计一个契约（合同），在保证拥有信息优势方参与情况下来最大化自己的利益。

理论上，处在信息劣势的人为委托人，拥有信息优势的人为代理人。政府与农户就可以由委托-代理关系来刻画。政府的类型和政策信息是公开的，而农户的类型和行为则可能是政府观察不到的。因此前者处于信息劣势，是委托人，后者拥有信息优势，是代理人。

在中央政府和地方政府的委托-代理关系中，委托人是中央政府，代理人是地方政府。中央政府的支付水平是关于生态环境和政策成本的函数，生态环境治理好坏的程度意味着支付水平的高低，而政策成本（包括补贴成本，制度缺陷而引起的腐败、投机）与中央政府的支付水平呈负相关。影响地方政府支付水平的相关影响因素则较为复杂，包括地方领导的政治前途、地方经济的长期发展、政府工作人员的短期经济利益、地方的生态环境等，这些因素可以归纳为两类：地方政府短期行为的决定因素和地方政府长期行为的决定因素。

在耕地资源保护中，中央政府可以代表社会利益，但是土地为农民集体所有，耕种权在农民手上，政府想借助农民的力量实现休耕带来的生态效益与社会效益，就必须为休耕农户提供合理的激励，同时进行有效的约束，从而使农民在追求自身利益最大化的过程中实现政府的休耕目标。因为农民自身的利益与政府的目标存在一定的偏差，尤其是当其受到市场或政策冲击，如粮价大幅上涨，种粮收益远大于休耕补贴，农民总有激励在应休耕的土地上继续耕种，此时，农民的行为便与政府的生态与社会目标偏离，出现激励不相容问题。

相关文献主要围绕政府行为、农户行为和政府与农户博弈三方面展开。中央政府往往被认为是社会利益最大化的追求者。在耕地休养生息问题上，中央政府的目标是包括生态效益、粮食安全等因素在内的耕地社会效益最大化[4,5]。在我国特定的政经体制下，地方政府的目标与行为与中央政府不尽一致。在以经济增长与GDP为主的政绩评价体系下[6]，地方政府往往更加重视经济效益，而忽视生态效益与社会效益。地方政府之间的恶性竞争，又会使上述倾向进一步加强，这与耕地休养生息是矛盾的。目前，地方政府尤其是中西部地区的地方政府仍然主要依靠低价征收农地、大建工业园区和城市新区推高政绩[7]。而占补平衡的政策要求占一亩耕地就必须补一亩耕地，势必造成建设用地迅速增加而本应休养生息的土地被开荒等与中央政府目标不一致的机会主义行为[8]。

14.3.2 政府与农户的委托-代理关系

为了简化分析,假定地方政府与中央政府的偏好一致,此时的博弈就是政府与农户的委托-代理关系。在现实中,这意味着在中央政府强调生态环境目标的时候,地方政府也做出相应调整,不再以 GDP 指标或者更具体的,粮食产量为目标。

本书借鉴 Holmstrom 和 Milgrom 的多任务委托-代理模型与王小龙的双任务委托-代理模型,探讨耕地休养生息政策落实中由于市场或政策冲击带来的激励不相容问题[4,9]。

在我国的土地权属框架下,耕地的所有权是集体的,而承包经营权在农户。耕地休养生息政策由中央政府推动,但具体的落实有赖于地方政府的实施。因此,围绕耕地(耕种与否)的生态效益、社会效益、经济效益,博弈主体有中央政府、地方政府、村集体与农户。因为耕地休养生息主要牵涉承包经营权,同时假设地方政府与中央政府的目标一致,地方政府是中央政府政策的忠实执行者,则该博弈简化为政府与农户的博弈。

假设在耕地休养生息政策实施过程中,政府主导,是委托者,风险偏好为中性;农户参与,是代理者,同时也是风险厌恶者。农户的行为分为两种,一种是按照政府的要求将(部分)耕地休养生息,如在水土流失、土壤沙化或严重污染区域进行退耕还林、退耕还牧,改善生态环境,但当期无法直接获得经济收益;另一种是耕种甚至拓荒。农户在是否休耕的决策上,享有较大的自由度。

假设某退耕农户的努力向量为 $e^T = (e_1, e_2)$,其中 e_1 和 e_2 分别为农户在休耕与继续耕种两种活动上的努力水平。两种努力产生的可观测信息为

$$R^T = (R_1, R_2), 且 R_1 = e_1 + \varepsilon_1, R_2 = e_2 + \varepsilon_2 \tag{14-1}$$

式中,R_1 为努力 e_1 产生的收益,如耕地肥力提高、水土得以保持、生态环境改善等,R_1 取决于努力水平 e_1 与随机变量 ε_1,$\varepsilon_1 \sim (0, \delta_1^2)$;$R_2$ 为努力 e_2 产生的收益,如粮食等农产品及其派生的收入,R_2 取决于努力水平 e_2 与随机变量 ε_2,$\varepsilon_2 \sim (0, \delta_2^2)$。进一步假设,如果 δ_2 主要取决于农产品价格及政策波动,而 δ_1 反映的是休耕后的生态效益波动,可以认为 δ_1 和 δ_2 相互独立的。

假设政府追求社会全体成员效用最大化,希望通过与农户签订休耕协议,发放休耕补贴等为农户的两种努力设立一组最优补偿方案,从而使其他社会成员获得的效用(以收入表示)与休耕农户获得的确定性等价收入之和最大化。如果农户是风险规避型,则他的效用函数可以表示为 $u(w) = -e^{-rw}$,r 为相对风险厌恶系数,ω 为农户获得的补偿,令 $\omega = \beta^T R$,其中 $\beta^T = (\beta_1, \beta_2)$,即政府为农户设计的补偿方案,则农户的确定性等价为

$$CE = (\beta_1 e_1 + \beta_2 e_2) - C(e_1, e_2) - \frac{1}{2} r(\beta_1 \delta_1^2 + \beta_2 \delta_2^2) \tag{14-2}$$

因为假定农户是风险规避型的,所以他的确定性等价为期望收益减去生产成本和风险成本。其中,$(\beta_1 e_1 + \beta_2 e_2)$ 为期望补偿,$C(e_1, e_2)$ 为努力成本,$\frac{1}{2} r(\beta_1 \delta_1^2 + \beta_2 \delta_2^2)$ 为风险

成本。进一步地，令 $B(e_1, e_2)$ 代表农户努力产生的预期社会总收益，则政府最优化问题可以表述为

$$\max(\beta_1 e_1 + \beta_2 e_2) - C(e_1, e_2) - \frac{1}{2}r(\beta_1^2\delta_1^2 + \beta_2^2\delta_2^2) \tag{14-3}$$

$$IC(e_1, e_2) \in \operatorname{argmax}(\beta_1\delta_1^2 + \beta_2\delta_2^2) - c(e_1, e_2) \tag{14-4}$$

$$IR(\beta_1 e_1 + \beta_2 e_2) - C(e_1, e_2) - \frac{1}{2}r(\beta_1\delta_1^2 + \beta_2\delta_2^2) \geqslant \overline{CE} \tag{14-5}$$

其中，式（14-4）代表农户的激励相容约束（IC），式（14-5）代表农户的参与约束（IR），即理性约束，$\overline{CE}$ 为农户的保留效用，解上述最优化问题，可得政府最优补偿方案。

比较理想的情况是，在耕地休养生息政策约束下，农户可能不愿意将耕种活动扩展到已经休耕的土地上，但由于信息不对称，农户出于自利动机，也可能悄悄地在应休耕土地上耕种，即如果农户严格遵守政府的耕地休养生息政策，仅在未休耕土地上耕种，则两种活动是相互独立的。若农户违反政策，在本应休耕的土地上进行耕种，则两种活动的成本出现相互替代现象。

当由于市场或者政策冲击，如粮价大幅度上涨，休耕的机会成本增大，而政府给的休耕补贴不足以弥补，农户就有激励违反耕地休养生息政策，在本应休耕的土地上进行耕种。

14.3.3 三层委托-代理关系

如果地方政府与中央政府的偏好未能完全一致，其介于中央政府与农户之间，它比前者有信息优势，比后者又处在信息劣势，可以假定它和后者的拥有的信息一样多。如果作为中间层的地方政府不能遵从中央政府的意志，而与农户采取策略性合作，即它们之间私下签订一个契约从而会损害中央政府的利益。这就是一个三层委托-代理关系。从 Tirole 等开始，经济学家开始用委托人-监督者-代理人的三层结构来解决合谋问题[9]。

结合我国的耕地休养生息问题，三层结构的委托-代理关系可以由图 14-6 来表示。与两层的委托-代理关系一样，中央政府是委托人，农户是代理人。地方政府既要执行中央政府分配的任务，同时还要对农户起到管理的职能。与委托人-监督者-代理人关系中独立的第三方监督者不同，这地方政府可以作为管理者，如图 14-6（a）中授权型的委托-代理关系。同样的分析也适用于中央政府-职能部门-农户的关系中，各职能部门可以作为并列的管理者，如图 14-6（b）中分权型的委托-代理关系。

在这类模型中，中央政府是委托人，可以认为它考虑的是经济和生态环境的平衡，也就是说，它的效率来自生态环境的改善和 GDP 的增长两方面。地方政府作为管理者，从中央政府那里获得转移支付，同时会因为生态环境方面的绩效获得奖励或者遭到惩罚。农户是代理人，假定它可以采取两种努力方式：一种是有利于农业经济产出的增长；另一种

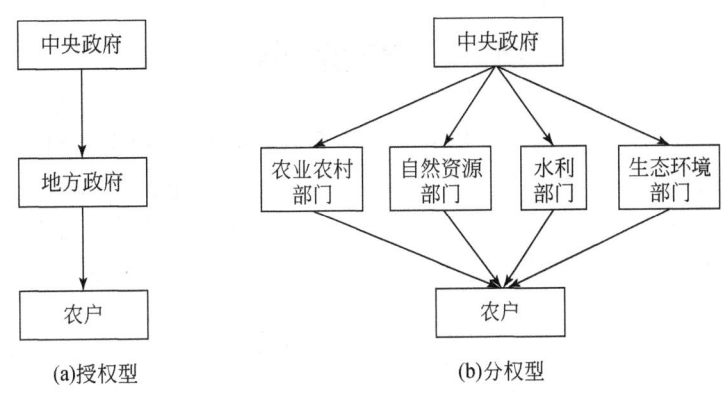

图 14-6 授权型和分权型委托-代理关系

是有利于生态环境的改善,如采用更节水的灌溉模式、降低复种指数,或者进行保护地力的土地休耕。无疑后一种会增加农户的成本,并且还会有农业经济产出方面的损失。对于代理人农户来说,需要考虑两种努力方式的成本和收益。相对于地方政府来说,农户不会因为采取了前一种努力而遭到惩罚,它遭到的损失只可能是失去政府给予的补贴或者奖励。

因为中央政府在信息上的劣势,它不知道农户的类型及采取的行为,只能观察到结果,而且是以一定概率观察到各种结果。因此地方政府为了避免惩罚而选择与农户合作,如高估和夸大治理环境的成本。根据 Tirole 等开创的思路,防范合谋就是要求委托人设计一个主契约,使监督者和代理人不合谋的收益不小于合谋的收益[9]。

在防范合谋契约模型中,中央政府是委托人,地方政府是管理者或者监督者,农户是代理人。博弈的时间顺序为:第一,委托人向代理人和管理者提供一个总契约;第二,管理者和代理人私下谈判合谋;第三,代理人选择生产方式;第四,委托人以一定概率发现代理人的行为结果;第五,委托人执行总契约。

经典的防范合谋的契约的结果表明,地方政府和农户会因为信息优势而获益。中央政府为了防范合谋,需要让管理者和代理人获得一定的信息租金。而如果管理者和代理人拥有的信息不一样多,管理者相对处于信息劣势,则管理者获得的信息租金会相应减少。在耕地资源休养生息战略的实施过程中,如何防范地方政府与农户达成合谋,如高估耕地休养的成本以获取更高的中央补贴。因此,中央政府可以通过进一步放权给地方政府,使后者降低合谋的积极性。

对于多个职能部门或者地方政府同为代理人的情况,也就是对称机制里,各个代理人的地位是平等的。委托人可以采用歧视性的分而治之的策略[10]。这样做的目的是增加代理人合谋的交易费用。例如,中央政府对于农业农村部门、自然资源部门、水利部门,以及生态环境部门等处于平行关系的职能部门,歧视性的差别待遇更符合帕累托最优。面对各个职能部门,或者各个省份,中央政府的歧视性措施可以表现在以显著高于平均补贴额度的奖励办法,以奖代补,防范同级主体之间的合谋。

14.4 本章小结

本章以委托-代理理论为基础,分别建立多任务的委托-代理模型和三层委托-代理模型,探讨地方政府在不同目标取向如何影响休耕政策的激励相容性。黄淮海平原实施耕地资源休养生息战略能得以顺利实施的一个根本条件,是相关主体的利益得到平衡。本章基于此来研究耕地资源休养生息战略的可行性,并明确相关利益主体的责、权、利,使其激励相容、相互制衡。

第一,从私人成本和社会成本的角度对耕地资源休养生息战略进行经济分析,耕地休养生息(同时对农户进行必要补贴)有利于实现社会和农户利益的最优化。就黄淮海平原而言,实施休耕制度,还有非常紧迫的现实意义。

第二,界定耕地资源休养生息战略相关利益主体的责、权、利,在中央政府-地方政府-农户的协调与制衡中,中央政府主要负责耕地资源休养生息战略宏观政策与补贴标准的制定,并通过相应的指标监督并考核地方政府。而地方政府具有代理者与自利者双重角色,在我国对上负责的特定体制下,地方政府会执行中央的政策,但出于对地方政府自身利益尤其是经济利益的考虑,其行为又会偏离中央政府的政策目标,使耕地资源休养生息战略在政策执行中有所打折。农户作为理性的主体,因为生态效益的外部性高,其行为决策主要取决于继续种植所获收益与政府休耕补贴的大小。信息不对称使无论是中央政府监督地方政府,还是地方政府监督农户都要付出较高的制度成本,中央政府需要通过相应的制度建设降低监督成本,同时为地方政府监督农户提供有效的激励。

第三,以委托-代理模型分析耕地资源休养生息战略对相关利益主体的影响机理和传导机制,在中央政府和地方政府的委托-代理关系中,委托人是中央政府,代理人是地方政府。中央政府的支付水平是关于生态环境和政策成本的函数,生态环境治理好坏的程度意味着支付水平的高低,而政策成本(包括补贴成本,制度缺陷而引起的腐败、投机)与中央政府的支付水平呈负相关;在政府与农户的委托-代理关系下,农户可能不愿意将耕种活动扩展到已经休耕的土地上,但因为信息不对称,农户出于自利动机,也可能悄悄地在应休耕土地上耕种;在三层委托-代理管理中,中央政府是委托人,地方政府是管理者或者监督者,农户是代理人。博弈的时间顺序为:①委托人向代理人和管理者提供一个总契约;②管理者和代理人私下谈判合谋;③代理人选择生产方式;④委托人以一定概率发现代理人的行为结果;⑤委托人执行总契约。地方政府和农户会因为信息优势而获益。中央政府为了防范合谋,需要让管理者和代理人获得一定的信息租金。

14.5 政策建议

进入21世纪以来,中国的粮食生产经历了"十二连增",为耕地资源休养生息战略的实施提供了一定的空间。不过,实现耕地休养生息,需要理顺各相关利益主体的责权利关系，根据各方不同的利益诉求，实施激励相容的政策措施，才能真正有效地开展和推进耕地的休养生息。

1）实施耕地分类管理。耕地资源休养生息战略的实施有赖于对耕地的分类管理，并因"地"制宜，制定合理的管制措施。具体而言，应由自然资源部门根据耕地质量将其划分为优先保护、安全利用、严格管控三类。确保永久基本农田优先保护，面积不减少，质量不下降。对优先保护类耕地集中的区域，污染类企业应逐步退出，并严格控制新建。

2）建立耕地休养生息保障约束机制。完善耕地保护的相应法律法规，将耕地资源休养生息战略寓于立法之中，从法律上明确相关主体的权利义务，建立责权利相一致的规范有效的保障机制；为保障战略实施的法律法规的基本制度框架和具体制度设计提供理论基础；在借鉴退耕还林、退牧还草等成熟的战略基础上，注重与《中华人民共和国农业法》《基本农田保护条例》《退耕还林条例》和《中华人民共和国水土保持法》等现有耕地保护相关法律的衔接，制定专门的"耕地休养生息条例"。从中树立中国耕地休养生息的基本原则，制定中国耕地休养生息规划，明确设立耕地休养生息区的条件和程序，确立耕地休养生息区的管理、监督制度；明确耕地休养生息过程中农户等农业生产经营主体的相关权益，明确国家在资金支持、税收优惠、基础设施建设、社会保障制度、农村产业结构等方面的保障措施。

3）建立国家部门协同的土地资源保护新管理系统。土地资源生态空间安全的保护功能被分散到国家不同部门和机构，形成了碎片化、单一化、部门化、权利化的土地资源保护模式。区域地理空间本来是连续的生命共同体，被切割成耕地、建设用地、林地、湿地、农村居民点等一个个碎片化的地类，分属于不同的部门，导致部门管理冲突和片面化。例如，耕地资源休养生息涉及自然资源部、农业农村部、水利部及国家发展改革委员会等多个部门。这种土地资源保护模式远远不能适应我国日益突出的生态资源和环境问题。因此，迫切需要组建一个高效运行的基于整个生态空间安全管理的新的部门。

参 考 文 献

[1] 国土资源部. 2015 中国国土资源公报［R/OL］. 2016. http://www.gov.cn/xinwen/2016-04/25/content_5067741.htm(2016-4-25)[2019-4-21].

[2] 农业农村部. 全国耕地质量等级情况公报［R/OL］. 2014. http://www.moa.gov.cn/govpublic/ZZYGLS/201412/t20141217_4297895.htm［2019-7-19］.

[3] 联合国粮农组织数据集［DB/OL］. http://www.fao.org/statistics［2019-7-19］.

[4] 王小龙. 退耕还林：私人承包与政府规制［J］. 经济研究, 2004, 4 (17): 107-116.

[5] 王小龙. 经济转型与激励机制——政府治理与私人交易中的契约设计［M］. 北京：经济科学出版社, 2005.

[6] 周黎安, 陈烨. 中国农村税费改革的政策效果：基于双重差分模型的估计［J］. 经济研究, 2005, (8): 44-53.

[7] 汪晖, 陶然. 论土地开发权转移与交易的"浙江模式"［J］. 中国制度变迁的案例研究, 2010, (00): 138-167.

[8] 任旭峰. 中国耕地资源保护的政治经济学分析 [D]. 济南：山东大学, 2012.
[9] Tirole J, Organization J O L E, Spiller P T. Hierarchies and bureaucracies, on the role of collusion in organizations [J]. Journal of Law Economics and Organization, 1986, 2 (3): 181-214.
[10] 陈志俊, 邱敬渊. 分而治之, 防范合谋的不对称机制 [J]. 经济学（季刊）, 2003, 3 (1): 195-216.

附　　录

附录一　黄淮海平原耕地休养生息政策调查问卷

2015 年黄淮海平原耕地休养生息政策调查问卷

____省____市____县____镇（乡）____村；调查区域类型：_____
被调查人姓名_____；被调查人电话_____；问卷编号_____；调查人_____；
调查日期___年___月___日。

一、农户及家庭情况调查

（1）您家总共___个人，劳动力___个人，其中务农___个人，兼业___个人，外出打工___个人。

家庭成员	被调查人	成员1	成员2	成员3		
劳动力类型						
年龄						
性别						
受教育水平						
是否为村干部						

注：劳动力类型：A 务农；B 兼业；C 外出打工；D 其他___。受教育水平为 A 小学；B 初中；C 高中；D 大中专技校；E 大学及以上；F 其他___。

（2）2014 年您家总收入约为___万元，其中农业收入为___元，所占比重为___，非农收入（外出打工、自主经营等）收入___元，所占比重为___。

二、农户耕地利用、调整与投入情况

1. 2014 年农户耕地利用情况

（1）您家耕地数量共___亩，共___块，人均耕地___亩，其中，有效灌溉面积

(需要灌溉的)____亩。

(2) 2014年耕地利用情况表

作物类型	冬小麦	夏玉米	春玉米	水稻				
地块面积/亩								
灌溉水源								
耕地质量								
粮食产量/斤								
村内粮食最高产/斤								

注：作物类型：除以上4种作物外，可根据实际情况扩充；灌溉水源：地下水、地表水（表明具体来源），不灌溉则填无；耕地质量：根据农户自身认知，填好、一般、差，差要填写限制因素：缺水、涝渍、瘠薄、盐碱、风沙。

2. 农户耕地利用调整情况

（1）最近一次您家种植耕地数量变化为_____A 增加_____亩；B 不变；C 减少_____亩，年份_____。

增加原因为_____A 转入耕地；B 开垦荒地；C 园地、林地、草地转为耕地；D 其他_____。

减少原因为_____A 转出耕地；B 建设占用；C 耕地转为园地、林地、草地；D 其他_____。

（2）您家耕地闲置撂荒_____亩，年份_____原因为_____A 种地成本大，收益低；B 在外打工，无时间种地；C 无劳动力；D 地下水资源缺乏，灌溉难度大；E 其他_____。

（3）最近一次您家对耕地种植作物的调整为

年份				
变化前作物				
变化后作物				
变化面积				
变化原因				

变化原因：A 作物成本大，收益低；B 地下水资源缺乏，作物耗水大；C 政府政策鼓励；D 作物省时省工，可外出打工；E 其他_____。

3. 耕地投入与收益情况表

农地类型		耕地					
项目	单位	小麦	玉米	春玉米	水稻	5	6
投工天数	天						

续表

农地类型			耕地					
项目		单位	小麦	玉米	春玉米	水稻	5	6
种植面积		亩						
每亩产量		斤						
家庭消费产品		斤						
出售产品		斤						
产品售价		元/斤						
每亩总收入		元/亩						
每亩总投入资金		元/亩						
每亩纯收益		元/亩						
种子秧苗	用量	斤/亩						
	单价	元/斤						
	费用	元/亩						
化肥使用情况	底肥品种	名称						
	底肥用量	斤/亩						
	底肥花费	元/亩						
	追肥品种	名称						
	追肥用量	斤/亩						
	追肥花费	元/亩						
	总费用	元/亩						
农家肥	用量	斤/亩						
	费用	元/亩						
农药	次数	次						
	费用	元/(亩·次)						
农用薄膜	数量	斤/亩						
	费用	元/亩						
机械作业费	犁地	元/亩						
	播种	元/亩						
	中耕	元/亩						
	收割	元/亩						
	合计	元/亩						
灌溉费用	费用	元/(亩·次)						
	总费用	元/亩						
土地流转费（目前）		元/(亩·年)						

续表

农地类型		耕地					
项目	单位	小麦	玉米	春玉米	水稻	5	6
雇工花费	人/亩						
	元/(天·人)						
	元/亩						
机械维护费	元/年						
其他费用	元						

三、区域粮食生产环境及节水政策、评价调查

1. 区域社会、经济环境

（1）您村距最近乡镇_____km，距离最近县城_____km。
（2）您认为您村的经济发展水平_____A 高；B 一般；C 差。
（3）您村周边是否有非农就业机会_____A 有；B 没有。

2. 区域粮食生产环境与耕地利用变化情况

（1）您村是否在基本农田划定区内_____A 是；B 否；C 不清楚。
（2）近几年，您村有无土地整治工程项目_____A 有；B 没有，若有，主要有以下哪些_____（可多选）
A 土地规整工程；B 田间道路工程；C 农田水利工程；D 其他_____。
（3）近几年，您村耕地数量有无变化____A 增加；B 减少；C 没有；D 不清楚____。
增加原因____A 旧村改造；B 开垦荒地、未利用地；C 园地、林地、草地转为耕地；D 其他_____。
减少原因____A 建设占用；B 生态退耕；C 农业结构调整（转为园地、林地、草地）；D 自然灾毁；E 其他_____。
（4）您村有无耕地闲置撂荒现象_____A 有；B 没有；C 不清楚。
（5）您村有无耕地流转现象_____A 有；B 没有；C 不清楚，若有，主要的经营方式为_____A 种植大户；B 企业经营；C 合作社经营；D 其他，其主要作物类型_____、_____。
（6）您村主要的种植类型为_____（按比重依次选三项），主要存在的种植类型调整为：①____调整成____，②____调整成____，____年____熟。A 冬小麦；B 夏玉米；C 春玉米；D 水稻；E 棉花；F 其他____。

3. 基于地下水超采的政府节水政策情况

（1）近几年，您村采用的节水工程建设为_____A 滴灌；B 管道输水；C 咸淡混交；D 微灌；E 渠道防渗；F 均无，节水工程是否有补贴_____A 是；B 否，具体补贴方式为_____。

（2）您认为节水工程的响应效果如何____A 好；B 不好，具体原因为_____。

（3）近几年，您村采用的蓄水工程建设为_____A 南水北调；B 实施坑塘水库蓄水建设；C 引黄/引河灌溉，如_____；D 均无，蓄水工程是否有补贴_____A 是；B 否，具体补贴方式为_____。

（4）您认为蓄水工程的响应效果____A 好；B 不好，具体原因为_____。

（5）近几年，您村用水管理制度有_____（可多选）A 用水定额管理_____；B 初始水权明晰到户，水权可流转；C 超定额加价_____；D 其他_____；E 均无。

（6）您认为用水管理制度的响应效果如何_____A 好；B 不好，具体原因为_____。

（7）近几年，政府是否鼓励调整种植结构____A 是；B 否，若是，具体模式为_____（可多选）A 不种冬小麦，鼓励改种春玉米；B 改种马铃薯、花生等抗旱作物；C 退耕还林还湿；D 其他_____。

（8）调整种植结构和类型是否有补贴_____A 是；B 否，具体补贴标准为_____元/亩，你认为价格是否合理？_____A 合理；B 不合理。

（9）您认为调整种植结构和种植类型政策响应效果如何？_____A 好；B 一般；C 不好，具体原因为_____（可多选）A 补助少；B 政府鼓励的品种太差；C 对于鼓励的作物，缺乏种植经验；D 其他_____。

（10）近几年政策是否鼓励以下节水方法_____A 冬小麦春灌节水稳产配套技术；B 小麦玉米水肥一体化，响应效果如何____A 好；B 一般；C 不好，具体原因为_____。

四、灌溉特征与地下水下降情况验证

（1）您家耕地灌溉方式_____A 漫灌；B 喷灌；C 滴灌；D 渗灌（地下滴灌）；E 管灌；F 其他_____。

（2）目前平水年份您家小麦灌溉次数为____，灌溉主要是在____时期，灌溉次数比 1990 年左右（多/少）____次。

A 播种出苗期；B 分蘖期；C 越冬期；D 返青期；E 拔节孕穗期；F 抽穗灌浆期；G 成熟期。

(3) 一般情况下小麦灌溉次数减少 1 次,您认为小麦减产____斤;灌溉次数减少 2 次,您认为小麦减产____斤。

(4) 目前平水年份您家玉米灌溉次数____,灌溉主要是在____时期,灌溉次数比 1990 年左右(多/少)____次。

A 播种出苗期;B 出苗拔节期;C 拔节抽雄期;D 抽雄灌浆期;E 灌浆蜡熟期;F 蜡熟收获期。

(5) 灌溉是否能够满足需要小麦____玉米____春玉米____水稻____。A 满足;B 不满足。

(6) 您村目前水价的计量方式是____,A 按灌溉面积(____元/hm^2);B 按灌溉时间(____元/h);C 按用水量(____元/m^3);D 按灌溉次数(____元/次);E 按用电量(____元/kW·h)。

(7) 2014 年您家用水____元/(亩·次),____h/(亩·次),水费共____元,您认为价格?____A 高;B 一般;C 低。

(8) 目前您村的地下水位为____m,自 1990 年以来,您村地下水是否下降?____A 是;B 否,若是,则下降幅度为____,平均每年下降____m。

A10m 以下;B10~20m;C20~30m;D30~40m;E40~50m;F50m 以上可直接填写。

(9) 您村的地下水质量如何____A 好;B 不好,矿化度情况为____A 淡水;B 微咸水;C 咸水。

(10) 您认为目前地下水下降的程度____A 严重;B 一般;C 不严重。

(11) 您认为地下水下降的趋势是否会对耕地质量、生态环境产生不良影响?____A 是;B 否。

五、农户对耕地休养生息政策响应情况

1. 农户政策认知情况

(1) 您认为耕地是属于____A 自己;B 村民小组;C 村集体;D 国家;E 不知道。

(2) 您听说过为减少地下水超采而调整土地利用(耕地休养生息)的政策吗____A 听说过;B 没有听说过。

(3) 您村如有人率先进行耕地休养生息,会对他人的参与耕地休养生息意愿产生影响吗?____A 会;B 不会。

2. 农户对耕地休养生息政策响应

若为了减少地下水的过度开采,国家将实行耕地休养生息政策,并给予农户相应补偿与保障措施。

(1) 以下休养生息模式中,请您做出意愿的选择:

您是否愿意不种冬小麦/夏玉米,只种春玉米以减少地下水开采____A 愿意;B 不愿意;C 视补偿金额而定。

您是否愿意减少冬小麦的灌溉次数以减少地下水开采____A 愿意;B 不愿意;C 视补偿金额而定。

最愿意的原因_____。

最不愿意的原因_____。

(2) 不种冬小麦/夏玉米,只种春玉米的情况下,您能接受的补偿价格是_____元/亩。

(3) 种冬小麦的情况下,灌溉次数 1 次,您能接受的补偿价格是_____元/亩;灌溉次数 2 次,您能接受的补偿价格是_____元/亩。

(4) 您愿意选择哪种补偿支付年限形式_____ A 一年一支付;B 一次性支付。

(5) 您可以接受的耕地休养生息年限为_____A 1~5 年;B 6~10 年;C 10 年以上。

(6) 您认为耕地休养生息后您家收入会有何变化____A 减少;B 不变;C 增加。

(7) 您对耕地休养生息政策有何担忧____A 政策不稳定;B 补助不给兑现;C 没有其他谋生之道;D 其他_____。

(8) 耕地休养生息中您希望政府能够提供的帮助与支持有____ A 兑现补助,稳定期限;B 完善农田基础设施建设;C 提供优质、抗旱作物品种;D 提供技术支持;E 其他_____。

(9) 您认为耕地休养生息政策能否实现减少地下水过度开采的目的_____A 能;B 不能;C 不清楚。

(10) 关于耕地休养生息政策,您个人还有什么其他看法和建议_____

六、农户对耕地提产响应情况(潜力提产区)

1. 农户政策认知情况

(1) 您认为耕地是属于_____A 自己;B 村民小组;C 村集体;D 国家;E 不知道。

(2) 您听说过促进耕地稳产高产的政策吗_____A 听说过;B 没有听说过。

(3) 您认为国家实施耕地提产的目的是什么_____(可多选)A 保障粮食安全;B 促进农村种植结构调整;C 增加农民收入改善农民生活;D 不了解。

(4) 您认为您村如有人率先进行耕地提产,您会考虑进行土地利用的调整吗_____A 会;B 不会。

2. 农户对耕地休养生息政策响应

若为了增加粮食产量,国家将实行稳产增产政策,并给予农户相应补偿。

在通过提高单产以增加粮食产量的假设中:

（1）在一定光温条件下，您认为目前限制粮食产量进一步提高的主要因素有哪些_____（可多选）

A 作物品种不好；B 化肥、农药投入低；C 机械化水平低；D 农田基础设施不完善；E 耕地质量差；F 地块零碎，无法规模化；G 管理技术不成熟；H 自然灾害频繁；I 其他_____。

（2）您认为，克服限制因素后粮食单产可以提高____斤。

（3）以下提高粮食单产措施中，请您按照您认为的重要性选择3项_____。

A 提供优良作物品种；B 改良土壤，测土配方施肥；C 提供机械化服务；D 完善农田基础设施；E 提供耕作技术支持；F 促进土地流转，实现规模化经营；G 建立灾害预警、监测体系；H 其他_____。

在通过调整耕地种植类型以增加粮食产量的假设中：

（4）您村小麦、玉米、水稻等粮食作物是否为主要农作物_____ A 是；B 否，占耕地面积比重约为____。

（5）若为了增加粮食产量，国家将实行稳产增产政策，并给予相应补偿。您愿意将您家_____种植作物改为粮食作物_____ A 小麦、玉米（一年两熟）；B 冬小麦；C 夏玉米；D 水稻；E 其他_____。

（6）若不愿意，其原因为_____ A 粮食作物费时费工，成本高；B 粮食作物效益低；C 耕地质量不适合粮食作物；D 粮食作物耗水量大；E 其他_____若愿意，你希望政府给予现金补贴_____元/亩。

在通过扩大耕地面积以增加粮食产量的假设中：

（7）您村居民点建设用地是否散乱_____ A 是；B 否，整理潜力面积_____亩，占居民点用地_____%。

（8）您村园地、林地、草地的总面积约为_____亩。

（9）您村是否有宜农荒地、未利用地（荒草地、盐碱地、沿海滩涂等）?_____ A 是；B 否，总面积约为_____亩。

（10）您愿意选择哪些方式来扩大耕地面积_____（可多选）

A 旧村改造；B 农业结构调整（园地、林地、草地转为耕地）；C 开发荒地、未利用地；D 土地流转；E 均不；F 其他_____。

（11）若均不愿意，您的意愿为____ A 耕种现有耕地不变；B 流转出耕地；C 闲置撂荒；D 其他_____，原因为_____ A 劳动力少，无精力负担更多耕地；B 在外打工，种地不如打工赚钱；C 增加的耕地质量差，耕种的成本较大；D 其他_____。

附录二 关于黄淮海平原地下水超采区实施休耕的建议

党的十八大指出"大力推进生态文明建设""建立国土空间开发保护制度，完善最严格的耕地保护制度、水资源管理制度、环境保护制度"。黄淮海平原农业用地利用超载严重导致的地下水位下降，已经严重威胁区域生态安全和国家粮食安全。通过大量深入的研究，我们分析了黄淮海平原地下水下降的速度、原因及其对未来可能造成的后果，并从耕地利用和保护角度，提出了相关政策建议。

一、黄淮海平原成为世界上面积最大，地下水下降最快的区域

黄淮海平原，包括京、津、冀、鲁、豫、苏、皖7省（市）的301个县（市、区），总面积为350 000km^2，耕地面积占全国的1/6，耕地数量及垦殖率均居全国各一级农区首位，生产全国近60%~80%的小麦和35%~40%的玉米，是"北粮南调"的重要生产基地，国家的粮仓。

但是，该地区水资源不足，地下水位逐年下降，成为区域农业和经济发展的"最大瓶颈"。根据大样本调查和统计数据计算，黄淮海平原地下水平均下降速度为：浅层地下水(0.46 ± 0.37)m/a，深层地下水(1.14 ± 0.58)m/a，与世界上另外两大地下水漏斗区域相比（北美平原约0.3m/a，印度西北平原0.8m/a），是世界上面积最大、下降速度最快的地下水漏斗。1980~2010年，黄淮海平原地下水损失总量达到249.64~322.56km^3，相当于约5倍黄河水量。

二、农业用地利用超载是导致黄淮海平原地下水位下降的主要原因

黄淮海平原从建国初旱、涝、碱严重，贫穷缺粮的地区变为中国最主要的粮食产区，是依靠50年的综合治理，种植制度的改变，水浇地面积的增加以及高强度的农业利用。但是，80年代开始，作物种植由"一年一熟制"和"两年三熟制"改为"一年两熟制"，虽然大幅度提高了粮食产量，但是由于黄淮海平原的气候和水资源特征，在冬小麦生长发育期（需水490mm）平均降水量只有88mm，其余水分来自于不断抽取地下水灌溉。在黄淮海平原，平均粮食产量每增长1t，就会引起地下水位下降0.03~0.05m，地下水量损失0.70×10^3~1.50×10^3m。

三、黄淮海平原地下水位不断下严重威胁区域生态安全和国家粮食安全

与灾害相比，农用地高强度利用导致的地下水超采引起的地面沉降、地面塌陷、海水入侵和湿地枯竭等生态危机，问题将更加紧迫、甚至不可修复。与其他灾害相比较，人们很难察觉到这种以毫米为单位计算的"缓变性生态灾害"，但是根据水文模拟结果，如果继续保持当前的利用强度，黄淮海平原地下水将会在45~100年内枯竭（其中太行山前平原浅层地下水会在22~45年内枯竭，滨海平原深层地下水会在45~70年内枯竭），这会造成全国30%的平原面积无水可用，全国34%的人口无水可喝，丧失大面积生产生活家园的后果。

而为了防止以上生态危机发生，如果减少20%~40%的地下水灌溉强度，黄淮海平原

小麦产量将会减少 8.64%~12.36%，玉米产量减少 2.30%~3.11%，从而使得中国小麦进口量在全球的份额由现在的 7.12% 增长到 14.83%，增长近 1 倍。到 2030 年，中国人口总数将会由现在的 13.4 亿人增加到 14.6 亿人，意味粮食总量要继续增加才能保证全国人民温饱。人口的压力，生态的压力，将会威胁国家的粮食安全。

四、黄淮海平原区耕地合理利用和保护制度建议

耕地利用方式是导致黄淮海地下水资源枯竭的根本原因，也是解决该地区生态危机的"治本"途径。在一些地下水严重超采区适当休耕，涵养土地，同时提高耕地潜力区产量，保障粮食安全。因此，我们建议如下。

第一，实施地下水超采区部分耕地适度休耕制度。黄淮海平原地下水严重超载的区域应实施大规模的耕地休养计划。其中包括华北平原的黑龙港运东流域，淮北平原的许昌—漯河地区等地，应当休耕地下水超采最严重地区，同时可以在其他区域放弃一年两熟的耕作制，改为只种植一季的玉米，或在冬季种植绿肥，涵养水土，确保生态安全。

第二，优化黄淮海平原区基本农田布局，建设集中连片高标准基本农田。实施休耕政策，必将导致种植面积减少，因此必须通过提高非休耕区域的耕地质量来保障粮食产量。优化黄淮海平原区基本农田空间布局，在地下水补给源丰富，具有开采潜力的黄河冲积平原建设土地规模较大田间基础设施完善、农田水利高效的集中连片绿色高标准基本农田保护区。一方面，创新机制模式，解决耕地田块极度细碎化问题，推广农用地规模化经营；另一方面，根据国土资源部农用地分等成果，分析黄淮海平原区耕地质量空间特征，在质量等别较差的耕地区域，采取多种措施提升耕地质量，提高粮食产量。坚持土地整治，深挖耕地潜力，提高耕地数量。

第三，建立完备的耕地休耕补偿机制。实施休耕政策，必将致使部分农民失去耕地种植的收益，应对该部分农民进行补贴，并且补贴金额不低于耕地经营收益。同时，要让农民放弃种植小麦及改变灌溉方式，也需要政府给予农民合理的经济补贴。投入资金整治黄淮海平原的水土利用，规避未来可能出现的生态危机，是迫在眉睫的政策选择。

第四，降低黄淮海区域沿海滩涂的湿地资源开发。湿地的荣枯是地下水资源量最直观的标志，也是最珍贵的自然资源，最重要的生态系统。白洋淀的"干淀"问题与地下水密切相关，因此，应该加大力度保护湿地资源，实现土地资源系统、水资源系统、生态系统和农业利用系统的和谐发展、促进生态文明建设。

附录三　关于调整耕地占补平衡策略的建议

我国耕地资源占补平衡政策始于1997年,至今已经执行了20余年。耕地资源占补平衡政策在保护国家耕地资源安全、支撑国家粮食安全,特别是保障国家粮食产量"十二连增"方面取得了显著的成效。但是,耕地占补平衡政策在控制优质耕地减少、保障粮食安全和土地资源生态安全保护和区域协调发展等方面的作用越来越小,甚至产生了巨大的负面作用。这一政策已经不能适应我国经济转型和国家生态文明建设的要求,只有进行政策调整,才能切实起到保护优质耕地资源,支撑国家粮食安全和生态安全的作用。

一、耕地占补平衡政策的客观评价

1. 守住了耕地数量底限

通过实施耕地资源占补平衡策略,守住了耕地数量红线。依据国土资源部第二次调查的数据,2009年全国耕地13 538.5万hm^2(203 077万亩),比基于第一次调查逐年变更到2009年的耕地数据多出1358.7万hm^2(20 380万亩)。这表明,耕地资源占补平衡策略守住了耕地资源数量的底限。

2. 支撑了国家的城市化和工业化

1997~2015年,我国的城市化水平显著提升,从1978年的17.9%提高到2012年的52.6%。中国也成为公认的世界工厂,成为世界最大的贸易国家。耕地占补平衡在支撑我国城市化和工业化过程中提供了有力的用地保障。

3. 未能守住优质耕地资源

研究表明,1990~2010年,我国至少有2785万hm^2的优质耕地转化为城市用地和建设用地,远远超过了实际城市化与工业化的需求。耕地占补平衡政策已经演变为地方扩大城市用地规模和工业用地的有利工具,地方政府通过"占优补劣、占多补少、占而不补、进行挂账"等方式,甚至通过农村居民点减少与城市规模挂钩等政策,导致了土地的过度城市化和产业用地的低效利用,未能守住我国宝贵的优质耕地资源。

4. 城市无序扩张和低效产业用地增加导致城市用水和空气质量危机

优质耕地保护的失守,城市规模不断增加和低效产业用地的增加,引发了严重的生态问题和环境问题。雾霾已经由个别城市扩展到整个的东部区域,最高时的雾霾中$PM_{2.5}$已经达到了800~1000$μg/m^3$,是世界卫生组织指导值的40倍。在我国656个城市中,有2/3的城市严重缺水。耗资达800亿美元的南水北调工程预计从长江每年取25km^3的水资源调动,尽管东线完工,但是实际调水能力有限,远远不能满足北京等城市的需水量。城市的无序扩张还导致了严重的城市热岛效应和生态用地的减少。城市雾霾、水资源紧缺和大量污染产业用地对城市可持续发展的制约作用将不断增加。

5. 加重了我国东西、南北、城乡失衡态势

胡焕庸线自20世纪20年代揭示以来,在此线的东部约45%国土空间承载了90%的人口和产业。在50~80年代的"三线"建设时期,我国成功地进行人口和产业的转移,

推动人口资源在空间上的均衡。而"耕地占补平衡"未起到空间均衡发展的作用，反而加剧了我国南方和北方、东部和西部、城市和乡村的发展空间上的严重失衡。南方、东部和城市，通过区域内部和外部的占补平衡，不断获得城市、产业的发展空间，致使人口、产业和资本聚集度不断提高；与此相反，我国的北方、西部和乡村的人口、产业和资本转出速度不断加快，导致了我国农村有7000万留守儿童、全国1.14亿亩宅基地闲置，与此同时，我国东部区域成为世界范围内最大的城市和产业用地聚集区。

6. 耕地数量得到了平衡而耕地质量和生态恶化

我国的耕地资源数量和质量重心从水土资源匹配好的南方向干旱的北方和西部转移。1985～2005年，我国耕地的重心沿西北方向移动了45.63km，形成了以湿地和生态用地消失为代价的三江平原北方水稻产地商品区和新疆以草原消失为代价的棉花种植区。优质耕地消失和耕地重心向北转移导致了耕地的过度集约利用：农业用水量达到3600亿 m^3，占全国总用水量的62%。优质耕地减少和耕地过度集约利用导致了历史上的"南粮北运"被现在的"北粮南运"所取代；华北平原的地下水位以每年1m速度下降，新疆、内蒙古和东部的地下水位也呈现快速下降趋势；新疆耕地表层土壤盐渍化表聚严重；大部分农田土壤pH下降了约0.23个单位；全国至少有5000万亩以上的优质耕地出现污染；过量的产业用地还导致了我国南方的水质性污染普遍存在。

二、耕地占补平衡的替代对策

我国已经进入到了全面进行生态建设的新阶段，1997年建立起来的耕地占补平衡政策已经远远不能满足十八大提出的生态文明建设要求，迫切需要调整耕地资源占补平衡策略，建议从以下几个方面进行调整。

1. 实现从耕地资源保护到整个生态空间保护的转变

万物土中生，土地作为重要的自然资源，不仅具有粮食生产功能，还具备缓解气候变化、水质净化、二氧化碳固持、传统文化维持等多功能。而十八大以来提出的生态文明提出的构建"山、水、田、城、林、草、人"生命共同体和核心就是要激发土地资源各个系统要素的生产、生态和生活功能。因此，摒弃过去的"耕地、林地、水域、城市、草地、后备资源"的厚此薄彼的保护模式，尊重区域水土资源禀赋特征，以区域"城市和乡村"，"东、中、西"协调，"人口、产业和土地资源"协调为目标的，整个土地资源系统生态空间安全的保护、恢复和建设的新型土地资源保护体系。

2. 建立基于生态系统安全的土地资源保护新管理系统

区域的"山、水、林、城、乡、田"，本来是一个整体的生态系统，而目前的管理则是呈现碎片化管理模式，土地资源生态空间安全的保护功能被分散到国家不同部门和机构，形成了碎片化、单一化、部门化、权利化的土地资源保护模式。

国土资源部重点进行耕地数量和质量保护，而不能进行林地、草地和后备资源的管护；农业部作为耕地资源利用的重要部门，长期以来弱化了对耕地利用强度的控制和管理；而林业部门则只是重点保护林地和湿地资源；水利部则重点进行水土保持的保护；建设部则忽视城市扩张导致的环境和生态问题；而环保部则重点放到了对企业用地的监管上。在区域地理空间本来是连续的生命共同体，被切割成耕地、建设用地、林地、湿地、农村居民点等一个一个碎片化的地类，分属于不同的部门，导致部门管理冲突和片面化。比如耕地质量保护涉及国土资源部、农业农村部、水利部以及国家发展和改革委员会等多个部门。这种土地资源保护模式远远不能适应我国日益突出的资源和环境问题。因此，迫切需要组建一个高效运行的基于整个生态空间安全管理的新的部门。

3. 实现资源保护的中央管理模式向地方管理模式转变

长期以来，我国重视国家宏观层面的资源保护模式，而忽视和弱化了地方资源与环境保护的主动性、积极性及创造性。因此，未来的资源保护模式要建立起尊重区域差异、文化传统、产权主体的新模式，要形成中央与地方、计划与市场、总体控制与局部创新、资源安全和产权主体结合的新模式。

4. 建立起以永久保护优质耕地资源为目标的新策略和补偿机制

永久优质耕地资源是保障国家粮食永久安全的基石，从我国城市化和工业化发展战略、我国主体功能区功能定位、国家优质耕地资源现状分布和大宗粮食作物生产分布区域，优先划定优质耕地资源永久保护区。永久基本农田这一空间格局的划定要由国家成立单独的机构在国家层面独立完成。

划定以永久优质耕地资源为核心整体性综合性的保护区，实现以耕地数量为核心的保护模式向建立优质农产品空间总体保护的策略转移。优质耕地资源永久保护区内，不仅包括区域内的优质耕地资源，还包括区域内的农村居民点，山川、河流、村落等和永久优质耕地资源配套的其他用地类型，实施总体保护，并与国家确定的主体功能分区结合起来。建立以"优质、绿色、低碳、高效"为目标的"综合性、整体性"系统和和谐人地生态空间保护模式，并建立与之相适应的永久基本农田保护的考核和激励机制。

5. 优质耕地资源的严格保护与生态系统恢复和重建结合

国家层面强化优质耕地资源保护，发挥国家集中进行资源管理的优势，精简办事流程、强化约束目标，切实地实现最严格的耕地资源保护制度。

充分发挥我国土地资源的区域特征，实施以区域生态恢复和重建为目标的土地整治模式。土地整治要以系统恢复和重建区域生态系统功能为核心目标，改变以补充耕地数量，提升粮食生产能力为单一目标；土地整治要因地制宜，改善区域土地功能失衡问题，促进区域乡村协调发展。

附录四　关于华北地区实施山水林田湖综合整治的建议

本建议依据已提交的研究报告中黄淮海平原耕地利用系统垂直空间与水平空间存在的问题，不同尺度下的行为主体对黄淮海平原耕地利用的不同需求及出现阶段土地整治中存在的主要问题。综合分析后，从理论突破、重大工程科技创新及建立支撑平台三个方面提出了山水林田湖综合整治的建议。

一、黄淮海平原山水林田湖综合整治亟须理论突破

（一）区域水土资源匹配差异演变过程与水土空间重构机理研究

黄淮海平原以不足全国1/6的耕地面积，生产了全国60%~80%小麦和35%~40%玉米，是中国的粮仓。但同时黄淮海平原地下水位不断下降已严重威胁区域生态和国家粮食安全，地下水超采引起的地面沉降、地面塌陷、海水入侵和湿地枯竭等生态危机，将更加艰难、甚至不可修复。根据水文模拟结果，如果继续保持当前的利用强度，黄淮海平原地下水将会在45~100年枯竭（其中太行山前平原浅层地下水会在22~45年枯竭，滨海平原深层地下水会在45~70年枯竭）。水土空间的背离是耕地利用系统垂直方向出现了问题，为保障黄淮海平原耕地可持续利用，应加强区域水土资源匹配差异演变过程与水土空间重构机理的研究。

（二）区域多尺度下"山、水、林、田、湖"要素间流动耦合过程与要素重构研究

从流域尺度来看，组成了一个由"山、水、林、田、湖"的整体和平衡的系统。在自然的系统下，整个生态综合体是以四水（降水、地表水、地下水、土壤水和农田蒸发）、碳、氮及其他生产要素的"源和汇"和谐统一的生态综合体。但是，由于经济、行政等原因，整个系统被农户、村、乡镇和县人为切割成独立部分，土地可用被切割为农业、水利、环保、国土等不同部门来管理，致使区域土地利用部门化和本地化，每个部门管理只侧重土地的一个功能的管理，甚至是一个地类的管理。例如，在上游修建的水库，导致下游地表水的断流；片面实施农村居民点挂钩，导致城市过快增长，农村生产空间城市化。这些碎片化、分割的管理，导致整个区域气、水、碳、氮等物质循环的受阻和切割。这种长期的土地利用是致使系统的"源""汇"功能丧失的根本原因。"山、水、林、田湖"要素构成了耕地利用系统水平空间的重要格局，耕地资源的可持续利用离不开"山、水、林、田、湖"要素间流动耦合过程与要素重构研究。

（三）区域多尺度下水土安全格局下的土地与人口承载力极限与重构机制研究

黄淮海平原中西部的太行山和北部的山脉的山前形成了一个上风上水的山前冲积平原，沿着山前的冲积平原，分别分布着秦皇岛、唐山、廊坊、北京、涿州、保定、石家庄、邢台和邯郸等重要的城市；在山前和滨海，则是整个的泛洪平原；天津处在滨海平原，处在下风和下水的位置。山前的冲积平原、泛洪平原和滨海平原组成一个整体的生态系统，分别处在华北平原的上部、中部和底部，形成一个自然的风向和水系的转化的梯度通道。整个区域的发展不平衡，特别是山前平原、泛洪平原和滨海平原的建设用地的无序扩展，已经严重阻隔

了气候的通道，也阻隔了地表水和地下水的通道，是形成地下水下降和雾霾的重要因素。

北京等山前大城市黑洞效应，城市边界不断扩展，城市周边的农田被大量的建设用地所替代，建设用地不仅在范围上扩大，而且在建筑密度和体量上不断增加，这样，就阻止了山前的空气和水系的向下流动；而处在滨海平原的天津的建设规模、密度和强度也不断增加，使原本有利通风的压力差，消失了。整个区域建用地无序扩张和强度的增加导致了上游的地表水与地下水无法有效对下游进行有效补给，从而促进了河北中部沧州区域形成巨大的地下漏斗群；区域分割发展，城乡分化发展，已有发展模式难以为继，迫切需要区域统筹，城乡一体化发展，进行区域多尺度下水土安全格局下的土地与人口承载力极限与重构机制研究。

二、黄淮海平原山水林田湖综合整治需发展重大工程科技创新

（一）关于山、水、林、田、湖"生命共同体构建的重大工程科技

由于缺少重大科技协同创新项目，目前的土地利用研究多是以单一视角、单一机理、单一问题为导向的微观化、碎片化的研究，还较少有从大的区域上，如黄淮海区域上，围绕生态共同体进行的综合、整体、系统和协调的研究。而国土部门每年进行土地整治的投入多达1000多个亿，土地整治实践还存在以片面追求增加耕地面积、旱地改水田、中低产田改造等单一目标、单一功能、单一研究等问题，现行的土地资源整治工程实践往往是以农田平衡、道路修建、灌溉保障、排水条件等单项工程为核心的土地整治。事实证明，这些单一的工程实践难以有效解决土地资源面临的"水、土、气"问题，难以满足以土地功能重构为核心的系统工程实践的需求。

因此，目前的土地整治工程技术难以支撑实施生态共同体的土地整治工程的实践需求，迫切需要实施以生命共同体为核心的重点土地整治科技创新。突出山、水、林、田、湖"生命共同体绿色生态保育和绿色基础设施重构建设工程及国土资源调查与监测、评价、规划、保护与绿色开发工程研究，加强满足低碳、高效、绿色、生态的"山、水、林、田、湖"生命共同体退化要素诊断、评价、修复、重构，与保育、监测的重大工程技术突破。

（二）土地管理"全工作流"重大科技工程

随着对地观测、物联网、云计算、大数据、移动互联等现代新兴信息技术发展，综合运用新兴信息技术发展，实施"山、水、林、田、湖"要素信息"智能感知→实时传输→云端管理→分析挖掘→快速可视化→智能决策"的土地管理"全工作流"重大科技工程。

三、建立黄淮海平原山水林田湖综合整治科技支撑平台

（一）建立多学科交叉平台

尽管土地整治工程实践涉及土地资源学、土地管理学、农田水利工程、农田栽培、农田信息化和智能化等众多学科。但是，这些学科都只是从一个方面进行土地人才的培养，而土地整治工程的整体性、系统性和实践性，迫切需要进行土地工程人才的培养，特别是高层次人才的培养。

因此，亟须加强高校合作，特别是在土地学、工程学、信息学、农学、生物技术等具有研究优势的大学，加强多学科融合，建立支撑土地整治工程的科技支撑平台，为实施重

大科技创新和高层次人才培养提供条件。

（二）建立跨部门（国内外合作、政产学研究结合）合作平台

土地资源整治涉及多项要素，这些要素的管理和科技创新工作分散在国土资源部、农业部、水利部和环境保护部等众多部门，因此，要实施土地整治创新，必须实现多部门联动。要实现土地科学、工程、技术和管理的创新，必须进行政、产、学、研究的结合，发挥各自优势，才能实现科学、工程、技术与管理的真正融合。实施土地整治重大科技创新，必须吸收借鉴国外的先进理念和模式，在这个方面，要充分借鉴美国、德国、日本等土地整治的理论和实践，必须借助全球一体化的优势，建立好国内与国家的合作。

（三）建立山水林田湖综合整治试点

山水林田湖综合整治应落实到土地上，所以应选择具有代表性的区域进行试点研究。位于南拒马河东部的涿州市，属于大清河流域的山前平原地区，是黄淮海平原区浅层地下水位下降最为严重的县（市）之一。1990年以来，由于高强度的农田灌溉需求，涿州市浅层地下水位的平均下降速度达到了1m/a。因此，涿州市是黄淮海平原浅层地下水过度利用的代表性县（市），在该市展开耕地利用方式调整的研究、示范和工程，对于缓解太行山山前平原浅层地下水濒临枯竭的危机具有重要的意义。

南拒马河起源于太行山系，流经林地和草地后山前冲洪积扇地区流入涿州市域；涿州市域内大部分地区为平原地区，海拔为23~77m，耕地面积占土地面积的75%左右，是该流域典型传统农区之一；涿州市沿拒马河下游约55km处为华北平原最大的湖泊——白洋淀。因此，涿州市及其毗邻的拒马河上下游地区，构成了大清河流域内具有"山、水、林、田、湖"景观的代表性区域。

同时，涿州市距离北京天安门广场62km，距离首都机场100km，距离天津新港173km，是紧邻北京的近郊城市。因其特殊的地理位置，涿州市围环首都绿色经济圈战略中被赋予新的定位——建设京南新城，打造毗邻北京的明星城市。涿州市处在京津冀一体化发展的关键节点，对于推动京津冀一体化乃至黄淮海平原发展起到举足轻重的作用。

附录五 关于实施西部土地大开发的建议

十九大报告确定了中国进入新时代,启动了中华民族建设社会主义现代化强国新征程。"有土斯有人,万物土中生",保障耕地资源安全和粮食安全,是实现新时期民族伟大复兴中国梦的资源基础。而目前我国优质耕地资源紧缺、数量持续减少,已成为当前制约我国耕地资源安全的硬约束,制约着未来中国的稳定和发展。因此,必须打破固有思维,突破我国现有耕地资源开发和保护格局,在新时期背景下实施中国土地资源开发计划,特别是胡焕庸线以西土地资源的大开发,助推民族伟大复兴。

一、新时期我国优质耕地资源面临的主要问题

优质耕地对于保障国家粮食安全有着至关重要的作用,属于国家基础性战略资源,我国优质耕地资源紧缺的态势由来已久。总体上有以下特点:

1. 数量十分有限,空间分布极不平衡。根据国土资源部数据,全国耕地评定为 15 个等别,优等地、高等地面积占全国耕地评定总面积的比例仅为 29.44%;根据农业部数据,基本不存在障碍因素和障碍因素不明显的适宜耕作的耕地占耕地总面积的 72.1%,约为 13.2 亿亩。我们课题组采用基于耕地连片性指数为核心的连片性评价方法测算结果显示,我国优质连片性较好的耕地面积为 9.73 亿亩,不超过我国耕地总量的一半。从地域分布上,优质耕地资源主要分布在东部发达和较发达地区,广大的西部地区极度缺少优质耕地资源,优质资源空间分布极不平衡。

2. 呈继续减少趋势。改革开放四十年来,城镇化工业化的持续快速推进,占用较多的优质耕地资源,特别是大城市和东部发达区域。根据中国科学院相关研究显示:至 2010 年我国的耕地面积依然比 20 世纪 80 年代还要多,但优质耕地明显减少。根据第二次土地调查结果,1996~2009 年,仅东南沿海 5 省就减少了水田 1798 万亩,相当于福建省全省的水田面积。新时期城市化和工业化将进一步推进,城镇化率进一步增加,到 2050 年我国城镇人口还要增加约 2 亿人,这些人口主要会在东部沿海的京津冀城市群、长三角城市群、珠三角城市群集聚,东部地区人口和经济体的壮大将进一步占用耕地;随着乡村振兴战略在广大农村地区落地生根,农村各项基础设施的投入建设也会占用一部分优质耕地资源;人民群众对优质生态产品的需求也日益明显,生态退耕也成为必然。据国家统计局资料预测,到 2050 年,非农建设用地将达 4800 万亩以上,其中将占用耕地约 1300 万亩。同时,耕地资源还面临着土壤污染的问题,根据环境保护部和国土资源部资料显示,全国土壤环境状况总体不容乐观,部分地区土壤污染较重,耕地土壤环境质量堪忧。根据赵其国院士的材料,我国重金属污染农田土壤超过 2000 万 hm^2,占耕地总面积的 16.4%,加上农药污染、污水灌溉污染、石油污染、工业废渣污染和采矿污染,实际农田土壤污染达到 3230 万 hm^2。更加令人震惊的是,发达地区土壤污染更加突出。例如,广东省清洁土壤只有 11%,土壤污染与传统优质耕地分布存在空间重叠性。我们课题组基于现有耕地适宜性、质量、连片性和稳定性等基本特征,采用三维魔方图法以及因素修正方法,得出我国

未来优质连片稳定的耕地面积约为5.66亿亩,仅占耕地面积的27.93%,数量非常有限,主要分布于东北三江平原、松嫩平原、辽河平原、华北的黄淮海平原南部以及长江中下游平原、四川盆地与新疆天山南麓和天山北麓等区域。

二、优质耕地资源紧缺将影响并制约民族复兴

优质耕地资源的持续紧缺将产生多方面的不利影响并制约民族复兴,主要表现在:

1. 威胁国家口粮安全。优质耕地是我国商品粮主要生产地,优质耕地资源的紧缺和减少态势将严重影响我国商品粮的供给能力。研究显示我国对进口粮的依存度越来越高,从2003年的6%达到2014年的13%。改革开放初期,我国有21个省可以输出粮食,但到了1990年,有粮食可以外销的只剩下9个省,到现在只剩下5个省。根据国家统计局近年来我国主粮作物进口量持续攀升,稻谷(大米)和小麦的进口量分别从2008年的28.9万t和4.31万t,增加到2016年的353.39万t和337.4万t。

2. 制约乡村振兴影响粮食生产竞争力。优质连片耕地资源紧缺,而已有的优质连片资源还面临着城镇化、工业化、各项设施建设和生态退耕等多方面的挤压,田块破碎化趋势还将长期存在,人均经营面积小,农业生产成本高,经营效益差,无法满足现代农业发展所需要的集约化和规模化经营,单纯依靠粮食种植远远无法满足农村的基本生活需求,优质耕地资源的紧缺使得广大的农村地区缺少得以振兴的物质基础。据农业部统计,截至2016年年底,我国经营规模在50亩以下的农户有近2.6亿户,占农户总数的97%左右,经营的耕地面积占全国耕地总面积的82%左右,户均耕地面积5亩左右。数据显示,2015年我国稻谷、小麦、玉米的种植总成本每亩分别为1202.1元、884.3元和1083.7元;同年我国稻谷、小麦、玉米的亩均收益分别为175.4元、17.4元和−134.2元。

3. 影响民族团结。我国优质耕地资源空间分布不均,优质耕地资源主要集中在东部地区,东西部资源的不平衡在一定程度上导致并加剧了发展的不平衡,并在一定程度上导致民族矛盾的产生,不利于民族团结。

三、实施胡焕庸线以西土地大开发是历史的必然选择

党的十九大为我们指明了我国社会主义现代化建设的宏伟战略目标,第一个阶段,从2020年至2035年,在全面建成小康社会的基础上,再奋斗十五年,基本实现社会主义现代化。第二个阶段,从2035年到本世纪中叶,在基本实现现代化的基础上,再奋斗十五年,把我国建成富强民主文明和谐美丽的社会主义现代化强国。以史为鉴,伟大复兴必有伟大工程。在中国历史上,秦汉时期的都江堰造就天府之国成就了帝国统一伟业,隋唐的大运河建设让江南地区的钱粮得以支撑盛世的繁华,中华人民共和国成立以来的东北从北大荒变成北大仓,为中国的独立打下了坚实的资源基础。从世界范围来看,15世纪以来的海外扩张,美国的西部大开发,特别是加利福尼亚州开发战略,以色列的沙漠土地开发,荷兰的海洋滩涂的大开发,为西方帝国的扩张打下了坚实的物质资源基础。历史的经验告诉我们,要实现社会主义现代化强国的梦想必然需要足够的资源作为支撑,保障粮食安全是实现社会主义两步走战略的资源基础。在粮食大规模进口不可靠的情况下,我国优质耕地资源紧缺将成为实现强国梦的制约和软肋,唯有主动出击,补足短板,打破优质耕地资源硬约束,实施中国西部土

地资源大开发战略，根本上提升改变我国耕地资源安全格局，夯实建设社会主义现代化强国的物质资源基础。

四、主要思路和对策

1. 调整优质耕地资源空间格局

在新时期下，我们必须立足"一带一路"倡议和全球政治格局，开拓新的优质耕地空间，调整我国优质耕地资源安全格局，利用良好的政治局面适度从国外调粮，实现"以时间换空间"，在根本上解决我国民族复兴的资源短板。

（1）胡焕庸线以东区域提供优质耕地资源空间的能力已接近极限。我国胡焕庸线以东区域土地资源开发强度过高，土地资源消耗殆尽，可进一步开发的土地资源极其有限，且存在规模不集中、布局欠合理、开发经济可行性差等问题。根据全国后备资源调查数据显示，全国耕地后备资源总面积 8029.15 万亩，其中集中连片的耕地后备资源 2832.07 万亩，占耕地后备资源总量的 35.3%；零散分布的耕地后备资源面积 5197.08 万亩，占耕地后备资源总量的 64.7%。东部地区的后备资源开发成本过高，且多以零散分布居多，不利于集中开发，难以为民族复兴提供更多的集中连片、布局合理的优质耕地资源支撑。

（2）调整土地开发利用格局，建设西部新粮仓是新时期必然选择。东部地区耕地资源不堪重负的同时，胡焕庸线以西的大量土地资源却因为水资源限制未得到合理开发利用，这不利于实现我国区域均衡发展和民族伟大复兴。为了中华民族的伟大复兴必须寻找并开拓新的优质耕地资源空间，弥补资源短板，夯实民族伟大复兴的物质基础。

2. 实施胡焕庸线以西土地开发具备可行性

西部地区实施土地开发是基于当前社会发展水平下具备自然、经济、技术和政治上的可行性，应尽快启动并实施西部土地大开发计划，将该计划作为我国建设社会主义现代化强国的基础性工程之一。

（1）经济可行性。我国目前是全球第二大经济体，农业的投入每年都在不断增加，强大的经济实力让我国具备实施这种基础性战略工程的财力。

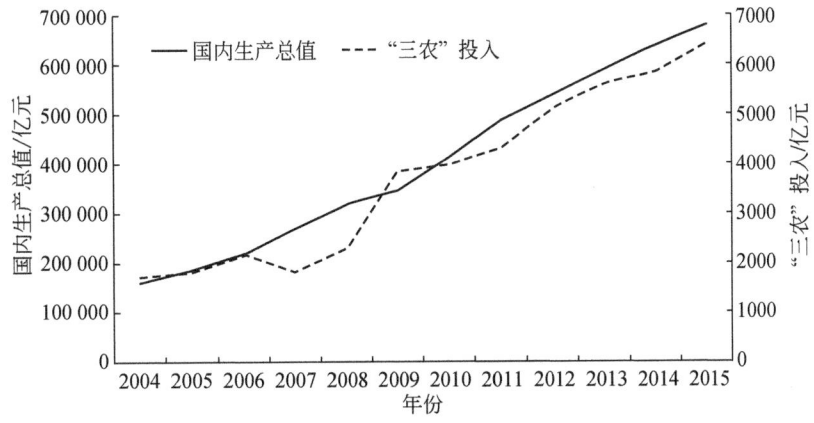

（2）资源适宜性。我国西北地区光热资源得天独厚，太阳能辐射总量大、日照时间

长、日照率高,对植物生长极为有利,光温生产潜力很高,地域广阔、集中连片可开发土地资源较多,土壤健康无污染,适合选择优势区域进行点状和带状集中开发,具备成为我国未来安全健康的新粮仓的条件。

（3）技术可行性。现代农业蓬勃发展带来的各项技术创新和应用越来越成熟,如育种技术、节水灌溉技术、土壤培肥技术、沙化土地治理技术、盐碱化治理技术、水肥一体化技术、光伏发电技术、物联网技术与智慧农业等。

（4）政治可行性。"一带一路"陆上丝绸之路的建设贯通了欧亚的大陆桥,我国西部地区周边中西亚地区国家政治局面相对稳定,为西部土地大开发提供了国际政治环境保障。

3. 创新科学研究和技术整合集成

（1）启动胡焕庸线以西地区优质耕地资源开发的综合科学机理研究

尊重科学规律,多学科综合判断,胡焕庸线以西地区土地开发是一项涉及土地、农业、环境、水利、水土治理、水土保持、荒漠化防治、工程、管理等多学科融合交叉的系统性、综合性工程,应尽快启动开发相关科学理论机理的研究工作。

（2）部署胡焕庸线以西地区优质耕地资源开发潜力调查评价

摸清家底,做好调查和开发潜力评估工作,优先对西北地区光、温、水、土等自然条件等进行专项调查,建立科学的评价体系,基于适宜性分析划定适宜开发的区域,对开发的自然条件可行性、经济可行性、生态可行性、政治可行性等进行详细评估,确定开发潜力。

（3）实施胡焕庸线以西地区优质耕地资源工程综合技术示范

选择典型区域开展土地开发示范工程,整合实施各项技术工程（节水灌溉技术、土壤培肥技术、沙化土地治理技术、盐碱化治理技术、水肥一体化技术、光伏发电技术、物联网技术与智慧农业等）,建立优质耕地资源工程综合技术示范基地,探索胡焕庸线以西地区土地开发利用最佳模式。

4. 规范管理、落实政策配套

落实胡焕庸线以西地区的土地开发技术保障,研究出台胡焕庸线以西地区土地开发设计、建设、验收的各类规程规范,加强适合胡焕庸线以西地区的各项农业技术的推广,完善优质耕地资源利用和后期管护机制,探索胡焕庸线以西土地开发多部门协同工作机制。